루터와 종교개혁

인문정신의 탐구 22

루터와 종교개혁

근대와 그 시원에 대한 신학과 사회학

김덕영 지음

도서출판 길

지은이 **김덕영**(金德榮)은 1958년 경기도 이천에서 태어나 연세대 사회학과를 졸업했다. 독일 괴팅겐 대학에서 사회학 마기스터(Magister) 학위와 박사 학위를 취득했으며, 카셀 대학에서 게오르그 짐멜과 막스 베버에 대한 비교연구 논문과 사회학 및 철학에 대한 강의를 바탕으로 '하빌리타치온'을 취득했다. 현재 카셀 대학 사회학과에서 연구하면서 저술과 번역에 전념하고 있으며, '게오르그 짐멜 선집' 기획을 담당하고 있다.

저서로 『현대의 현상학: 게오르그 짐멜 연구』(나남, 1999), 『주체 · 의미 · 문화: 문화의 철학과 사회학』(나남, 2001), 『논쟁의 역사를 통해 본 사회학』(한울, 2003), 『짐멜이냐 베버냐』(한울, 2004), 『위장된 학교』(인물과사상사, 2004), 『기술의 역사』(한경사, 2005), 『프로메테우스, 인간의 영혼을 훔치다』(인물과사상사, 2006), 『입시 공화국의 종말』(인물과사상사, 2007), 『게오르그 짐멜의 모더니티 풍경 11가지』(도서출판 길, 2007), 『막스 베버, 이 사람을 보라』(인물과사상사, 2008), 『프로이트, 영혼의 해방을 위하여』(인물과사상사, 2009), 『정신의 공화국, 하이델베르크』(신인문사, 2010), 『막스 베버: 통합과학적 인식의 패러다임을 찾아서』(도서출판 길, 2012), 『환원근대: 한국 근대화와 근대성의 사회학적 보편사를 위하여』(도서출판 길, 2014), 『사상의 고향을 찾아서: 독일 지성 기행』(도서출판 길, 2015), 『사회의 사회학: 한국적 사회학 이론을 위한 해석학적 오디세이』(도서출판 길, 2016), 『국가 이성 비판: 국가다운 국가를 찾아서』(다시봄, 2016), *Der Weg zum sozialen Handeln, Georg Simmel und Max Weber* 등이 있고, 역서로는 『짐멜의 모더니티 읽기』(공역, 새물결, 2005), 『게오르그 짐멜의 문화이론』(공역, 도서출판 길, 2007), 『근대 세계관의 역사: 칸트 · 괴테 · 니체』(도서출판 길, 2007), 『예술가들이 주조한 근대와 현대: 미켈란젤로 · 렘브란트 · 로댕』(도서출판 길, 2007), 『프로테스탄티즘의 윤리와 자본주의 정신』(도서출판 길, 2010), 『돈의 철학』(도서출판 길, 2013), 『돈이란 무엇인가』(도서출판 길, 2014), 『개인법칙: 새로운 윤리학 원리를 찾아서』(도서출판 길, 2014), 『렘브란트』(도서출판 길, 2016) 등이 있다.

논문으로는 "Max Weber, Georg Simmel und die Grundlagenproblematik der Soziologie", "Max Weber und die Grenznutzenschule um Carl Menger", "Nietzsche und die Soziologie", "Frauen zwischen Tradition und Moderne" 등이 있다.

인문정신의 탐구 22

루터와 종교개혁
근대와 그 시원에 대한 신학과 사회학

2017년 10월 10일 제1판 제1쇄 찍음
2017년 10월 20일 제1판 제1쇄 펴냄

지은이 | 김덕영
펴낸이 | 박우정

기획 | 이승우
편집 | 이남숙
전산 | 한향림

펴낸곳 | 도서출판 길
주소 | 06032 서울 강남구 도산대로 25길 16 우리빌딩 201호
전화 | 02)595-3153 팩스 | 02)595-3165
등록 | 1997년 6월 17일 제113호

ISBN 978-89-6445-148-9 93330

미영(美榮)의 영전에

가르치는 직분을 지닌 사람이 그 일이 즐겁지 않을 때,
즉 자신을 불러 그 일을 맡기신 분의 뜻이 분명하게 보이지 않을 때,
그것은 그에게 몹시 힘들고 지겨운 일이 된다.
지금 내게 교황을 대적하는 일을 새로 시작하라면,
온 세상의 재물을 다 준다 해도 선뜻 나서기 쉽지 않을 것이다.
그만큼 그동안 교황과 싸워오면서 짊어져 온 짐이 무겁고 괴로웠다.
그럴지라도 그 일에 나를 부른 주님을 바라볼 때
온 세상의 재물을 마다하고라도 해야 할 일이었다는 생각이 든다.

• 마르틴 루터

 이 책은 마르틴 루터(Martin Luther, 1483~1546)의 종교개혁 500주년을 기리기 위해 쓴 것이다. 사실 이 중차대한 역사적 사건을 근대와 그 시원에 대한 신학과 사회학이라는 관점에서 다루려면 적어도 800쪽 이상은 되어야 할 것이다. 실제로 그런 생각으로 2년 전에 계획을 세웠다. 그러나 본분이 사회학자인 내게 곧바로 이 작업에 몰두할 시간이 좀처럼 허용되지 않았다. 이런저런 일로 시간을 빼앗기다 보니 이 책을 위해 낼 수 있는 시간이 고작 8개월에 불과했다. 그래도 이 짧은 시간이나마 사회학적 작업에 의해 크게 '차압'되지 않은 게 다행이라면 다행이다. 게다가 신학은 오랫동안 손을 놓고 있는 상태였다. 결국 책의 범위와 분량을 최소화하는 방향으로 애초의 계획을 전면 수정할 수밖에 없었다. 틈틈이 수집한 자료도 1/3 정도밖에 활용하지 못했다.

 내가 루터 전문가였다면, 아니 최소한 내 본업이 사회학이 아니라 신학이었다면, 만사 제쳐두고 루터의 종교개혁 500주년이라는 중차대한 역사적 사건을 명실상부하게 기릴 수 있는 연구서를 냈을 것이다. 나이가 들수록 지혜와 총명은 줄어들고 구차함과 변명만 늘어나는가 보다.

 그렇지만 신학과 사회학이, 그리고 역사학과 철학이 교차하는 이 주제를 다루면서 정말 많은 것을 배우고 나의 좁은 지적 지평을 넓히고 잘못된 지식을 수정하며 다른 연구를 구상하는 등 뜻하지 않은 풍요로운 수확을 거둘 수 있었다. 아주 짧았지만 무척 생산적이고 행복한 시간이었다. 솔직히 8개월의 시간도 어깨너머로 신학을 배운 사회학자에게는 크나큰 지적 외도요 정신적 호사였다.

이 책을 쓰면서 국내외의 수많은 사람에게 신세를 졌다. 그 한 사람 한 사람의 이름을 거론하면서 감사의 마음을 전하는 것이 빚진 자의 마땅한 도리이겠지만, 그렇게 하지 않기로 했다. 아니 그렇게 할 수 없었다. 가장 많은 도움을 준 두 사람이 자신의 이름을 밝히기를 원치 않았기 때문이다. 이 자리를 빌려 그 두 사람을 비롯해 크고 작은 도움을 준 모든 사람에게 심심한 감사를 드리는 바이다. 그들이 없었다면 지성사를 중요한 연구 대상으로 하는 지식인으로서 2017년 10월 31일이 오고 가는 것을 그냥 무기력하게 보고만 있을 수밖에 없었을 것이다.

다만 한 가지만 언급하고 지나가고자 한다. 지난 2017년 1월 19일 독일 예나 대학에서 종교개혁 500주년을 기념해 "막스 베버의 거울에 비친 마르틴 루터"라는 학술대회가 열려 다섯 개의 주제 — '베버의 종교개혁 이해', '베버와 루터, 그리고 20세기 초의 루터 상(像)', '베버의 시각에서 본 루터의 직업 관념', '신비주의와 루터', '전통적 지배와 루터의 가정윤리' — 에 대해 발표하고 토론했다. 이 조촐한 학술대회가 뜻하지 않게 나에게 성대한 지적 향연이 되었다. 내가 이 책에서 펼치고자 한바, 즉 루터와 근대의 관계를 새롭게 조명함으로써 베버에 접목하면서 베버를 비판하고 수정해야 한다는 생각이, 나름대로 의미가 있다는 확신을 얻을 수 있었기 때문이다. 그 학술대회 이후 루터와 종교개혁에 대한 연구와 저술이 본격적인 궤도에 오르게 되어 주어진 시간 내에 이 책을 마칠 수 있었다.

이 책을 쓰는 내내 막냇동생 미영이 생각이 떠나질 않았다. 내가 한창 신학과 루터 공부에 재미를 들이던 약 10년 전 미영이가 젊은 나이에 병마를 이기지 못하고 세상을 떠나고 말았다. 루터의 종교개혁 500주년을 기리기 위해 쓴, 근대와 그 시원에 대한 이 작은 신학적-사회학적 저작을, 큰오빠의 죄스러운 마음과 사랑하는 마음으로 우리 4남매 중 제일 먼저 하늘나라로 간 미영이의 영전에 바치는 바이다.

2017년 8월 31일
김덕영

차례

논의를 시작하면서

이 장은 이 책의 서론 부분으로서 다음의 세 부분으로 구성되어 있다. 첫째, 문제의 제기이다. 왜 신학자가 아니라 하필 사회학자가 종교개혁을 연구하는가? 그 이유는 종교개혁 그 자체가 아니라 종교개혁이 근대에 대해 갖는 '문화의의'(막스 베버) 때문이다. 종교개혁은 ― 흔히 말하듯이 ― 근대의 시원인가? 아니면 근대와 무관한 중세의 개혁 운동인가? 여기서는 종교개혁이 근대의 가장 중요한 시원 가운데 하나임이 논증된다. 둘째, 접근 방법이다. 사실 종교개혁은 신학뿐만 아니라 사회학·심리학·철학·역사학·정신분석학 등 다양한 과학적 분야에서 다양한 관점으로 접근할 수 있다. 이 책은 루터 신학을 사회학적으로 해석하고 설명함으로써 종교개혁을 종교와 사회의 관계라는 사회학적 관점에서 접근한다. 셋째, 이 책의 범위와 한계이다. 이 책은 연구의 범위, 양, 깊이, 질 등에서 많은 한계를 갖는다. 그러나 다른 한편 연구사적 측면에서, 그리고 향후 연구에 대해 일정한 의미를 갖는다.

1. 문제의 제기: 종교개혁은 근대의 시원인가

루터의 종교개혁에 대해서는 오랫동안 다음과 같은 생각이 지배적이었다.

> 젊은 헤라클레스가 망치와 못을 움켜쥔다. 그는 몇 번의 망치질로 한 교회의 문에 논제들이 적힌 큰 종이판을 단단히 박는다. 그러고는 인류를 근대의 개인적 신앙으로 이끄는 해방자가 된다.[1]

이 망치질은 루터가 1517년 10월 31일 비텐베르크의 궁정교회 문에 「95개조 반박문」을 게시한 역사적 사건을 가리킨다. 그러니까 루터의 이 망치질이 굳게 잠긴 근대의 문을 활짝 열어젖혔다는 것이다. 마치 고대 그리스 신화에 나오는 젊은 영웅 헤라클레스가 올리브 나무 몽둥이로 거대 악들을 소탕했듯이, 중세의 끝자락에 선 또 다른 젊은 영웅인 '근대의 헤라클레스' 루터가 망치로 1,000년간 지속된 중세의 암흑으로부터 인류를 해방했다는 것이다. 상징과 비약이 허용되는 문학과 예술에서는 충분히 가능하고 의미 있는 생각이다. 더 나아가 문학과 예술을 발전시키는 좋은 계기가 될 수 있는 생각이기도 하다.

그러나 사회학과 같은 실증적 경험과학은 ──루터의 망치질이 근대에 대해 가지는 중차대한 의미를 전적으로 인정하면서도── 보다 조심스럽게 접근해야 한다. 사회학자의 눈에 근대는 어느 한 인간이나 어느 한 집단 또는 어느 한 사건에 의해 어느 한 시점에 만들어진 것이 아니다. 그것은 수많은 개인과 집단, 그리고 수많은 물질적-정신적 요소

---

1 Ulinka Rublack, "Zutiefst menschlich", in: Die ZEIT, *Geschichte-Epochen. Menschen. Ideen*, 5/2016, 67~68쪽, 여기서는 67쪽.

가 장기간에 걸쳐 복합적인 방식으로 상호작용한 결과다. 비단 근대만이 아니라 그 근대를 구성하는 다양한 요소, 예컨대 국민국가, 자본주의, 민주주의, 근대과학, 개인주의 등에도 똑같은 논리가 적용된다. 그리고 근대 이전의 중세와 그 구성요소의 경우에도 마찬가지이고 중세 이전의 고대와 그 구성요소의 경우에도 마찬가지다.

사실 루터에게는 새로운 시대를 연다는 생각도, 근대라는 관념도 없었다. 앞서 말한 망치질은 원래 근대를 열기 위한 것이 아니라 중세를 개혁하기 위한 것이었다. 루터는 전형적인 중세인이면서 뼛속까지 중세인이었다. 여느 중세인들 못지않게 그의 최대 관심사도 종교적 구원에 있었다. 그는 이 구원을 전적으로 중세적인 방식으로 추구했는데, 그 과정에서 새로운 구원의 길을 찾았으며, 그 결과 중세의 스콜라적 가톨릭 신학과 근본적으로 다른 신학적 사상을 구축했다. 말하자면 신학적 패러다임의 전환을 가져왔다.[2] 이렇게 보면 근대적 신학이 루터에서 발원했다고 할 수 있으며 루터를 개신교 신학의 창시자로 볼 수 있다. 그러나 루터가 근대에 대해 갖는 의미는 신학적 영역을 훨씬 넘어서 사회 전반에 걸쳐 있다. 그렇기 때문에 신학뿐만 아니라 종교학, 사회학, 심리학, 철학, 역사학, 민속학, 정신분석학 등의 다양한 분야에서 루터에게 지속적으로 큰 관심을 갖는 것이다.

이를 제대로 이해하기 위해서는 종교와 사회의 관계로 눈을 돌릴 필요가 있다. 라틴어로 다음과 같은 명제가 있다. "Religio vincŭlum societatis." 그 뜻은 다음과 같다. "종교는 사회의 끈이다." 이 명제는 17세기 독일의 의학자·철학자·정치가이자 법률가인 헨닝 아르니세우스(1575~1636)가 제시한 것이다. 이 세 단어로 된 지극히 간단한 명제에 전근대사회에서 종교가 차지하는 위상이 온전히 담겨 있다. 종교가

2 이에 대해서는 제2장에서 자세하게 논의할 예정이다.

정치·경제·과학·예술 등과 더불어 사회의 한 특정한 영역을 구성하고 있고 그 사회적 의미와 기능이 점점 더 축소되어 가고 있는 오늘날과 달리, 전근대사회에서는 말 그대로 종교가 사회의 전 영역을 하나로 묶는 사회적 통합의 끈이었다.[3] 종교는 단순히 사회의 다양한 부분체계

---

3 종교의 이러한 사회적 위상은 이성이 인간 사고와 행위의 최상원리가 되는 계몽주의 시대까지 지속되었다고 할 수 있다. 그때까지는 심지어 종교와 상극의 관계에 있다고 생각하기 쉬운 과학도 종교적 정당성을 필요로 했다. 예컨대 근대 과학혁명을 완성한 아이작 뉴턴(1643~1727)은 신이 창조한 우주의 원리를 밝혀내는 것을 자신의 과학적 의무로 보았다. 뉴턴은 세상을 창조하고 언제 어디서나 존재하며 만물을 지배하고 통치하는 신의 존재를 믿어 의심치 않았다. 그는 근대 자연과학의 원리를 제시한 『프린키피아』(1687)에서 다음과 같이 말하고 있다. "[신은] 영원에서부터 영원으로 지속하며, 무궁에서부터 무궁으로 두루 존재한다. 만물을 통치하며, 그 모든 것, 또는 이뤄질 수 있는 모든 것을 알고 있다. 신은 영원과 무한 그 자체는 아니지만, 영원한 것, 무한한 것이다. 지속과 공간이 신은 아니지만, 신은 지속하고 존재한다. 언제나 불변하며, 모든 곳에 존재하며, 또한 언제나 그 모두에 존재함으로써 시간과 공간을 구성한다. 공간의 그 어느 미소한 부분에도 항시 존재하며, 시간의 그 어느 더 이상 쪼갤 수 없는 순간에도 존재하니까, 만물의 창조자로서 주(主)된 자가, 결코 또한 어디나 존재하지 않는다는 것은 있을 수 없음이 확실하다. 지각을 가진 모든 영(靈)은 서로 다른 시각에 있어서도, 또한 감각과 운동의 기관이 여러 가지로 다르다 해도, 역시 나눌 수 없는 인격이다." 그는 또 말하기를 "우리들이 수시로, 어떤 곳에서 보는 자연의 사물의 여러 가지 양상은, 모두 이 필연적으로 존재하는 신의 개념과 의지로부터 생긴 것뿐이다." 아이작 뉴턴, 『프린키피아』, 서해문집 1999 (조경철 옮김; 원제는 Isaac Newton, *Mathematical Principles of Natural Philosophy*), 1069~70쪽. 아무튼 종교적인, 너무나 종교적인 시대적 상황에서 과학이 발전하려면 적어도 과학이 종교적 교의에 배치되지 않거나 종교가 적극적으로 과학에 의미와 가치를 부여하고 과학자들에게 동기와 권위를 부여해야 한다. 과학적 연구와 발견의 행위가 신성한 종교적 의무의 수행이라고 받아들여지면 과학은 더할 나위 없이 든든한 후원자를 만나게 된다. 이 후원자가 된 것이 칼뱅주의, 특히 그 영국적 형태인 청교주의였다. 청교주의는 과학에 다음과 같은 세 가지 가치와 의미를 부여했다. 자연과학은 "첫째로 과학자가 부여받은 은총의 산 증거를 확립해 주고, 둘째로 자연의 통제를 확대해 주고, 셋째로 신을 영광되게 하는 수단"이다. 과학은 과학자 자신이 구원받았다

가운데 하나가 아니라 "사적 및 공적 삶의 모든 영역에 대한 총체적 책임"을 지고 있었다.[4] 종교는 인간 삶의 모든 영역에 정당성과 의미, 그리고 가치를 부여했다. 솔직히 말해 그 어떤 사회학자도 전근대사회에서 종교와 여타 사회적 영역이 갖는 관계를 "종교는 사회의 끈이다"라는 명제만큼 함축적이고도 상징적으로 표현할 수는 없을 것이다. 그 명제는 사회학이 형성되기 훨씬 이전에 제시된 것이지만, 그 자체로서 아주 탁월한 사회학적 명제라고 할 수 있을 것이다.

이 아르니세우스의 '사회학적' 명제는 종교개혁이 일어난 16세기에도 그대로 적용된다. 그때에도 종교는 여전히 사회의 끈이었다. 아니 그때는 "종교와 사회의 구조사적 교차"가 절정에 달했다.[5] 종교적 관심과 문제가 개인과 사회의 모든 것을 각인하고 관통했다. 루터가 이러한 '사회학적' 관념을 갖고 있었다는 말은 물론 아니다. 복음의 갱신을 통한 개인 영혼의 구원, 바로 이것이 온통 그의 사고와 행위를 지배했으며, 그는 이 구원을 추구하는 과정에서 새로운 종교적 체계를 구축했다.

는 증거이며 인류의 복지에 이바지하며 신의 위대한 영광을 드높이는 것이다. 신이 천지를 창조한 목적은 신의 영광과 인간의 복된 삶 두 가지에 있다. 이렇게 해서 과학은 과학자 개인, 전체 사회 그리고 신에 대한 봉사자로 확고한 자리를 잡게 되었다. 당시의 과학자들은 자연에 대한 실험 연구야말로 그 무엇보다도 신에 대한 숭배와 찬미를 불러일으킨다고 생각했으며, 실험과학 그 자체가 신성한 종교적 의무를 수행하는 것이라고 생각했다. 로버트 머튼, 『과학사회학』, 민음사 1998 (석현호 외 옮김; 원제는 Robert K. Merton, *The Sociology of Science. Theoretical and Empirical Investigations*), 457쪽. 이처럼 종교를 그 정신적-이념적 모태로 발전한 과학이 그 후 종교적 '탯줄'을 잘라버리고 하나의 독립적인 사회적 영역으로 자리매김하면서 과학이 종교와 갈등하고 투쟁하게 되었다.

4 Heinz Schilling, *Martin Luther. Rebell in einer Zeit des Umbruchs*, Stuttgart: C. H. Beck 2016, 636쪽.

5 Heinz Schilling, "Luther, Loyola, Calvin und die europäische Neuzeit", in: *Archiv für Reformationsgeschichte 85/1994*, 5~31쪽, 여기서는 13쪽.

이는 사회를 하나로 묶는 끈이 새로운 것으로 바뀌었음을 의미한다. 중세적인, 너무나도 중세적인 인간 루터가 만들어낸 새로운 끈은 중세적인 것이 아니라 근대적인 것이었다. 이러한 종교적 변동은 곧 사회 전체의 변동으로 이어질 수밖에 없었다. 다시 말해 종교개혁은 단순히 종교적 측면에 국한된 개혁이 아니라 사회 전반에 걸쳐 깊은 변화를 가져온 개혁, 그러니까 사회개혁이 될 수밖에 없었다. 그러므로 종교개혁의 종교적 측면은 그보다 포괄적인 사회적 측면의 일부분으로 보아야 한다.

물론 루터가 만든 이 종교적 끈이 근대의 시원이 되면서 근대를 구성하는 다양한 요소, 예컨대 자본주의, 도시, 시민계층, 화폐경제, 근대적 국가, 개인주의 등을 창출한 것은 결코 아니다. 그렇게 보는 것은 모든 것을 종교로 환원하는 종교적 결정론으로서 모든 것을 경제로 환원하는 경제적 결정론만큼이나 위험한 발상이다. 이 모든 요소는 종교와 동근원적(同根源的)이고 동가치적(同價値的)이다. 16세기 초에는 이미 근대의 요소들이 나름대로의 방식대로 형성되어 (가고) 있었다. 그 시기는 중세 후기가 아니라 초기 근대에 속했다. 아니 보다 정확히 말하면, 중세 후기에서 초기 근대로 변혁하는 시기였다.[6] 그럼에도 불구하고 — 그리고 루터 이전의 선각자에 의한 개혁 운동에도 불구하고 — 종교는 여전히 중세적인 틀에 갇혀 있었다. 종교와 여타 사회적 영역 사이에 구조적 모순이 존재했던 것이다. 바로 이 구조적 모순을 극복함으로써, 다시 말해 종교를 근대적인 것으로 만듦으로써, 그리고 이 종교적 '근대화'를 통해 이미 근대적 운동을 시작한 사회적 영역에 새로운 종교적 정당성과 의미 및 가치를 부여하고 또 더 나아가 아직 근대적 운동을 시작하지 않은 사회적 영역을 그 거대한 시대적 조류에 편입되도록 만듦으로써 사회 전반에 걸쳐 근대적 운동이 가능하도록 만든 이가 다름 아

---

6 이에 대해서는 제3장에서 자세하게 논의할 예정이다.

닌 루터였다.

　이러한 관계는 '증후군의 의학적 이론모델'에 비추어보면 좀 더 명확하게 드러날 것이다. 이 모델은 "복잡한 [의학적] 과정에서는 독립적으로 작용하는 많은 요소를 전제하면서 동시에 선도적 요소를 인정한다. 유럽에서 중세 후기와 초기 근대의 첫 150년 동안에 일어난 균열과 변혁은 다수의 요소에 의해 결정되었다. 그러나 늦어도 루터의 등장과 더불어 종교라는 선도적 요소가 형성되었으니, 그것은 여러 세대 동안 의미를 창출하고 세계를 설명하는 힘으로뿐만 아니라 문화적·사회적 변동의 추동력으로 작용했다."[7] 증후군의 의학적 모델에 따르면 ― 중세 후기와 초기 근대에서 루터의 종교개혁과 다른 사회적 영역들의 관계를 보다 자세하게 논하자면,

　　　[변동의] 개별적인 야기자들은 독립적인 것이면서 상호 간에 영향을 끼치는 것으로 간주된다. 이 경우 전체적인 효과는 그 야기자들의 그때그때의 조성에 달려 있지만 선도적 요소와 핵심적 과정에도 달려 있는데, 이들 요소와 과정은 상황에 따라 달라질 수 있다. '구 유럽'의 사회적 상황에서 종교는 그와 같은 선도적 범주였다. […] 체계적 관점에서 보면 이에 대한 근거는 정치에 대한 독특한 이해, 즉 분명히 중세와 초기 근대사회의 구조와 그로부터 연유하는 욕구에 부합하여 정치를 이해한 데에서 찾을 수 있다. 그러니까 정치의 근대적 이해는 정치의 자율성을 강조하고, 교회나 종교를 단지 세속적인 상위적 전(全) 체계의 하부체계로 파악하는 반면, 국가적·사회적 질서에 대한 구 유럽의 지배적인 관념은 언제나 종교와 교회를 포함했다. 이는 심지어, 종교가 정치적·사회적 사안에 대한 직접적인 간섭을 반대한 토머스 홉스나 장 자크 루소와 같은 이론가들에게

7　Heinz Schilling, 앞의 책(2016), 624쪽.

도 적용된다. 구 유럽 사회에서는 종교와 교회가 사회적 전(全) 체계를 담지하는 중심적 축이었다. 우리는 17세기 독일의 법률가에게서 "종교는 사회의 끈이다"라는 명제를 듣는다. 종교는 사회를 통합하는 끈으로서, 이끈이 없으면 질서 있는 사회적 공동생활이 가능하지 않다. 초기 근대적 사회화의 이러한 종교사회학적 공리를 염두에 두면, 종교와 교회적 제도 자체가 이미 정치적·사회적 사안이었으며, 따라서 종교적 변동은 동시에 사회적 변동이었다는 사실이 명료해진다.[8]

이처럼 중세 후기와 초기 근대에 종교가 사회적 체계에서 선도적 지위를 차지했다고 해서 마치 종교개혁과 더불어 중세가 루터의 지휘 아래 일사불란하게 근대를 향해 진군했다는 식으로 해석해서는 안 된다. 사회의 모든 하부체계는 자체적인 논리에 따라 작동하고 서로서로 영향을 주고받으면서 근대를 각인하고 결정했다. 다만 이 과정에서 종교에게 중심적인 기능이 주어졌을 뿐이며, 또한 사회적 체계와 그 변동의 중심축인 종교도 다른 사회적 체계에 의해 영향을 받았다. 루터의 종교개혁은 근대를 결정적으로 각인했지만, 역으로 근대적 요소들은 종교개혁의 전제조건이었고 추동력이었다.[9] 루터는 사회의 다양한 영역에서 분산되어 진행되던 근대적 운동을 종교개혁을 통해 비교적 통일적으로 진행되도록 만들었다. 비유적으로 표현하자면, 루터는 근대화가 전 사회적 차원에서의 변혁 운동이 되도록 '킥오프'를 했으며 이렇게 킥오프된 전 사회적 근대화 운동을 선도했다. 결과적으로 이 전형적인 중세인은 그 어떤 근대인보다도 근대를 결정적으로 각인했다. 이는 무엇보다도 개인화, 탈주술화, 세속화, 분화에서 볼 수 있다. 물론 근대의 이 중요

---

8 Heinz Schilling, 앞의 글(1994), 7~8쪽.
9 이에 대해서는 제3장과 제4장에서 자세하게 논의할 예정이다.

한 사회학적 지표들이 루터에 의해서 달성되었다는 뜻은 아니다. 다만 루터의 종교개혁과 더불어 그렇게 될 수 있는 전 사회적 차원의 계기가 마련되었다는 뜻이다. 진정한 의미에서의 근대적 사회, 즉 개인화되고 탈주술화되고 세속화되고 분화된 사회는 그 계기를 발판 삼아 장기간에 걸쳐 발전한 결과다.[10]

루터는 자신이 근대적 운동의 선도적 기능을 한다는 자각이 없었다. 아니 그에게는 근대라는 관념이 전혀 없었다. 그는 최초의 근대인이 아니라 마지막 중세인이었다. 그는 단지 종교개혁 신학이라는 새로운 신학적 패러다임에 입각해 자신의 시대가 안고 있는 다양한 사회적 문제와 씨름하는 과정에서 중세적인 답이 아니라 근대적인 답을 얻었을 뿐이다. 그럼으로써 자신의 의지나 동기와 전혀 무관하게 근대적 운동을 선도하는 위치에 있었다. 이른바 행위의 의도하지 않은 결과였다.

루터에 의해 창출된 근대적인 종교적-사회적 끈에는 여전히 중세적인 요소들이 혼재해 있었다. 그 끈은 울리히 츠빙글리(1484~1531)와 장 칼뱅(1509~64) 등 그를 이은 종교개혁가들에 의해 더욱더 근대적 성격을 띠게 되며, 따라서 사회를 더욱더 근대적으로 이끌게 된다. 그리고 종교개혁 시대를 지나면서 늦어도 계몽주의 시대에 이르면 이 끈은 아예 끊어져 버리며, 따라서 사회의 각 영역이 그리고 개인이 종교로부터 해방되어 스스로의 원리와 법칙을 따르게 된다. 보편주의가 특수주의 또는 다원주의로 교체된다.

바로 이것이 오늘날 우리가 이해하는 근대다. 이처럼 근대는 그 본격적인 운동을 촉발한 루터와 너무 멀리 떨어져 있다. 그리고 이런 근대는 루터가 바라던 바도 아니다. 새로운 종교적 원리에 의해 통합되는 세계, 바로 이것이 저 위대한 종교개혁가가 진정으로 꿈꿨던 세계였다. 그러

---

10 이에 대해서는 제5장에서 자세하게 논의할 예정이다.

나 그 종교는 사회를 구성하는 다양한 요소 가운데 하나가 되었고 루터에게 종교 그 자체인 기독교도 다양한 교파와 분파로 나누어졌다.

루터는 근대인도 아니었고 근대가 루터로부터 발원한 것도 아니다. 그는 근대의 아버지가 아니다. 근대는 단 하나의 원천과 원리에 의해 설명할 수 없다. 근대는 수많은 아버지를 가지며 또한 수많은 어머니를 갖는다.[11] 루터는 그들 가운데 하나다. 그는 근대의 시원 그 자체가 아니라 수많은 시원 가운데 하나다. 그런데 그 가운데 누구보다도 결정적으로 근대를 각인한 이가 바로 루터다. 그 이유는 중세의 가장 강력한 힘인 종교를 개혁하고 사회를 새로운 끈으로 묶어서 전 사회적 차원에서 근대적 운동이 가능토록 했기 때문이다. 루터는 최초의 근대인이 아니라 마지막 중세인이었다. 이 마지막 중세인은 인간 영혼의 구원이라는 중세적 질문을 던졌다. 그러고는 비중세적 답을 얻었다. 또는 중세적 상황에 대한 질문에서 근대적 메시지를 얻었다.[12] 그리하여 자신은 중세인이면서 중세를 근대로 향하도록 만들었다.

2. 접근 방법을 찾아서: 루터 신학의 사회학적 해석을 위하여

방금 논의한 것으로부터 종교개혁에 대한 다음과 같은 접근 방식이

---

11 Kardinal Walter Kasper, *Martin Luther. Eine ökumenische Perspektive*, Düsseldorf: Patmos 2016 (2. Auflage), 46쪽. 근대의 아버지와 어머니는 개신교 세계에만 있는 것이 아니라 가톨릭 세계에서도 얼마든지 찾아볼 수 있다. 대표적으로 데카르트와 파스칼이 그렇고, 그 밖에도 프랑스와 스페인 및 이탈리아의 위대한 거장을 거론할 수 있다. 같은 책, 44~45쪽. 그리고 Heinz Schilling, 앞의 글(1994)도 참조.

12 Gerhard Ebeling, "Luther und der Anbruch der Neuzeit", in: *Zeitschrift für Theologie und Kirche 69/1972*, 185~213쪽, 여기서는 210쪽.

도출된다. 종교개혁은 단순히 신학적 또는 종교적 관점에 머물러서는 안 되고 종교와 사회의 관계라는 사회학적 관점에서 접근해야 한다. 다시 말해 종교라는 사회적 영역을 비종교적인 사회적 영역, 즉 정치적·경제적·사회적·문화적·예술적·윤리적·과학적·기술적 영역 등과의 관계 속에서 고찰해야 한다. 좀 더 정확히 말하면, 종교와 사회를 일방적 인과관계가 아니라 쌍방적 상호작용의 관계 속에서 고찰해야 한다. 그 이유는 한편으로 종교와 사회를 구성하는 모든 비종교적 영역이 동근원적이고 동가치적이며 한 영역으로부터 다른 영역을 도출하거나 한 영역을 다른 영역으로 환원할 수 없으며, 다른 한편으로 종교와 여타의 사회적 영역은 상호 의존하고 상호 영향을 주고받기 때문이다.[13]

우리가 이 책에서 관심을 갖게 되는 사회는 구체적으로 15세기 후반부터 16세기 전반까지, 그러니까 중세 후기의 끝자락과 초기 근대의 앞자락까지이다. 이 시기 루터의 종교개혁과 서구 사회의 상호작용 관계를 규명하는 것이 이 책의 과제다. 여기에서 우리의 시선은 신학적 또는 종교적 현상이나 역사적 사건으로서의 루터의 종교개혁에 머물지 않는다. 그보다 루터와 근대, 보다 정확히 말하면 루터가 근대에 대해 갖는 의미와 근대가 루터에 대해 갖는 의미에 우리의 사회학적 시선이 향할 것이다. 그러니까 15세기 후반부터 16세기 전반까지 어떻게 루터가 근대에 영향을 끼쳤고, 역으로 어떻게 근대가 루터에게 영향을 끼쳤는가를 추적하는 것, 말하자면 어떻게 루터가 근대를 담지했고, 역으로 어떻게 근대가 루터를 담지했는가를 추적하는 것이 우리의 사회학적 과제인 것이다.[14] 물론 종교개혁의 신학적 또는 종교적 측면과 역사적 측면

---

13 Berndt Hamm, *Bürgertum und Glaube. Konturen der städtischen Reformation*, Göttingen: Vandenhoeck & Ruprecht 1996, 19쪽.
14 물론 루터를 담지한 근대가 이 시기에 한정된다는 뜻은 결코 아니다. 예컨대 초기 자본주의는 중세의 전반적인 경제적 상황과 밀접한 관계 속에서 고찰해야 제

을 무시해서는 안 된다. 왜냐하면 종교개혁은 일차적으로 종교적 차원에서의 개혁이었고 장기간에 걸친 역사적 사건이었기 때문이다. 이 책은 종교개혁의 신학적 또는 종교적 측면과 역사적 측면을 사회학적 관점에서 해석하고 설명하는 작업이다.

아무튼 루터와 근대의 관계를 다음과 같이 간단한 도표로 나타내 보면 우리가 추구하는 사회학적 작업이 무엇인지 보다 가시적으로 와 닿을 것이다.

```
┌────────────────────────────────────────┐
│                                        │
│            루터 ⇄ 근대                  │
│                                        │
└────────────────────────────────────────┘
```

이는 루터와 근대의 관계에 대한 논의가 다시금 루터와 근대, 그리고 근대와 루터의 두 부분으로 구성된다는 것을 암시한다. 전자는 루터가 근대에 대해 갖는 의미를 따진다. 이를 다음과 같이 간단한 도표로 나타내 보면 보다 가시적으로 와 닿을 것이다.

```
┌────────────────────────────────────────┐
│                                        │
│            루터 → 근대                  │
│                                        │
└────────────────────────────────────────┘
```

───────

대로 이해할 수 있을 것이다. 그리고 근대에 대한 루터의 의미도 이 시기에 한정된다는 뜻은 결코 아니다. 그가 근대에 대해 갖는 진정한 문화의의는, 종교가 사회의 끈이던 시대에 일어난 종교개혁이 종교가 더 이상 사회의 끈이 아닌 시대를 결정적으로 각인했다는 사실에 있다. 이를 제대로 밝혀내기 위해서는 루터의 신학적 사상이 수세기에 걸쳐 근대를 형성하고 주조하는 역사적-사회적 과정을 입체적으로 추적해야 한다. 이 두 측면은 앞으로의 루터 연구와 근대화 및 근대성 연구의 중요한 과제가 될 것이다.

이에 반해 후자는 근대가 루터에 대해 갖는 의미를 따진다. 이를 다음과 같이 간단한 도표로 나타내 보면 보다 가시적으로 와 닿을 것이다.

```
루터 ← 근대
```

이 책의 제2장과 제5장은 '루터 → 근대'에 할애되고, 제3장과 제4장은 '루터 ← 근대'에 할애될 것이다. 구체적으로 제2장과 제5장에서는 루터가 근대 신학을 제시하는 과정과 루터가 근대사회를 각인하는 과정을 추적한다. 그리고 제3장과 제4장은 각각 어떻게 근대가 루터의 종교개혁의 전제조건이 되었는가와 어떻게 근대가 루터의 종교개혁을 추동했는가를 논구한다. 이 책의 중점은 근대에 대해 루터가 갖는 의미, 그중에서도 특히 루터가 근대사회를 각인하는 과정, 그러니까 제5장에 있다. 여타의 장들은 어떻게 보면 제5장의 논의를 위한 '서곡'이라고 할 수 있다.

이 중 후자의 경우에는 루터의 종교개혁을 담지한 근대를 사회경제적 및 정치적 측면을 중심으로 살펴보기로 한다. 물론 대학, 인문주의, 중세 신비주의, 인쇄술 등과 같은 정신적-문화적 또는 기술적 측면도 종교개혁의 중요한 전제조건이자 추동력이었다. 그런데 이 책에서는 지면 관계상, 그리고 근대에 대해 루터의 종교개혁이 갖는 문화의의에 초점을 맞추는 관계로 다양한 변수 가운데 ― 적어도 한국에서 ― 비교적 적게 거론되는 또는 제대로 이해되지 않은 채 거론되는 사회경제적 및 정치적 측면에 논의를 한정하기로 한다.

그리고 전자의 경우에는 루터가 근대의 정치·경제·윤리·노동·가족·성·대학 등에 끼친 영향을 기술하고 분석하는 방식이 일반적이다. 그런데 내가 보기에 루터가 근대에 대해 갖는 의미는 단순히 그러한 개별적인 삶의 영역에 머무는 것이 아니라 더 나아가 근대의 중요한 사회학적 지표에까지 이른다. 그것은 개인화, 탈주술화, 세속화 및 분화다. 그리고 근대의 개별적인 삶의 영역도 이 네 가지 지표에 입각하여 고찰할 수 있다. 요컨대 근대에 대해 루터의 종교개혁이 갖는 문화의의는 지금까지 일반적으로 생각해 온 것보다 훨씬 크다.

그렇다면 근대의 중요한 사회학적 지표인 개인화, 탈주술화, 세속화 및 분화는 무엇인가? 그 구체적인 내용은 제5장의 각 절에서 드러날 것이므로 여기서는 서론 격으로 아주 간략하게 짚어보기로 한다. 나는 지난 2014년에 출간한 『환원근대: 한국 근대화와 근대성의 사회학적 보편사를 위하여』에서 사회학적 근대화 이론의 핵심은 개인화와 분화에 있음을 논증하고 그에 근거하여 한국 사회의 근대화와 근대성을 분석한 적이 있다.[15] 개인화란 근대로 넘어오면서 개인이 가족, 집단, 국가, 종교 등 다양한 초개인적 기제의 지배로부터 해방되어 자유롭고 독립적인 존재가 되는 현상을 의미하며, 분화란 다양한 사회적 집단과 영역과 그에 상응하는 다양한 기능이 형성되는 현상을 의미한다.[16] 그런데 여기에 탈주술화와 세속화를 추가할 수 있다. 근대는 개인화되고 탈주술화되고 세속화되고 분화된 세계다. 나는 『환원근대』에서 탈주술화와 세속화의 문제를 다루지는 않았는데, 그 이유는 그 책의 논의 주제가 1960년대 이후 본격화된 한국의 근대화 과정에 국한되어 있기 때문이다. 그러나 근대화에 대한 연구를 전근대사회로까지 확장하려면 탈주술화와 세속화는 반드시 다루어야 한다. 이 점에서 이 책은 『환원근대』의 보충이라고 할 수 있다. 먼저 탈주술화란 세계가 주술로부터 벗어나는

---

15   김덕영, 『환원근대: 한국 근대화와 근대성의 사회학적 보편사를 위하여』, 도서출판 길 2014.

16   같은 책, 43쪽 이하.

것, 즉 주술로부터 해방되는 것을 의미한다. 탈주술화된 세계에서는 개인의 사고와 행위가 합리적인 과학적-기술적 수단과 계산에 준거한다. 그리고 세속화란 종교의 기능이 축소되고 의미가 상실되며 종교적 영향력과 지배력이 축소되며 궁극적으로는 종교적 영역과 비종교적 영역이 분리되어 상호 독립적이 되는 과정을 의미한다. 세속화된 세계에서는 종교와 여타 삶의 영역이 갈등하고 투쟁할 수 있다.

아무튼 루터가 종교개혁을 통해 근대의 중요한 사회학적 지표인 개인화, 탈주술화, 세속화 및 분화를 결정적으로 각인했음을 논증하는 것이 이 책의 핵심적인 과제다. 이 과제를 달성하기 위해서는, 첫째 루터의 신학적 사상을 사회학적으로 해석하고 난 다음, 둘째 그 신학적 사상에 의해 야기된 개인화, 탈주술화, 세속화 및 분화의 과정을 역사적으로 추적해야 한다. 그러나 두 번째는 이 책의 범위를 한참 넘어서는 방대한 작업을 요구하며, 따라서 우리의 논의는 루터 신학의 사회학적 해석에 한정하기로 한다.

여기에서 잠시 막스 베버(1864~1920)로 눈을 돌릴 필요가 있다. 그는 누구보다도 종교가 근대에 대해 갖는 문화의의를 광범위하고 심층적으로 연구했기 때문이다. 주지하다시피, 베버는 저 유명한 「프로테스탄티즘의 윤리와 자본주의 정신」(1904~05)에서 금욕적 프로테스탄티즘, 특히 칼뱅주의가 근대에 대해 갖는 문화의의, 보다 정확히 말하면 근대 자본주의 정신에 대해 갖는 문화의의를 규명하고 있다.[17] 이 연구는 후일

---

17 베버 이외에도 그 동시대 신학자이자 철학자인 에른스트 트뢸치(1865~1923)도 이 주제에 대해 중요한 연구 업적을 남겼는데, 여기서는 지면 관계상 이와 관련된 트뢸치의 저작과 길잡이가 될 만한 참고문헌을 언급하는 데에 그치기로 한다. 먼저 트뢸치 저작으로는 다음을 볼 것. Ernst Troeltsch, *Schriften zur Bedeutung des Protestantismus für die moderne Welt (1906~1913): Kritische Gesamtausgabe, Band 8*, Berlin & New York: Walter de Gruyter 2001a, 특히 "Luther und die moderne

유교와 도교, 힌두교와 불교, 고대 유대교 등 세계종교의 경제윤리에 대한 보편사적 비교연구의 준거가 된다.[18] 이에 반해 루터나 루터주의가 베버의 지적 세계에서 차지하는 위치는 상당히 주변적이다. 베버는 루터나 루터주의를 독립적인 연구 대상으로 삼은 적이 단 한 번도 없다. 다만 「프로테스탄티즘의 윤리와 자본주의 정신」에서 칼뱅주의의 역사적 개체성과 독특성을 보다 명백히 드러내기 위하여 칼뱅주의와 루터주의를 비교할 뿐이다.[19] 거기에서 베버는 한편으로 다음과 같이 루터를 높이 평가하고 있다.

[이처럼] 세속적인 직업 생활에 도덕적 특성을 부여하는 것은 종교개혁, 그중에서도 특히 루터의 가장 영향력 있는 업적 가운데 하나라는 점은 사실상 의심할 여지가 없으며 결국 상식으로 간주될 수 있다.[20]

Welt"(1908), 59~97쪽[2001b], "Die Kulturbedeutung des Calvinismus"(1910), 146~81쪽[2001c], "Die Bedeutung des Protestantismus für die Entstehung der modernen Welt"(1906/1911), 199~315쪽[2001d]; Ernst Troeltsch, *Protestantisches Christentum und Kirche in der Neuzeit (1906/1909/1922): Kritische Gesamtausgabe, Band 7*, Berlin & New York: Walter de Gruyter 2004. 그리고 다음의 총서에 담겨 있는 글들을 보면 프로테스탄티즘과 근대 세계에 대한 트뢸치의 연구를 이해하는 데 도움이 될 것이다. Horst Renz·Friedrich Wilhelm Graf (Hrsg.), *Troeltsch-Studien, Band 3: Protestantismus und Neuzeit*, Gütersloh: Gerd Mohn 1984.

18 이에 대한 자세한 논의는 다음을 참고할 것. 김덕영, 「해제: 종교·경제·인간·근대 ─ 통합과학적 모더니티 담론을 위하여」, 막스 베버(김덕영 옮김), 『프로테스탄티즘의 윤리와 자본주의 정신 ─ 보론: 프로테스탄티즘의 분파들과 자본주의 정신』, 도서출판 길 2010, 513~669쪽.

19 이에 대해서는 무엇보다도 다음을 참고할 것. Hartmut Lehmann, *Max Webers "Protestantische Ethik". Beiträge aus der Sicht eines Historikers*, Göttingen: Vandenhoeck & Ruprecht 1996, 30~41쪽.

20 막스 베버, 『프로테스탄티즘의 윤리와 자본주의 정신 ─ 보론: 프로테스탄티

다른 한편으로 루터와 루터주의의 직업 개념에 상당히 제한적인 의미만을 부여하고 있다.

> 결국 루터의 직업 개념은 [이처럼] 전통주의에 속박되어 있었다. 직업이란 인간이 신의 섭리로 **감수하고** 거기에 "순응해야 하는"것이다. 이러한 색채가 그의 또 다른 사상, 즉 직업노동은 신이 부여한 하나의 임무, 아니 **유일무이한** 임무라는 사상을 가려버렸다. 거기다가 정통 루터주의의 발전은 이러한 특성을 한층 강조했다. 그리하여 루터가 맨 처음 거두어들인 유일한 윤리적 수확은 소극적인 것이었다. 다시 말해 금욕주의적 의무가 더 이상 현세적 의무보다 우위에 있지 않게 되었으며, 이는 또한 세속 정부에 복종하고 주어진 처지에 순응하라는 설교와 결부되었던 것이다.[21]

요컨대 루터와 루터주의는 근대 자본주의 정신과 선택적 친화력을 가질 수 없었다는 것이다. 그것을 가진 것은 칼뱅과 칼뱅주의였다. 그리고 베버에 따르면 — 방금 인용한 구절의 마지막 부분을 보면 알 수 있듯이 — 루터는 인간이, 직업적 삶에서 신의 섭리에 순응하듯이, 세속 정부, 그러니까 국가와 그 권력에 복종해야 한다고 역설한다.[22] 베버는 『경제와 사회』(1922)에서 주장하기를, 루터(주의)는 국가를 신의 의지에 따른 권위이기 때문에 거기에 절대 복종해야 한다는 견해를 내세우며, 따라서 근대국가와 전혀 선택적 친화력을 가질 수 없었다. 아니 오히려 비스마르크 시대의 독일 국가와 같은 가산제적 제후지배 또는 가부장적-가산제적 관헌국가의 직접적인 원인이 되었다. 이에 반해 칼뱅(주

즘의 분파들과 자본주의 정신』, 도서출판 길 2010 (김덕영 옮김; 원제는 Max Weber, *Die protestantische Ethik und der Geist des Kapitalismus*), 124쪽.

21 같은 책, 129쪽.

22 직업과 세속 정부(국가)에 대해서는 제5장 제4절에서 자세하게 논의할 예정이다.

제1장 논의를 시작하면서 33

의), 특히 청교주의는 일체의 피조물 신격화를 배격하기 때문에 국가권
력의 행사를 일종의 '비즈니스'로 보고 지배자와 그들의 관료들을 다른
사람들과 마찬가지로 죄인으로 보며 그들보다 더 현명하다고 보지 않
는다. 근대의 기관국가, 즉 정치적 기관이란 의미에서의 국가는 바로 여
기에 그 직접적인 이념적 연원을 갖는다.[23] 결국 루터와 루터주의는 근
대적 사회와 정치가 발전하는 데에 지극히 제한적인, 그리고 심지어 부
정적인 역할밖에 하지 못했다는 것이 베버의 논지인 것이다. 그 이유는
베버에 따르면 루터주의가 반금욕주의적·전통주의적·신비주의적·권
위주의적 성격을 가지며, 따라서 — 칼뱅주의에서 볼 수 있는 바와 같
은 — 합리적이고 적극적인 세계 지배와 형성의 동인을 결여했기 때문
이다.[24]

루터와 루터주의에 대한 베버의 입장이 얼마나 부정적이었는지는 그
가 1906년 2월 5일 신학자 아돌프 하르나크(1851~1930)에게 보낸 다
음의 편지에서 알 수 있다.

루터는 다른 모든 사람들에 비해 탑처럼 아주 높이 솟아 있습니다. 그
렇지만 내가 보기에, 그리고 부정할 수 없는바, 루터**주의**는 그 **역사적** 형태
에서는 끔찍한 것들 가운데 가장 끔직한 것이며, 또한 그것은 심지어 그대
가 미래에 발전하리라고 희망하는 이상적인 형태에서조차도 나에게, **우리**

---

23 기관국가(Anstaltsstaat)란 "합리적으로 제정된 '헌법'과 합리적으로 제정된 '법
률'을 갖춘, 그리고 합리적인, 다시 말해 제정된 규칙들이나 '법령들'에 준거하
는 **전문** 관료들에 의한 행정을 갖춘 국가"를 가리킨다. 막스 베버, 앞의 책(2010),
15쪽.

24 이 단락은 다음을 요약한 것임. Sabine Holtz, "Staat, Gesellschaft und Luthertum
bei Max Weber", in: Hartmut Lehmann · Jean Martin Ouédraogo (Hrsg.), *Max
Webers Religionssoziologie in interkultureller Perspektive*, Göttingen: Vandenhoeck &
Ruprecht 2003, 175~92쪽.

독일인들에게, 삶을 관철하는 힘을 얼마나 줄 수 있을지 무조건 확신할 수 없는 구성물입니다.[25]

루터와 루터주의에 대한 베버의 이처럼 매우 부정적인 평가는 그 당시의 역사적 루터주의 또는 그 당시 루터주의의 역사적 형태가 지극히 권위주의적이고 보수적이었다는 사실에 그 지식사회학적 원인이 있다. '제위(帝位)와 제단(祭壇)의 동맹'이라는 슬로건에 상징적이고도 응축적으로 표현되어 있듯이, 루터주의는 권위주의적인 관치국가와 아주 긴밀한 관계를 유지했다. 베버가 보기에 "끔찍한 것들 가운데 가장 끔찍한 것"은 다른 모든 사람보다 아주 월등한 루터의 사상에서 그 궁극적인 연원을 찾을 수 있다.[26] 그러나 새로운 연구의 결과, 베버의 평가와 달리 루터와 루터주의가 칼뱅과 칼뱅주의 못지않게 긍정적인 역할을 했음이 밝혀지고 있다. 내가 보기에 다음과 같은 주장은 전적으로 동의할 만하다.

칼뱅주의가 국가와 사회의 형성에서 기여한 중요한 역할이라고 베버가 주장한 바를, 새로운 연구에 따를 것 같으면, 루터주의도 떠맡았다. 물론 루터주의가 국가와 사회의 형성에 기여한 바는 칼뱅주의가 이 발전 과정에서 갖는 지분과는 다른 종류의 것이다. 루터주의가 기여한 바는 정치적 발전 결과에 직접적으로 영향을 끼친 것보다는 […] "변화의 잠재성"에서 찾을 수 있다. 루터와 루터 정통주의 신학자들은 무엇보다도 ── 이는 종교적으로도 이해할 수 있는 것이다 ── 일상 세계의 가치를 절상함으로써,

25 Max Weber, *Briefe 1906~1908: Max Weber Gesamtausgabe II/5*, Tübingen: J. C. B. Mohr (Paul Siebeck) 1990, 32쪽.
26 Sabine Holtz, 앞의 글(2003), 186, 190쪽.

서구 근대성이 생성되고 실현되도록 적극적으로 작용한 정신적 구조들을 창출하고 각인하는 데에 기여했다.[27]

그리고 이어지는 다음과 같은 주장에도 전적으로 동의하는 바다.

그런데 이러한 통찰은 궁극적으로, 자신의 이념형적 방법을 모든 시대의 역사적 현상을 포괄하고, 그것들에 통용되는 것으로 결코 간주하지 않는 베버와 모순되지 않는다. 비록 새로운 종류의 문헌들이 해명됨에 따라 루터주의의 전형적인 이미지가 수정되어야 하지만, 종교적 신앙교의가 인간의 정신을 어떻게 각인하며 또한 이렇게 종교적으로 각인된 정신이 사회적·정치적·경제적 영역에서 어떻게 작용하여 어떠한 결과를 가져왔는가 하는 문제와 관련하여 베버가 발전시킨 문제 제기는 그 현시성(現時性)을 조금도 잃어버리지 않았다.[28]

요컨대 베버는 종교와 근대의 관계에 대해 연구하는 우리에게 어디까지나 문제 제기자이지 문제 해결자는 결코 아니라는 뜻이다. 문제 해결은 전적으로 우리의 몫이다. 그러니까 베버는 종교가 근대 세계의 발전 과정에서 한 역할에 대해 연구하는 사회과학자들에게는 고전적이고도 영원한 문제 제기자이고, 각각의 연구자는 그러한 베버에 준거하면서 나름대로의 문제를 해결해야 하며, 또한 그럼으로써 베버를 비판하고 수정·보충해야 한다. 바로 이것이 과학의 발전이다.[29]

---

27 같은 글, 191∼92쪽.
28 같은 글, 192쪽.
29 이는 누구보다도 베버가 잘 설파하고 있다. 그는 1917년의 강연 "직업으로서의 과학"에서 다음과 같이 말하고 있다. 직업으로서의 과학을 추구하는 사람이면 누구나 "그가 연구한 것이 10년, 20년, 50년이 지나면 낡은 것이 돼버린다는 것

3. 이 책의 범위와 한계

방금 앞 절의 전부분에서 언급한 내용이 곧 이 책의 한계이다. 그 밖에도 이 책은 수많은 한계점을 안고 있는바, 그 가운데 가장 중요한 몇

을 잘 알고 있다. 이것이야말로 과학 연구의 운명이며, 아니 더 나아가 과학 연구의 **의미**다. 과학은 똑같은 운명에 처해 있는 그 밖의 모든 다른 문화요소의 경우와는 대비되는 매우 독특한 의미에 있어 이 운명과 의미에 예속되고 노출되어 있다. 과학상의 모든 '완성'은 새로운 '질문'을 의미하며 다른 것에 의해서 '능가되고' 낡은 것이 되기를 **원한다**. 과학에 봉사하고자 하는 사람은 누구나 이것을 감수해야 한다. 물론 과학적 업적은 그것의 예술적 우수성 때문에 '향유 수단'으로서 또는 교육 수단으로서 지속적으로 그 중요성을 유지할 수 있다. 그러나 과학적으로 극복된다는 것은 — 다시 한 번 반복하지만 — 과학자들 모두의 숙명일 뿐만 아니라 그들 모두의 목적이기도 하다. 우리는 다른 사람들이 우리들보다 더 멀리 나아가기를 희망하지 않고서는 과학적인 일을 할 수 없다. 원칙적으로 이러한 진보는 무한히 계속된다." Max Weber, *Gesammelte Aufsätze zur Wissenschaftslehre*, Tübingen: J. C. B. Mohr (Paul Siebeck) 1973 (4. Auflage; 1. Auflage 1922), 592~93쪽.

솔직히 나는 — 여기에서 잠시 개인적인 이야기를 하자면 — 베버의 루터 해석이 지고지순한 진리인 줄 알았다. 그 까닭은, 아니 그럴 수밖에 없었던 것은, 내가 베버주의자로서 베버를 통해 루터를 알았기 때문이다. 아니 사회학자가 그 밖에 달리 루터를 알 수 있는 길이 없지 않은가! 그러다가 어깨너머로 신학과 루터를 배우게 되면서 베버의 루터 해석에는 무언가 큰 문제가 있다는 생각이 서서히 들기 시작했으며, 그에 따라 자연스레 베버주의자로서 상당히 심각한 내적 갈등을 겪게 되었다. 그러나 여러 번다한 일로 신학과 루터에 대한 공부를 더 이상 진척시키지 못하게 되면서 베버의 루터 해석이라는 문제는 내 의식의 저편으로 밀려나고 말았으며, 그에 따라 베버주의자로서의 내적 갈등도 자연스레 '치유'되었다. 그러다가 이번에 종교개혁 500주년을 맞이하여 루터와 근대의 관계에 대한 신학적-사회학적 저서를 내게 되면서 '운명적으로' 베버의 루터 해석이라는 문제와 다시 마주하게 되었다. 사실 그 문제는 이 책을 쓰게 된 간접적인 동기였다. 이 점에서 이 책은 베버주의자가 베버에 접목하면서 — 비록 지극히 피상적이지만 — 베버를 비판하고 수정하면서 보충하는 작업이기도 하다. 베버와 더불어 베버를 넘는다! — 바로 이것이 이 책이 추구하는 작은 과학적 목표다.

몇만 거론하기로 한다.

먼저 이 책의 논의 대상은 루터에 한정되어 있다. 사실 종교개혁은 루터와 그가 활동한 도시 비텐베르크에 한정된 것이 아니다. 츠빙글리와 칼뱅을 비롯한 수많은 개혁가와 그들이 활동한 취리히와 제네바 등의 도시가 없었다면 종교개혁은 완성될 수 없었다. 또한 '제후(들) 종교개혁', '도시(들) 종교개혁'이라는 용어가 있을 정도로 제후들과 도시들도 종교개혁에서 결정적인 역할을 했고 루터의 영향으로 일어난 농민전쟁도 종교개혁을 나름대로의 방식으로 각인했다. 그리고 예술가들을 비롯해 여성들도 종교개혁의 역사에서 일정한 지분을 갖는다. 더 나아가 가톨릭을 언급할 수 있다. 왜냐하면 루터의 종교개혁적 신학이 형성되는 과정에서 로마교황 및 가톨릭 신학자들과의 갈등과 투쟁을 결코 빼놓을 수 없기 때문이다. 게다가 루터의 개혁에 대한 반동으로 일어난 가톨릭 개혁도 역시 종교개혁의 일환으로 볼 수 있고 또 보아야 한다. 마지막으로 시간적 측면에서 종교개혁은 짧게 잡아도 개인의 종교적 자유가 허용되는 1648년 베스트팔렌 조약까지 이른다고 할 수 있다. 요컨대 종교개혁은 다양한 개인과 사회집단이 직간접적으로 관여하고 장기간에 걸쳐 유럽 사회 전체를 뿌리째 뒤흔든 대사건이었다. 이 모든 것에 대한 논의가 이루어져야 비로소 종교개혁이라는 풍경화가 완성될 터이다.

이 모든 것에도 불구하고 이 책은 지면 관계상 루터에 대한 논의에 초점을 맞추기로 한다. 츠빙글리나 칼뱅 같은 다른 종교개혁가들이나 제후들의 종교개혁과 도시들의 종교개혁과 같은 종교개혁의 다른 측면들을 논하는 경우에도 그 의미는 어디까지나 루터와의 관계 속에서 갖게 된다. 종교개혁처럼 다면적이고 장기간에 걸쳐 진행된 역사적 사건을 이처럼 크게, 아니 무모하리만큼 제한할 수 있는 근거는 다음과 같다. 비록 종교개혁은 루터 한 사람의 작품이 아니지만, 루터가 이 거대한 개

혁 운동에 시동을 걸었고 루터가 그 토대를 구축했기 때문이다. 종교개
혁은 — 어떤 방향과 어떤 형태를 취하더라도 — 루터라는 인물과 그의
저작 및 활동에서 준거점을 찾았다. 그러므로 루터는 종교개혁을 이해
하고 설명하는 열쇠이자 핵심이다.[30] 바로 이런 연유로 이 책의 제목을
'루터와 종교개혁'으로 정한 것이다.

그리고 이 책은 신학과 역사학 및 사회학이 중첩하면서도 그 어느 분
야에도 충실하지 못한다는 한계가 있다. 솔직히 이 책은 신학자의 눈에
는 피상적으로 보일 것이고, 역사학자의 눈에는 어설퍼 보일 것이며, 사
회학자의 눈에는 거칠어 보일 것이다. 신학자가 보기에 방대하기 이를
데 없는 루터의 저작 가운데 지극히 작은 부분만을 끌어들이면서 2차
자료에 크게 의존하고 있는 것이 이 책의 결정적인 하자일 것이고, 역사
학자가 보기에 초기 근대에 대한 몇몇 역사학자의 기존 연구를 요약하
는 수준에 그치고 있는 것이 결정적인 하자일 것이며, 사회학자가 보기
에 근대화와 근대성의 중요한 사회학적 지표를 한정된 지면에서 거칠
게 논의하고 있는 것이 결정적인 하자일 것이다. 게다가 철학자의 눈에
는 무언가 결핍되어 보일 것이다. 루터와 인문주의와의 관계에 대한 논
의와 루터가 그토록 비판한 아리스토텔레스 철학에 대한 논의, 중세 철
학 등에 대한 논의가 빠져 있기 때문이다. 그러나 이 모든 문제점에도
불구하고 종교개혁을 개인화, 탈주술화, 세속화, 분화라는 근대의 중요
한 지표들과의 관계 속에서 포괄적으로 고찰하려는 시도는 국제적으로
도 아직 그 전례가 없지 않나 싶다. 바로 이 점이 이 책이 갖는 작은 연
구사적 의미일 것이다.

이미 앞 절에서 명백하게 밝혔듯이, 이 책은 신학적 연구가 아니라 종

---

30 Wolf-Dieter Hauschild, *Lehrbuch der Kirchen- und Dogmengeschichte*, *Band 2:
    Reformation und Neuzeit*, Gütersloh: Gütersloher Verlagshaus 1999, 33~34쪽.

교와 사회의 관계를 살피고 종교의 사회적 의미를 밝히는 사회학적 연구다. 그러므로 신앙의 관점이 아니라 과학적 관점을 취하는 가치중립적인 글이다. 물론 신앙인도 이 책의 독자가 될 수 있다. 다만 몇 가지 유의할 점이 있다. 첫째, 개신교와 가톨릭교의 대결이라는 틀에서 이 책을 접하면 안 된다. 오늘날의 가톨릭은 루터가 개혁의 대상으로 삼았던 16세기 초의 가톨릭이 더 이상 아니다. 가톨릭도 끊임없이 개혁을 해왔기 때문이다. 둘째, 특정한 교파나 분파를 옹호하거나 비판하기 위한 도구로 이 책을 읽어서는 안 된다. 셋째, 이 책에서는 같은 용어를 신학이나 교회에서 사용하는 것과 달리 표현하고 있다는 점을 유념해야 한다. 예컨대 '하나님' 대신에 '신'이라는 용어를 쓰고 불가피하다고 판단되는 경우 이외에는 — 예컨대 '(신의) 말씀' — 존칭을 생략했다.

그리고 기술적인 측면에서도 몇 가지 사항을 일러두고자 한다. 첫째, 루터 저작을 인용하는 경우 신학자들의 방식이 아니라 내가 지금까지 해온 방식을 따랐으며, 각주에서는 편의상 분량이 큰 것은 '책'으로, 분량이 적은 것은 '글'로 표기했다. 둘째, 번역서를 인용하는 경우 이 책의 체제에 맞도록 변경했다. 셋째, 외국어 문헌을 인용하는 경우 필요에 따라 한국어 번역서를 참고하고 최대한 그것을 따르려고 노력했으며, 반대로 한국어 번역서를 인용하는 경우 필요에 따라 원서를 참고했다. 아직 여러모로 신학에 자신이 없기 때문이다.

나는 — 게오르그 짐멜(1858~1918)을 원용하자면 — 이 책의 단 한 줄에서도 신학적 논의를 의도하지 않는다. 이렇게 말하면 즉각 다음과 같은 반론을 제기할 수 있을 것이다. 이 책의 부제는 '근대와 그 시원에 대한 신학과 사회학'이고 제2장에서는 루터가 근대 신학을 제시하는 과정을 추적하고 있지 않은가? 물론 그렇다. 루터는 일차적으로 신학적 논의의 대상이다. 그러나 나는 이 책에서 — 계속해서 짐멜을 원용하자면 — 신학이 하나의 관점에서 접근하는 루터를 다른 하나의 관점에서 접근할 것이다.[31] 그 관점이 바로 사회학이다. 루터 신학의 사회학적 해석이 이 책이 추구하는 인식 목표다. 그러므로 이 책의 부제 '근대와 그 시원에 대한 신학과 사회학'에서 — 또다시 짐멜을 원용하자면 — 신학은 인식의 '내용'이 되고 사회학은 인식의 '형식'이 된다.[32] 그리고 제2장의 경우 우리의 관심은 신학 그 자체가 아니라 근대적 사유로서의 신학, 즉 근대의 구성요소로서의 신학이다. 아무튼 단 한 줄도 신학적 연구가 아닌, 그리고 단 한 줄도 역사학적 연구가 아닌, 이 책이 전문 신학자와 역사학자들이 볼 때 결정적인 하자가 없다면 아마추어로서 더 이상 바랄 것이 없을 것이다. 전문가들의 비판과 질책을 겸허히 받아들일 것이다.

솔직히 말해, 이 책은 종교와 근대의 관계에 대한 본격적인 연구라기보다 하나의 예비 연구, 아니 하나의 습작에 지나지 않는다. 독자들이 보기에 이 습작의 의미는 근대화와 근대성에 대한 연구라는 데에 있을 것이다. 그러나 나는 여기에서 더 나아가 이 습작의 의미를 궁극적으로 한국 사회에서 찾는다. 이 책은 조선 후기의 정신적 조류와 한국 사회의 근대화와 근대성의 관계에 대한 연구를 위한 하나의 예비 연구, 아니 습작이다. 나는 후일 다산 정약용(1762~1836)이 루터와 같이 한 시대의 끝자락에서 사유했지만 루터와 달리 한 시대의 앞자락을 열어젖히지 못했음을 사회학적으로 논증할 것인바, 그때 이 책을 길잡이로 삼을 것이다. 그 이유는 다산이 루터만큼 위대하지 못해서가 아니라 다산이 처

---

31 짐멜은 그의 철학적 주저인 『돈의 철학』에서 일반적으로 경제학적 관점에서 접근하는 돈을 자신은 다른 하나의 관점, 즉 철학적 관점에서 접근하며, 따라서 그 책의 단 한 줄에서도 경제학적 접근을 시도하지 않는다고 말하고 있다. 게오르그 짐멜, 『돈의 철학』, 도서출판 길 2013 (김덕영 옮김; 원제는 Georg Simmel, *Philosophie des Geldes*), 20쪽.

32 김덕영, 『게오르그 짐멜의 모더니티 풍경 11가지』, 도서출판 길 2007, 324쪽 이하.

하고 사유한 역사적 배경 및 사회적 구조가 루터가 처하고 사유한 역사적 배경 및 사회적 구조와 달랐기 때문이다. 이런 의미에서 나는 이 책을 2014년에 출간된 나의 책『환원근대: 한국 근대화와 근대성의 사회학적 보편사를 위하여』의 후속작으로 여긴다. 그 책은 한국의 근대화와 근대성에 대해 내가 장기적으로 추진해 나갈 연구의 총론 격으로 쓴 것이다.

제2장

루터와 근대 1 : 루터, 근대 신학을 제시하다
—그 핵심이 형성되는 과정을 중심으로—

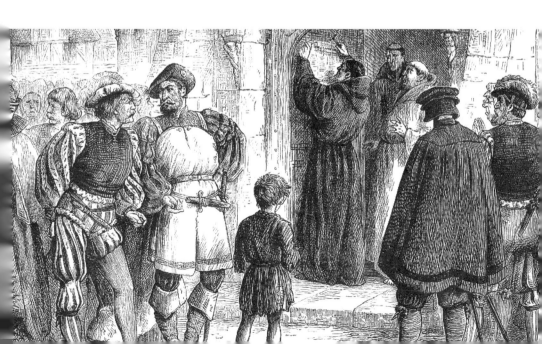

이 장은 근대에서 루터에 대한 의미를 논하는 첫 번째 부분으로서, 루터가 근대 신학을 제시하는 과정을 추적한다. 루터는 근대라는 한 시대의 앞자락에서 사유한 것이 아니라 중세라는 한 시대의 끝자락에서 사유하면서 근대라는 새 시대를 열었다. 이 전형적인 중세인 루터는 고대를 통해 중세에서 근대로 넘어감으로써 신학적 패러다임의 전환을 이룰 수 있었다. 이 장은 구체적으로 다음과 같이 네 부분으로 구성된다. 첫째, 루터는 최초의 근대인이 아니라 마지막 중세인이었음을 논증하는데, 이 부분에서는 그의 가정적·교육적 배경과 수도사 시절이 논의의 대상이 된다. 둘째, 루터는 고대를 통하여 중세에서 근대로 넘어갔음을 논증하는데, 이 부분에서는 그가 아우구스티누스 신학 및 바울 신학과 씨름하면서 성서를 새롭게 해석하는 과정이 논의의 대상이 된다. 셋째, 루터에 의해 신학적 패러다임의 전환이 일어났음을 논증하는데, 이 부분에서는 기독교 신학의 핵심인 칭의론(稱義論)이 논의의 대상이 된다. 넷째, 루터는 새로운 신학적 패러다임에 입각하여 중세의 스콜라 신학과 그 철학적 토대를 철저하게 부정했음을 논증하는데, 이 부분에서는 특히 아리스토텔레스(기원전 384~322)에 대한 그의 비판이 논의의 대상이 된다.

1. 한 시대의 끝자락에 서다

흔히 생각하는 바와 달리, 루터는 최초의 근대인이 아니었다. 그는 마지막 중세인이면서 뼛속까지 중세인이었다. 그는 철저히 중세적인 분위기에서 성장하고 살아가며 구원을 추구했으며, 따라서 로테르담의 에라스무스(1466~1536)나 칼뱅과 달리 자신이 근대가 시작하는 시기를 살아간 인물이 아니라 중세가 끝나는 시기를 목격한 증인이라고 믿었다.[1] 그런데 매우 역설적이게도 네덜란드나 프랑스와 같이 당시 가장 근대적인 사회의 그 어떤 다른 사람도 아닌, 폐쇄적인 기독교 사회인 독일의 이 중세적인 너무나도 중세적인 루터에 의해서 근대적 신학으로의 패러다임 전환이 이루어졌다. 그러나 다른 한편 만약 루터가 중세적 신앙의 본질과 형식 및 방법을 정확히 이해하고 지배할 수 없었다면 중세 가톨릭교회에 대한 그 어렵고도 긴 투쟁을 그토록 탁월하게 이끌 수는 없었을 것이다. 중세의 극복은 다름 아닌 중세의 토양에서 이루어졌던 것이다.[2] 루터의 중세성은 가정과 사회, 학교 그리고 수도원에서 매개되고 강화되었다.

루터는 1483년 11월 10일 만스펠트 방백국(方伯國)에 속하는 광산 도시 아이슬레벤에서 광산업자인 아버지 한스 루터(1459~1530)와 어머니 마르가레테 루터(1459~1531, 처녀 시절 성은 린데만) 사이에서 첫째 아이로 태어났다. 그리고 1546년 2월 18일 고향인 아이슬레벤에서 눈을 감았으며, 40년 가까이 살면서 연구와 강의를 하고 신학적 패러다임을 전환하며 열정적으로 종교개혁을 추진하던, 그리하여 그의 영원한

---

1 Heiko A. Obermann, *Zwei Reformatoren. Luther und Calvin. Alte und Neue Welt*, Berlin: Siedler 2003, 72쪽.

2 Hanns Lilje, *Martin Luther in Selbstzeugnissen und Bilddokumenten*, Reinbek bei Hamburg: Rowohlt 1965, 54~55쪽.

정신적 고향이 된 비텐베르크의 궁정교회의 제단 아래에 잠들어 있다.

루터의 아버지는 헨네베르크 방백국에 속하는 뫼라라는 농촌에서 부유한 농가의 장남으로 태어났으며, 어머니는 뷔르츠부르크 주교국에 속하는 도시 '노이슈타트 안 데어 잘레'에서 명망 있는 가문의 딸로 태어났다. 그들은 1479년 또는 1480년에 작센 선제후국에 속하는 도시 아이제나흐에서 결혼했다(아이제나흐와 뫼라는 20킬로미터 정도밖에 떨어져 있지 않다). 당시 마르가레테의 아버지는 아이제나흐의 시참사회 의원이었고, 그녀의 형제들은 대학 교육을 받은 법률가였다. 그런데 한스 루터는 농장의 상속권이 없었기 때문에(루터 가문에서는 대대로 상속권이 막내아들에게 있었다), 만스펠트 방백국에서 광산업으로 성공하려는 꿈을 안고 1483년 여름 임신한 아내를 데리고 아이슬레벤으로 이주했고, 그곳에서 얼마 지나지 않은 11월 10일에 마르틴 루터가 태어났다(한스 루터 부부의 자녀 수는 적게는 7명에서 많게는 10명까지 이야기될 정도로 정확하지 않다. 루터도 둘째 아이이자 살아남은 첫째 아이일 확률이 크다). 당시 만스펠트 방백국은 ── 원거리 무역, 선대제도, 대규모 화폐 거래 및 신용거래와 더불어 ── 독일의 초기 자본주의적 경제를 추동하던 광산업 및 제련업의 중심지 가운데 하나였으며,[3] 마르가레테의 삼촌 중 하나가 만스펠트 방백국의 최고위 광산 및 제련소 관리자로 있었다. 그리고 아버지 한스 루터는 루터의 할아버지가 뫼라에서 소규모 구리 광산업을 영위했기 때문에, 이미 광산과 제련에 대하여 어느 정도의 지식을 갖추고 있었다.[4]

그런데 루터의 부모는 1484년 초여름에 아이슬레벤을 떠나서 ── 만

---

3 초기 자본주의에 대해서는 제3장 제3절에서 자세하게 논할 것이다.

4 http://www.mitteldeutsche-kirchenzeitungen.de/2010/04/10/die-mutter-des-reformators/.

스펠트 방백의 거주도시인 ── 만스펠트 시로 이주하여 세상을 떠날 때까지 그곳에서 살았다. 한스 루터는 고향을 떠날 때 아버지로부터 받은 상당한 창업자금, 아내가 가지고 온 적지 않은 결혼 지참금, 처삼촌의 도움과 그를 통해 매개된 사회적 연결망, 성공에 대한 야망과 근면하고 성실한 태도 등으로 짧은 시간에 제련업자와 상인으로 성공을 거두면서 사회경제적으로 계급적 상승을 이루었다. 물론 아내의 힘든 노동도 결정적으로 한몫했다. 한스 루터는 이미 1494년에 만스펠트 방백의 궁정 맞은편에 훌륭한 저택을 구입했으며, 불과 몇 년 지나지 않아 또 다른 저택을 마련할 정도였다. 그리고 이미 1491년에는 시참사회 의원이 되었다. 그의 자녀들은 만스펠트의 가장 영향력 있는 가문과 결혼하여 그 일원이 되었다. 이러한 부모의 사회경제적 상승으로 인해 루터는 대학 교육까지 받을 수 있었다.[5]

루터의 가정은 당시 독일의 여느 가정과 마찬가지로 전적으로 중세적인 경건에 의해 지배되었다. 철저한 교회생활, 예배, 성례전 및 대중적인 경건을 당연한 것으로 받아들이고 준수했다. 루터는 ── 곧 다시 자세하게 언급되는 바와 같이 ── 초기에 진노하는 신의 이미지를 갖고 있었는데, 이는 엄격한 아버지와 그와의 갈등에서 기인한 것이라기보다 오히려 중세적 경건과 당시의 신학에서 기인한 것으로 보는 것이 타당할 것이다.[6]

──────────

5 같은 곳.

6 베른하르트 로제, 『마틴 루터의 신학: 역사적이며 조직신학적으로 본 루터 신학』, 한국신학연구소 2002 (정병식 옮김; 원제는 Bernhard Lohse, *Luthers Theologie in ihrer historischen Entwicklung und in ihrem systematischen Zusammenhang*), 50~51쪽. 저명한 정신분석학자 에릭 에릭슨(1902~94)은 저서 『청년 마르틴 루터: 정식분석학적 ─ 역사적 연구』에서 정신분석학적 관점에서 초기 루터의 신학적 성장 과정을 아버지와의 갈등, 즉 오이디푸스 콤플렉스로 설명하고 있다. 그러나 이 책은 양심의 현상에 대한 중요한 연구임에는 분명하지만 심각한 문제점을 드러낸다. "그

이러한 가정의 종교성과 더불어 당시 독일 사회의 일반적인 종교성도 루터를 중세인으로 만드는 데에 중요한 역할을 했다. 루터가 성장한 중세 독일의 도시는 그야말로 폐쇄된 기독교 사회였다. 그곳에서는 "흔히 프랑스나 네덜란드와 같이 고도로 발전되고 독창성이 풍부하며 긴장감 넘치는 도시-교회적 문화"를 관찰할 수 없었다. 그리하여 "중세 후기의 종교성을 알 수 있는 일반적인 표지를 루터의 주변에서도 쉽게 찾아볼 수 있었으니, 다양한 성인숭배, 특히 마리아와 그녀의 어머니 성 안나에 대한 숭배, 묵주기도, 마리아 시편기도, 순례와 이적, 면죄부와 개인 미사 및 영구적인 제단봉사, 성당 전체, 제단 화상 또는 제의와 교회에 속하는 물건에 대한 기부제도 등이 그것이다. 형제 관계에서 평신도는 교회적이고 축복받은 삶을 이루기 위한 연합을 찾았다. 신앙심의 표현 방식인 이와 같은 현상 이외에도 그 근본적인 요소를 간과해서는 안 되는데, 성례전과 구원의 희망 그리고 그리스도에 대한 사상이 그것이다."[7] 이 모든 종교적 현상은 근대적 신앙이나 경건, 즉 신학적 근대성과는 완전히 거리가 먼 것이었다. 그것은 전적으로 중세적인 것이었다.

루터가 받은 학교 교육도 그를 전형적인 중세인으로 만드는 데에 결

것은 에릭슨이 부분적으로는 전설적인 자료를 근거로 삼고, 부분적으로는 부친에 대한 루터 자신의 언급을 지나치게 과장하여 루터가 부친에 대하여 늘 즐겨 표현한 존경과 따뜻한 애정뿐만 아니라, 시민들로부터 아버지가 얻은 명성을 중요하게 여기지 않았기 때문이다. 그는 그 당시의 일반적인 종교적 환경도 고려하지 않았다. […] 그 시대의 종교적 환경은 가정과 학교 교육에도 영향을 주었다. 루터의 교육은 우리가 접근할 수 있는 모든 관점을 종합해 볼 때, 특별한 헌신과는 상관없는 평범한 교회적인 경건의 흐름 속에서 이루어졌다." 라인하르트 슈바르츠, 『마틴 루터』, 한국신학연구소 2007 (정병식 옮김; 원제는 Reinhard Schwarz, *Martin Luther*), 15쪽.

7 라인하르트 슈바르츠, 앞의 책(2007), 23~24쪽.

정적으로 기여했다. 루터는 1491~97년까지 만스펠트의 시립 라틴어 학교에 다녔고 1498년까지 마그데부르크에서 성당학교에, 그리고 1501년까지는 아이제나흐에서 사제학교에 다녔다. 이처럼 루터가 두 번씩이나 학교를 옮긴 이유는 아직까지 정확히 밝혀진 바가 없다. 루터의 마그데부르크 시절은 1년으로 비교적 짧았지만 그의 영적인 삶을 결정적으로 각인한 시간이었다. 그는 이 시기에 중세 후기의 경건 운동인 '공동생활형제단'에 가입해 그 회원들과 함께 학생 기숙사에 살면서 중세적 경건의 본질과 양상을 일상적 삶에서 직접적으로 관찰하고 체험할 수 있었다. 그 결과 당시 유행하던 대부분의 신앙적 경향, 즉 성유물 숭배, 면죄부 설교, 성인숭배, 성지순례, 그리고 이러한 외면적인 형태의 신앙과 달리 내면적으로 그리스도를 따르려는 신앙 운동까지 알게 되었다. 그리고 루터는 아이제나흐에서도 활발한 지적-사회적 교류를 통해서 다양한 형태의 중세적 신앙에 접하게 되었는데, 특히 당시 보편적인 현상이었던 성 안나 숭배를 알게 되었다.[8] 루터가 수도사가 된 것도 성 안나 숭배와 밀접한 관계에 있었다.

　1501년 5월 루터는 에르푸르트 대학에 입학했다. 1379년에 개교한 이 대학은 에르푸르트가 유럽 교통로의 결절점이라는 이점에 힘입어 15세기와 16세기 전환기에 전성기를 구가하고 있었다. 그리고 이 시기에 가장 유명한 학생이 바로 루터였다. 중세 대학의 관례대로 루터는 처음에 인문학부에서 공부했다. 인문학부란 나중에 신학이나 법학 또는 의학을 전공하기 위해 필요한 기본적인 교양을 배우는 과정으로 후일 철학부로 바뀐다. 인문학부란 말하자면 모든 과학의 원리이자 토대인 기초철학을 담당하는 과정이었던 것이다.

　중세 대학의 인문학부는 철저히 기독교적인 색채를 띠고 있었다. 인

8　베른하르트 로제, 앞의 책(2002), 53~54쪽.

문학부의 모든 주요 분야는 신학과 긴밀하게 연결되어 있었으며, 인문학부의 교수들은 신학자가 아니라 할지라도 모두 신학 교육을 받은 학자들이었다. 중세 대학은 성직자의 공화국과도 같은 곳이었다.[9] 이러한 사실은 비록 루터가 대학의 인문학부에서 아리스토텔레스 철학을 중심으로 기초철학을 공부했지만, 이 인문학부에서의 지적 훈련 역시 궁극적으로 그의 중세적 경건성을 강화하는 데 기여했음을 말해 준다. 그리고 루터는 대학 시절에 줄곧 기숙사에서 지냈는데, 이 엄격한 생활공동체 역시 철저하게 기독교적 경건에 의해 지배되었다. 만약 마그데부르크와 에르푸르트에서의 학창 시절과 후일의 수도사 생활을 합쳐보면, 1517년 면죄부 논쟁과 더불어 종교개혁이 시작되었을 때 루터는 이미 생애의 거의 절반을 수도원이나 그와 유사한 공동체에서 보낸 셈이다.[10] 그러니까 중세적 신앙과 경건을 직접 관찰하고 온몸으로 체험하면서 보냈던 것이다.

토마스 아퀴나스 이후 중세 대학의 인문학부에서는 아리스토텔레스의 철학이 심리학·형이상학·논리학·도덕철학·자연철학 등 모든 분야를 지배하고 있었다. 루터도 여느 인문학부 학생들과 마찬가지로 아리스토텔레스 철학을 공부하는 데 일차적인 관심을 기울였다. 그런데 후일 루터는 아리스토텔레스를 '떠버리' 또는 '이교도'라고 맹비난하고 그의 철학을 완전히 폐기하는 것이야말로 대학을 개혁하는 것이라고 역설하게 된다. 중세 대학의 기초철학인 아리스토텔레스 철학을 부정한다는 것은 중세 대학의 정신적 토대를 부정하는 것을 의미하며, 그 철학 위에 구축된 스콜라 신학의 존립 자체를 완전히 부정하는 것을 의미한다(이에 대해서는 제2장 제4절에서 자세한 논의가 있을 것이다).

---

9   라인하르트 슈바르츠, 앞의 책(2007), 21쪽.
10   베른하르트 로제, 앞의 책(2002), 56쪽.

그 밖에도 에르푸르트 대학의 인문학부에서 루터는 오컴주의자인 요노쿠스 트루트페터(1460~1519)와 바르톨로메우스 아르놀디(1465~1532)로부터 큰 영향을 받았다. 루터는 이들을 통해 일반적으로 유명론(有名論)으로 잘 알려진 윌리엄 오컴(1290~1349)과 그의 제자들, 그러니까 오컴주의자들인 그레고르 폰 리미니(1300~58), 피에르 다일리(1350~1420)와 가브리엘 비엘(1425~95) 등의 이른바 '새 길'을 접하게 되었다.

당시의 대학 교육은 아리스토텔레스의 철학과 스콜라주의에 기초했는데, 스콜라주의는 다시금 토마스주의(토마스 아퀴나스에 준거하는 철학적·신학적 사상), 스코투스주의(둔스 스코투스에 준거하는 철학적·신학적 사상), 오컴주의(윌리엄 오컴에 준거하는 철학적·신학적 사상)로 대별되었다. 이들은 모두 아리스토텔레스의 철학에 기반한다는 공통점을 갖는다. 그러나 다른 한편 유명론인 오컴주의는 '새 길' 또는 '새 방식'(via moderna)으로 불리는 반면, 실재론자인 토마스주의와 스코투스주의는 '옛 길' 또는 '옛 방식'(via antiqua)으로 불린다.

이 '옛 길'과 '새 길'은 각각 실재론과 유명론 또는 명목론이라고 한다. 실재론이 보편의 실재를 인정하는 반면, 유명론은 진정으로 존재하는 것은 개별적인 사물이고 보편이란 단지 개념에 불과한 것으로 간주한다. 스코투스를 실재론자가 아니라 유명론자로 분류하기도 한다. 그러나 그는 보편적인 것이 실재한다고 확신했으며, 따라서 순수한 유명론의 가능성을 단호히 거부했다. 그러므로 스코투스는 중도적 유명론 또는 잠재적 유명론으로 보는 것이 적합할 것이며, 아퀴나스와 달리 그리고 오컴처럼 '새 길'에 속한다고 할 수 있을 것이다. 그러나 스코투스는 아퀴나스처럼 신의 존재를 모든 존재의 제일원인 또는 원동자(原動者)의 개념으로 증명하려 했다. 이는 보편의 실재를 인정해야만 가능한 일이다. 그리고 이는 궁극적으로 계시에 근거하는 신학적 방법이 아니라 이성에 근거하는 철학적 방법이다. 이 점에서 스코투스는 '옛 길'에 속한다. 이에 반해 보편의 실재를 인정하지 않는 유명론자 오컴에게는 신의 존재를 증명하는 것 자체가 불가능하고 무의미한 일이었다. 그에게 신은 이성으로 증명할 수 있는 존재가 아니라 계시로 믿어야 하는 존재였던 것이다. 이렇게 보면 오컴이 그 이전의 스콜라 신학자들보다 아리스토텔레스의 철학에 비판적이었고 이성에 근거하는 철학과 계시에 근거하는 신학을 엄격하게 구분한 사실이 충분히 납득된다.

물론 이 새 길은 진정한 의미의 근대적인 길은 아니었다. 그것은 자신이 비판한 옛 길과 마찬가지로 여전히 중세적 스콜라주의의 틀을 벗어나지 못했다. 그것은 옛 길에 비해 새 길이었지 옛 길을 완전히 넘어선 새 길이 결코 아니었던 것이다. 이러한 새 길을 여는 것은 이 두 길과 그것들의 투쟁을 지적 배경으로 성장하고 있던 루터의 과제로 남았는데, 그는 이 과제를 그 둘과 전혀 다른 신학적 조류를 지적 배경으로 성취하게 된다.

에르푸르트 대학에서는 이 세 유형의 스콜라주의 가운데 오컴주의가 지배적이었는데, 이것이 루터에게 끼친 영향이 어떠했는가는 후일 그가 대학 시절에 오컴추의에 속했다고 고백한 사실만 보아도 단적으로 드러난다.[11] 루터는 인간의 이성이 계시의 진리를 인식할 수 없다는 오컴의 신학사상을 받아들이고 이를 나름대로 재정립하게 된다. 그러나 후일 성서를 통해 중세 스콜라주의라는 옛 길과 완전히 다른, 진정한 의미의 근대적 신학이라는 새 길을 발견하고 난 후에는 의지적이고 이성적인 인간이 그의 행위를 통해 의롭게 된다는 오컴주의를, 아니 스콜라

---

11 요아힘 로게, 『종교개혁 초기: 청년 루터(1483~1521), 청년 츠빙글리(1484~1523)』, 호서대학교출판부 2015 (황정욱 옮김; 원제는 Joachim Rogge, *Anfänge der Reformation. Der junge Luther* [1483~1521], *Der junge Zwingli* [1484~1523]), 106쪽.

신학 전체를 비판하게 된다. 이에 반해 루터는 에르푸르트 대학에서 공부하는 동안에 인문주의와는 별달리 친밀한 관계를 맺지 못했다. 에르푸르트의 인문주의자들은 루터가 수도원에 들어가고 난 후에야 비로소 영향력을 행사하기 시작했다.[12]

루터의 중세성(性)은 수도원 생활과 더불어 더욱더 강화되었다. 루터는 1502년 9월에 인문학부의 기본과목을 이수한 후 인문학 학사학위를 취득했고, 1505년 1월에는 17명의 지원자 가운데 2등이라는 매우 우수한 성적으로 인문학 석사학위를 받았다. 이어서 1505년 5월부터 인문학부 학생들을 가르치면서(아리스토텔레스의 물리학[형이하학]을 강의한 것으로 보인다) 아버지의 뜻에 따라 법학을 공부하기 시작했다.

초기 자본주의적 경제를 추동한 광산업 및 제련업을 통해 계층 이동 사다리의 상층부까지 올라간 한스 루터는 아들의 장래에 대하여 확고한 계획이 있었다. 그의 "이성적이고 상인적인 기질, 실제적 삶과 성공의 사다리를 향한 감각은 유망한 아들 앞에 놓여 있는 가능성의 범위 안에서 매우 합리적인 결정을 내렸다." 중세 대학에서 전공할 수 있는 세 학부 가운데 신학부가 가장 높은 위치를 차지하고 있었지만, 신학을 전공하고 사제가 되면 독신자가 되고 가족으로부터 멀어질 수밖에 없었다. 그리고 의학부는 일반적으로 그리 높은 평가를 받지 못했다. 이에 반해 법학을 전공하면 ── 제3장 제2절과 제3절에서 자세히 논의하게 되는 바와 같이 ── 정치적 권력과 안정적인 경제적 기반을 갖춘 법률가 관료로 일할 수 있는 기회가 많았다. 그 이유는 초기 근대국가의 형성 과정에서 제후들과 시참사회들이 법률가들에게 의존했으며, 따라서 영방국가나 도시에서 일할 자격을 갖춘 법률가보다 그들을 필요로 하는 자리가 더 많았기 때문이다. 게다가 대학교수가 될 수 있는 기회도 열려

---

12   Hanns Lilje, 앞의 책(1965), 55쪽.

있었다.[13] 만약 루터가 아버지의 뜻에 따라 법학을 전공하고 법률가(관료 또는 교수)가 된다면, 아버지는 초기 근대의 경제를 담지하는 유산시민 계층이 되고 아들은 초기 근대의 정치와 문화를 담지하는 교양시민 계층이 될 것이며, 그리하여 루터가(家)는 명망가가 될 수 있을 것이다.

그러나 루터에 대한 아버지의 기대는 곧바로 물거품이 되고 말았다. 루터는 1505년 6월 20일 만스펠트에 있는 가족을 방문하고 에르푸르트로 돌아오던 중인 7월 2일 에르푸르트에서 가까운 슈토테른하임 근처에서 갑자기 몰아친 폭풍우를 만났다. 그때 자신의 바로 옆에 벼락이 떨어지는 것을 보고는 죽음에 대한 극도의 공포에 사로잡힌 나머지 성모 마리아의 어머니이며 광부들의 수호성인인 성 안나를 부르며 수도사가 되겠다고 서원(誓願)했다. 그리고 ─ 충분히 예상할 수 있었던 ─ 아버지의 극심한 반대를 무릅쓰고 얼마 지나지 않은 7월 17일에 수련사의 자격으로 에르푸르트 소재의 '아우구스티누스 엄수파 수도원'에 들어가 수도에 정진하여 1507년 2월 27일에 부제(副祭)로, 그리고 같은 해 4월 4일에 사제로 서품되었다.

사실 아우구스티누스 엄수파 수도회(원)는 정확히 말하자면 '아우구스티누스 운둔자 수도회(원)로서, 그 연원은 5세기까지 거슬러 올라간다. 서기 428년 반달족이 북아프리카를 침입했을 때 전화(戰禍)를 피해 도망친 은둔자들이 중부 및 북부 이탈리아에 아우구스티누스의 규칙을 지키는 몇몇 수도원 공동체를 설립했다. 이들 공동체는 각자 독립적인 조직으로 존재하다가 1244년 교황 인노켄티우스 4세(1195~1254)에 의해 하나의 수도회로 통합되었다. 그리고 1256년 교황 알렉산데르 4세(1199~1261)가 은둔성을 지양하고 사회에서 적극적으로 활동할 것을 주문했으며, 그 결과 도미니쿠스 수도회, 프란체스코 수도회 및 카르

---

13 요아힘 로게, 앞의 책(2015), 110쪽.

멜 수도회와 더불어 중세를 대표하는 탁발 수도회가 되었다.[14] 이 수도회는 도시에서의 구령(救靈) 사업과 설교에 중점을 두었다. 바로 이런 연유로 아우구스티누스 은둔자 수도회(원)보다 아우구스티누스 엄수파 수도회(원)로 표현하는 것이 적합할 듯하다.

주지하다시피, 아우구스티누스는 서방 교회에서 사도 바울에 이어 가장 존경받는 교부다. 루터가 몸담게 된 수도회가 바로 이 아우구스티누스의 이름을 딴 종교 단체라는 점을 감안한다면, 그 수도회가 이 위대한 교부의 복음적 입장을 대변하고 있었다고 생각할 수 있을 것이다. 그러나 실상은 그 정반대다. 아우구스티누스 엄수파 수도회는 그 이름과 달리 전적으로 중세적인 성격을 띠고 있었다. 구체적으로 말해 이 수도회는 "그 교리에서 지극히 가톨릭의 성향을 갖고 있었고, 성모 마리아에 대한 숭배가 지나쳤으며, 수도회에 각종 특권을 부여하는 교황의 권위에 철저히 순종하는 분위기였다." 16세기 초 독일 전역에는 100개 이상의 아우구스티누스 엄수파 수도원이 있었으며, 에르푸르트에 있는 수도원은 뉘른베르크에 있는 수도원 다음으로 크고 중요했다.[15] 루터가 왜 다른 수도원이 아니라 아우구스티누스 엄수파 수도원을 선택했는지는 정확히 알 수 없다. 그러나 어찌 되었든 당시 수도회 사이에는 큰 차이가 없었으며, 따라서 그가 다른 수도회를 선택했다 할지라도 그의 신학과 경건이 결정적으로 달라지지는 않았을 것이다.

그런데 루터가 수도사가 된 사건을 단순히 그가 체험한 극적인 죽음의 공포와 그로 인한 성 안나에 대한 서원이라는 개인적인 차원에서 설명하고 이해하는 것보다는 그와 더불어 당시의 신학과 신앙의 맥락에

---

14 https://www.heiligenlexikon.de/Orden/Augustiner.htm.
15 필립 샤프, 『교회사 전집 7: 독일 종교개혁』, 크리스챤다이제스트 2004 (박종숙 옮김; 원제는 Philip Schaff, *History of the Christian Church, Volume 7: Modern Christianity. The German Reformation*), 103쪽.

서 설명하고 이해하는 것이 타당할 것이다. 다시 말해 루터가 수도사가 된 사건은 개인의 심리학적-실존적 차원인 동시에 중세 말의 사회학적-역사적 차원으로 접근하는 것이 타당할 것이다. 왜냐하면 루터는 수도사가 되고자 결정하기 이전부터 이미 다양한 체험을 통해 영적 시련을 겪었는데, 이 영적 시련은 그의 개인적 성향에 의해서뿐만 아니라 그 시대의 종말론적 신앙에 의해서도 조건지어졌기 때문이다. 중세 후기에는 죽음이 다양한 방식으로 문학과 예술의 주제가 되었으며 사람들은 그 이전의 어느 시대보다 훨씬 더 강렬하게 세상의 종말과 심판을 기대했다. 또한 오컴의 신학이 설파하는 메시지, "즉 인간은 그의 타고난 능력에 의하여 계명을 성취할 수 있고, 그리고 모든 것보다 신을 더 사랑할 수 있다는 것은 루터의 영적 시련을 한층 강화했을 것이다." 그리고 루터가 이미 에르푸르트 대학의 인문학부에서 공부하던 시절 접하게 된 예정론은 그의 영적 시련을 더욱더 깊게 만들었다. 그리하여 "루터는 그 자신이 출구 없는 상황에 몰려 있음을 느꼈고, 그로 인하여 은총의 신을 찾았다."[16] 이처럼 종말론적 신앙이라는 중세 후기의 종교적 맥락에 의해 조건지어진 루터의 영적 시련에 폭풍우와 벼락에 의해 야기된 극도의 죽음의 공포라는 영적 시련이 더해졌던 것이다. 물론 후자는 루터가 느꼈던 영적 시련 가운데 가장 직접적이고 강렬한 것으로서 수도사가 되겠다는 그의 서원을 촉발한 도화선이요, 기폭제였음에는 분명하다.

아무튼 다양한 개인적 요소와 사회적 요소가 복합적으로 상호작용한 결과로 루터는 법학 공부를 중단하고 20대 초반부터 수도사의 길을 걷게 되었다. 그는 거기에서 구원을 추구했다. 그런데 그 방법 역시 전형적인 중세적 방법이었다. 중세에는 구원에 도달하는 방법이 두 가지 있

16　베른하르트 로제, 앞의 책(2002), 58쪽.

었는데, 수도원에서 경건하고 금욕적인 고행을 하는 것이 하나였고, 일 상적인 삶에서 선행을 행하는 것이 다른 하나였다. 그런데 여기에서 말 하는 선행은 오늘날 우리가 일반적으로 이해하는 '착하고 어진 행실'이 아니라 미사, 교회 축일, 서원, 자선, 면죄부 구매, 수도원에서의 금욕적 삶, 성인숭배, 성지순례, 금식, 철야기도 등과 같은 종교와 연관된 인간 행위를 가리킨다. 아무튼 중세적 구원의 두 방법 모두에 공통되는 점은 인간이 행위를 통해 신 앞에서 의롭다 함을 얻는다는, 그러니까 구원을 얻는다는 관념이다.[17] 이를 '행위의 의', '인간의 의' 또는 행위칭의(사 상)라고 한다.[18] 그러니까 중세의 구원론은 인간 중심적 구원론으로 규 정할 수 있다. 이에 반해 루터는—다음다음 절에서 보게 되는 바와 같 이—믿음의 의, 그리스도의 의 또는 이신칭의(사상)를 도입하여 신학 적 패러다임을 이루게 된다. 그러니까 루터의 구원론은 신 중심적 구원 론으로 규정할 수 있다.

중세의 수도사는 세 가지 서원, 즉 청빈·순결(독신)·복종을 철저히 지켜야만 했다. 수도사는 엄격한 규칙과 규율을 준수하고 예배, 기도 및 명상에 정진하며 금식, 철야기도, 추운 방에서의 생활, 육체적 욕망의 제어 등과 같은 고행을 감내해야 했다. 심지어 죽음에 이를 정도의 고문 과 학대를 당하기도 했다. 루터는 그 누구보다도 이 모든 중세적 구원의 방법을 성실하게 수행하면서 구원을 추구했다. 예컨대 그는 종종 3일

---

17 물론 수도사라는 종교적 엘리트가 세속을 초월하는 수도원에서 추구하는 구원의 방식과 평신도들이 세속적 삶에서 추구하는 구원의 방식에는 엄연히 신학적 가 치의 차이가 존재했다. 이에 대한 자세한 논의는 이 책의 제5장 제3절 참조.

18 여기에서 말하는 '행위의 의'는 독일어로 'Werkgerechtigkeit'이다. 이를 행위칭의 (사상)로 옮기는 경우는 보지 못했는데, 이 책에서는 루터의 이신칭의(사상)와 구별하기 위해, 그리하여 양자의 특성을 드러내기 위해 문맥에 따라 행위칭의 (사상)란 표현을 쓰기로 한다.

이상 금식을 하고, 규정보다 오래도록 잠자지 않고 기도하며, 추운 겨울 골방에서 허용된 이불조차도 사용하지 않는 등 고도의 금욕을 실천했다. 루터는 수도원에서 경건과 고결함의 상징이 되었으며, 그의 삶은 다른 수도사의 눈에 하나의 광채로 보였다.[19] 말하자면 수도사 루터는 가장 전형적인 중세적인 기독교인이었던 것이다.

중세적 행위칭의사상에 입각해 본다면, 경건과 고결함의 상징인 루터는 그 누구보다도 구원의 확신을 얻을 수 있어야 한다. 그러나 이 전형적인 중세적 방법은 전혀 구원의 효과가 없음이 드러났다. 루터는 수도원의 담장 안에서 "죄와 유혹으로부터 벗어나고 싶은 욕망에서 번번이 실패하는 자신의 모습에 실망했다. 자신의 경건은 모든 노력에도 불구하고 평화와 안식을 얻을 수 없었다. 외적으로는 더욱더 진보하고 거룩하게 보일수록 내적으로는 더 큰 죄의 무게를 느껴야만 했다. 분노, 시기, 미움, 자만심의 유혹과 끊임없이 싸우고 있었다. 모든 곳에서, 아주 사소한 것에서도 죄를 보았다. 성서의 말씀은 늘 거룩한 공포를 그에게 안겨주었다. 루터에게 신은 화해하는 아버지, 사랑과 자비의 신이 아니라, 분노의 신이요 소멸하는 불꽃이었기에 그 앞에 서면 두려움에 떨 수밖에 없었다. 루터는 전능한 신이 질투하는 분이라는 말을 극복할 수가 없었다. 루터의 고해신부가 언젠가 루터에게 이렇게 말했다. "자네는 바보야, 신은 자네에게 화를 내지 않아. 자네가 신에게 화를 내고 있을 뿐이지.' 루터는 세월이 지난 후에 그 말이 '정말로 탁월하고 귀한 말씀'이었다고 회상했지만, 당시에는 그에게 아무런 인상도 심어주지 못했다. 구체적으로 지적받을 만한 잘못을 범한 것도 아니었지만 모든 영역에 스며든 힘이자 오염시키는 성질로서의 죄, 본성의 타락에서 오는 죄, 신으로부터 멀어지고 신에게 대적하는 죄가 루터의 마음을 악몽처럼

---

19 요아힘 로게, 앞의 책(2015), 124, 130쪽; 필립 샤프, 앞의 책(2004), 105쪽.

무겁게 하고 때로는 절망의 나락으로 몰고 가곤 했다."[20] 말하자면 루터는 수도원의 담장 안에서 그 누구보다도 진지하고 거룩하게 구원을 추구했지만 이 중세적 경건은 결국 '시시포스의 노동'에 지나지 않았던 것이다.[21]

2. 고대를 통하여 중세에서 근대로 넘어가다

루터에게 구원의 가능성을 준 것은 다름 아닌 고대였다. 그리고 더 나아가 루터로 하여금 중세에서 근대로 넘어가도록 한 것도 다름 아닌 고대였다. 물론 그렇다고 해서 루터가 단순히 시대에 역행하여 과거로 돌아가려는 복고주의자라는 뜻은 결코 아니다. 루터에게 고대는 그 자체로서 의미가 있는 것이 아니라 어디까지나 구원을 가능케 하는 새로운 신앙 형태의 근원으로서 의미가 있는 것이다. 고대는 중세를 개혁하는 데 준거가 되는 한에서만 의미를 갖는다.

이처럼 원천으로 회귀한다는 점에서 루터의 종교개혁은 그것과 더불어 근대의 중요한 시원인 르네상스 및 인문주의와 공통점을 갖는다. 르네상스는 고전시대의 재생 또는 부흥을 의미한다. 인문주의가 내건 슬로건은 '원천으로!'(ad fontes!)이다. 루터의 종교개혁도 고대를 통하여 중세에서 근대로 넘어간 정신적 운동이다. 그리하여 에라스무스는 종교개혁을 '갱생'(regenerátio)이라고 표현했다. 갱생을 통한 개혁은 15~16세기의 시대정신이었다.[22] 루터에게 중세에서 근대로 넘어가는 가교

---

20 필립 샤프, 앞의 책(2004), 105쪽.
21 요아힘 로게, 앞의 책(2015), 130쪽.
22 Luise Schorn-Schütte, *Die Reformation. Vorgeschichte, Verlauf, Wirkung*, Stuttgart: C. H. Beck 2016 (6., überarbeitete Auflage), 26쪽.

가 된 고대는 구체적으로 아우구스티누스의 신학과 성서에 표현된 바울의 신학이었다. 그리고 그 결과는 이신칭의(以信稱義), 성서 원리 또는 성서주의, 말씀의 신학, 십자가 신학, '오직-신학' 또는 '솔라-신학'('오직 성서'[sola scriptura], '오직 은총'[sola gratia], '오직 믿음'[sola fide], '오직 그리스도'[solus christus]) 등의 신학적 사상으로 나타났다.[23]

그런데 루터가 고대를 발견한 것은 수도사로서가 아니라 신학자로서이다. 그는 단순히 수도사가 아니라 수도사인 동시에 신학자였다. 그것도 상당히 이른 시기부터 그랬다. 루터는 1524년 비록 수도복을 벗었지만, 1512년 10월부터 1546년에 세상을 떠날 때까지 비텐베르크 대학의 신학 교수로 있었다. 신학자로서 루터는 종교개혁에서 아주 중차대한 의미를 갖는다. 만약 그가 수도사로 생을 마감했다면, 과연 종교개혁이 가능했을까 하는 의구심이 들 정도로 그가 체계적이고 심층적으로 — 아니 직업적으로! — 신학을 연구하고 가르친 사실이 좁게는 종교개혁의 역사에서, 넓게는 기독교의 역사와 서구의 역사에서 갖는 의미는 가히 절대적이다. 중세 가톨릭교회가 구원에 대해 갖는 한계를 통찰한 것은 수도사로서의 루터였지만, 그 한계를 넘어서는 새로운 신학적 패러다임과 신앙 형태를 구축하여 종교개혁과 사회개혁을 가능케 한 것은 신학자로서의 루터였다. 문제를 제기한 것이 수도사로서의 루터였다면 문제를 해결한 것은 신학자로서의 루터였다.

물론 이 맥락에서 루터는 이미 수도원 시절부터 성서에 천착했기 때문에 설령 그가 신학자가 되지 않았더라도 복음을 재발견하고 행위칭의사상을 이신칭의사상으로 대체할 수 있는 가능성은 얼마든지 있었다

---

23 여기에 사용된 '오직-신학' 또는 '솔라-신학'은 한국 학계에 정착된 개념이 아니다. 그러나 내가 보기에 이와 더불어 루터 신학의 핵심을 간결하게 표현할 수 있다.

고 반론을 제기할 수 있을 것이다. 물론 이러한 반론은 상당한 타당성과 설득력을 갖는다. 실제로 루터는 수도원에서 경건과 연구를 병행했는데, 그는 경건뿐만 아니라 연구에서도 단연 두각을 나타냈다. 그는 성서를 탐독하는 한편 아우구스티누스를 비롯한 교부신학을, 그리고 오컴과 특히 가브리엘 비엘의 스콜라주의를 연구했다.

그러니까 수도사 루터에게 구원의 방식을 근본적으로 전환할 수 있는 여건이 조성되어 있었다고 할 수 있다. 그러나 다른 한편 그 여건이 조성된 수도원은 중세적 구원 방식이 절정에 달한 종교적 기관이자 공간이었다. 그곳은 행위칭의사상의 보루이자 요새로서 다양한 금욕적 경건의 실천이 부과되었고 엄격한 위계질서와 규율, 그리고 교황의 권위에 대한 절대적 복종이 요구되었다. 성서도 바로 이 틀 안에서 연구되고 해석될 수밖에 없었다. 설령 루터가 수도원에서 복음을 재발견하고 이신칭의사상을 정립했다고 할지라도 그것은 개인적인 신학과 신앙의 차원에 머물렀을 뿐 기독교 세계에서 새로운 구원의 방식으로 인정받고 제도화되기는 불가능했을 것이다. 더구나 종교개혁과 같은 대사건으로 이어지는 것은 더더욱 불가능했을 것이다. 그러기 위해서는 수도원의 담장과 일정한 신학적 거리를 두고 자유롭게 신학적 사유를 할 수 있어야 했다. 이를 가능케 한 것이 바로 비텐베르크 대학에서의 자유로운 성서 연구와 강의였다. 게다가 자신의 영방국가 내에 이 대학을 설립하고 적극적으로 지원한 작센 선제후가 새로운 신학사상을 전개하면서 그에 입각하여 종교와 사회를 개혁하는 루터를 외부의 종교적 또는 정치적 세력으로부터 보호해 주었다.

아무튼 루터가 신학자의 길을 걷기 시작한 것은 그가 사제 서품을 받은 시점으로 추측된다. 1507년 4월 사제 서품을 받은 루터는 수도원장의 지시로 그해 여름 학기부터 에르푸르트 대학에서 본격적으로 신학을 공부하기 시작했다. 그 이유는 수도원 자체 내에서 수도사를 위하여 강의할 인력을 양성하거나 아우구스티누스 엄수파 수도회가 교수직을 임명할 권한이 있는 대학의 교수 요원을 양성하려는 데에 있었다. 그리고 아직 공부를 마치기도 전인 1508년 10월에 (1502년에 개교한) 신생 대학 비텐베르크 대학에서 인문학 석사 자격으로 도덕철학을 강의할 임무를 띠고 그곳의 아우구스티누스 엄수파 수도원으로 전출되었다. 규모가 작은 비텐베르크의 아우구스티누스 엄수파 수도원에는 그 임무를 감당할 인력이 없었기 때문에 에르푸르트에서 그에 적합한 수도사를 차출하기로 했고, 이미 수도원을 넘어서 유명해진 루터가 낙점되었던 것이다. 비텐베르크 대학에서 루터는 일주일에 4일간 아리스토텔레스의 '니코마코스 윤리학'을 강의하는 한편 신학 공부를 계속하여 1509년 3월에 성서학 학사학위를 취득하고 그해 여름 학기에 성서 주해를 가르쳤다. 이어 그해 가을에는 페트루스 롬바르두스(1100?~60)의 『명제집』[24] 제1~2권을 강의할 자격이 주어지는 조직신학 학사학위를 취득하고 그에 대한 강의를 하기로 되어 있었다. 그러나 이때 에르푸르트의 아우구스티누스 엄수파 수도원이 루터를 소환했다. 수도원의 자체적인 연구를 위한 『명제집』 주석자가 필요했기 때문이다.[25]

그리하여 루터는 1509년 10월부터 에르푸르트의 아우구스티누스 엄수파 수도원에서 페트루스 롬바르두스의 『명제집』을 강의하면서(이 강의는 1510년 10월까지 이어진다) 에르푸르트 대학에서 신학 공부를 계속

---

24 이탈리아의 스콜라 신학자 페트루스 롬바르두스가 1148년부터 1151년까지 총 4권으로 편찬한 교의서로, 그 각각의 권은 (1) 삼위일체론, (2) 창조와 죄, (3) 혈육 강생론과 덕행론, (4) 성사와 4말 교리(四末敎理)에 할애되어 있다. 이 책은 아우구스티누스와 같은 라틴 교부뿐만 아니라 그때까지 알려져 있지 않던 그리스 교부의 사상을 체계적으로 편집한 것으로 16세기까지 대학 교과서로 사용되었다. 롬바르두스는 '명제집의 스승'으로 불린다.

25 요아힘 로게, 앞의 책(2015), 139쪽.

하여 1510년 『명제집』 제3~4권을 강의할 자격이 주어지는 종교 교육 학사학위를 취득했다(그 정확한 시기는 알 수 없다). 이 학위는 오늘날의 관점에서 보면 일종의 박사학위에 해당한다.

그러다가 루터는 1510년 10월부터 1511년 4월까지 강의와 학업을 중단한 채 아우구스티누스 엄수파 수도회 내부의 갈등 해결이라는 임무를 띠고 자신보다 연장자인 다른 수도사 한 명과 로마를 방문했다. 영혼의 구원을 갈구하던 루터는 기독교 세계의 중심지인 로마에 큰 기대를 걸었다. 그는 거기에서 많은 부정적인 체험을 하게 되었지만, 이것이 그의 중세적인 신앙과 경건에 악영향을 끼치지는 못했다. 중세적 신학과 경건의 중심지인 로마의 외적인 현상은 중세인 루터의 정신 세계를 흔들 수 없었다. 그러나 루터는 후일 종교개혁과 더불어 로마 가톨릭교회의 근본적인 문제를 통찰하게 되면서 당시의 체험을 『독일 기독교 귀족에게 고함』(1520)을 비롯한 그의 저작 곳곳에서 로마를 비판하는 데에 더 없이 좋은 경험적 자료로 활용하게 된다.[26] '새 눈'으로 다시 보게 된 로마는 '옛 눈'으로 볼 때보다 그에게 두 배의 충격을 주었으며, 교황제도를 악마의 제도라고 비판하고 공격하는 데에 경험적 근거가 되었다.[27]

로마 방문을 마치고 1511년 4월 에르푸르트로 돌아온 루터는 그해 늦여름에 비텐베르크로 전출되었다. 거기에서 그는 아우구스티누스 엄수파 수도원의 부원장이 되었으며 비텐베르크 대학에서 자신의 고해신부이자 후원자인 요한 폰 슈타우피츠(1468?~1524)의 신학 교수직을 이어받았다. 그와 동시에 비텐베르크 대학에서 신학 공부를 계속해 1512년 10월에 신학 박사학위를 취득하고 그곳에서 성서를 강의하는 교수가

---

26 루터의 로마 여행에 대한 자세한 내용은 다음을 참고할 것. 요아힘 로게, 앞의 책 (2015), 147쪽 이하; 필립 샤프, 앞의 책(2004), 112쪽 이하.

27 필립 샤프, 앞의 책(2004), 115쪽.

되었다(이후 1546년 세상을 떠날 때까지 재직했다). 그러니까 종교개혁이 일어나기 꼭 5년 전의 일이었다.

루터는 처음에 구약을 강의했다. 구체적으로 1512년 10월 취임과 더불어 「창세기」를 강의했고 1513년 8월부터 「시편」 강의를 시작하여 1515년까지 계속했다. 이어서 신약으로 넘어갔다. 1515~16년에 「로마서」를, 1516~17년에 「갈라디아서」를, 1517~18년에 「히브리서」를 강의했다. 그리고 1518~21년과 1523~35년에 다시 「시편」을 강의했고, 1518년과 1535~45년에는 「창세기」를, 1528~30년에는 「이사야서」를, 1524~26년에는 구약의 「소(小)예언서」를, 그리고 1527년에는 「요한복음」을 강의했다. 루터는 성서를 연구하고 강의하는 과정에서 그의 지적 관심을 단순히 성서에만 고정시킨 것은 아니었다. 그는 오히려 교부신학, 스콜라 신학, 신비주의, 인문주의 등 다양한 진영에서 나온 전통적인 연구 업적과 당시 최신의 연구서를 폭넓게 참고했다.

루터가 중세 신학에서 근대 신학으로 이행하는 과정에서 첫 번째 길잡이가 된 것은 아우구스티누스 신학이었다. 이미 성서신학 교수가 되기 전부터 아우구스티누스 신학을 연구한 루터는 「시편」 강의에서 아우구스티누스로부터 결정적인 영향을 받으면서 기존과 다른 해석을 제시했다. 그보다 중요한 점은 아우구스티누스가 루터로 하여금 바울 신학을 심층적으로 연구하도록 만든 결정적인 계기가 되었다는 사실이다. 루터가 1515년부터 「로마서」와 「갈라디아서」, 그리고 「히브리서」를 강의한 것은 그 이전에 구약을 강의했기 때문에 구약과 신약의 균형을 맞추기 위함이 아니라 바울 신학에 천착하기 위함이었다(당시 「히브리서」는 바울의 서신으로 알려져 있었다). 루터가 중세 신학에서 근대 신학으로 이행하는 과정에서 두 번째, 그리고 가장 중요한 길잡이가 된 것은 바울 신학이었다.

방금 앞에서 언급한 바와 같이, 루터는 1509년부터 1510년까지 『명제집』주석 학사의 자격으로 에르푸르트의 아우구스티누스 엄수파 수도원에서 페트루스 롬바르두스의 『명제집』을 강의했다. 롬바르두스의 『명제집』은 1148년부터 1151년까지 총 4권으로 출간되었는데, 중세의 기본적인 교의학 교과서로 널리 이용되었다. 그 이유는 한편으로는 아우구스티누스의 전통을 따르면서, 다른 한편으로는 다양한 교의학적 자료를 체계적으로 정리해 놓았기 때문이었다. 루터는 강의를 준비하면서 이 책의 여백에 수많은 설명을 남겼다. 흔히 '여백 주기'라고 불리는 이 기록은 루터의 체계적인 신학적 연구로 간주될 수 있는데, 거기에는 이미 중세 후기의 스콜라 철학과 양립할 수 없는 새로운 신학 개념이 포함되어 있었다. 그리하여 과거에는 루터가 중세 교의학에 대한 연구를 통해 이미 초기에 중요한 종교개혁적 관점을 형성했다는 주장이 제기되기도 했다. 그러나 지난 수십 년간의 집약적인 연구의 결과로 그와 같은 주장은 설득력을 잃어버렸다. 무엇보다도 역사적 측면에서 '종교개혁적 돌파'를 가능케 한, 그리고 조직신학적 측면에서 종교개혁 신학의 중심축을 이루는 칭의론을 아직 찾아볼 수 없기 때문이다.[28] 칭의론에 대해서는 다음 절에서 상세하게 다룰 것이다.

사실 루터의 새로운 신학적 패러다임, 즉 종교개혁 신학은 그의 성서 강의와 더불어 본격적으로 형성되기 시작했다. 루터는 1513년부터 1515년까지 비텐베르크 대학에서 행한「시편」강의에서 전통적인 사중적 성서 해석의 방법을 따랐다. 다시 말해「시편」의 문자적 의미와 비유적 의미를 구분했으며, 영적 의미와 신비적 의미를 구분했다. 그와 더불어 루터는「시편」강의에서 영과 문자를 구분했으며 기독론적 의미를 강하게 부각했다. 그 결과「시편」을 문자적 의미에서 그리스도의 말씀으로, 비유적 의미에서 영적 몸인 교회로, 영적 의미에서 이 영적인 몸

---

28   베른하르트 로제, 앞의 책(2002), 70, 77쪽.

을 구성하는 개별적 성도로, 그리고 신비적 의미에서 신이 그리스도, 교회 및 신자를 통해 지향하는 목표로 해석했다.[29]

루터는 「시편」 강의에서 다음과 같이 성서의 중요성을 강조하고 있다.

> 성서가 성서를 공부하는 사람 안으로 변화되는 것이 아니라, 성서를 경외하는 사람을 성서 안으로 변화시키는 이것이 성서의 힘이다. 그도 그럴 것이 네가 나를 네 안으로 변화시키는 것이 아니라, 내가 내 안으로 변화될 것이기 때문이다.[30]

「시편」 강의에서 루터는 기존의 다양한 주해서를 참고했는데, 그중에서도 특히 아우구스티누스의 『시편 주해』가 그에게 결정적인 영향을 끼쳤다. "「시편」은 한편으로는 그리스도가 자신을 위해 한 기도요, 다른 한편으로는 영적인 몸, 교회 또는 그 지체, 즉 각 개인 신자를 대표하여 한 기도라는 루터의 기본 이해 속에 이미 아우구스티누스의 「시편」 주해에 들어 있는 신학이 강하게 각인되어 있다."[31] 그런데 이에 못지않게 중요한 것은 아우구스티누스 연구가 루터로 하여금 바울 신학을 연구하도록 만든 결정적인 계기가 되었다는 사실이다. 루터는 1515년부터 바울의 서신인 「로마서」와 「갈라디아서」, 그리고 당시에는 바울의 서신이라고 간주되던 「히브리서」를 강의했으며, 이를 통해서 종교개혁 신학이 확립되었다.

루터의 「시편」 강의에는 여전히 새로운 해석과 전통적인 해석이 혼재하고 있음을 볼 수 있다. 그러니까 그가 처음으로 시도한 본격적인 해석

---

29 라인하르트 슈바르츠, 앞의 책(2007), 61쪽.

30 Martin Luther, *First Lectures on the Psalms I. Psalms 1~75: Luther's Works. Volume 10*, Saint Louis: Concordia Publishing House 1974a, 333쪽.

31 라인하르트 슈바르츠, 앞의 책(2007), 60쪽.

학적 작업은 아직 종교개혁 신학의 완성된 형태로 이어지지 못했던 것이다. 그것은 오히려 종교개혁 신학이 '발효'하는 과정이었다.[32] 그러나 중요한 것은 이 새로운 신학사상을 발효시킨 '효모'는 다름 아닌 성서였다는 사실이다.

이처럼 1513~15년에 행한 「시편」 강의에서 성서라는 효모에 의해 발효된 종교개혁 신학은 계속해서 성서라는 비옥한 토양 위에서 확장되어 나갔다. 그 성서적 토양은 구체적으로 세 편의 바울 서신, 즉 「로마서」, 「갈라디아서」 및 「히브리서」였다. 「시편」이 루터에게 '방향 설정'의 의미를 지녔다면, 그는 「로마서」를 통해서 성서 전체에 대한 이해를 구할 수 있었다. "루터가 초기 강의에서 주해하고자 선택한 성서는 방향 설정의 의의를 지니고 있다. 기도서인 「시편」과 참회서인 다른 많은 것들은 무엇보다도 새로운 죄의 개념을 좀 더 잘 파악하는 데 도움이 되었다. 만약 루터가 그의 첫 번째 엄청난 해석학적인 강의를 한 후 계속하여 세 편의 바울 서신을 […] 주해하기로 결정했다면, 그것은 이미 그 이전에 시작한 바울 연구를 좀 더 집중적으로 연구하고자 했던 것이며, 그와 더불어 특별히 바울 서신의 중심적인 주제를 새롭게 자신의 것으로 삼고자 했기 때문이다. 두 번째 해석학적인 강의 대상으로 「로마서」를 선택한 것은 상당한 중요성을 지니고 있다. 즉 「로마서」로 인하여 성서 전체에 대한 이해가 루터에게 열리게 된 것이다."[33] 루터에 따르면 바울의 「로마서」는,

『신약성서』의 진정으로 주된 부분이며 참으로 가장 순수한 복음이다.

---

32 베른하르트 로제, 앞의 책(2002), 81쪽.

33 같은 책, 103쪽. 다음도 같이 볼 것. Eduard Lohse, "Martin Luther und der Römerbrief des Apostels Paulus. Biblische Entdeckungen", in: *Kerygma und Dogma. Zeitschrift für theologische Forschung und kirchliche Lehre 52*/2006, 106~25쪽.

그것은 모든 기독교인이 한 마디 한 마디 외워두어야 할 가치가 있을 뿐만 아니라 날마다 영혼의 일용할 양식으로 사용해야 할 가치가 있다. 우리가 이 서신을 아무리 많이 읽고 아무리 깊게 숙고해도 결코 지나침이 없다. 우리가 그것을 대하면 대할수록 더욱더 소중해지고 더욱더 맛이 좋아진다.[34]

「로마서」는 ── 루터는 확신하기를 ── 신의 말씀인 성서를 전체적이고도 압축적으로 조명하는, 그러므로 가장 순수한 복음으로서, 그것의 목적은 우리의 안으로부터 오는 인간적인 의를 폐기하고 우리의 밖으로부터 오며 우리에게 전적으로 낯선 의인 신의 의를 설파하는 데에 있다. 그것은 다름 아닌 인간의 죄와 신의 은총, 즉 구원 사이의 관계다.

먼저 루터는 '예수 그리스도의 종 바울'과 더불어 「로마서」 제1장에 대한 강의를 시작하면서 인간의 의와 인간의 죄에 대하여 다음과 같이 말하고 있다.

이 서신의 주요 목적은 육(肉)에 속하는 모든 지혜와 의를 분쇄하고 근절하며 파괴하는 데에 있다. 이것은 사람들의 눈이나 심지어 우리 자신의 눈에 대단히 중요해 보일 수 있는 모든 행위를 포함한다. 이러한 업적들이 진지한 열의와 마음으로 행해지든 않든 전혀 상관없이, 이 서신은 죄를 확인하고 진술하며 확대하고자 한다. 아무리 많은 사람들이 죄가 존재하지 않는다고 주장하거나 죄가 존재하지 않는다고 믿는다고 할지라도 말

---

34 Martin Luther, "Vorrede auf die Epistel S. Pauli an die Römer"(1522/1546), in: *Dr. Martin Luthers Werke. Kritische Gesamtausgabe (Weimarer Ausgabe). Die Deutsche Bibel, Band 7*, Weimar: Hermann Böhlaus Nachfolger 1931a, 2~27쪽, 여기서는 2쪽(짝수 쪽에는 1522년 판이, 홀수 쪽에는 1546년 판이 수록되어 있는데, 여기서는 1522년 판을 인용했다).

이다. 그러므로 아우구스티누스는 그의 저서『영과 문자에 대하여』제7장에서 이렇게 말한다. "사도 바울은 교만한 자들과 자만한 자들에 대항해 그리고 그 자신의 업적을 등에 업고 오만한 자들에 대항해 분연히 싸웠다 […]." 왜냐하면 이방인들과 유대인들 가운데는, 덕과 지식을 다른 사람들에게 좋은 인상을 주기 위해서나 다른 사람들을 즐겁게 하기 위해서 소유하는 것이 아니라 그 자신의 가장 내면적인 마음속에 소유하면 족하다고 믿는 사람들이 지금도 많고 과거에도 많았기 때문이다. 이러한 사고방식은 철학자들의 경우에서 자주 볼 수 있었다. 그러나 설령 그들이 사람들 앞에서 자신의 의를 내세우거나 자랑하지 않고 그들 가운데 가장 순수하고 뛰어난 사람들이 그리했던 것처럼 덕과 지혜에 대한 진정한 사랑으로 자신의 의를 좇았다고 할지라도(소크라테스를 제외하면 그런 부류의 사람은 극소수다), 그들은 의식적인 사고 속에서는 아닐지라도 저 내면 깊숙한 마음속에서는 스스로가 의롭고 선한 사람이라는 자기만족과 자기자랑을 피할 수 없었다. 이러한 사람들에 대하여 사도는 "스스로 지혜 있다 하나 어리석게 되어"(「로마서」 제1장 제22절)라고 말하였다.[35]

이어서 루터는 신의 의와 신의 은총, 즉 구원에 대하여 다음과 같이 말하고 있다.

그러나 여기에서 우리는 그 정반대의 것이 진실이라는 것을 알아야 한다. 실상 우리는 교회에서 그저 우리의 의와 지혜는 아무것도 아니기 때문에 우리의 의와 지혜를 자랑해서 드높이거나 거짓된 기만으로 찬양해서는 안 된다고 가르칠 뿐이다. 복음이 다음과 같이 가르침에도 불구하고 그

---

35 Martin Luther, *Lectures on Romans. Glosses and Schoilia: Luther's Works. Volume 25*, Saint Louis: Concordia Publishing House 1972, 135~36쪽.

리한다. "사람이 등불을 켜서 말 아래에 두지 아니하고 등경 위에 두나니 이러므로 집안 모든 사람에게 비치느니라"(「마태복음」 제5장 제15절), "[너희는 세상의 빛이라] 산 위에 있는 동네가 숨겨지지 못할 것이요"(「마태복음」 제5장 제14절). 요컨대 내가 주장하는 바는, 그렇게 가르쳐서는 안 되고 바로 우리가 보는 앞에서 우리의 마음과 우리의 내적인 자기만족으로부터 우리의 의와 지혜를 부수어버리고 뿌리째 뽑아야 한다고 가르쳐야 한다는 것이다. 왜냐하면 우리의 의와 지혜를 우리 자신의 눈으로 보아야만 우리는 다른 사람들의 비판이나 칭찬을 걱정하지 않게 될 것이기 때문이다. 그리하여 신은 예레미야를 통해 우리에게 "내가 너로 뽑으며 파괴하며 파멸하며 넘어뜨리게 하였느니라"(「예레미야」 제1장 제10절)고 말하였다. 그러니까 우리 안에 있는 모든 것(말하자면 그것이 우리 자신으로부터 나오고 우리 안에 있기 때문에 우리를 즐겁게 하는 모든 것)을 파괴하고 파멸하며 넘어뜨리게 하였던 것이다. 또한 "내가 너로 건설하며 심게 하였느니라"(같은 곳)고 말하였다. 그러니까 우리 밖에 있으며 그리스도 안에 존재하는 모든 것을 건설하며 심게 하였던 것이다. 이는 또한 우상의 발을 친 돌을 본 다니엘의 환상이도 하다.[36] 신은 우리 자신의 의와 지혜를 통해서가 아니라 외적인 의와 지혜를 통해서 우리를 구원하기를 원한다. 다시 말해 우리로부터 발생하고 우리 안에서 성장한 의와 지혜를 통해서가 아니라 외부로부터 우리에게 주어진, 여기 이 땅에서가 아니라 하늘에서 유래한 의와 지혜를 통해서 우리를 구원하기를 원한다. 그러므로 우리는 전적으로 외부로부터 오는, 따라서 이질적인 의에 대해서 배워야 한다. 그리고 우리는 우리 안에서 발생한 우리 자신의 의를 먼저 뿌리 뽑아야 한다.[37]

---

36 "또 왕이 보신즉 사람의 손으로 하지 아니하고 뜨인돌이 나와서 우상의 철과 진흙의 발을 쳐서 부서뜨리매"(「다니엘」 제2장 제34절).

37 Martin Luther, 앞의 책(1972), 136쪽.

루터는 「로마서」, 그중에서도 특히 제1장을 성서에 증언되고 기록된 수많은 신의 말씀을 설명해 주는 일종의 키워드로 여겼는데, 이는 무엇보다도 1520년에 출간된 『기독교인의 자유에 대하여』를 보면 명백히 드러난다. 거기에서 루터는 신의 의를 강조하면서 다음과 같이 말하고 있다.

그대는 이렇게 물을 것이다. "신의 말씀이 이처럼 많은데, 도대체 무엇이 말씀이란 말인가? 또는 이 말씀을 어떤 식으로 사용해야 하는가?" 나는 사도 바울이 「로마서」 제1장에서 이것을 다음과 같이 설명한다고 대답한다. 이 말씀은 성육신하고 고난당하고 부활하며 거룩하게 하는 성령으로 말미암아 영광을 받은 신의 아들에 관한 신의 복음이다. 이는 그리스도를 선포한다는 것이 곧 영혼을 먹인다는 것, 해방시킨다는 것, 구원한다는 것을 의미한다. 영혼이 그 선포를 믿는다고 하면 말이다. 왜냐하면 오직 믿음만이, 그리고 신의 말씀을 능력 있게 사용하는 것만이 구원을 가져다주기 때문이다. 「로마서」 제10장 제9절에는 다음과 같이 기록되어 있다. "네가 만일 네 입으로 예수를 주로 시인하며, 또한 신이 그를 죽은 자 가운데서 살린 것을 네 마음에 믿으면 구원을 받으리라." 또한 「로마서」 제10장 제4절에는 이렇게 기록되어 있다. "그리스도는 모든 믿는 자에게 의를 이루기 위하여 율법의 마침이 되느니라." 그리고 「로마서」 제1장 제17절을 보자! "오직 의인은 믿음으로 말미암아 살리라." 이는 신의 말씀이 무슨 행위로 받아 간직할 수 있는 것이 아니요, 오직 믿음으로만 받아 간직할 수 있는 것이기 때문이다. 그러므로 분명한 것은, 영혼은 의와 생명에 이르기 위해 오직 말씀만 필요하다는 사실이다. 그러니까 오직 믿음으로 의롭다 함을 얻는 것이지, 무슨 행위로 의롭다 함을 얻는 것이 전혀 아니다. 왜냐하면 무슨 다른 것으로 의롭다 함을 얻을 수 있다 하면 말씀이 필요 없을 것이고, 따라서 믿음도 필요 없을 것이기 때문이다.[38]

「로마서」 강의가 루터 신학의 발전 과정에서 차지하는 가장 중요한 의미 가운데 하나는, 그가 여기에서 신의 의가 인간의 행위에 의해 우리의 안으로부터 오지 않고 신의 은총에 의해 우리의 밖에서 온다는 점을 밝혀낸 데에 있다. 이제 구원을 위해 필요한 것은 오직 신의 말씀과 그것의 성육신인 예수 그리스도에 대한 믿음뿐이다. 그 어떤 인간의 공적도 구원에 대해 그 어떠한 역할도 할 수 없다. 이는 중세의 인간 중심적 구원관과 신학사상에서 신 중심의 구원관과 신학사상으로의 전회를 의미하는 것이다. 그런데 「로마서」 강의 이전에 행한 「시편」 강해에서는 이러한 근본적인 변화를 찾아볼 수 없다. 그것은 「로마서」 강의에서 처음으로 등장하는 완전히 새로운 인식이다. 그러므로 「로마서」 강의와 더불어 일종의 신학적-구원론적 패러다임의 전환이 이루어졌다고 볼 수 있다. 곧 다음 절에서 자세한 논의가 이루어지는 바와 같이, 루터는 「로마서」 제1장 제17절의 해석을 통해서 그의 독특한 칭의론의 기본원리를 발견하게 되며, 바로 이 칭의론과 더불어 이른바 '종교개혁적 돌파'가 이루어진다. 그리고 「로마서」 제4장 제7절을 해석하는 과정에서 "죄인이면서 동시에 의인"이라는 명제를 도입하는데, 이 명제는 종교개혁 신학의 가장 중요한 개념적 틀 가운데 하나다(이에 대해서는 다음 절에서 다시 논의할 것이다).

루터는 『신약성서』를 "복음과 신의 약속을, 그리고 이 복음과 신의 약속을 믿는 자들과 믿지 않는 자들의 역사를 함께 기록한 책"으로 규정한다. 그는 또한 "기쁜 통보와 용기를 주는 기별 또는 복음적인 신의 소식"을 『신약성서』라고 이해한다. 이에 반해 『구약성서』는 "신의 율법과

---

38 마르틴 루터, 『크리스챤의 자유 ── 라틴어/한글 대역』, 좋은땅 2013a (김광채 옮김; 원제는 Martin Luther, *De libertate Christiana*), 23~25쪽(이처럼 인용구절이 3쪽에 걸쳐 있는 것은, 이 책이 라틴어와 한글 대역이기 때문이다).

계명, 그리고 이 율법과 계명을 지킨 자들과 지키지 못한 자들의 역사를 함께 기록한 책"이다.[39] 그러나 『구약성서』와 『신약성서』는 단순히 율법과 복음으로 이분화할 수 없다. 왜냐하면 ──「로마서」 제1장 제1절에서 사도 바울이 말하는 바와 같이 ── 신은 『구약성서』 여러 곳에서 선지자들을 통해 그리스도에 관한 복음과 계약을 약속했기 때문이다. 이에 대한 구체적인 성서적 증거로 루터는 「창세기」 제3장 제15절, 「창세기」 제22장 제18절, 「사무엘 하」 제7장 제12~14절, 「미가」 제5장 제2절, 「호세아」 제13장 제14절 등을 거론하고 있다.[40] 그러므로 루터는 복음이란 오로지 그리스도에 대한 설교라고 확신한다. 그리스도는 "신의 아들이면서 다윗의 후손이자 참 신이면서 참 인간으로서 자신의 죽음과 부활을 통해 자신을 믿는 사람 모두를 위해 죄와 사망과 음부를 물리쳐 주었다."[41]

그런데 루터는 그리스도의 복음을 기록의 간략성과 상세성의 기준에 따라 두 범주로 분류한다. "네 명의 복음서 기자처럼 복음을 길게 기록하는, 즉 그리스도의 말씀과 사역에 대해 길게 기록하는 경우가 있다. 반면 베드로나 바울처럼 그리스도의 사역에 대해서는 말하지 아니하고, 어떻게 그의 죽음과 부활이 그를 믿는 자들을 위해 죄와 사망과 음부를 물리쳐 주었는가를 간략하게 표현하는 경우가 있다."[42] 그렇다면 『신약

---

39   Martin Luther, "Vorrede auf das neue Testament"(1522/1546), in: *Dr. Martin Luthers Werke. Kritische Gesamtausgabe (Weimarer Ausgabe). Die Deutsche Bibel, Band 6*, Weimar: Hermann Böhlaus Nachfolger 1929, 2~11쪽, 여기서는 2쪽 (짝수 쪽에는 1522년 판이, 홀수 쪽에는 1546년 판이 수록되어 있는데, 여기서는 1522년 판을 인용했다).

40   같은 글, 4쪽 이하. 루터가 『구약성서』를 어떻게 이해하는가는 다음에 잘 정리되어 있다. 하인리히 보른캄, 『루터와 구약성경』, 컨콜디아사 2006 (엄현섭 옮김; 원제는 Heinrich Bornkamm, *Luther and the Old Testament*).

41   Martin Luther, 앞의 글(1929), 6쪽.

성서』 가운데 가장 참되고 고귀한 것은 무엇인가? 루터는 다음과 같이 답한다.

「요한복음」과 사도 바울의 서간문들, 그 가운데에서도 특히 「로마서」와 「베드로 전서」는 모든 성서의 진정한 핵심이자 정수가 되는 텍스트이다. 이것들은 마땅히 가장 중요한 텍스트로 보아야 하며, 모든 기독교인은 『신약성서』 중에서 이 텍스트들을 제일 먼저 그리고 가장 많이 읽을 것을 권하며, 매일매일 읽어서 일용의 양식처럼 자신의 것으로 만들 것을 권한다. 왜냐하면 이 텍스트들에서는 그리스도의 사역과 기적에 대한 많은 묘사를 찾아볼 수 있고, 그리스도 안에서 믿음이 어떻게 죄와 사망과 음부를 물리치고 생명과 의와 구원을 선사하는가를 탁월하게 묘사하고 있기 때문이다. 이미 들은 바이지만, 이것이야말로 복음의 진정한 본질이다.[43]

이러한 복음의 이해에 입각해 루터는 그리스도의 사역보다는 그리스도의 설교를 기록한 성서에 더 많은 관심을 기울여야 한다고 주장한다. 우리 인간에게 생명을 주는 것은 그리스도의 사역이 아니라 그리스도의 말씀이기 때문이다.

만일 내가 이것이나 저것, 즉 그리스도의 사역이나 그의 설교 중 어느 것 하나 없이 지내야 한다면, 나는 그리스도의 설교보다는 그의 사역 없이 지낼 것이다. 그리스도 자신이 「요한복음」 제6장 제63절에서 말한 것처럼 그리스도의 사역이 나를 돕는 것이 아니라 그의 말씀이 나에게 생명을 주기 때문이다. 다른 복음서 기자들은 그리스도의 사역에 대하여 많이 기

---

42 같은 글, 6~8쪽.
43 같은 글, 10쪽.

록하고 그의 설교는 적게 기록하는 반면, 요한은 그리스도의 사역에 대해서는 아주 적게 기록하고 그의 설교에 대해서는 아주 많이 기록하고 있다. 그러므로 「요한복음」은 독특하고 탁월하고 진정하며 주요한 복음서이며, 따라서 다른 세 복음서보다 우선권을 가지며 높은 자리에 위치한다. 또한 바울 및 베드로의 서간문들 역시 「마태복음」, 「마가복음」, 「누가복음」의 세 복음서를 훨씬 더 능가한다.[44]

결론적으로 「요한복음」과 「요한 1서」, 사도 바울의 서간문, 그중에서도 특히 「로마서」, 「갈라디아서」, 「에베소서」 그리고 「베드로전서」는 그리스도가 누구인지 보여주며 구원을 가르쳐 준다. 이에 반해 루터는 「야고보서」를 '지푸라기'와 같은 책으로 폄하한다. 그가 보기에 거기에는 그리스도에 관한 복음의 본질이 조금도 포함되어 있지 않기 때문이다.[45]

루터는 「야고보서와 유다서 서문」(1522/1546)에서 「야고보서」에 대한 부정적인 평가의 근거를 좀 더 상세하게 제시하고 있다. 먼저 그 어떠한 인간적인 율법을 세우지 않고 열정적으로 신의 율법을 공포한다는 점에서 루터는 「야고보서」를 긍정적으로 평가한다.[46] 그러나 다른 한편 「야고보서」를 사도의 글로 보지 않을 정도로 부정적이다. 루터에 의하면, 이 서신이 사도의 글이 아닌 이유는 다음과 같다.

---

44 같은 곳.

45 같은 곳.

46 Martin Luther, "Vorrede auf die Epistel S. Jacobi und Judas"(1522/1546), in: *Dr. Martin Luthers Werke, Kritische Gesamtausgabe (Weimarer Ausgabe). Die Deutsche Bibel, Band 7*, Weimar: Hermann Böhlaus Nachfolger 1931b, 384∼87쪽, 여기서는 384쪽(짝수 쪽에는 1522년 판이, 홀수 쪽에는 1546년 판이 수록되어 있는데, 여기서는 1522년 판을 인용했다).

첫째, 「야고보서」는 "칭의를 행위에 돌림으로써(제2장 제24절) 바울과 다른 모든 성서의 내용과 완전히 대립된다. 이 서신은 아브라함이 그의 아들인 이삭을 바칠 때 그의 행위에 의해 의롭게 되었다고 말한다(제2장 제21절)."[47]

둘째, 「야고보서」의 목적은 기독교인들을 가르치는 것이지만, 그 긴 가르침의 어디에서도 "그리스도의 수난, 부활, 영에 대해 단 한 번도 언급하지 않는다. 그것은 몇 번 그리스도의 이름을 언급하지만 그리스도에 관하여 아무것도 가르치지 않으며, 신에 대한 일반적 신앙에 대해서만 말할 뿐이다. 그런데 참된 사도(使徒)의 직무는 그리스도의 수난과 부활 및 직능에 대하여 설교하고 그리스도에 대한 신앙의 기초를 놓는 것이다. 그리스도가 「요한복음」 제15장 제27절에서 '너희도 나에 대해 증거하리라'고 말했듯이 그리하는 것이다. 진정으로 거룩한 책들은 이 점에서 일치한다. 다시 말해 그것들은 모두 그리스도를 설교하고 가르친다."[48]

이 맥락에서 루터는 사도와 사도성(使徒性)을 엄격히 구분한다. 이에 대한 기준은 누가 그리스도의 사도였는가 하는 역사적인 문제가 아니라 그리스도의 복음을 전하느냐 하는 내용적인 문제다.

그리스도를 가르치지 않는 것은 무엇이든지 여전히 사도적인 것이 아니다. 비록 베드로나 바울이 그러한 가르침을 행한다고 하더라도 그렇다. 더 나아가 그리스도를 가르치는 것은 사도적인 것이다. 비록 그것이 유다, 안나스, 빌라도, 헤롯에 의하여 이루어졌다 하더라도 그렇다.[49]

---

47 같은 곳.
48 같은 곳.
49 같은 곳.

루터에 따르면, 교회도 사도적이어야 한다. 교회의 사도성은 "교회의 본질적 특성"이자 "교회의 역사적 실현의 목표 설정"이면서 "교회의 규범적 기준"이 된다.[50] 이에 대한 근거는 다음의 두 가지 측면에서 찾을 수 있다. 교회의 토대가 그 한 가지 근거이며 교회의 가르침과 실천의 본원성 또는 근원성이 또 다른 한 가지 근거다. 첫째, 교회가 사도적이라 함은 교회가 사도들 자신이 아니라 사도들의 토대인 그리스도 위에 세워짐을 의미한다. 사도들 자신의 존재와 행위도 궁극적으로 그들의 토대인 그리스도 위에 근거한다. 둘째, 교회가 사도적이라 함은 교회가 복음을 선포하고 실천하는 것, 그중에서도 특히 성례전이 사도들의 가르침과 실천에 상응함을 의미한다. 그런데 사도들의 가르침과 실천이란 궁극적으로 그리스도의 가르침과 실천이다. 왜냐하면 사도들의 가르침과 실천은 그리스도의 사역을 증언하고 그리스도의 복음을 전파하는 통로이자 수단이기 때문이다.[51]

루터는 단일성, 거룩성, 보편성 및 사도성을 교회의 본질 또는 본질적 특성으로 간주한다. 신의 말씀으로 성령에 의해 창조된 교회는 언제나 단일하고 거룩하고 보편적이며 사도적인 교회다. 따라서 이러한 본질 또는 본질적 특성이 없다면 교회의 존재는 생각할 수 없다는 것이 루터의 견해인 것이다.[52]

50 Gudrun Neebe, *Apostolische Kirche. Grundunterscheidungen an Luthers Kirchenbegriff unter besonderer Berücksichtigung seiner Lehre von den notae ecclesiae*, Berlin & New York: Walter de Gruyter 1997, 266쪽.
51 같은 책, 165쪽.
52 같은 책, 259쪽.

3. 신학적 패러다임의 전환을 이루다

루터가 성서, 즉 복음으로 회귀한 것은 신학적 패러다임의 전환을 위한 필요조건은 되었지만 충분조건은 될 수 없었다. 거기에 근거하여 그 이전의 신학과 근본적으로 구별되는 나름대로의 신학을 제시해야만 필요하고도 충분한 조건이 될 수 있었다. 이를 가능케 한 것이 칭의론이다. 루터에 의한 신학적 패러다임의 전환은 칭의론과 더불어 가능했다. 물론 그렇다고 해서 칭의론이 완성된 상태로 제시되고 난 후에 비로소 신학적 패러다임이 전환되었다는 식으로 생각해서는 안 될 것이다. 왜냐하면 아무리 일러도 1520년에 출간된 종교개혁 3대 저작과 더불어 새로운 신학적 패러다임인 종교개혁 신학이 그 골격을 갖추게 되었지만, 루터의 칭의론은 1530년까지 지속적으로 발전했기 때문이다. 그보다는 칭의론의 기본적인 원리, 즉 신의 의(오직 은총)가 발견된 시기를 루터에 의한 신학적 패러다임의 전환이 시작된 시점으로 보는 것이 타당하다. 종교개혁과 그 역사를 연구하는 신학자들 사이에서는 이 시점을 종교개혁적 돌파라고 하는데, 이는 바로 그 시점이 루터에 의해 신학적 패러다임이 전환되기 시작된 시점이라는 사실에 대한 더없이 적절하고도 함축적인 표현이 아닐 수 없다.

이를 다음과 같이 비유적으로 표현할 수 있을 것이다. 루터는 칭의론의 기본원리와 더불어 새로운 신학적 패러다임의 '물꼬'를 텄다. 그렇다면 이 패러다임은 어떤 '물줄기'를 따라 발전하고 완성되었는가? 그 물줄기도 다름 아닌 칭의론이었다. 그러니까 칭의론이 계속적으로 발전하면서 새로운 신학적 패러다임도 바로 그 발전 경로, 그러니까 '칭의론적 물줄기'를 따라가면서 발전하고 완성되어 갔던 것이다. 칭의론이 완성되어 가는 과정은 종교개혁 신학이 완성되어 가는 과정의 길잡이이면서 그 일부분이었다. 요컨대 칭의론은 새로운 신학적 패러다임인 종교개혁 신학의 시발점이자 준거점이며 원동력이었다. 이 절에서는 루터가 제시한 근대 신학의 핵심인 칭의론이 형성되는 과정에 논의의 초점을 맞추기로 하고, 제4장 제1절에서 면죄부 논쟁부터 종교개혁 3대 저작까지 종교개혁 신학이 구축되어 가는 과정을 추적하기로 한다.

칭의론은 독일어로 'Rechtfertigungslehre'(영어로 'theory of justification')이고, 라틴어로는 'De Iustificatione'이다. 일반적으로 'Rechtfertigung'은 '정당화'라는 의미로 쓰인다. 그러나 신학에서는 이를 '칭의'(稱義) 또는 '의인'(義認)이라는 개념으로 사용한다. 여기에는 '인간이 신에 의해 의롭다고 칭함을 받는다', '인간이 신에 의해 의롭다고 인정을 받는다', '인간이 신으로부터 의롭다 함을 얻는다', '인간이 의인으로서 신 앞에 선다' 등의 의미가 담겨 있다. 달리 '득의'(得義)라고 번역하는 경우도 있다.[53] 칭의는 구원의 한 과정이며, 칭의론은 기독교 구원론의 핵심적인 요소다. 루터의 칭의론은 '오직 성서', '오직 은총', '오직 믿음', '오직 그리스도'로 제시된다.

방금 언급한 바와 같이, 루터는 칭의론에 힘입어 중세적 로마 가톨릭 신학으로부터 근대적 종교개혁 신학으로 패러다임을 전환할 수 있었다. 그런데 칭의론은 이러한 역사적 의미 이외에도 결정적인 조직신학적 의미를 갖는다. 칭의론은 루터의 종교개혁 신학의 핵심이자 열쇠다. 그의 신학적 사상을 구성하는 다양한 부분과 요소는 바로 칭의론에 의해 서로 밀접하게 연관되고 기능한다. 칭의론은 루터의 신학 세계를 구조화하는 원리라고 보아도 결코 과장이 아닐 것이다. 루터는 칭의론을 "선생이요, 제후요, 주요, 인도자요, 모든 종류의 교리를 판단하는

---

53 칭의론에 대한 일반적인 논의는 다음을 참조할 것. 필립 입슨, 『칭의론 논쟁』 기독교문서선교회 2001 (석기신·신호섭 옮김; 원제는 Philip H. Eveson, *Justification by Faith Alone*).

심판자"라고 이해한다. 그리하여 신 앞에서 양심을 똑바로 세우고 사탄과 죄 및 죽음에 대항해 싸우라고 가르치는 신학자들은 특별히 칭의론을 잘 알고 있어야 한다고 역설한다.[54] 또한 루터에 따르면 교회의 '머리'와 '주춧돌'은 믿음의 의에 대한 교리, 즉 칭의론이다. 오직 칭의론만이 교회에 생명과 발판 및 영속성을 부여한다. 칭의론이 없다면 교회는 단 한 시간도 존재할 수 없을 것이다.[55] 모든 삶의 자극이 머리에서 나오고 머리에 의해 조종된다면, 주춧돌은 건물 전체를 응집시킨다. 이런 의미에서 칭의론은 루터에게는 교회의 신경조직을 의미하며 교회론에 필수적인 지지대가 된다.[56] 그리고 칭의론의 핵심적 개념인 '믿음의 의'는 '그리스도의 의'와 밀접하게 연결되며, 따라서 칭의론은 기독론으로 귀결된다. 요컨대 칭의론은 루터 신학의 규준을 제공하는 '규준론적 기능'을 수행한다.[57]

바로 이런 연유로 칭의론은 한편으로 — 역사적으로 — 루터가 신학적 패러다임을 전환하고 종교개혁 신학을 구축하는 과정에서 가장 중요한 개념적-이론적 추동력이 될 수 있었으며, 다른 한편으로 — 조직신학적으로 — 루터의 종교개혁 신학의 핵심이자 열쇠가 될 수 있었다. 그런데 여기에서 결코 간과해서는 안 될 점이 하나 있는데, 바로 칭의론이 루터 신학에서뿐만 아니라 더 나아가 기독교 신학 전체에서 중심적

---

54 다음에서 재인용한 것임. Reinhard Schwarz, "Luthers Rechtfertigungslehre als Eckstein der christlichen Theologie und Kirche", in: *Zeitschrift für Theologie und Kirche 95. Beiheft 10: Zur Rechtfertigungslehre* 1998, 14~46쪽, 여기서는 14쪽.

55 같은 글, 16쪽.

56 같은 곳.

57 이에 대한 자세한 논의는 다음을 참고할 것. Thomas Kaufmann, "Die 'kriteologische Funktion' der Rechtfertigungslehre in den lutherischen Bekenntnisschriften", in: *Zeitschrift für Theologie und Kirche 95. Beiheft 10: Zur Rechtfertigungslehre* 1998, 47~64쪽.

인 위치를 차지한다는 사실이다. 그 이유는 칭의론이 구원론의 핵심이기 때문이다. 이와 관련하여 루터는 『탁상남화』(1566)에서 다음과 같이 말하고 있다.

우리가 구원을 얻는 방법을 다루는 이 조항[칭의론]은 기독교 교리를 통틀어 가장 중요하며, 모든 신학적 논쟁이 이 점에 집중되어 있다. 모든 선지자가 이 문제에 치중했으며, 이 문제로 인해 간혹 큰 어려움을 겪기도 했다. 칭의론을 일관된 믿음으로 확고히 붙들고 있으면 삼위일체 교리와 같은 다른 교리들도 자연스럽게 이해가 된다. 우리가 오직 그리스도의 공로에 힘입어 구원을 얻는다는 이 교리만큼 신이 쉽고 명쾌하게 가르쳐 준 것도 없다. 그러므로 신자는 삼위일체에 대하여 깊이 생각하고 많이 다룰지라도 한시도 이 교리를 벗어나지 않는다. 다른 교리들도 저마다 중요하지만, 칭의론이 모든 것을 능가한다.[58]

루터가 칭의론에 힘입어 신학적 패러다임을 전환할 수 있었던 것은,

---

[58] 마르틴 루터, 『탁상담화』, 크리스챤다이제스트 2005 (이길상 옮김; 원제는 Martin Luther, *Colloquia Mensalia*), 223~24쪽. 루터는 칭의론을 "교회가 서고 넘어지는 조항"이라고 불렀는데, 그 이유는 다음과 같이 몇 가지로 정리해 볼 수 있다. 첫째, 칭의론을 신의 영광을 사수하기 위한 교리로 보았기 때문이다. 둘째, 칭의를 올바로 가르쳐야 창조고 올바로 세울 수 있다고 보았기 때문이다. 셋째, 칭의 조항을 모든 조항의 핵심 조항으로 보았기 때문이다. 넷째, 이 조항을 알아야 목회자가 올바로 목회를 할 수 있다고 보았기 때문이다. 다섯째, 칭의 조항을 올바로 가르쳐야 교회가 개혁될 수 있다고 믿었기 때문이다. 여섯째, 루터가 자신의 신학의 제1원칙으로 내세운 조항이기 때문이다. 일곱째, 이 조항이 시험당하는 신자를 가장 잘 위로할 수 있는 조항이라고 보았기 때문이다. 여덟째, 이 조항을 성서 이해의 열쇠로 보았기 때문이다. 아홉째, 이 교리가 자신의 생명을 구원했다고 생각했기 때문이다. 김용주, 『칭의, 루터에게 묻다』, 좋은씨앗 2017, 25쪽 이하.

무엇보다도 그가 중세 가톨릭교회의 칭의론과 근본적으로 구별되는 독특하고 개혁적인, 아니 어떻게 보면 가히 '혁명적'이라 할 수 있는 칭의론을 제시했기 때문이다. 그렇지만 만약 칭의론이 기독교 교리에서 차지하는 위치가 미미했다면, 루터의 칭의론이 가져올 수 있는 것은 고작해야 지엽적인 교리적 수정이나 제도적 개선에 그치고 말았을 것이다. 면죄부 판매에 대한 루터의 비판에는 칭의론을 중심으로 하는 새로운 신학이 자리하고 있었다. 그런데 만약 신학적으로 칭의론이 별반 중요치 않았다면, 루터의 비판은 종교개혁을 촉발할 수 없었을 것이다. 그것은 단순히 면죄부의 신학적-사회적 부작용을 지적한 '찻잔의 태풍'으로 끝나고 말았을 것이다. 그러나 루터는 기독교에서 가장 중요한 교리인 칭의론을 새로이 정립한 후 거기에 근거하여 면죄부 판매를 비판했기 때문에 당시 교회와 교황의 권위에 중대한 도전이 되었으며, 결국 종교개혁으로 이어질 수 있었다.

루터의 종교개혁적 관심과 신학은 원래 교회의 문제에서 출발한 것이 아니었다. 당시 교회의 부패와 타락이 집약된 형태로 표출된 면죄부 판매는 종교개혁의 촉매제 또는 기폭제였을 뿐 종교개혁의 내적인 원인도 외적인 동인도 아니었다. 그보다 개인적 구원의 문제가 루터의 종교개혁적 관심과 그로부터 결과하는 새로운 신학의 출발점이었다. "인간은 신과 어떠한 관계를 맺을 수 있을까? 신은 인간과 어떠한 관계에 있을까? 어떻게 인간이 신의 구원을 확신할 수 있을까? 어떻게 죄인인 인간이 의로운 신과의 관계를 회복하고 의인이 될 수 있을까? 인간은 언제 의인으로서 신 앞에 설 수 있을까?"[59]

루터의 칭의론은 수도사로서의 금욕과 고행을 통해서가 아니라 대학에서의 성서 연구와 해석을 통해서 형성되고 발전했다. 그러니까 1512년

---

59 Hans Küng, *Grosse Christliche Denker*, München & Zürich: Piper 1994, 155~56쪽.

이후의 일이었다. 그런데 그 기본적인 원리, 즉 신의 의(오직 은총)의 원리가 발견된 시점, 그러니까 종교개혁적 돌파가 일어난 시점에 대해서는 의견이 분분하다. 이미 「시편」 강의 이전이라는 주장에서부터 1514~15년 또는 1518년 봄이라는 주장과 1519년 또는 1520년이라는 다양한 주장이 제기되고 있다. 물론 이 모두가 나름대로의 논거는 있다. 그러나 한 가지 중요한 것은 종교개혁적 돌파의 구체적인 시점이 언제이든 간에 그것은 어느 한 순간의 갑작스러운 깨달음이 아니라 1513년 부터 수년간에 걸친 집약적이고 체계적인 성서 연구와 해석의 결과로 보아야 한다는 점이다.[60] 그것은 종교개혁에 이르는 길을 가로막고 있던 장애물을 불도저가 단숨에 밀어붙이는 모습이 결코 아니었다.[61] 그것은 오히려 점진적인 사유 과정의 결실이었다. 아무튼 그 시점은 아무리 늦게 잡아도 1519년 이전으로 보아야 할 것이다. 왜냐하면 루터는 1519년 초에 일반 신자들을 대상으로 '두 가지 종류의 의에 대한 설교'를 했기 때문이다. 그러나 종교개혁 이전인 1515년에는 이미 종교개혁적 돌파가 일어난 것으로 보는 것이 더 타당할 것이다. 왜냐하면 루터는 1515년 11월부터 1516년 9월까지 행한 「로마서」 강의에서 그 제1장 제17절에 등장하는 신의 의를 인간의 의와 구별하고 있기 때문이다.

루터는 원래 중세적인 방식에 따라 수도원에 들어가 경건하고 금욕적인 삶을 통해 구원을 추구했으나 구원의 확신을 얻을 수는 없었다. 그에게 신은 두려움과 공포의 대상이었을 뿐이다. 당시에는 신의 의란 곧 심판자와 징벌자의 의라는 공식이 성립했다. 의로운 신은 의롭지 못한 인간과 그의 행위를 심판하며 벌주는 존재로 받아들여졌다. 루터는 이

---

60 이 주제에 대한 자세한 논의는 다음의 총서에 실린 여러 글을 참조할 것. Bernhard Lohse (Hrsg.), *Der Durchbruch der reformatorischen Erkenntnis bei Luther*, Darmstadt: Wissenschaftliche Buchgesellschaft 1968.

61 Heiko A. Obermann, 앞의 책(2003), 79쪽.

러한 신을 사랑할 수 없었다. 아니 신을 증오했으며 신의 의에 대해 분노했다. 그리고 온통 절망에 빠졌다. 이러한 중세 신학의 패러다임에 입각해「로마서」제1장 제17절("복음에는 신의 의가 나타나서 믿음으로 믿음에 이르게 하나니 기록된바 의인은 믿음으로 말미암아 살리라")의 '신의 의'를 해석할 때 루터의 두려움과 공포, 그리고 절망은 극에 달했다.

그러나 루터는 바울이 설파한 것이 진정 무엇인가 알고자 하는 갈급한 마음에 밤낮없이 그 구절에 매달렸다. 그 결과 신의 의가 복음 및 믿음과 갖는 연관성을 깨닫게 되었다. 중세적 해석의 틀이 갖는 문제점은「로마서」제1장 제17절의 전반부에 나오는 '신의 의'를 후반부의 내용으로부터 고립시켜 형식적으로 이해한 데에 있었다. 그러다가 루터는 신의 의를 후반부에 나오는 '의인은 믿음으로'라는 형용사적 표현과 연결지어 해석하면서 신의 의에 대한 완전히 새로운 해석에 도달했다. 그럼으로써 단지 의롭지 못한 인간과 그의 죄를 심판하고 벌주는 신의 '형식적인 의'는 적극적으로 인간을 의롭게 하는 '실질적인 의'로 대체되었다. 루터는 "소유격이 지닌 실질적인 의미를 증명하기 위해 신의일(신이 우리 안에 역사하는 일), 신의 힘(우리를 강하게 하는 신의 힘), 신의지혜(우리를 지혜롭게 하는 신의 지혜)와 같은 성서적 표현을 찾아내 나란히 배열하고 있다." 이러한 방식으로 "신의 의라는 표현의 진정한 의미를 깨달은 후 루터는 반(反)펠라기우스[62]적인 아우구스티누스의『영과문자에 대하여』를 읽었고 거기에서 자신의 이해를 확인했다."[63]

이처럼「로마서」제1장 제17절을 형식적인 방법이 아니라 실질적인

---

62 펠라기우스(354?~420)는 브리타니아(영국) 출생의 수도사이자 신학자로서 인간의 자유의지를 강조하고 신의 은총, 그리스도의 구원, 인간의 원죄, 세례 등을 부정하는 신학을 정립했다. 이를 펠라기우스주의라고 하는데, 아우구스티누스로부터 강력한 비판을 받았으며 종교회의에서 이단으로 정죄되었다.
63 라인하르트 슈바르츠, 앞의 책(2007), 68~69쪽.

방법으로 해석함으로써 종교개혁적 돌파가 가능했던 것이다. 이제 성서 전체가 루터에게 완전히 새로운 얼굴로 다가왔다. 자비로운 신은 인간을 믿음으로 의롭게 하며 신의 의는 바로 복음을 통해 나타난다. 인간은 스스로의 힘으로 구원을 얻는 것이 아니라 오직 자비로운 신의 은총에 의해 죄로부터 해방되어 의롭게 됨으로써 구원을 얻으며, 인간은 오직 믿음을 통해서 신의 의를 받아들인다. 그것은 중세 신학과의 결별이었으며 신학의 코페르니쿠스적 전회였다. 완전히 새로운 얼굴의 성서를 마주한 루터는 다시 태어나 천국으로 들어갔다는 생각이 들었다. 구원을 확신한 것이다.[64]

----

64 루터는 세상을 떠나기 1년 전인 1545년에 「로마서」 제1장 제17절에 대한 새로운 해석을 통해 그의 칭의론이 형성되기 시작하면서 종교개혁적 돌파가 일어나는 과정을 생생하게 묘사하고 있다. "나는 「로마서」, 「갈라디아서」, 「히브리서」에 대한 바울 서신을 강의한 후 이제 자신 있다고 확신한 가운데 「시편」을 새로이 주해하기 위하여 1519년 다시 「시편」으로 되돌아갔다. 「로마서」에서 바울을 알고자 하는 놀라운 열정에 나는 사로잡혀 있었다. 그러나 그때까지도 해결되지 않은 것은 내 마음의 차가움이 아닌, 「로마서」 제1장 제17절(신의 의가 '복음'에 나타났다)의 한 단어였다. 왜냐하면 나는 '신의 의'라는 이 단어를 미워했고, 모든 박사의 흔한 습관에 따라 이른바 형식적인 또는 능동적인, 그를 통하여 신은 의롭고 불의한 자와 마찬가지로 죄인을 벌하는 의를 철학적으로 이해하도록 이 단어를 가르쳤다. 수도사로서 나는 흠이 없이 살았음에도 불구하고 신 앞에서 죄인이라고 느꼈고, 내 양심은 불안했으며, 나의 행위를 통하여 화해될 수 있다고 희망할 수 없었다. 나는 죄인을 벌하는 의로운 신을 사랑하지 않았으며 그를 미워했다. 마치 불행하며, 원죄를 통해 영원히 저주받은 죄인들이 십계명이라는 율법으로 불행에 억눌려 있는 것이 충분치 않다고 말함으로써 은밀한 모독이 아닌 엄청난 불평으로 나는 신을 불쾌해했다. 신은 복음을 통해 고통에 고통을 가중시키고 있으며 복음으로 역시 우리에게 그의 의와 그의 분노를 위협하고 있음에 틀림없지 않느냐? 이렇게 나는 혼란스런 양심 속에 쉬고 있었으나, 그럼에도 불구하고 나는 바울이 무엇을 원했는지 알고자 하는 갈증에 목이 탔기 때문에 끊임없이 바울의 이 구절에 대하여 문을 두드려댔다. 그때 신이 나를 긍휼히 여겼다. 나는 그 말씀, 즉 '신의 의가 복음으로 나타나서 기록된바 의인은 믿음으로

루터는 1515~16년에 행한 「로마서」 강의에서 로마서 제1장 제17절에 나오는 신의 의를 다음과 같이 인간의 의와 명확히 구별하고 있다.

신의 의는 우리 구원의 근거다. 그러나 우리는 신의 의를 신이 신으로서 의롭다는 의미에서의 의로 이해해서는 안 되고 신이 우리를 의롭게 만든다는 의미에서의 의로 이해해야 한다. 이러한 의는 복음에 대한 믿음을 통해서 일어난다. […] 신의 의가 그렇게 불리는 것은 그것을 행위로부터 오는 인간의 의와 구별하기 위함이다. 아리스토텔레스는 그의 저서인 『윤리학』 제3권에서 인간의 의를 아주 분명하게 서술하고 있다. 그에 따르면, 의는 인간의 행위에 뒤따르고 인간의 행위에서 비롯된다. 그러나 신에 따르면 의는 행위에 앞서며, 따라서 행위는 의의 결과인바, 이는 누구든

_____

산다'의 연관성을 알기까지 낮이나 밤이나 끊임없이 몰두했다. 그때 나는 신의 의를 바로 이런, 즉 의인은 신의 선물로, 즉 믿음으로 산다고 이해하기 시작했고 복음을 통해 신의 의가 나타났다는 것, 즉 수동적인, 그것을 통해서 자비로운 신이 우리를 믿음으로 의롭게 하는데, 그것이 기록된바, '의인은 믿음으로 산다'는 뜻임을 인식했다. 바로 여기서 나는 '나는 다시 태어났고, 문이 열렸고, 나는 낙원으로 들어갔다'라고 생각했다. 바로 그로부터 성서 전체가 나에게 다른 얼굴을 보여주었다. 기억하듯이 나는 성서 전체로 달려 들어갔고 그리고 다른 개념에서도 비슷한 것을 확인했다. 가령 신의 역사는 신이 우리 안에서 행하는 것을 뜻하고, 신의 능력은 그것을 통하여 그가 우리를 강하게 하는 것이며, 신의 지혜는 그것을 통하여 그가 우리를 지혜롭게 하는 것이다. 신의 힘, 신의 구원, 신의 영광 등도 마찬가지다. 그러므로 전에 내가 '신의 의'라는 말을 미워했던 그 정도로, 이제는 나에게 가장 달콤해져 버린 그 개념을 찬양했고, 바울의 이 말씀은 나에게 천국의 입구가 되었다. 그 후 나는 아우구스티누스의 『영과 문자에 대하여』를 읽었다. 거기서 나는 기대와는 달리 그 역시 신의 의를 비슷하게, 즉 신이 우리를 의롭게 할 때 그것으로 우리를 입히는 의로 이해하고 있다는 사실을 발견했다. 비록 그가 이것을 완벽하게 언급하지는 않았고, 그리고 [의의] 전가(轉嫁)에 관한 모든 것을 명백하게 주해하지는 않았다고 할지라도 신의 의가 우리를 의롭게 하는 것을 그가 가르쳤다는 것이 나의 눈에 띄었다." 베른하르트 로제, 앞의 책(2002), 135~36쪽에서 재인용.

일단 주교나 사제로 서임되고 그에 대한 권한을 부여받아야 비로소 주교나 사제의 직무를 수행할 수 있는 것과 마찬가지다. 아직 의롭게 되지 못한 인간의 의로운 행위는 사제가 되지 않은 채 사제와 주교의 기능을 수행하는 인간의 의와도 같은 것이다. 달리 말해 그와 같은 행위는 어리석고 기만적이며 시장바닥에서 강매하는 장사치의 터무니없는 행위에 비견될 수 있다.[65]

인간의 행위에 수반되는 의를 심판하는, 형식적인 신의 의가 아니라 인간을 의롭게 하고 구원하는, 실질적인 신의 의는 복음서에 나타난다. 「로마서」 제1장 제16절에 나타나 있듯이 "복음은 모든 믿는 자에게 구원을 주는 신의 능력"이다.[66] 그러므로 인간은 그의 행위를 통해서가 아니라 복음에 대한 믿음을 통해서 의롭게 되고 구원을 받는다. 루터는 이를 외부로부터 주어진 '낯선 의' 또는 '수동적 의'라고 표현한다.

이렇게 해서 칭의론은 복음과 믿음이라는 두 축을 중심으로 완전히 새로이 정립되었다. 루터에게 복음과 믿음은 상호관계를 이룬다. 믿음은 인간의 행위와 공로를 통한 칭의와 구원의 가능성을 포기하고 전적으로 신의 은총을 신뢰하는 것을 의미한다. 믿음은 오직 신의 말씀을 받

---

65 Martin Luther, 앞의 책(1972), 151~52쪽.
66 루터에 따르면, 신의 능력 또는 권능은 "신 자신이 그 본질에 따라서 가지고 있는 능력이 아니라 신이 어떤 사람 또는 어떤 대상을 능력 있거나 힘 있게 만드는 능력으로 이해해야 한다. 우리가 '신의 선물', '신의 피조물' 또는 '신의 일'이라고 말하듯이 신의 능력, 즉 신으로부터 오는 능력이라고 말할 수 있다. 이는 예컨대 「사도행전」 제4장 제33절에서 볼 수 있다. '사도들이 큰 권능으로 주 예수의 부활을 증언하니.' 또한 「사도행전」 제1장 제8절에서도 볼 수 있다. '오직 성령이 너희에게 임하면 너희가 권능을 받고.' 그리고 '너희가 높은 곳으로부터 능력으로 입혀질 때까지'라고 말하는 「누가복음」의 마지막 장(제24장 제49절)과 '지극히 높으신 이의 능력이 너를 덮으시리니'라고 말하는 「누가복음」 제1장 제35절에서도 똑같은 메시지를 읽을 수 있다." 같은 책, 149쪽.

아들이고 오직 신의 말씀에 대한 응답으로서 가능하다. 그러므로 상호 관계를 이루는 복음과 믿음 가운데 복음이 우선시되는 것은 자명한 이치다. 믿음은 인간의 심리적인 상태가 아니라 신의 말씀이 우리 안에서 불러일으키는 그 무엇이기 때문이다.[67] 바로 이런 연유로 ─ 곧 다시 논하게 되는 바와 같이 ─ 루터의 신학은 성서 원리 또는 말씀의 신학으로 ─ 그리고 십자가 신학으로 ─ 불린다.

루터는 「로마서」 강의에서 복음을 인간의 능력과 대비되는 신의 능력으로, 그리고 믿음을 신이 인간 안에서 역사하는 것으로 정의하고 있다.

먼저 루터에 따르면 복음은,

> '인간의 능력'과 구별하여 **신의 능력**으로 불린다. 전자는 인간이 육적인 것을 따라 힘과 건강을 얻고 육에 속한 것들을 할 수 있는 능력이다. 그러나 신은 그리스도의 십자가를 통해서 이러한 능력을 완전히 무효화하고 우리에게 신 자신의 능력을 주는데, 이 능력에 의해 우리의 영혼은 강해지고 구원을 받으며 우리는 영적인 것들을 할 수 있게 된다. 이런 의미에서 「시편」 제60편 제11~12절은 다음과 같이 기록하고 있다. "인간의 구원은 헛되도다. 우리가 신을 의지하고 용감하게 행하리라." 그리고 「시편」 제33편 제16~17절은 다음과 같이 기록하고 있다. "많은 군대로 구원 얻은 왕이 없으며 용사가 힘이 커도 스스로 구하지 못하는도다. 구원함에 말은 헛것임이여 그 큰 힘으로 구하지 못하는도다." 이는 다음과 같이 말하는 것과 같다. "복음은 신의 능력이다." 다시 말해 복음은 성령의 능력이다. […] 이는 다음을 의미한다. 부(富), 무기, 금, 은, 왕국 그리고 이런 종류의 다른 모든 것은 인간의 능력으로서 인간은 이것에 의해 살아가고 이것이 없으면 아무것도 할 수 없다. 그러나 이 모든 것은, 적어도 인간이 그

---

67 베른하르트 로제, 앞의 책(2002), 364~65쪽.

것들에 대한 욕망을 버리지 못하는 한, 완전히 멸해져야 한다. 그렇지 않으면 신의 능력이 우리 안에 있지 못하게 될 것이다. 왜냐하면 부유한 자들과 힘 있는 자들은 복음을 받아들이지 않으며, 따라서 신의 능력도 받아들이지 않기 때문이다. 그리하여 성서에는 다음과 같이 기록되어 있다. "가난한 자에게 복음이 전파된다"(「누가복음」 제7장 제22절).[68]

그리고 루터에 따르면 믿음은,

> 신이 우리 안에서 역사하는 것이다. 그것은 ——「요한복음」 제1장 제12~13절에서 말하듯이 —— 우리를 변화시키며, 우리를 신으로부터 다시 태어나도록 만든다. 믿음은 옛 아담을 죽이고 우리를 감정과 정신에서 그리고 마음과 능력에서 완전히 다른 사람으로 되게 한다. 그리고 믿음에는 성령이 동반된다. 오, 믿음은 얼마나 생생하고 창조적이고 적극적이며 강력한 것인지! 믿음을 가지면 끊임없이 좋은 일을 할 수밖에 없다. 믿음은 선행을 할 것인지 말 것인지 묻지 않고, 그러한 질문이 던져지기 전에 이미 선행을 하고 지속적으로 선행을 하고 있다. 누구든 이런 식으로 행하지 않는 사람은 믿음이 없는 사람이다. 그는 손으로 더듬고 주위를 둘러보며 믿음과 선행을 찾아다니지만 믿음이 무엇인지도 선행이 무엇인지도 모른다. 그럼에도 불구하고 그는 계속해서 믿음과 선행에 대하여 수없이 지껄여댄다.[69]

루터의 칭의론을 논하면서 반드시 언급해야 할 개념이 하나 더 있으니, 다름 아닌 '죄인이면서 동시에 의인'이라는 명제다. 이는 원래 인간

68　Martin Luther, 앞의 책(1972), 149~50쪽.
69　Martin Luther, 앞의 글(1931a), 10쪽.

을 죄인이었다가 의인이라고 보는 중세 가톨릭 신학의 명제와 완전히 상반되는 개념이다. 언뜻 역설적으로 들리는, 그러나 종교개혁 신학의 중추적 개념인 '죄인이면서 동시에 의인'이라는 명제도 새로운 신의 의의 개념과 밀접한 관계에 있으면서 이 개념과 더불어 「로마서」를 강의하는 과정에서 — 구체적으로 제4장 제7절을 해석하는 과정에서 — 제시된 것이다. 만약 본래 죄인인 우리 인간이 신의 의를 통해서 의인이 된다면, 다음과 같은 질문을 제기할 수 있다. 그렇다면 그는 완전히 의로운가? 이 질문에 대해 루터는 죄인인 동시에 의인이라는 명제로 대답한다.

> 그는 실은 죄인이다. 그러나 신이 자신의 의를 그에게 확실하게 전가했고 그가 완전히 치유될 때까지 그의 죄를 용서한다고 약속했기 때문에 그는 의인이다. 그리하여 소망 가운데에서 완전히 구원을 받는 것이다. 그러나 사실상 그는 여전히 죄인이다. 그렇지만 그는 이제 막 의롭게 되기 시작했으며, 그리하여 아직은 의롭지 못하다는 것을 깨닫고서 완전히 의롭게 되려고 노력한다. 만약 환자가 자기 병을 그대로 방치해 둔 채 모든 치료를 거절한다면, 그는 결국 죽고 말 것이다. 확실히 이 세상에서 탐욕을 추구하는 사람들도 그와 마찬가지이다. 또는 만일 어떤 환자가 자신이 아프다는 것을 알지 못한 채 건강하다고 생각하고서는 의사를 거절한다면, 이는 그 자신의 행위로 의롭게 되고 건강하게 되기를 원하고서 취하는 조치의 일종이다.[70]

이처럼 루터의 칭의론에 의하면, 구원은 이미 현재적이다. 다시 말해 신의 의를 통해서 죄 사함을 받은 곳에서는 구원이 있고 생명이 있다.

---

70 Martin Luther, 앞의 책(1972), 260쪽.

그러므로 구원은 더 이상 미래에 속하는 것만은 아니다. 그러나 기독교인은 동시에 오직 믿음 안에서만 구원을 받고 생명을 얻는 것이지 아직 실제적인 체험 가운데에서 구원을 받고 생명을 얻는 것이 아니다. 구원은 현재적이면서 동시에 숨겨져 있다. 신의 의를 믿고 구원을 받는다함은 '존재'인 동시에 '아직 존재하지 않음'이며, 또한 '소유'인 동시에 '아직 소유하지 못함'이다. 그것은 이미 완성된 상태가 아니라 지속적으로 형성되는 과정이다. 그러므로 기독교 신앙은 현재 이미 존재하고 소유한 바로 그것을 통하여 미래에 다가올 종말을 대망하게 된다.[71]

1519년 초 루터는 일반 신자들을 대상으로 「두 가지 종류의 의에 대한 설교」를 했는데, 이 설교의 성서적 대상 또는 근거는 「빌립보서」 제2장 제5~6절이었다. "너희 안에 이 마음을 품으라. 곧 예수 그리스도의 마음이니, 그는 근본 신의 본체이나 신과 동등됨을 취할 것으로 여기지 아니하시고." 루터에 따르면 인간의 죄에 두 종류가 있듯이, 기독교인의 의에도 두 종류가 있다. 첫 번째 종류의 의는 '낯선 의', 즉 '외부로부터 주입된 다른 분의 의'다. 그것은 그리스도의 의다. 그리스도는 믿음을 통해서 죄인인 우리 인간을 의롭게 한다. 루터에 따르면, 인간을 의롭게 하는 그리스도의 의는 무엇보다도 다음과 같은 성서 구절에 명백히 표현되어 있다. "나는 부활이요 생명이니 나를 믿는 자는 […] 결코 죽지 아니하리니"(「요한복음」 제11장 제25~26절). "내가 곧 길이요 진리요 생명이니"(「요한복음」 제14장 제6절). 그런데 이러한 그리스도의 의는 인간이 세례를 받을 때와 참으로 회개할 때마다 주어진다. 그리하여 그리스도의 의는 무가치한 죄인인 우리 인간에게 은혜롭게 주어진다.[72] 루터

---

71 파울 알트하우스, 『마르틴 루터의 신학』, 성광문화사 1994 (구영철 옮김; 원제는 Paul Althaus, *Die Theologie Martin Luthers*), 545쪽.

72 Martin Luther, "Two Kinds of Righteousness"(1519), in: *Luther's Works. Volume 31: Career of the Reformer I*, Philadelphia: Muhlenberg Press 1957, 297~306쪽,

는 이러한 그리스도의 의를 '일차적 의'라고 명명한다.

　일차적 의인 그리스도의 의는 다름 아닌 신의 의로서 믿음을 통해 우리 자신의 의가 되며, 그럼으로써 우리는 그리스도가 지닌 의와 동일한 의를 지니게 된다. 그리고 일차적 의인 그리스도의 의는 우리 자신의 모든 실제적 의의 토대이며 원인이며 자원이 된다.

　　그리스도에 대한 신앙을 통해 […] 그리스도의 의가 우리의 의가 되며 그가 가진 모든 것이 우리의 것이 된다. 아니 보다 정확히 말하면, 그 자신이 우리의 것이 된다. 그러므로 사도는 「로마서」 제1장 제17절에서 그것을 '신의 의'라고 부른다. 다시 말해 복음에는 "신의 의가 나타나서 […] 기록된바 '의인은 믿음으로 말미암아 살리라'함과 같으니라"고 말한다. 마지막으로 같은 서신의 제3장 제28절에서 그러한 신앙을 '신의 의'라고 부른다. 다시 말해 "사람이 의롭다 함을 얻는 것은 […] 믿음으로 되는 줄 우리가 인정하노라"고 말한다. 이것은 무한한 의이며 모든 죄를 한순간에 없애버리는 의다. 왜냐하면 그리스도 안에 죄가 존재한다는 것은 불가능하기 때문이다. 그와 반대로 그리스도를 신뢰하는 자는 그리스도 안에 존재한다. 그는 그리스도와 함께 있는 자이며 그리스도가 가진 의와 동일한 의를 가진 자다. 그러므로 죄가 그의 안에 남아 있다는 것은 불가능하다. 이 의는 일차적 의다. 그것은 우리 자신의 모든 실제적 의의 토대이며 원인이며 자원이다. 왜냐하면 이것은 아담 안에서 상실된 원의(原義) 대신에 주어진 의이기 때문이다. 그것은 원의와 더불어 했을 일과 동일한 일을 한다. 아니 오히려 더 많은 일을 한다.[73]

　여기서는 297~98쪽.
73　같은 글, 298~99쪽.

이에 반해 두 번째 종류의 의는 '우리 자신의 의'다. 그런데 —— 여기서는 이 점을 유의해야 한다 —— 우리 자신의 의란 우리가 혼자서 그것을 행한다는 의미가 아니라 어디까지나 외부로부터 주어진 낯선 의와 더불어 그것을 행한다는 의미다. 이 두 번째 유형의 의는 첫 번째 유형의 의의 산물이요, 사실상 그 열매이자 결과다.[74] 그것은 어디까지나 '이차적 의'인 것이다. 이렇게 보면 일차적 의와 이차적 의 사이에는 보편적인 인과관계가 성립하는 것으로 생각할 수 있다. 그러나 루터의 논의를 자세히 검토해 보면, 이 두 범주 사이에는 상호작용의 관계가 성립함을 간파할 수 있다. 루터에 따르면, 이차적 의인 우리 자신의 의는 "그리스도의 본을 따르는 것이며(「베드로전서」 제2장 제21절), 그리스도의 형상으로 변화되는 것이다(「고린도후서」 제3장 제18절)." 그리하여 "첫 번째 의를 통해 영혼에게 '나는 너의 것이다'라고 말하는 신랑의 음성이 나오는 반면, 두 번째 의를 통해 '나는 당신의 것입니다'라고 대답하는 신부의 음성이 나온다."[75] 주지하다시피 결혼생활은 신랑과 신부 중 누구 한편이 일방적으로 작용하고 그것이 다른 한편에 일방적으로 영향을 끼치는 인과관계에 의해서가 아니라 신랑과 신부의 두 편 모두가

---

74 같은 글, 299~300쪽. 루터는 『칭의론』(1536)에서 '내적 의'와 '외적 의'를 구분한다. "그리스도를 믿음으로 신 앞에서 우리의 죄가 사해지는 것"이 내적 의다. 그런데 "죄를 사함 받은 후에는 사랑이 뒤따라야 한다. 바로 이 사랑이 모든 사람에게 우리가 죄 사함을 받았고 신으로부터 의롭다고 선포되었음을 보여준다." 이를 외적 의라고 부른다. Martin Luther, "The Disputation concerning Justification"(1536), in: *Luther's Works. Volume 34: Career of the Reformer IV*, Philadelphia: Muhlenberg Press 1960, 151~96쪽, 여기서는 161~62쪽.

75 Martin Luther, 앞의 글(1957), 300쪽. 루터가 말하는 일차적 의와 이차적 의 사이에 존재하는 관계에 대한 자세한 논의는 다음을 참고할 것. Jürgen Lutz, *Unio und Communio: Zum Verhältnis von Rechtfertigungslehre und Kirchenverständnis bei Martin Luther. Eine Untersuchung zu ekklesiologisch relevanten Texten der Jahre 1519~1528*, Paderborn: Bonifatius 1990, 41쪽 이하.

삶의 동등한 주체로서 서로 영향을 주고받는 상호작용에 의해서 성립되고 완성되는 삶의 공동체다.

이차적 의인 우리 자신의 의가 일차적 의인 그리스도의 의와 더불어 그리스도의 의를 행하는 것이라면, 이는 구체적으로 "선한 행위를 하면서 유익하게 보내는 삶의 방식"을 가리킨다.[76] 이러한 삶의 방식은 다시금 육과 욕망을 억제하고 이웃을 사랑하며 신을 경외하는 것을 의미한다.

> 첫째로 이 의는 자아에 대해서는 육을 죽이고 욕망을 십자가에 못 박는 것이다. 이에 대해 「갈라디아서」 제5장 제24절에 "그리스도 예수의 사람들은 육체와 함께 그 정과 욕심을 십자가에 못 박았느니라"라고 기록되어 있다. 둘째로 이 의는 이웃을 사랑하는 데에 있으며, 셋째로 신에게 순종하고 신을 두려워하는 데에 있다. 사도는 성서의 다른 모든 부분에서처럼 이에 대해 많이 언급하고 있다. 그렇지만 그는 「디도서」 제2장 제12절에서 모든 것을 다음과 같이 간단히 요약하고 있다. "(자기 자신의 육을 십자가에 못 박는 것에 대해) 근신함과 (자기 이웃에 대해) 의로움과 (신에 대해) 경건함으로 이 세상에 살고."[77]

그리스도의 의인 일차적 의와 우리 자신의 의인 이차적 의 사이에는 두 가지 공통점이 있다. 아담의 제거가 그 하나의 공통점이요, 예수 그리스도와의 연합 또는 일치가 또 다른 하나의 공통점이다.

먼저 아담의 제거는 죄의 문제와 관련된다. 루터에 따르면 그리스도의 의, 즉 우리의 행함 없이 다만 은총에 의해 우리 안으로 주입되는 낯

---

76 Martin Luther, 앞의 글(1957), 299쪽.

77 같은 곳.

선 의는 원죄와 상반된다. 원죄도 우리의 행함 없이 다만 출생에 의해 주어지는 외래적인 것이다. 그런데 "그리스도에 대한 신앙과 지식이 자라는 정도에 따라 그리스도는 날마다 옛 아담을 점점 더 몰아낸다. 왜냐하면 낯선 의는 한꺼번에 주입되는 것이 아니라 시작하고 진보하며, 마침내 끝에 가서 죽음을 거쳐 완성되기 때문이다." 이와 마찬가지로 "선한 삶의 방식인 우리 자신의 의는 옛 아담을 제거하고 죄의 몸을 멸하려고 노력함으로써 첫 번째 의를 완성해 나간다."[78] 그리고 그리스도와의 연합 또는 일치란 일차적 의의 측면에서는 그리스도에 대한 신앙을 통해 그리스도의 의가 우리의 의가 되는 것을 뜻하며, 이차적 의의 측면에서는 우리 인간이 선한 삶의 방식을 통해 그리스도의 본을 따르며 그리스도의 형상으로 변형됨을 뜻한다. 루터의 칭의론이 궁극적으로 추구하는 바는 믿는 자와 그리스도의 연합 또는 일치다.

　루터의 칭의론이 보여주는 가장 큰 특징 가운데 하나는 그가 칭의의 원인과 동인에서 인간의 행위를 완전히 배제한다는 사실이다. 루터는 『칭의론』(1536)에서 "오직 믿음만이 행위 없이 우리를 의롭게 한다"는 견해를 제시한다. 칭의는 "그리스도에 대한 믿음에 의하여 홀로 신으로부터 비롯된다." 만약 행위가 우리를 의롭게 한다고 주장한다면, 그것은 루터가 보기에 "내가 그리스도 또는 그리스도의 의를 낳게 한다"고 주장하는 것이나 마찬가지다.[79] 그러므로 "만약 누군가 참으로 행위로써 의롭게 된다면, 그는 사람들 앞에서 영광을 얻게 되지만 신 앞에서는 아니다." 또한 "아무리 지금 여기에서 현세의 가장 좋은 선물로 신에게 영광을 돌린다고 해도 인간의 의는 신 앞에서는 가면이요 불경건한 위선이다."[80]

78　같은 곳; Jürgen Lutz, 앞의 책(1990), 55쪽 이하.

79　Martin Luther, 앞의 책(1960), 153, 162쪽.

루터는 한 걸음 더 나아가 믿음과 행위를 완전히 분리해, 전자는 약속과 연결하고 후자는 율법과 연결한다.

> 율법과 약속 두 종류의 가르침이 있다. 약속과 믿음이 그런 것처럼 율법과 행위는 상관관계에 있다. 그러므로 우리는 믿음을 행위라고 불러서는 안 되며, 믿음이란 약속에 대한 믿음이지 율법에 대한 믿음이 아니다. 거꾸로 말하면 행위란 율법의 행위이지 믿음의 행위가 아니다. 그러므로 믿음은 율법을 바라보지도 않거니와 행위도 아니다. 왜냐하면 그것이 바로 율법에 속한 행위이기 때문이다. 그렇다면 믿음은 행위가 아니다. 그것은 오직 약속만 바라보기 때문이다. 그러나 약속은 우리가 믿음에 아무것도 더할 것이 없는 그러한 종류의 선물이다. 왜냐하면 약속이 먼저 왔고 이성은 믿음으로부터 떠나버리기 때문이다.[81]

물론 루터는 비록 행위를 칭의의 원인이나 동인으로 간주하지 않지만 행위에 일정한 칭의론적 의미와 기능을 부여한다. 행위는 의롭게 하지는 못하지만 믿음과 칭의를 증거하기 때문에 필연적이다. "행위는 단지 믿음을 드러낼 따름인데, 이는 마치 열매가 그것을 맺은 나무가 좋은 나무인가 아닌가를 보여주는 것과 마찬가지다." 달리 말하자면 "기독교인들은 사랑과 선행에 의해, 그리고 모든 죄에서 물러남으로써 그들이 기독교인이 되었음을 보여준다. 우리는 위선자들이 그리하는 것처럼 숫자로만 교회에 소속되어서는 안 되고 우리의 하늘, 아버지의 영광을 드높이는 행위를 통해 소속되어야 한다. 사랑은 죄의 용서를 받을 만하다. 다시 말해 사랑은 그가 죄 사함을 받았음을 드러낸다."[82] 행위에 의한

---

80 같은 책, 151쪽.
81 같은 책, 160쪽.

외적인 칭의는 인간과 인간 사이에서 일어나는 칭의다. 이에 반해 믿음에 의한 내적인 칭의는 신과 인간 사이에서 일어나는 칭의다. 인간들 사이에서 필요한 것은 믿음이 아니라 행위라면, 신 앞에서 필요한 것은 행위가 아니라 믿음이다.[83]

여기까지의 비교적 산만한 논의를 보다 체계적으로 조망할 수 있도록 다음과 같이 요약하고 재구성해 볼 수 있다. 루터의 칭의론은 성서, 은총, 믿음, 그리스도라는 네 가지 기본 축으로 구성된다. 그러나 이것만으로는 결코 새로운 칭의론을 얻을 수 없다. 왜냐하면 이들 요소 그 자체는 전혀 새로운 것이 아니기 때문이다. 그러므로 각 요소에 그 이전과 다른 개념적 비중 또는 가중치를 부여하고 그것들 사이의 논리적 관계를 달리 설정해야 한다. 루터는 자신의 칭의론을 로마 가톨릭교회의 칭의론으로부터 근본적으로 구별하기 위해 그 네 가지 기본 축에 ‘오직’(sola)이라는 수식어를 덧붙여 ‘오직 성서’(sola scriptura), ‘오직 은총’(sola gratia), ‘오직 믿음’(sola fide), ‘오직 그리스도’(solus christus)라는 일련의 신학적 개념을 얻는다.

1. 오직 성서: 오직 성서만이 모든 신학적–신앙적 근거와 권위가 된다.
2. 오직 은총: 인간은 오직 신의 은총을 통해서만 의롭게 되고 구원을 받게 된다.
3. 오직 믿음: 이 은총은 오직 신에 대한 믿음을 통해서만 주어진다.
4. 오직 그리스도: 오직 그리스도만이 구원의 중재자다.

---

82 같은 책, 161쪽. 루터에 따르면, 행위처럼 칭의의 원인도 아니고 인간을 의롭게 하지도 못하면서 필요한 것들이 많다. 이를테면 지구는 인간의 생존에 반드시 필요하다. 그러나 인간을 의롭게 하지는 못한다. 같은 책, 165쪽. 이러한 논지는 행위에 최소한의 칭의론적 필연성을 부여하려는 루터의 의도를 잘 드러낸다.
83 같은 책, 162쪽.

이처럼 루터의 종교개혁을 추진한 근본적인 신학적 추진력이자 종교개혁 신학의 패러다임인 성서, 은총, 믿음, 그리스도는 철저하게 배타성을 보여준다. 이는 무엇보다도 인간 중심적인 중세의 신학을 탈색하려는 루터의 신학적 의도를 반영한다. 루터는 '오직…'이라는 신학적-의미론적 구조에 입각해 인간의 행위와 그 결과를 구원의 동인으로 내세우는 로마 가톨릭교회의 칭의론이 근본적인 오류를 범하고 있음을 입증하고자 했다. 그리고 이를 위해 모든 믿음과 행위의 근거가 되는 성서로 되돌아갔다.[84]

그런데 네 가지 '오직…'은 상호 유기적으로 연결된다. 그 가운데 '오직 성서'는 종교개혁의 형식 원리로, 그리고 '오직 믿음'은 종교개혁의 실질 원리로 간주된다.[85] 형식 원리란 새로운 신앙이 지향해야 하는 기본적이고 전반적인 틀을, 그리고 실질 원리란 새로운 신앙의 구체적이고 일상적인 실천을 가리킨다. 그러니까 신의 말씀인 복음이 기록된 성서가 종교개혁 신학의 토대가 되는 셈인데, 이 복음은 인간에 대한 신의 자비와 은총을 담은 메시지로서 그리스도의 십자가와 부활을 통해 계시된다. 그리스도는 신의 말씀이 성육신(成肉身)한, 신과 인간 사이의 중재자다. 인간은 이 중재자를 통해 계시된 신의 자비와 은총을 믿음으로써 의롭게 되고 구원을 받게 된다. 바로 이런 연유로 루터의 신학을 성서 원리(성서주의), 말씀의 신학 또는 십자가 신학이라고 부른다. 이 모

---

84 "개혁자들[루터와 칼뱅]의 교훈은 사람이 **오직 은혜**로 말미암아, **오직 믿음**을 통하여, **오직 그리스도** 안에서, **오직 신의 영광**을 위하여 의롭게 되는 것을 강조하고 있는 것이다. 이것들을 주장하기 위하여 그들은 전혀 새로운 교리를 고안해 내지 않았다. 오히려 그들은 옛 진리를 재발견한 것이었다. 개혁자들은 믿음와 행위의 또 다른 문제에 대해서도 그랬던 것처럼 이 칭의 교리의 이해를 위해서도 성서로 돌아간 것이다." 필립 입슨, 앞의 책(2001), 103쪽.

85 Heiko A. Obermann, 앞의 책(2003), 93쪽.

든 것은 '오직 신학' 또는 '솔라 신학'이라고 부를 수 있는 루터의 신학을 담아내는, 다르면서도 같은 명칭이나. 그것들은 하나의 신학에 대한 여러 가지 표현이다.

루터는 교회론도 바로 이 칭의론 위에 구축한다. 그 이유는 그가 교회 공동체를 "그 의미를 때로는 강하게 때로는 약하게 평가할 수 있는 칭의론의 한 이차적 측면이 아니라 공동체로서의 교회는 그리스도에 의해 일어나는 칭의 과정의 한가운데에 속하는" 것으로 보기 때문이다.[86] 다시 말해 신의 말씀인 복음이 선포되고 이를 믿음으로써 의롭게 되는 사람들이 모인 공동체가 바로 교회인 것이다. 그러므로 신의 말씀인 복음과 인간의 믿음이 루터의 교회론을 지탱하는 주춧돌이 된다.

> 신의 말씀이 설교되고 믿어지는 모든 곳에 진정한 믿음이 존재하는데, 이 믿음이야말로 확고한 반석이다. 그리고 믿음이 존재하는 곳에 교회가 존재한다. 교회가 존재하는 곳에 그리스도의 신부가 존재한다. 그리스도의 신부가 존재하는 곳에 신랑에 속하는 모든 것이 존재한다. 이로써 천국 열쇠, 성례전, 전권 및 그 밖의 모든 것이 믿음과 더불어 믿음으로부터 나온다.[87]

루터에 따르면, 신의 말씀인 복음을 믿는 것은 곧 예수 그리스도를 믿는 것을 의미한다. 왜냐하면 신은 "인간이 된 그리스도 안에서 자신의 지혜와 진리를 신자들에게 알려 그를 지혜롭게 하며 참되게 하기" 때문이다. "성서에 있는 신의 술어들(진리, 지혜, 힘, 구원, 신의 의, 신의 심판, 신

---

86 Jürgen Lutz, 앞의 책(1990), 76쪽.

87 다음에서 재인용한 것임. Leif Grane, "Die ekklesiologische Bedeutung der Rechtfertigungslehre —aus Luthers Sicht", in: *Zeitschrift für Theologie und Kirche 95. Beiheft 10: Zur Rechtfertigungslehre* 1998, 1~13쪽, 여기서는 4쪽.

의 일, 신의 길)은 모두가 그리스도 안에서 일어나는 일을 인간에게 고지하는 것을 목적으로 삼고 있다." 결국 신은 그리스도를 믿는 인간을 의롭게 한다.[88]

루터의 칭의론은 기독론으로 귀결된다. 왜냐하면 기독교 인식의 총괄 개념인 칭의론은 그리스도에 대한 믿음에 다름 아니기 때문이다. "루터는 예수 그리스도의 조항에 대하여 칭의론의 조항과 동일한 것을 말한다. 그것은 모든 기독교 인식의 총괄 개념이다. 그것은 기독교에 결정적인 것인데, 이것을 통하여 기독교는 다른 종교와 구별된다. 그 조항 안에 '우리의 모든 지혜와 구원, 지복이 있다.' 모든 기독교적인 확신은 이것에 달려 있다. 그것은 다른 모든 가르침과 삶에 대한 규준이다. 그것과 더불어 전 기독교 신앙이 좌지우지한다. 루터가 그와 같이 양 조항에 관하여 동일한 것을 말할 수 있다는 사실은 양자가 루터에게 있어서 가장 긴밀하게 공속적인 것이며 서로 관계되어 있음을 보여준다. 오로지 신앙으로 말미암은 칭의는 그리스도에 대한 신앙에 면하여 어떤 이차적인 것, 새로운 것이 아니다. 그것은 자기의 전적인 진지함 가운데서 이해되고 인간의 구원문제와 관계를 맺고 있는 이 신앙 자체인 것이다. 슈말칼덴 조항에 있는 그 명제는 동일하게 그리스도의 행위 및 칭의와 관계된다. 칭의의 조항은 올바로 이해된 그리스도에 대한 신앙 이외에 다른 아무것도 아니다. 이 신앙이 전체적이고 배타적인 의미를 가지는 것이다. 그것은 구원의 제 사건에 있어서 모든 자기신뢰를 배척한다. 그러나 바로 이것이 칭의론의 내용인 것이다. […] 칭의는 그리스도 신앙과 관련되어 있으며, 그 신앙을 자체 안에 지니는데 그 신앙의 형태(유일한 형태는 아니다!)인 것이다."[89]

---

88 라인하르트 슈바르츠, 앞의 책(2007), 70쪽.
89 파울 알트하우스, 앞의 책(1994), 318~19쪽.

루터의 칭의론 전체를 규정짓는 요점과 핵심은 믿는 자와 그리스도의 연합, 또는 '신앙을 통한 그리스도와의 일치'라는 교리다.[90] 이는 한편으로 그리스도의 의가 우리 인간의 의가 되는 것을, 그리고 다른 한편으로 우리 인간이 그리스도의 본을 따르며 그리스도의 형상으로 변화됨을 뜻한다. 칭의론의 두 요소, 즉 믿음과 그리스도는 루터의 칭의론에서 긴밀한 상호공속성과 상호의존성의 관계를 유지한다. 인간을 의롭게 하는 의, 즉 '믿음의 의'는 '그리스도의 의'와 밀접하게 연결된다. '오직'(sola)이라는 배타적 용어에 의해 강조된 믿음과 그리스도라는 두 요소의 상관관계는 루터의 칭의론에서 근원적 가치를 지닌다. 루터에 따르면, 믿음과 그리스도의 이중적 배타성 ─ 즉 '오직 믿음'과 '오직 그리스도' ─ 과 그 상호작용이 기독교의 종교적 형태를 각인한다.[91]

4. 중세 신학과 그 철학적 토대를 부정하다

이렇게 해서 간략하게나마 종교개혁 신학의 핵심인 칭의론이 형성되는 과정을 살펴보았다. 그것은 루터가 새로운 신학적 패러다임을 구축하는 시발점이자 준거점이며 원동력이었다. 루터는 칭의론에 근거하여 새로운 신학적 사고체계를 구성하는 다양한 부분과 요소를 다시 정립하고 새롭게 주조하고 그것들 사이의 관계를 설정하면서 종교개혁 신학을 완성해 나갔으며, 그 결과 1520년 종교개혁 3대 저작과 더불어 새로운 신학적 패러다임의 전반적인 틀을 제시할 수 있었다. 그런데 이 맥락에서 그냥 지나쳐서는 안 되는 점이 한 가지 있으니 바로 중세 신학

---

90 Jürgen Lutz, 앞의 책(1990), 76쪽.
91 Reinhard Schwarz, 앞의 글(1998), 16~17쪽.

과의 투쟁이 종교개혁 신학이 발전하는 과정의 중요한 일부분이었다는 사실이다. 이 절에서는 루터가 어떻게 중세 신학과 그 토대를 부정했는가를 간략하게 살펴보기로 한다.

이미 앞에서 언급한 바와 같이, 루터는 중세 말 대학의 분위기에 따라서 아리스토텔레스의 절대적인 영향을 받으며 지적으로 성장했다. 그는 에르푸르트 대학의 인문학부에서 아리스토텔레스의 철학을 중심으로 기초철학을 공부했다. 기초철학은 중세 대학의 전공 분야인 신학이나 법학 또는 의학 공부를 위한 기본적인 지적 훈련의 과정으로서, 심리학·형이상학·논리학·도덕철학·자연철학 등 다양한 분야를 망라했다. 그리고 비텐베르크 대학에서 아리스토텔레스의 윤리학을 가르치기도 했다. 그리하여 루터는 1520년에 출간된 『독일 기독교 귀족에게 고함』에서 다음과 같이 주장하고 있다. "경애하는 친구여, […] 그대나 그대의 동료만큼이나 나는 아리스토텔레스를 잘 알고 있다. 나도 그의 책을 읽었고 그에 관한 강의도 들었다. 나는 아리스토텔레스에 관해 성 토마스나 스코투스가 이해하고 있는 것보다 더 잘 이해하고 있다.[92] 이에 관

---

92 여기에서 성 토마스와 스코투스는 각각 토마스 아퀴나스(1224~74)와 둔스 스코투스(1266~1308)를 말한다. 먼저 토마스 아퀴나스는 중세 기독교 사상을 대표하는 신학자이자 철학자이며 도미니쿠스회의 수도사이다. 아퀴나스는 기독교 신학에 아리스토텔레스 철학 ─ 아퀴나스는 아리스토텔레스 주석으로도 유명하다 ─ 을 접목해서 중세의 스콜라적 세계관을 완성했다. 그는 아리스토텔레스처럼 인간의 경험에서 출발하여 신의 존재를 논증하고자 했다. 또한 아퀴나스는 중세의 신 중심적 입장을 취하면서도 인간의 상대적 자율성을 인정함으로써 근대 사상의 계기를 마련했다. 바로 이런 연유로 아퀴나스를 최초의 근대인으로 일컫는 경우도 있다. 아퀴나스가 중세의 기독교 사상에서 차지하는 위치는, 그가 '스콜라 철학의 왕', '천사적 박사', '공동(共同)의 박사' 등으로 불린 사실만 보아도 단적으로 드러날 것이다. 1332년 로마 가톨릭교회에 의해 성인으로 시성되었으며 1567년에는 교회박사로 추존되었다. 그리고 둔스 스코투스는 스코틀랜드 출신의 철학자이자 신학자로서 그의 사상에 준거하는 후기 스콜라와 근대 초기의

해 자찬하는 것 같지만 결코 자만하는 것은 아니며, 필요하다면 이를 입증할 수도 있다."[93]

그런데 루터가 아리스토텔레스에 대해 이렇게 말하는 것은 그를 옹호하거나 대변하기 위함이 아니라 오히려 비판하기 위함이었다(비판이라기보다는 차라리 저주라고 해야 옳을 것이다!). 그러니까 비판을 위한 정당성을 확보하기 위한 진술이었던 것이다. 아리스토텔레스의 철학에 기반하는 중세 신학의 두 거목인 아퀴나스와 스코투스보다 자신이 아리스토텔레스를 더 잘 알고 있으며, 따라서 중세 신학의 토대가 되는 아리스토텔레스 철학에 대한 자신의 비판이 단순한 감정이나 적대감의 발로가 아니라 그 누구도 시비를 걸 수 없을 만큼 고도의, 아니 '절대적인' 정당성과 설득력을 갖는다는 것이다. '최고로' 아리스토텔레스에 정통한 루터가 보기에 아리스토텔레스는 기독교 신학이 준거할 수 있는 사상가이기는커녕 그 정반대로 기독교에 막대한 해악을 끼치는 '이교도'에 지나지 않는다. "이 저주스럽고 건방지고 교활한 이교도가 — 이와 관련하여 루터는 이렇게 말하고 있다 — 거짓말로 다수의 선량한 기독교인들을 유혹하고 우롱한 데 대해 나는 매우 가슴 아프게 여긴다. 신이 우리의 죄로 인하여 그를 보내 우리를 벌하는 것이다."[94] "많은 사람들이 — 그리고 계속해서 다음과 같이 말하고 있다 — 쓸모없는 말로 아리스토텔레스를 구원하려 했음에도 불구하고, 이 불쌍한 자는 여전히

철학적-신학적 사조를 스코투스주의라고 한다. 특히 프란체스코파 수도회를 중심으로 발전한 스코투스주의는 아리스토텔레스의 철학, 아우구스티누스의 신학 및 프란체스코파의 신학을 섬세하게 결합한 것이다. 스코투스주의자들은 이성에 대한 의지의 우위를 내세웠다.

93 마르틴 루터, 『독일 기독교 귀족에게 고함: 마르틴 루터의 종교개혁 핵심서』, 세창미디어 2010 (원당희 옮김; 원제는 Martin Luther, *An den christlichen Adel deutscher Nation von des christlichen Standes Besserung*), 128~29쪽.

94 같은 책, 127쪽.

가장 우수하다고 일컬어지는 저 『영혼론』에서 영혼은 육체와 더불어 죽는다고 가르치고 있다. 마치 우리가 모든 것에 관하여 무한히 가르침을 받는 성서를 가지고 있지 않기라도 하다는 듯 그리한다. 아는 체하지만 실상 그는 이 모든 것에 대하여 조금도 알지 못했던 것이다. 그럼에도 이 죽은 이교도는 살아 있는 신의 책들을 방해하고 정복하고 짓밟아버렸다. 그러므로 이 비참한 사태를 고려하면 나는 악령이 아리스토텔레스의 연구를 이 세상에 가져왔다고밖에 생각되지 않는다."[95]

그런데 『독일 기독교 귀족에게 고함』에서 아리스토텔레스에 대한 루터의 비판은 대학의 개혁과 관련되어 있다. 거기에서 루터는 다양한 교회 내적 및 교회 외적 개혁을 제시하고 있는데, 그중 하나가 바로 대학 개혁이며 이 개혁을 다시금 아리스토텔레스의 철학을 대학으로부터 추방하는 것과 동일시한다.

> 대학도 역시 철저한 개혁을 필요로 한다. 나는 **대학의 개혁**이 누군가를 괴롭힐지라도 말해야지, 그렇다고 이에 관해 말하지 않을 수 없다. 왜냐하면 교황권이 제정하고 실행한 모든 것은 죄와 오류를 증진시키는 쪽만을 지향하고 있기 때문이다. 만일 대학들이 지금처럼 개혁 없이 지속된다면, 대학들은 「마카비서」[96]에서 말하듯이 "젊은이들의 경기장과 그리스 영예의 도장" 이외에 무엇이겠는가? 거기서는 자유방임의 생활이 퍼져 있고 성서와 기독교 신앙은 거의 가르치고 있지 않으며, 심지어 그리스도보다 이교도의 눈먼 스승인 아리스토텔레스가 단독으로 통치하고 있으니, 말이 되겠는가? 이제 나는 가장 탁월한 책으로 간주되어 온 아리스토텔레

---

95 같은 책, 128쪽.
96 「마카비서」는 「마카베오서」라고도 하며, 가톨릭에서는 정경에 속하는 반면 개신교에서는 외경에 속한다. 인용구절에서 루터가 언급한 내용은 「마카비서」 하권 제4장 제9절과 제12절에 나온다.

스의 『물리학』, 『형이상학』, 『영혼론』, 『윤리학』뿐만 아니라, 그 밖에 자연의 문제를 다룬다고 자랑하는 다른 책늘도 없애 버릴 것을 중고하는 바다. 설령 거기서 자연의 문제나 영의 문제에 관해 전혀 배울 수 없다고 할지라도 그러하다. 게다가 이제까지 그 누구도 아리스토텔레스의 견해를 이해하지 못했던바, 많은 사람들이 무익한 노력과 연구로 귀중한 시간과 정신을 너무 많이 낭비하면서 부담감에 시달려왔다. 어떤 도공(陶工)이라도 이 책들에 들어 있는 것보다 자연에 대하여 더 많이 알고 있노라고 나는 단언하는 바다.[97]

이처럼 중세 대학의 기초철학인 아리스토텔레스의 철학을 철저히 부정한다는 것은 중세 대학의 지적·정신적 토대와 원리를 완전히 부정함을 의미하며, 또한 바로 아리스토텔레스 철학의 토대 위에 구축된 스콜라 신학의 존립 그 자체를 완전히 부정함을 의미한다. 그것은 결국 중세 신학을 근본적으로 부정하면서 "신학의 문법을 새로이 철자(綴字)하는 것"을, 즉 "말하자면 신의 입술에서 새로운 신학의 문법을 읽어내는 것"을 의미하는 것이다.[98] 루터는 아리스토텔레스가 아니라 바울과 아우구

---

97 마르틴 루터, 앞의 책(2010), 126~27쪽.
98 Heiko A. Obermann, 앞의 책(2003), 45쪽. 루터는 1520년에 출간된 『교회의 바빌론 유수에 대하여』에서 중세의 가톨릭교회를 '토마스적 교회', 즉 '아리스토텔레스적 교회'라고 단정한다. 그 이유는 중세 스콜라 철학을 대변하는 토마스 아퀴나스가 성서나 입증된 계시에 근거하지 않고 아리스토텔레스의 철학과 논리에 근거하기 때문이다. 루터가 보기에 아퀴나스의 신학은 신학이 아니라 단순한 의견에 불과하고 중세의 교회는 바로 이러한 의견 위에 구축된 교회, 즉 진정한 교회가 아니다. 그것은 궁극적으로 이교도의 교회가 되는 셈이다. "토마스의 견해는 성서나 이성의 뒷받침 없이 완전히 허공에 떠 있기 때문에 토마스는 자신의 철학도 알지 못하고 자신의 논리학도 알지 못하는 것 같다. 아리스토텔레스는 본질과 부수적인 것들에 관하여 성 토마스와는 매우 다르게 말하며[아리스토텔레스는 이 두 범주를 불가분의 것으로 간주한다], 따라서 이 위대한 학자는 다

106

스티누스가, 아리스토텔레스의 저술이 아니라 그리스도의 십자가와 부활을 통해 성육신되고, 예언자들과 사도들이 증언하고 기록한 신의 말씀인 성서가 신학의 새로운 문법으로서 정착되며, 또한 낡은 철학의 문법에 기초하는 이성과 행위가 아니라 신학의 문법에 기초하는 복음과 신앙이 신학의 교육과 연구를 지배해야만 비로소 진정한 대학 개혁이 이루어진다고 확신한다.

그런데 아리스토텔레스에 대한 루터의 비판은 종교개혁 이후에 비로소 이루어진 것이 아니라 그보다 훨씬 이전에 시작되었다. 루터는 이미 1509년경에 아리스토텔레스를 사기꾼 같은, 따라서 전혀 신뢰할 수 없는 '떠버리'라고 폄하했다.[99] 이 시기는 비텐베르크 대학에서 성서 학

음과 같은 점에서 불쌍히 여김을 받아야 할 것으로 보인다. 토마스는 신앙문제에 관한 자신의 견해를 아리스토텔레스에게서 이끌어 오려고 할 뿐만 아니라 그 문제의 기초를 자신이 이해하지도 못한 사람 위에 두려고 함으로써 불행한 토대 위에 불행한 상부구조를 구축했다." Martin Luther, "The Babylonian Captivity of the Church", in: *Luther's Works, Volume 36: Word and Sacrament II*, Philadelphia: Fortress Press 1959, 3~126쪽, 여기서는 29쪽. 그 밖에도 루터는 아퀴나스와 아리스토텔레스의 존재론적 신(神) 개념을 비판하고 행위론적 신(神) 개념을 제시한다. 먼저 —루터는 이렇게 아퀴나스를 비판한다— 신은 아퀴나스가 말하는 '최상의 존재'가 아니라 역사에서 역사하며 인간과 계약을 체결하는 존재다. 그리고 —루터는 이렇게 아리스토텔레스를 비판한다— 신은 아리스토텔레스가 말하는 '부동(不動)의 동자(動者)', 즉 스스로는 움직이지 않으면서 만물을 움직이도록 만드는 존재가 아니라 계약과 약속의 지극히 역동적인 원인자이며, 신앙과 신의의 존재다. 루터에 따르면, 인간은 역사하는 신을 이성의 힘으로 인식할 수 없다. 그보다 역사하는 신은 말씀과 활동, 설교와 성만찬 그리고 세례와 면죄 등을 통해서 스스로를 계시한다. Heiko A. Obermann, 앞의 책(2003), 71, 78~79쪽.

99 Martin Luther, "Randbemerkungen Luthers zu Augustins Schriften De trinitate und De civitate dei"(1509년경), in: *Dr. Martin Luthers Werke. Kritische Gesamtausgabe (Weimarer Ausgabe), Band 9*, Weimar: Hermann Böhlaus Nachfolger 1893, 15~27쪽, 여기서는 23쪽.

사학위와 『명제집』 주석 학사학위를 취득한 후 에르푸르트 수도원에서 페트루스 롬바르두스의 『명세집』을 강의하면시 에르푸르트 대학에서 신학 공부를 계속하던 시기였다. 그러니까 루터는 성서를 체계적이고 독자적으로 해석할 수 있는 일정한 신학적 능력을 갖춘 시기부터 이미 아리스토텔레스에 대해 비판적인 입장을 취했던 것이다.

물론 루터는 철학 그 자체가 아니라 신학을 철학과 일치시키려는 시도나 신학을 철학의 토대 위에 구축하려는 시도를 비판했을 따름이다. 루터에 따르면 복음과 신앙을 다루는 신학과, 이성과 인식을 다루는 철학은 근본적으로 구분되어야 한다. "신학은 하늘의 사건에 관련되고 철학은 지상의 사건에 관련된다. 신학자들에게 있어 철학자가 된다는 것은 공중의 새가 바닷속의 물고기가 되는 것에 비유할 수 있다."[100] 만약 신학자가 철학자가 된다면 —여기에서 한 가지 예를 들자면— 그리스도의 두 본성, 즉 신성과 인성을 파악할 수 없다. "두 본성은 그야말로 전체적으로 존재하며, '이 인간은 신이고, 이 신은 인간이다'라고 참되게 말할 수 있다. 비록 철학은 이것을 파악하지 못한다고 할지라도 신앙은 파악한다. 그리고 신의 말씀의 권위는 그것을 파악할 수 있는 우리 지성의 능력보다 더 위대하다."[101] 그리하여 루터는 철학과 이성이 신학과 신앙에 침입하는 것을 막아야 한다고 결연히 주장한다.

나는 신의 거룩한 말씀이 사소한 인간의 주장에 의하여 훼손되는 것을 용인하지 않을 것이며, 또한 이질적인 것으로 곡해되는 것도 용인하지 않을 것이다.[102]

---

100 같은 글, 15쪽.
101 Martin Luther, 앞의 책(1959), 35쪽.
102 같은 곳.

루터는 신학과 철학이, 그리고 신앙과 이성이 근본적으로 구분되어야 한다는 대전제에 입각해 대학 개혁을 논하면서, 한편으로는 대학에서 아리스토텔레스의 자연철학·형이상학·심리학·도덕철학을 추방할 것을 역설하면서 또 다른 한편으로는 그의 논리학·수사학·시학의 필요성과 의미를 강조한다. 이유는 젊은이들이 웅변이나 설교를 배우는 데 이들을 유용한 교재로 사용할 수 있기 때문이라는 것이다.[103]

아리스토텔레스에 대한 루터의 또 다른 비판은 아리스토텔레스의 윤리학을 겨냥하고 있으며, 이는 다시금 루터의 칭의론과 밀접한 관계 속에서 이해할 수 있다. 루터의 칭의론은 우리의 안으로부터 오는 인간의 의를 폐기하고 우리의 밖으로부터, 즉 신의 은총으로부터 오는 신의 의를 세우는 것이 그 핵심이다. 이에 반해 아리스토텔레스의 윤리학은 의를 각자에게 자신의 것을 주는 것으로 정의한다. 또한 아리스토텔레스는 의와 법을 동일시함으로써 불가피하게 의로운 인간이란 율법을 지키는 인간이 되도록 만든다. 그리고 인간은 의로운 행위를 함으로써 의롭게 될 수 있다고 아리스토텔레스는 진술한다. 이 모든 아리스토텔레스의 이론은 루터가 보기에 신의 의에 완전히 어긋난다.[104] 그것은 중세적인 인간 중심적 공로사상에 지나지 않는다.

루터는 1517년 9월 4일 「스콜라 신학을 반박하는 논제」에서 97개의 논제 ─ 이는 흔히 '97개조 반박문'이라고 불리기도 한다 ─ 를 통해 한편으로는 둔스 스코투스, 가브리엘 비엘, 피에르 다일리, 윌리엄 오컴 등의 스콜라 신학자들과 인간의 본성, 자유의지, 율법, 행위 및 죄 그리고 신의 은총에 대한 그들의 이론을 비판했으며, 또 다른 한편으로는 스

---

103 마르틴 루터, 앞의 책(2010), 129쪽.
104 알리스터 맥그래스, 『루터의 십자가 신학: 마르틴 루터의 신학적 돌파』, 컨콜디아사 2001 (정진오·최대열 옮김; 원제는 Alister E. McGrath, *Luther's Theology of the Cross*), 149~50쪽.

콜라 신학의 철학적 기초가 되는 아리스토텔레스의 철학을 비판했다.

루터에 따르면, 인간은 스콜라 신학이 주장하는 바와 정반대로 "본성적으로 올바른 교훈이나 선한 의지를 갖지 못한다."[105] 우리 인간은 "선한 일을 행함으로써 선하게 되는 것이 아니라, 선하게 되므로 선한 일을 행하게 된다."[106] 루터는 인간의 선한 의지와 행위, 그리고 율법은 모두 신의 은총에 의해 가능해진다고 주장한다. "인간을 의롭다고 인정하는 신의 은총 없이 신이 인간을 용납한다는 견해는 잘못된 것이다."[107] "신의 은총 없이는 인간의 의지는 항상 주님의 법에 반항하며, 인간의 손(手)은 주님의 법에 굽히게 된다."[108] "신의 은총 없이 율법과 의지는 서로 화해하기 어려운 대적자다."[109] 루터는 이처럼 근본적으로 잘못된 스콜라 신학은 궁극적으로 그 철학적 기초인 아리스토텔레스 철학에서 연유한다고 비판한다.

> "실제로 모든 아리스토텔레스의 윤리학은 은총에 대하여 가장 적대적이다." "실로 누구든지 아리스토텔레스를 초월하지 않고서는 신학자가 될 수 없다." "간단히 말해, 아리스토텔레스의 전(全) 저작물을 신학과 대조하면 빛에 대한 암흑과 같은 것이다."[110]

그리고 루터는 1518년 4월 26일 하이델베르크에서 개최된 아우구

---

105 Martin Luther, "Disputatio contra scholasticam theologiam"(1517), in: *Dr. Martin Luthers Werke. Kritische Gesamtausgabe (Weimarer Ausgabe), Band 1*, Weimar: Hermann Böhlau 1883a, 224~28쪽, 여기서는 225쪽.
106 같은 글, 226쪽.
107 같은 글, 227쪽.
108 같은 곳.
109 같은 곳.
110 같은 글, 226쪽.

스티누스 엄수파 수도원의 독일 지역 총회에서 40개조의 논제를 통해 다시 한 번 스콜라 신학과 아리스토텔레스의 철학을 비판했다. 이른바 「하이델베르크 논제」[111]라고 불리는 40개의 논제는 28개조의 신학적 논제와 12개의 철학적 논제로 나누어지는데, 후자는 전적으로 아리스토텔레스에 대한 비판에 할애하고 있다.

먼저 신학적 논제에서 루터는 자유의지란 "타락 이후 오직 그 명칭뿐이며, 그가 할 수 있는 것을 행하는 한 그것은 죽을죄를 범하는 것이다"라고 주장한다.[112] "타락 이후 자유의지는 다만 수동적인 능력으로만 선을 행할 힘을 가지고 있으며, 능동적인 힘으로는 항상 악을 행하게 된다."[113] "많이 행하는 사람이 의로운 것이 아니라 공로가 없더라도 그리스도를 굳게 믿는 사람이 의롭다."[114] 그리고 루터는 「하이델베르크 논제」의 신학적 논제에서 '영광의 신학'과 '십자가 신학'을 대비한다. "영광의 신학은 악을 선이라고 부르고 선을 악이라고 부른다. 십자가 신학은 사물을 사물 그대로 부른다."[115] 그러므로 "십자가의 신학 없이 사람은 가장 선한 것을 가장 나쁘게 오용하게 된다."[116]

이어지는 철학적 논제의 서두에서 루터는 아리스토텔레스의 철학에 근거하는 신학을 비판한다.

자신의 영혼을 위험에 빠뜨리지 않은 채 아리스토텔레스를 이용해 철

---

111 이에 대해서는 제4장 제1절에서 다시 논의할 것이다.

112 Martin Luther, "Disputatio Heidelbergae habita"(1518), in: *Dr. Martin Luthers Werke. Kritische Gesamtausgabe (Weimarer Ausgabe), Band 1*, Weimar: Hermann Böhlau 1883c, 353~74쪽, 여기서는 354쪽.

113 같은 곳.

114 같은 곳.

115 같은 곳.

116 같은 곳.

학적으로 논의하려는 사람은 먼저 그리스도 안에서 전적으로 어리석어져야 한다.[117]

이처럼 "의의 새로운 정의를 발견한 루터의 기쁨은 신이 죄인을 사랑하고 용서한다는 사실과, 그리고 신의 의가 철학자들과 법학자들이 받아들인 것으로 이해되지 않고 성서 안에 들어 있는 것으로 이해되어야 한다는 사실을 깨달았음을 반영한다. 아리스토텔레스, 이성, 법률학자들, 법률, 그리고 새 길(via moderna)의 소소한 신학자들에 대한 루터의 신랄한 공격은 이러한 모든 것이 바로 그러한 의의 개념을 신에게 적용하게 될 때에 죄인에게 값없이 주는 용서의 복음의 메시지를 파괴한다는 그의 기본적인 확신을 반영한다."[118] 만약 근본적으로 인간의 지혜와 인간의 의에 관계된 이성에 의해 신의 복음과 은총을 설명하고자 시도한다면, 의로운 신에 의한 인간의 칭의는 인간 중심적인 공로사상으로 변질될 수밖에 없다. 왜냐하면 그럴 경우에 "신은 그들의 행동이 그만한 보상 가치가 있는 행동을 한 사람만 의롭게 해야 한다. 그러므로 육은 의 자체이며, 육의 지혜와 또한 이성의 사유다. 육은 법에 따라 의롭게 되기를 원한다."[119]

이성과 그 위에 존립하는 철학이 신앙과 그 위에 존립하는 신학의 영역을 침입하는 그 순간에 신앙과 신학은 이성과 철학의 하부 범주나 하부 영역으로 전락할 수밖에 없다고 루터는 확신한다. 그것은 신앙과 신학의 종언에 다름 아니라고 루터는 확신한다. 그리하여 중세 말의 신학과 대학에서 그토록 중요한 위치를 차지하는 아리스토텔레스를 강력히

117   같은 글, 355쪽.
118   알리스터 맥그레스, 앞의 책(2001), 151~52쪽.
119   같은 책, 152쪽.

비판한 것이다. 루터는 아리스토텔레스의 철학과 그 위에 구축된 스콜라 신학에 의해 주변부로 밀려난 성서와 바울 및 아우구스티누스를 '복권'시키려고 한 것이다. 더 나아가 루터는 중세 가톨릭 신학의 화체설(化體說)을 논박하면서 그 논리적 준거점이 된 아리스토텔레스 철학에 대한 비판을 이어가고 있다. 이에 대해서는 제5장 제2절에서 자세히 논할 것이다.

제3장

근대와 루터 1: 근대, 종교개혁의 전제조건이 되다
― 사회경제적-정치적 측면을 중심으로 ―

독일의 저명한 가톨릭 신학자 한스 큉(1928~)은 1994년에 출간된 『위대한 기독교 사상가들』이라는 작지만, 기독교 역사의 패러다임을 형성한 신학자들에 대해 일목요연하게 조망한 저서에서 종교개혁의 시대적 배경을 다음과 같이 비교적 상세하게 열거하고 있다.

1. 교황권의 몰락, 동·서방 교회의 분열, 아비뇽과 로마와 피사에 2명과 3명의 교황이 난립함과 동시에 프랑스, 영국, 스페인 등 국민국가의 발흥
2. '교회의 머리와 지체들의 개혁'을 위한 개혁공의회들(콘스탄츠, 바젤, 피렌체, 라테란)의 실패
3. 화폐경제에 의한 자연경제의 대체, 인쇄술의 발명 그리고 교육과 성서에 대한 욕구의 확산
4. 로마교황청의 절대주의적 중앙집권체제와 비도덕성, 무분별한 재정정책과 개혁에 대한 극렬한 저항, 그리고 마지막으로 성 베드로 성당의 증축을 위한 면죄부 판매(독일에서는 이것이 교황청의 착취가 절정에 달한 것으로 보았다)
5. 교회제도의 낙후성: 이자 금지, 교회의 면세와 재판권, 성직자들에

의한 학교의 독점, 걸식행위의 조장, 교회 축제일의 과다

6. 교회법을 수단 삼아 비내해진 교회 및 신학

7. 교회에 대항하는 비판적 세력으로서 자의식이 높아진 대학(파리 대학!)

8. 부유한 성직자 제후들과 수도원들의 엄청난 세속화, 독신생활의 강요에 의해 야기된 폐해, 너무 많이 양산된 무식하고 가난한 무산계급 성직자들

9. 급진적인 교회 비판가들의 활약: 위클리프, 얀 후스, 마르실리우스, 오컴, 그리고 인문주의자들[1]

10. 민간에 만연된 미신, 종종 열광주의적 – 종말론적 형태를 취하는 종교적 신경과민증, 외면화된 종교의식과 율법화된 대중의 경건성, 노동을 꺼리는 수도사들과 성직자들에 대한 증오, 도시의 지식인들 사이에 만연된 불만감, 착취당한 독일 농민들의 절망감[2]

요컨대 종교개혁이 일어나던 시기에는 단순히 로마 가톨릭교회와 교황만이 타락하고 부패한 것이 아니라 "중세의 신학과 교회 및 사회가 극복할 수 없는 심연의 위기에 처해 있었던 것"이다. 그리하여 패러다임이 전환할 준비가 되어 있었다. 단지 그 전환을 확실하게 추진할 인물이 필요했을 뿐인데, 그가 바로 수도사이면서 신학 교수인 루터였다.[3]

그런데 여기에서 큉의 논의를 약간 상론할 필요가 있다. 왜냐하면 그가 열거한 종교개혁의 배경을 살펴보면 중세의 신학과 교회가 심층적

---

1 존 위클리프(1330~84)는 영국의 종교개혁가이고, 얀 후스(1370~1415)는 보헤미아(체코)의 종교개혁가이며 마르실리우스(1290~1342)는 이탈리아의 반교황파 신학자로서 교회가 국가에 종속될 것과 교회의 기능이 종교적 영역에 한정되어야 한다고 주장했다.

2 Hans Küng, 앞의 책(1994), 153~54쪽.

3 같은 책, 154쪽.

인 위기에 처해 있었다는 사실은 쉽게 이해할 수 있지만, 중세의 사회가 그랬다는 주장은 쉽게 납득이 가지 않기 때문이다. 당시의 사회적 상황, 그러니까 종교개혁의 신학 외적-교회 외적 배경은 한스 큉이 열거한 앞의 1번, 3번, 7번, 9번 및 10번에 제시되어 있다. 이를 정리하면 다음과 같다. 국민국가, 화폐경제, 인쇄술, 대학, 인문주의, 도시의 지식인들과 농촌의 착취. 이 가운데 국민국가는 독일의 경우에는 해당되지 않는다. 당시 독일에서는 국민국가가 아니라 영방국가가 발전하고 있었으며, 이 형태의 국가는 종교개혁이 전개되는 과정에서 결정적인 역할을 하게 된다.

사실 국민국가 또는 영방국가, 화폐경제, 인쇄술, 인문주의, 도시는 근대적인 것이며, 따라서 중세의 극복할 수 없는 심층적 위기라고 볼 수 없다. 오히려 중세에서 근대로의 이행으로 봐야 한다. 그러므로 종교개혁 당시 중세의 사회가 신학이나 교회처럼 심연의 위기에 처해 있었다고는 할 수 없다. 그렇다면 큉이 말하는 중세 사회의 위기는 어떻게 이해해야 할까? 그것은 종교와 여타 사회적 영역 사이의 구조적 모순에서 야기된 것으로 이해해야 한다. 신학과 교회의 중세성과 신학 외적-교회 외적 영역의 근대성이라는 구조적 모순에서 야기된 것으로 이해해야 한다. 바로 이 중세의 구조적 모순 때문에 신학과 교회의 부분적인 개혁이 아니라 근본적인 패러다임의 전환이 필요했던 것이며, 그 전환을 확실하게 추진한 인물이 수도사이면서 신학 교수인 루터였던 것이다.

물론 큉이 열거한 신학과 교회의 문제들은 중세 가톨릭교회의 근원적인 문제가 아니라 시간이 지나면서 부패하고 타락한 결과이며 따라서 가톨릭교회가 그 본원의 모습대로 돌아가면 극복될 수도 있었을 것이라고 반론을 제기할 수 있을 것이다. 그러나 그 모든 문제는 궁극적으로 중세의 종교적 틀에서 연원한 것이며, 따라서 그 틀 안에서는 근본적인 해결을 기대할 수 없었다. 일련의 개혁 공의회가 성공하지 못했다는 사실이 이를 단적으로 보여준다. 그리고 더 나아가 설령 가톨릭교회가 그 본원의 모습을 회복한다고 해도 이미 근대를 향해 운동을 시작한 여타 사회적 영역을 포용할 수 없음은 자명한 일이다. 중세성으로는 근대성을 담아낼 수 없기 때문이다. 예컨대 세속과 교회의 통일성 또는 종교에 의한 보편적 지배는 민족국가 또는 영방국가의 정치적 주권성과 양립할 수 없다. 교회와 신학의 중세성 또는 전근대성을 극복하고 사회의 근대성에 상응하는 신학적 패러다임의 구축이 루터에게 주어진 시대적 소명이었다.

이 장은 종교개혁의 전제조건이 된 근대를 그 논의의 대상으로 하는데, 지면 관계상 비교적 자주 거론되는 정신적-문화적 측면과 기술적 측면은 다음 기회로 미루고 사회경제적 측면과 정치적 측면에 초점을 맞추기로 한다. 구체적으로 1. 인구 증가와 농촌의 변화, 2. 도시와 시민 계층, 3. 초기 자본주의의 발전, 4. 근대국가의 형성을 살펴보기로 한다.

1. 인구 증가와 농촌의 변화

역사학에서는 대략 1500년부터 1800년까지를 초기 근대라고 명명한다. 그 시작은 아메리카의 발견을 비롯한 지리상의 발견, 인쇄술의 발명, 르네상스, 인문주의, 종교개혁 등에 의해서 그 이전 시대인 중세와 구별하며, 그 끝은 미국 독립전쟁, 프랑스 혁명, 산업혁명 등에 의해서 그 이후의 시대인 좁은 의미의 근대와 구별한다. 그러니까 루터의 종교개혁은 초기 근대의 앞자락에 해당하는 셈이다. 당시의 중요한 사회경제적-정치적 특징으로는 인구 증가, 농업의 발전, 도시와 화폐경제의 발전, 초기 근대국가의 형성 등을 들 수 있다. 바로 이 일련의 현상이 종교개혁의 시대적 배경이었다. 물론 그렇다고 해서 이것들만이 종교개혁에 영향을 끼치고 종교개혁은 그것들에게 아무런 영향을 끼치지 않았다는 말은 아니다. 종교개혁과 다른 사회적 측면과의 관계는 일방적 인과관계가 아니라 쌍방적 상호작용의 관계로 보아야 한다.

그리고 16세기는 '긴 16세기'로 표현되곤 하는데, 그 이유는 15세기 말부터 경제적·사회적·정치적 영역에서 일련의 특징적인 발전이 시작되어 17세기 초까지 지속되었기 때문이다. 초기 근대에 대한 우리의 논의는 그 전체보다 '긴 16세기'에 초점을 맞추기로 한다.

첫째 인구 증가를 꼽을 수 있다. 14세기 중엽, 좀 더 구체적으로 말하자면 1347년부터 1352년까지 유럽을 강타한 흑사병으로 인해 유럽인의 1/3가량이 목숨을 잃었다. 이처럼 극적으로 감소한 인구는 대략 15세기 중엽부터 서서히 회복되기 시작하여 1500년 무렵부터는 급격히 증가했다. 1340년경 유럽의 인구는 약 7,305만 명이었으며, 흑사병의 피해로부터 회복되기 시작하는 시점인 1450년경에는 약 5,000만 명이었다. 초기 근대의 앞자락인 1500년경에는 약 8,090만 명으로 증가했는데, 초기 근대의 끝자락인 1800년경에는 다시 그 두 배에 해당하는 1억 7,570만 명으로 증가했다. 1500년에서 1600년까지 유럽 각국의 인구는 다음과 같이 증가했다. 스페인과 포르투갈 18퍼센트, 이탈리아 25퍼센트, 프랑스 22퍼센트, 독일 33퍼센트, 스코틀랜드와 아일랜드를 포함한 영국 59퍼센트. 독일의 경우에는 14세기 중엽 흑사병의 대재앙이 덮치기 전에 약 1,400만 명이던 인구가 1500년경에는 약 1,200만 명이었고 1550년경과 1600년경에는 각각 1,400만 명과 1,600만 명으로 증가했다. 16세기 독일의 인구 증가율은 연평균 0.55퍼센트로 추산된다.[4]

---

4 Harm Klueting, *Das Konfessionelle Zeitalter. Europa zwischen Mittelalter und Moderne. Kirchengeschichte und Allgemeine Geschichte*, Darmstadt: Primus 2007, 45쪽; Luise Schorn‒Schütte, *Geschichte Europas in der Frühen Neuzeit. Studienhandbuch 1500~1789*, Paderborn: Ferdinand Schöningh 2013 (2.,

인구 증가는 농촌과 도시 모두에서 일어나 농촌과 도시 모두에 큰 영향을 끼쳤다. 먼저 농촌인구의 증가는 토지 부족을 야기했다. 이미 16세기 초부터 독일의 여러 지역에서 토지가 부족한 실정이었다. 예컨대 드레스덴 근처의 라데베르크 관할구역의 경우 1474년에 12개의 촌락에서 311명의 자작농과 32명의 소농이 총 323후페(1후페는 7~15헥타르다)을 경작하고 있었는데, 1550년에는 자작농과 소농의 숫자가 각각 399명과 51명으로 늘어났다. 가능한 곳에서는 새로운, 대개는 작은 또는 중간 규모의 농장이 건설되었는데, 기존 촌락이나 도시의 공동 소유지에 건설되는 경우가 빈번했다. 베스트팔렌의 라벤스부르크의 경우 그런 식으로 생겨난 거주지가 16세기 일삼분기에 전체 거주지의 20퍼센트에 이르렀고 17세기 초에는 그 수치가 대략 1/3에 달했다.[5]

그러나 이런 식으로 농촌인구 증가에 대처한다고 해도 토지 자원이 고갈되는 지역이 있을 수밖에 없었다. 그런 곳에서는 상속법이 허용하는 경우 토지를 분할 상속했는데, 특히 남부 독일의 여러 지역과 헤센과 같은 중부 독일에서 그랬다. 그 결과 다양한 유형의 소농이 형성되었다. 자작농이 가족을 부양할 만큼의 또는 그 이상의 토지를 소유한 농민을 가리킨다면, 소농은 토지를 전혀 소유하지 못하거나 자급자족할 만큼의 토지를 소유하지 못한 농민을 가리킨다. 이러한 농촌인구의 계급적 분화는 농촌 산업이 형성되는 계기가 되었다. 더 이상 농업으로 먹고살 수 없게 된 농촌 거주자들은 산업노동으로 이행했는데, 그 대부분은 방직과 방적이었다. 농촌의 가내수공업과 도시의 선대업이 결합된 것이다. 남부 독일, 라인란트, 작센 그리고 베스트팔렌에서는 도시에 거주하

aktualisierte Auflage), 27쪽; Winfried Schulze, *Deutsche Geschichte im 16. Jahrhundert 1500~1618*, Frankfurt am Main: Suhrkamp 1987, 23~24쪽.

5 Heinz Schilling, *Aufbruch und Krise. Aufbruch und Krise. Deutschland 1517~1648*, Berlin: Siedler 1988, 57쪽.

는 선대업자들인 상인 자본가들이 농촌의 가내수공업자들에게 자금과 원료 또는 생산도구를 공급하고 그들의 생산물을 독점적으로 판매하는 방식으로 이윤을 추구했다.[6] 생산량과 생산물의 가격을 정하는 것도 전적으로 선대업자들의 몫이었다. 이러한 자본과 노동의 분리, 또는 노동의 자본에의 예속은 16세기에 농촌 경제의 일정 부분이 초기 자본주의의 생산양식에 편입되었음을 시사하는 대목이다. 선대제도는 초기 자본주의를 구성하는 중요한 요소로서 농촌보다는 도시에서 더 발달했다.

자명한 일이지만, 인구가 큰 폭으로, 그리고 지속적으로 증가하면서 농업 생산물과 산업 생산물에 대한 수요도 큰 폭으로 증가했다. 농촌의 경우, 중세 후기에는 ─농사에 적합하지 않기 때문에─ 휴경 상태에 있던 토지를 다시 경작하고 간척과 개간을 통해 체계적으로 토지와 농사법을 개량하면서 급속히 증가하는 식량 수요를 충족하려고 했다. 그러나 이러한 모든 노력은 부단히 증가하는 인구를 부양하기에는 충분치 않았다. 그리하여 인구가 적은 동부 유럽에서 생산된 농산물을 산업화되고 도시화된 서부 유럽에서 수입함으로써 ─그리고 후자의 산업 생산물을 전자로 수출함으로써─ 문제를 해결하려고 했다. 그럼에도 불구하고 식량의 공급은 그 수요에 비해 언제나 부족했다.[7] 초기 근대는 그 이전의 중세와 마찬가지로 기본적으로 결핍사회였다. 이 결핍사회는 산업혁명과 농업혁명을 거치면서 비로소 극복할 수 있었다.

---

6 같은 책, 58쪽.
7 같은 책, 59쪽 이하.

2. 도시와 시민계층

초기 근대의 급격한 인구 증가는 농촌뿐만 아니라 도시에도 결정적인 영향을 끼쳤다. 먼저 식량의 수요-공급 불균형으로 인해 생활비가 상승함으로써, 그리고 노동력의 공급-수요 불균형으로 인해 임금 상승의 폭이 적어지면서 도시 임금노동자의 삶이 열악해질 수밖에 없었다. 더구나 15세기 중엽부터 스페인으로부터 막대한 양의 은이 수입되면서 상황은 더욱더 악화되었다. 이 모든 것의 결과로 이른바 가격혁명이 일어났고 임금과 가격 사이에 협상차(鋏狀差)가 점점 커지면서 실질임금이 점점 더 하락했다. 당시 가장 중요한 식량인 호밀의 가격을 예로 임금의 구매력을 측정한 결과, 16세기 전반에는 40퍼센트가 하락했고 16세기 말경에는 심지어 73퍼센트가 하락했다. 이로 인해 전적으로 또는 주로 임금에 의존하여 살아가는 집단이 큰 타격을 입었는데, 심지어 생존 자체가 위협당하는 경우도 있었다.[8] 그러나 다른 한편 인구의 증가는 산업 생산물에 대한 수요를 증가시킴으로써 산업의 발전을 촉진했다. 이는 나중에 초기 자본주의와의 관계 속에서 상세하게 논의하기로 하고 우선 도시와 시민계층에 대해 알아보기로 한다.

유럽의 중세를 유럽의 고대나 비유럽 지역과 결정적으로 구별짓는 한 가지 특징은 도시다. 물론 유럽의 고대나 비유럽 지역에도 도시가 있었다. 그러나 중세 유럽의 도시는 시민 공동체라는 점에서 여타의 도시와 근본적으로 구별되었다. 시민 공동체로서의 도시는 자체적인 도시법과 사법권 및 행정조직을 가진 자치 공동체였다. 그리고 도시는 동시에 서약 공동체였다. 시민은 자유민으로서 누구나 시민서약을 하면 도시에서 상업이나 수공업에 종사할 수 있는 권리를 누리는 동시에 세금을 낼

---

8 같은 책, 63~64쪽.

의무도 졌다. 그리고 유사시에는 도시의 군사적 방어에 참여할 의무를 가졌다.[9] 자치 공동체이면서 서약 공동체인 도시를 구성하는 시민계층은 농민·귀족·성직자로부터 구별되는 독립적인 사회집단인데, 이 역시 중세 유럽의 도시에 독특한 현상이다.

1500년경 독일에는 대략 4,000개의 도시가 존재한 것으로 추산되는데, 그 규모는 오늘날과는 비교할 수 없을 정도로 작았다. 인구 2만 명이면 대도시에 속했다. 1,000명 정도, 심지어 600~700명 정도 인구의 도시가 많았다.[10] 이들 도시의 대부분은 중세 성기와 후기에 형성되었으며, 초기 근대를 포괄하는 시기인 15세기 중엽부터 19세기 사이에는 적은 수의 도시만이 새로이 건설되었다. 그러나 다른 한편 '긴 16세기'에는 중요한 도시의 변화를 관찰할 수 있다.

먼저 도시 인구의 증가를 들 수 있다. 예컨대 함부르크는 '긴 16세기' 동안에 인구가 대략 1만 6,000명에서 대략 4만 명으로 증가했으며, 프랑크푸르트는 1만 2,000명에서 1만 8,000명으로, 뮌헨은 1만 3,500명에서 1만 6,000명으로, 라이프치히는 8,500명에서 1만 5,000명으로 증가했다. 1500년경 독일에는 4만 명 이상의 인구가 거주하는 도시가 쾰른과 아우크스부르크 두 도시밖에 없었는데, 1620년경에는 뉘른베르크, 프라하, 빈, 함부르크 네 도시가 추가되었다. 유럽 전체로 보면 그 숫자가 18개에서 37개로 증가했는데, 여타 유럽 대도시의 인구는 독일 대도시의 인구보다 몇 배나 많았다.[11]

그런데 이러한 도시의 성장은 그 주요 원인이 도시의 출생률이 아니라 도시화(도시인구 집중)에 있었다. 다시 말해 도시 주변 지역 거주자

---

9   Luise Schorn-Schütte, 앞의 책(2013), 68쪽.

10 Harm Klueting, 앞의 책(2007), 48쪽.

11 Heinz Schilling, 앞의 책(1988), 55쪽. 여타 유럽의 대도시와 독일 대도시의 차이는 Harm Klueting, 앞의 책(2007), 48쪽 참조.

들이 양질의 노동 기회를 찾아서 도시로 몰려든 결과였다. 예컨대 함부르크의 경우 새로이 시민으로 받아들이는 숫자가 매년 두 배가량 증가했다. 구체적으로 1510년대에 평균 60명이던 것이 1590년대에는 평균 113명으로 늘어났다. 이 모든 것의 결과로 1600년경에는 독일인의 대략 4분의 1이 도시에 거주한 것으로 추산된다.[12]

초기 근대의 도시에서 관찰되는 또 한 가지 중요한 변화는 사회적 분화다. 먼저 도시의 인구가 부유한 상인 집단과 가난한 수공업자 집단으로 분화되었다. 또한 상인 이외에도 은행가, 산업가, 선박업자 등의 새로운 직업군이 등장했으니, 이는 전통적인 도시의 상류계층과 중간계층인 경제시민계층 내에서도 분화가 일어났음을 의미한다. 그리고 대학교육에 기반하는 직업군, 예컨대 법률가·의사·교수 등이 지속적으로 증가했는데, 종교개혁 이후에는 개신교 성직자 집단이, 그리고 18세기 중반부터는 저널리스트가 주목을 받았다.[13] 이는 점차로 교양시민계층이 유산시민계층과 더불어 도시 기능의 중요한 담지자가 되었음을 의미한다.

도시의 교양시민계층 가운데에서는 특히 법률가가 중요한 기능을 담당했는데, 그 이유는 초기 근대국가의 형성 과정에서 제후와 시참사회들이 그들에게 의존했기 때문이다. 17세기에 이르기까지 영방국가나 도시에서 일할 자격을 갖춘 법률가보다 그들을 필요로 하는 자리가 더 많았으며, 따라서 그들은 상당한 급여를 받을 수 있었다. 16세기를 '시민계층의 시대'라고 말하기도 하는데, 이는 일차적으로 정치적 권력과 안정적인 경제적 기반을 갖춘 법률가 관료를 가리킨다.[14]

---

12 Heinz Schilling, 앞의 책(1988), 56쪽.
13 Luise Schorn-Schütte, 앞의 책(2013), 74~75쪽.
14 Heinz Schilling, 앞의 책(1988), 67쪽.

초기 근대의 도시들은 규모, 기능, 사회적-경제적 특성, 정치적 위상 등 여러 가지 기준에 따라 분류할 수 있다. 독일 도시의 경우에는 우선 외부와의 관계 및 정치적-헌법적 자율성의 정도에 따라 세 가지 유형으로 나눌 수 있다. 첫째, 제국도시인데, 이 유형의 도시들은 오직 황제에게만 예속되며(이를 제국 직속성이라 한다), 따라서 주변의 영방국가의 제후들부터 독립적인 자율도시로서 최고도의 자치성을 향유했다. 1480년 대부터 제국도시들은 제국의회에 참석할 수 있는 권리를 인정받았다. 대표적인 제국도시로는 뉘른베르크, 울름, 보름스, 슈트라스부르크, 슈파이어, 아우크스부르크, 프랑크푸르트, 쾰른 등을 꼽을 수 있다. 대부분의 제국도시들은 제국 남부와 서부에 위치했다. 둘째, '반(半)자율도시'인데, 이 유형의 도시들은 제국 직속성은 없었지만 주변의 영방국가들로부터 독립적이었기 때문에 그 자치성의 정도가 제국도시보다 낮았다. 여기에는 특히 베스트팔렌에서 중부 독일과 북해 연안 및 발트 해 연안을 거쳐 프로이센과 리보니아에 이르는 한자동맹의 도시들이 속했다. 셋째, 영방국가도시인데, 이 유형의 도시들은 영방제후에게 예속되었기 때문에 그 자치성의 정도가 가장 낮았다. 두 번째와 세 번째 범주의 도시들은 대개 영방국가의회에 대표를 보낼 권리가 있었다.[15]

3. 초기 자본주의의 발전

초기 근대의 도시는 시민계층적 시대의 무대이면서 초기 자본주의의

---

15 Heinrich Lutz, *Das Ringen um deutsche Einheit und kirchliche Erneuerung. Von Maximilian I. bis zum Westfälischen Frieden 1490 bis 1648*, Berlin: Propyläen 1983, 57~58쪽.

토양이기도 했다. 이미 언급한 바와 같이, 이미 농촌에서 선대제도로 인한 자본과 노동의 분리를 관찰할 수 있었다. 그러나 초기 자본주의의 주무대는 도시였다. 농촌 가내수공업에 자금과 원료 또는 생산도구를 공급한 선대업자들도 도시인들이었다. 구리·은·철·주석과 같은 광물을 비롯하여 섬유·도자기·유리·인쇄물·무기·양탄자 등 다양한 상품에 대한 수요가 증가했고 이들 상품을 값싸고 대량으로 생산하고 공급할 수 있도록 산업 체계를 조직하고 운용하는 과정에서 초기 자본주의가 형성되고 발전했다.

독일의 초기 자본주의적 경제는 다음의 네 개의 기둥이 떠받치고 있었다. (1) 광산업 및 제련업, (2) 원거리 무역, (3) 선대제도, (4) 대규모 화폐거래 및 신용거래. 첫째, 독일의 초기 자본주의적 경제를 선도한 것은 광산업 및 제련업이었는데, 이 분야의 토대는 하르츠 산지, 에르츠 산맥, 튀링겐 숲, 알프스 산맥에 풍부하게 매장되어 있는 구리·은·철 등의 광물자원이었다. 이들 자원은 이미 15세기 중엽부터 새로운 광산기술과 제련기술, 그리고 새로운 자금조달 방식과 기업 형태가 발전하면서 체계적으로 채굴·제련되어 사치품, 화폐, 무기, 활자 등 다양한 용도로 소비되었다. 여기서는 화폐와의 관계에 대해서만 논의하기로 한다. 광산업과 제련업의 발전은 화폐경제가 발전하는 데에도 결정적으로 기여했는데, 그 이유는 당시 은이 가장 중요한 지불수단이었기 때문이다. 16세기 중엽까지 독일은 유럽에서 귀금속과 비철금속을 가장 많이 생산한 나라였기 때문에 독일의 상인들과 금융 자본가들은 여타 유럽의 경쟁자들보다 상당히 큰 이점을 누릴 수 있었다. 이처럼 광산업 및 제련업과 밀접한 관계에 있는 화폐경제는 다시금 정치와 종교에 대해서도 중요한 의미를 가졌다. 영방제후들은 화폐경제에 힘입어 자신들의 정치적 권력과 영향력을 확장할 수 있었고 법률가들을 관료로 채용하여 중앙집권을 꾀할 수 있었으며 독립적인 교회정치를 펼칠 수 있었다. 작센 선제후들이 교회의 파문과 제국 추방령에도 불구하고 루터를 보호할 수 있었던 것은 무엇보다도 영방제후의 광산 지배권으로부터 나오는 수입이 그들에게 독립적인 제국정치와 교회정치를 가능케 했기 때문이다.[16]

또한 독일의 초기 자본주의적 경제를 선도한 광산업 및 제련업은 자본주의적 기업의 발전이라는 점에서도 그 의미를 찾아볼 수 있다. 광산업 및 제련업은 대규모의 자본을 필요로 했다. 예컨대 양수를 위한 윤쇄식 펌프는 300~400굴덴이, 그리고 그보다 큰 피스톤 펌프는 500~700굴덴이, 권양기의 경우 축력에 의한 것은 500~1,000굴덴이, 수차에 의한 것은 3,000굴덴까지 나갔다. 그리고 은 용광로를 건설하는 평균 비용은 1,000굴덴에 달했는데, 로이텐베르크의 대규모 용광로의 경우에는 건설하는 데에만 수년이 걸렸고 그 비용도 1만 굴덴에 달했다.[17] 이에 자연스레 자본회사들이 설립되었는데, 누구나 주식의 형태로 지분을 갖고 그 한도에서만 책임을 지는 유한회사의 형태를 띠고 있었다. 그리하여 상인뿐만 아니라 수공업자, 갱부(장), 광산 감독관 그리고 심지어 하녀, 과부, 고아도 참여할 수 있었다. 예컨대 아우크스부르크에서는 '회히스테터 회사'에 10굴덴을 투자한 하녀들이 있었다고 한다. 이윤 추구가 집단 현상이 되었고 그로부터 출현한 대규모 자본회사들은 초기 자본주의 경제와 그 주 무대인 도시에 빠르고도 폭넓은 영향을 끼쳤다.[18] 이 모든 것은 산업화 시대 이전에 이미 자본주의적 사고와 행위, 그리고 경제적 조직이 발전했음을 말해 주는 대목이다.

물론 그렇다고 해서 자본회사가 도시의 부가 공평하게 분배되는 데

---

16 Heinz Schilling, 앞의 책(1988), 40~41쪽.
17 Heinrich Lutz, 앞의 책(1983), 64쪽.
18 같은 책, 72쪽.

기여한 것은 아니다. 오히려 그것은 ─그리고 기술 및 산업의 발달과 싱기래의 확장은 ─ 개인과 집단 사이의 경제적 불평등을 조장하는 결과를 가져왔다. 자본회사의 가장 큰 수혜자는 그것을 경영하는 가문이었다. 1511년부터 1527년까지 '푸거 회사'의 총이윤은 927퍼센트나 증가했다.[19] 요컨대 초기 자본주의적 경제성장과 더불어 도시의 부가 크게 증대되었지만 다른 한편으로 도시의 사회적 불평등이 심화되었고 그에 따라 사회적 분화가 심화되었다.

그리고 광산업과 제련업은 도시와 밀접한 관계에 있었기 때문에 도시의 발전에 중요한 역할을 했고 새로운 도시가 건설되는 계기가 되었다. 1492년 에르츠 산맥의 슈레켄베르크 근처에서 새로운 은광지대가 발견되면서 사람들이 몰려들었으며, 그로부터 40년 후에는 약 300개의 갱에서 은을 채취할 정도였다. 1496년 9월 21일 작센 공국 군주의 명으로 갱들 가운데에 새로운 도시 안나베르크를 건설했다. 비탈이라는 입지에 맞추어 격자 모양으로 건설한 이 새로운 도시는 원형으로 된 둘레가 2,500미터에 달했다. 그로부터 1년 뒤인 1497년 10월 28일에는 도시법을 제정했고 그 이듬해에는 화폐주조소가 설치되었다. 1499년에는 후기 고딕 양식의 시(市)교회 성 안나의 초석이 놓였으며, 1501년과 1502년에는 각각 프란체스코과 수도원과 광부조합의 예배당이 건립되었다. 1503년부터 7개의 성문을 갖춘 성벽이 건설되었다. 이 일련의 과정을 통해 안나베르크는 1540년까지 인구 1만 2,000명으로 라이프치히를 능가했다. 작센에서 가장 큰 도시가 되었던 것이다.[20] 안나베르크가 위치하는 에르츠 산맥에는 16세기에 도시 인구가 50퍼센트를 넘

---

19 같은 곳.
20 이 단락은 다음을 요약한 것임. 같은 책, 63쪽; https://de.wikipedia.org/wiki/Annaberg-Buchholz.

는 지역이 있었으며, 심지어 1550년에 64.3퍼센트에 달하는 지역도 있었다.[21]

둘째, 독일의 초기 자본주의적 경제를 떠받치는 두 번째 기둥인 원거리 무역은 무엇보다도 남부 유럽과 중국, 인도 및 근동에서 비단, 면화, 금란(金襴) 면직물, 모슬린, 상아와 각종 약재, 향료와 조미료를 수입하고 산업 생산물을 수출하는 방식으로 이루어졌는데, 이를 위해 (대규모의) 상사와 해외 지부들이 설립되었다. 당시 원거리 무역의 중심지로는 아우크스부르크, 울름, 뉘른베르크 등을 꼽을 수 있다.[22] 이 남부 독일의 도시들은 16세기에 그 이전 원거리 무역의 중심지였던 북부 독일의 한자 동맹 도시들을 능가하게 되었다.

셋째, 선대제도가 독일의 초기 자본주의적 경제를 떠받치는 기둥 가운데 하나라고 해서 그것이 16세기에 이 경제체제와 더불어 생겨난 것으로 생각해서는 안 된다. 선대제도는 이미 중세 후기부터 존재했다. 그러나 인구 증가에 따른 대량수요를 충족하기 위해 표준화된 방식으로 값싼 상품을 대량으로 생산하여 대량으로 판매했다는 점에서 초기 자본주의 시대의 선대제도는 중세 후기의 선대제도와 구별된다. 그리고 새로운 생산기술이 도입되었고 대규모의 자본이 투자되었으며 원거리 무역과 결합되었다는 점에서도 전자와 후자는 구별된다. 선대제도는 자본과 노동의 분리라는 자본주의적 기업 형태로서 광산업과 제련업, 그리고 방직업에서 효율적으로 작동했다.

넷째, 독일의 초기 자본주의적 경제는 대규모 은행업의 발전에서 그 전체적인 모습이 완성되었다. 사실 당시에는 독립적인 은행이 존재하지 않았으며, 따라서 오늘날 의미의 은행가도 존재하지 않았다. 그보다

---

21 Winfried Schulze, 앞의 책(1987), 23쪽.
22 Heinz Schilling, 앞의 책(1988), 41~42쪽.

는 '금융가'라 불리는 사람들이 있었는데, 이들은 화폐거래와 신용거래에 종사하는 상인들이었다. 산업과 — 지역적·초지역적 및 국제적 — 상거래가 급속하게 확장되면서 화폐수요가 크게 증가했으며, 또한 초기 근대국가가 형성되면서 제후들은 많은 양의 화폐를 필요로 했다. 화폐는 경제적 성장과 정치적 근대화의 '아킬레스건'이 되었다. 자본이 충분하지 못한 상인들과 조세수입으로 공공 지출을 감당할 수 없었던 제후들은 '만물의 중추'(nervus rerum)인 화폐를 신용으로 조달할 수밖에 없게 되었다. 16세기 독일의 많은 제후들이 빚과 이자를 갚는 데 조세수입의 40퍼센트까지 지출했다고 한다. 당시 은행업의 가장 큰 고객이 바로 제후들이었다. 그다음은 상인들이었다. 기사들, 수공업 장인들이 그 뒤를 따랐으며, 심지어 농민들도 신용에 의지했다. 농민들은 돼지 한 마리나 염소 한 마리를 사기 위한 적은 액수의 돈을 빌리기 위해 외투를 저당 잡히기도 했다.[23] 이처럼 신용거래는 초기 자본주의 시대의 독일 경제와 사회를 구성하고 추동하는 중요한 요소 가운데 하나였다.

당시에는 — 방금 언급한 것에서 짐작할 수 있듯이 — 다양한 업자에 의한 다양한 고객을 위한 다양한 규모의 신용거래가 있었다. 16세기는 '신용의 시대'라고 해도 지나친 말은 아닐 것이다. 그러나 그 중심은 남부 독일 제국도시들의 상인-금융가들, 보다 정확히 말하자면 — 다음 단락에서 언급되는 바와 같은 — 상인-금융가 가문들이 경영하는 대규모 은행업이었으며 그들의 가장 중요한 고객은 독일과 유럽의 세속적 제후와 성직자 제후들이었다.[24]

여기까지의 논의를 요약하자면, 광산업 및 제련업, 원거리 무역, 선대 제도, 대규모 화폐거래 및 신용거래에 기반하는 독일의 경제는 초기 자

---

23 같은 책, 44쪽 이하.
24 같은 책, 46쪽.

본주의에서 선도적인 위치를 차지했다. 북부 독일의 한자 동맹 도시들과 남부 독일의 제국도시들이 큰 두 축이었다. 그 중심지는 후자였는데, 구체적으로 뉘른베르크에서 푸거가, 임호프가, 울름에서 크라프트가, 에잉거가, 샤드가, 그리고 아우크스부르크의 푸거가, 벨저가, 회히스테터가, 바움가르트너가 등의 가문이 독일의 초기 자본주의적 경제를 추동했다. 그 가운데에서도 특히 푸거가를 언급할 만하다.

푸거가의 창업자인 한스 푸거(?~1408/09)는 아우크스부르크 근처의 한 작은 마을에서 이주한 직조공으로서 모직물 선대업과 원거리 무역을 통해 부를 축적했다. 푸거가는 그 창업자의 손자 야코프 푸거(1459~1525)에 이르러 전성기를 맞이했다. 누구도 그만큼 초기 자본주의의 작동 기제를 완벽하게 이해하고 지배하지 못했다. 그는 가문의 전통적인 두 기둥인, 그리고 초기 자본주의의 두 기둥인 모직물 선대업과 원거리 무역을 바탕으로 초기 자본주의의 또 다른 두 기둥인 광산업 및 제련업과 은행업으로 사업을 확장했다.[25] 그 결과 푸거가의 지부들이 유럽 전역에 촘촘한 네트워크를 형성했다. 가히 '푸거가 제국'이라고 할 만했다. 특히 야코프 푸거라는 인물한테서 초기 자본주의적 경제체제가 가장 이상적인 형태로 구현되었다. 당시 유럽에서 최고 부자였던 그는 '부자 야코프 푸거'라고 불리면서 황제, 제후, 교황, (대)주교 등에게도 돈을 빌려줄 정도로 유럽 전역에서 막강한 영향력을 행사했다. 특히 카를 5세(1500~58)는 야코프 푸거로부터 — 그리고 벨저가[26]의 바르

---

25 같은 책, 47~48쪽.

26 이미 1246년부터 아우크스부르크에서 벨저가의 자취를 확인할 수 있는데, 이 가문이 본격적으로 두각을 나타내기 시작한 것은 독일 남부와 안트베르펜, 리옹, 마드리드, 세비야, 리스본, 베네치아, 로마 그리고 산토도밍고 등에 무역 지부를 두고 광범위한 교역을 하던 15세기였다. 그중에서도 특히 안톤 벨저(1451~1518)는 바스쿠 다 가마(1469?~1524)가 발견한 동방항로를 이용한 최초의 독

톨로메우스(1484~1561)로부터 ── 재정적 지원을 받아 신성로마제국의 황제에 선출되었으며, 마인츠의 대주교 알브레히트는 푸거가에서 빌린 돈을 갚기 위해 면죄부를 판매하여 종교개혁의 발단이 되었다.

야코프 푸거가 자식을 남기지 못한 채 세상을 떠나자 조카 안톤 푸거(1493~1560)가 그의 친형을 비롯해 사촌형과 공동으로 가업을 이어받았다. 1532년 친형과 사촌형이 그를 가문의 수장으로 인정했기 때문에 그는 명실상부한 기업의 총수로서 푸거가의 거래 범위를 부에노스아이레스, 멕시코 및 서인도제도까지 확장했다. 안톤 푸거는 전임자 야코프 푸거와 더불어 푸거가의 가장 중요한 인물이었으며 '상인들의 제후'라고 불리었다. 1530년에는 제국백작에 서품되었다. 안톤 푸거는 부의 절반을 스페인에 대출해 주었다. 그러나 전쟁에 막대한 국가재정을 쏟아부은 스페인의 국왕 펠리페 2세(1527~98)는 1557년에 채무 불이행을 선언했다. 이에 안톤 푸거는 커다란 충격에 빠져 3년 후인 1560년에 세상을 떠났다. 그의 사망 이후 푸거가는 2대를 넘기지 못하고 몰락하고 말았다.

4. 근대국가의 형성

초기 근대의 또 다른 특징은 국가에서 찾아볼 수 있다. 이 시기에 근

일인 가운데 한 사람으로 막대한 부를 축적했다. 그리고 그의 아들 바르톨로메우스는 카를 5세가 신성로마제국의 황제에 선출되는 데 재정적 지원을 한 대가로 여러 가지 특혜를 받았는데, 특히 베네수엘라에 식민지를 개척할 권리를 얻었다. 그가 후원하는 원정대는 1528년 베네수엘라의 카라카스 지방을 차지해서 1555년까지 경영했다. 바르톨로메우스의 사후 그의 세 아들과 두 조카가 가업을 이어받아 운영했으나 결국 1614년에 파산하고 말았다.

대적 국가가 형성되었기 때문이다. 물론 이 시기의 국가는 오늘날 우리가 이해하는 근대국가와는 많이 다르며, 따라서 국가의 초기 근대적 형태 또는 초기 근대적 국가라고 부르는 것이 보다 정확할 것이다. 초기 근대국가는 국민국가, 영방국가, 도시국가의 세 가지 유형이 있는데, 첫 번째에는 프랑스·영국·스페인 등이, 두 번째에는 독일이, 세 번째에는 이탈리아의 도시공화국이 속한다.[27] 여기서는 독일의 경우에 논의의 초점을 맞추기로 한다.

서기 962년 동프랑크 왕국의 오토 1세(912~73)가 로마에서 교황 요한 12세(938?~64)에 의해 로마황제에 대관되면서부터 (형식적으로!) 고대 로마제국이 부활했다. 동프랑크 왕국은 1070년대에 처음으로 문서

---

27 루터와 동시대 이탈리아인 니콜로 마키아벨리(1469~1527)의 저 유명한 『군주론 (군주국에 대하여)』(1513)은 초기 근대국가에 존립 근거를 제시하고 정당성을 부여하기 위한 시도였다. 교회를 국가보다 우위에 둔 중세와 달리, 마키아벨리는 인간의 세속적인 삶을 지배하고 통치하는 것이 국가의 고유한 영역이자 권한이라고 주장했다. 그리하여 정치를 신의 영역에서 군주의 영역으로 세속화했다. 이 책은 종교에 대한 정치의 독립선언서로서 근대 정치학이 발전할 수 있는 길을 활짝 열어놓았다. 이제 정치는 종교적 선악의 그리고 거기에 근거하는 도덕적 선악의 피안에 존재하게 되었다. 예컨대 마키아벨리는 『군주론』에서 다음과 같이 주장하고 있다. "[군주는] 그것들 없이는 국가를 구하기 어려운 그러한 악행들로 인해 악명에 빠질 것을 개의치 말아야 한다. 왜냐하면, 만사를 잘 숙고해 볼 때, 어떤 것은 덕으로 보이지만 그것을 따르면 자신이 파멸에 이르고, 또 어떤 것은 악행으로 보이지만 그것을 따르면 자신의 안전과 평안을 얻게 된다는 것을 알게 될 것이기 때문이다." 니콜로 마키아벨리, 『군주론 (군주국에 대하여)』, 도서출판 길 2015 (곽차섭 옮김; 원제는 Niccolò Machiavelli, *Il Principe* [*De Principatibus*]), 195쪽. 그리고 ― 한 가지 예만 더 들자면 ― 다음과 같은 주장도 볼 수 있다. "국가를 유지하고자 하는 군주는 종종 선하지 않을 것을 강요받게 된다. 왜냐하면, 평시민이든 병사든 내시민이든 간에, 당신이 스스로를 유지하는 데 필요하다고 판단하는 집단이 부패해 있을 때, 당신은 그들을 만족시키기 위해 그들의 기질을 따라야 하며, 그렇게 되면 선한 일은 당신에게 해가 되기 때문이다." 같은 책, 247쪽.

상 독일 왕국으로 표현되었지만 공식적인 국명은 아니었다. 1157년에 처음으로 신성제국이라는 국명이, 그리고 1254년에 처음으로 신성로마제국이라는 국명이 사용되었음을 문서상으로 확인할 수 있다. '신성'(神聖)은 기독교를 가리키며, 따라서 신성로마제국의 황제는 신의 의지의 정치적 구현자이자 기독교의 수호자이며 고대 로마의 계승자로 이해되었다. 1486년부터는 독일 민족의 신성로마제국으로 불렸다. 1806년 나폴레옹에 의해 라인동맹이 결성되면서 신성로마제국은 844년 만에 역사의 막을 내렸다.

신성로마제국에는 12세기 말부터 선제후 제도가 정착되었다. 1198년 교황 인노켄티우스 3세의 제안에 따라 라인 강 유역의 세 명의 대주교 — 즉 마인츠, 트리어, 쾰른 대주교 — 와 라인 궁중백(宮中伯)에게 신성로마제국 황제의 선출권이 부여되었다(이후 라인 궁중백국은 팔츠 선제후국이 되었다). 이들을 선제후라고 불렀다. 이처럼 세 명의 대주교가 선제후가 된 배경에는 신성로마제국 황제의 선출에서 영향력을 행사하려는 교황의 정치적 계산이 깔려 있었음은 물론이다. 1257년에는 작센 공작과 브란덴부르크 변경백(邊境伯)이 선제후 대열에 합류했으며 1289년에는 보헤미아의 국왕이 선제후의 자격을 획득했다(보헤미아 국왕의 선제후 지위는 1420년부터 1708년까지 정지되었는데, 그 이유는 이 기간 동안에 그 지위가 합스부르크가에 속했기 때문이다). 그 후 1356년에 황제 카를 4세(1316~78)는 이른바 '금인칙서'(金印勅書)를 반포해 선거 절차와 선제후의 지위를 법적으로 성문화했다. 선제후의 지위는 세습되었다. 금인칙서는 그 후 450년간 신성로마제국의 헌법과 같은 구실을 하다가 1806년 신성로마제국이 해체되면서 폐지되었다. 요컨대 신성로마제국은 12세기 후반부터 선출 군주제였던 것이다.

중세의 신성로마제국은 여느 유럽 국가들과 마찬가지로 봉건국가였다. 그러나 약 12세기부터 황제권이 약화됨에 따라 본래 개인적인 봉건

계약에 따라 황제에게 예속된, 그러니까 황제의 봉신에 불과한 제후들이 정치적 주권을 차지하면서 제국 내에 수많은 국가가 생겨났는데, 이를 영방국가라고 하며, 그 군주를 영방제후라고 한다. 영방국가에는 세속적 영방국가와 성직자 영방국가가 있었다. 선제후 역시 영방국가의 군주였으며, 선제후국에는 —방금 언급한 바와 같이 — 네 개의 세속적 영방국가와 세 개의 성직자 영방국가가 있었다. 이렇게 보면 초기 근대의 신성로마제국은 영국·프랑스·스페인 등과 달리 국민국가가 아니었다. 그것은 제국과 영방국가들이 병존하는 이중적 국가(성)였다. 달리 말하자면, 군주적-신분적 국가 또는 제국적-신분적 국가였다('신분적'이 무엇을 의미하는가는 곧 밝혀질 것이다).

신성로마제국은 15세기 중엽부터 16세기 초에 제국적 차원과 영방적 차원에서 일대 변화가 일어났다. 제국의 개혁과 영방국가의 중앙집권화 및 내적 지배권의 확장이 그것이었다. 국민국가와 더불어 근대적 국가가 형성된 영국·프랑스·스페인과 달리 독일에서는 영방국가와 더불어 근대적 국가가 형성되었다. 전자에서 국민국가가 수행한 국가적 근대화를, 후자에서는 영방국가들이 수행했다.

먼저 제국개혁은 무엇보다도 제국이 내적-외적으로 매우 허약했다는 사실에서 그 시대적 배경을 찾을 수 있다. 내적 안전, 당시 용어로는 국내 평화의 불안 그리고 후스파 전쟁의 참상과 상존하는 터키의 위협은 제국의 무력함을 적나라하게 드러냈다. 영방국가들이나 도시들이 이를 대행할 수 있었던 것도 아니다. 제국 권력의 재편과 강화가 점점 더 절실히 요구되었다. 15세기에는 다양한 개혁안이 제시되었는데, 그 가운데 적지 않은 개혁안이 황제에게 중세에 구가하던 권력을 또는 심지어 그보다 더 강력한 권력을 부여할 것을 요구했다. 그러나 당시의 정치적 상황으로는 순진한 낭만주의적 발상이었을 뿐이다. 그보다는 영방국가들의 정치적 독립을 인정하면서 그들을 제국적 차원에서 통합함으로써 제국의 정치적 권한과 역량을 강화하는 방식이 유일한 대안이 있다.[28] 그것은 모든 영방국가에게 보편적으로 적용되는 일련의 제도를 통해 그들을 제국적 차원에서 한군데로 묶는 일이었다.

이미 지기스문트 황제(1368~1437) 치하인 1430년대에 제국을 개혁하려는 시도가 있었다. 때로는 황제가, 때로는 선제후들이 주도권을 쥔 몇 차례의 제국의회에서 결투의 금지와 화폐주조권 및 통행권의 재규정, 제국을 여러 개의 관구(管區)로 분할하는 등의 문제가 논의되었다. 그러나 황제와 영방제후들의 이해관계가 첨예하게 대립하면서 모든 개혁안이 수포로 돌아갔다. 신성로마제국의 진정한, 그리고 성공적인 개혁은 지기스문트 황제의 시도 이후 그다음다음다음 황제인 막시밀리안 1세(1459~1519)에서 시작되었다. 제국개혁의 장은 그의 치하에 개최된 여러 차례의 제국의회였는데, 특히 1495년 3월 26일부터 8월 7일까지 보름스에서 소집된 제국의회는 광범위한 제국개혁의 초석이 되었다. 막시밀리안 1세가 추진한 중요한 제국개혁으로는 다음을 꼽을 수 있다. (1) 최고 입법기관이자 정치적 의결기구인 제국의회를 제도적으로 확립함, (2) 최고 사법기관인 제국대심원을 설립함, (3) 제국을 분권적 행정기구인 관구로 분할함, (4) 제국의 기구와 제국군대의 재정을 충당하기 위해 제국세를 도입함, (5) 제국통치평의회를 설치함.[29]

이 가운데 제국의회가 가장 중요한 개혁적 의미를 갖고 제국의 가장 중요한 정치적 제도이자 기구라고 할 수 있다. 그것은 "제국정치의 중심적인 플랫폼"이었다.[30] 그리고 제국의회는 우리의 논의를 위해서도

28 Horst Rabe, *Deutsche Geschichte 1500~1600. Das Jahrhundert der Glaubensspaltung*, München: C. H. Beck 1991, 113~14쪽.

29 같은 책, 114~15쪽.

30 Volker Press, "Der Kaiser, das Reich und die Reformation", in: Kurt Löcher (Hrsg.), *Martin Luther und die Reformation in Deutschland. Vorträge im Germanischen*

가장 중요한 함의를 갖는데, 루터의 종교개혁이 전개되는 정치적 무대였기 때문이다. 그러므로 여기서는 제국의회에 초점을 맞추기로 한다.[31]

---

31 *Nationalmuseum Nürnberg*, Schweinfurt: Weppert 1985, 61~94쪽, 여기서는 67쪽. 그 나머지는 다음과 같이 아주 간략하게 언급하는 선에서 그치기로 한다. 첫째, 제국대심원은 1495년 보름스 제국의회의 결정에 따라 그해 10월 31일에 설립된 최고 사법기관으로서 결투·폭력·전쟁 등 기존의 문제해결 방식 대신에 엄격한 규정과 절차를 통해 제국의 평화를 보호하고 유지함을 그 임무로 했다. 그리고 각 제국신분의 신민들이 그들의 군주를 상대로 하는 소송의 항소법원으로 기능했다. 대심원장과 16명의 배석판사(1555년에는 24명으로 늘어났다)로 구성된 제국대심원의 임명권은 황제, 선제후, 제국관구 및 제국의회에 분산되었다. 황제는 대심원장의 임명권이 있었고 부르군트와 보헤미아를 위해 2명의 배석판사를 지명할 수 있었다. 또한 보헤미아 국왕을 제외한 6명의 선제후는 각각 1명의 배석판사를 파견할 수 있었고 6개의 제국관구도 마찬가지로 각각 1명의 배석판사를 파견할 수 있었다. 그리고 나머지 2명의 배석판사는 제국관구들의 제안에 따라 제국의회에서 선출되었다.
둘째, 마인츠 선제후 베르톨트 폰 헨네베르크(1441~1504)는 1495년 보름스 제국의회에서 황제 막시밀리안 1세에게 제국세 도입의 승인과 프랑스와의 전쟁 지원의 대가로, 제국신분들을 중심으로 제국의 재정, 전쟁, 대외정책을 통제할 수 있는 상설 통치기구인 제국통치평의회의 설치를 요구했다. 황제는 명예의 장에 불과했기 때문에 이 기구로 인해 자신의 권력이 심각하게 제약될 것을 우려한 막시밀리안 1세는 그 요구를 받아들이지 않았다. 그러나 재정적인 문제로 제국신분들의 협조가 필요한 막시밀리안 1세는 1500년에 제국통치평의회를 승인할 수밖에 없었지만 처음부터 협조를 거부했고 불과 2년 만인 1502년에 해체해 버렸다. 막시밀리안 1세의 뒤를 이어 1519년 황제에 오른 카를 5세는 제국통치평의회의 설치를 선거공약으로 내세웠고 그에 근거하여 1521년 보름스 제국의회에서 설치가 결정되었다. 그러나 그가 제국에 부재하는 경우에만 결정권을 부여했고 그 외에는 자문 기능만 허용했으며 그나마도 1531년에는 해체해 버렸다. 두 번의 제국통치평의회는 각각 20명과 22명의 제국신분 대표들로 구성되었다.
셋째, 1495년 보름스 제국의회는 제국을 여러 개의 관구로 분할할 것을 결정했는데, 그 주된 목표는 지역적 차원에서 제국의 평화를 유지하는 데 있었다. 1500년 아우크스부르크 제국의회에서 제국통치평의회의 구성과 더불어 6개의 제국관구가 설치되었는데, 선제후국들을 제외한 모든 제국신분이 포함되었다. 1512년 역사적으로 제국의회는 8세기 카롤링거 왕조의 궁정의회로까지 거슬러 올라간다. 황제나 국왕이 그 봉신인 제후 및 귀족들과 무형식적이고 불규칙적으로 만나 정치적 현안을 논하는 제도인데, 15세기에 들어와서는 그 이전에 갖고 있던 의미와 기능을 크게 상실했다. 그러다가 1495년 보름스 제국의회에서 확고한, 그리고 가장 중요한 헌법적 기구로 자리매김하게 되었다. 이러한 제국의회가 갖는 권한의 범위는 어디에도 명시되어 있지 않았으며, 따라서 사실상 무제한적이었다. 그 핵심인 제국세의 승인에 더해 입법권과 제국의 행정 및 사법에 대한 감독권이 주어졌다. 게다가 종교도 제국의회의 중요한 사안이었다. 이미 종교개혁 이전에도 종교적인 문제를 다루었으며 종교개혁 시기에는 일종의 '국가 공의회'의 역할을 했다고 할 수 있다. 그리고 제국의회는 이 개별적인 권한을 넘어서 독일의 가장 중요한 정치적 장이었으며 국가적 통일성을 가장 생생하게 표현하는 기구였다.[32]

1495년 보름스 제국의회의 결정사항에 따르면, 제국의회는 매년 한 번씩 열고 기간도 최소한 한 달이 되어야 했다. 그러나 이는 제대로 지켜지지 않았는데, 그 이유는 무엇보다도 황제의 의지가 없을뿐더러 너무 자주 열리고 너무 오래가는 제국의회가 제국도시들에게 경제적 부담을 주었기 때문이다. 그리하여 제국의회가 몇 년간 열리지 않은 적도 있었고, 열린다 해도 대개는 몇 주간 지속되는 데 그쳤다. 물론 종교개혁 시기의 제국의회들에서는 그와 정반대의 풍경이 연출되었는데, 그 이유는 종교개혁으로 야기된 아주 중차대한 정치적-종교적 문제를 해결해야 했기 때문이다. 예컨대 —— 곧 다시 논의하게 되는 바와 같이 ——

4개의 제국관구가 추가되면서 오스트리아와 선제후국들도 편입되었다. 그러나 선제후국인 보헤미아 왕국은 끝까지 제국관구에 속하지 않았다.

32 Horst Rabe, 앞의 책(1991), 120쪽.

슈말칼덴 전쟁에서 승리한 카를 5세가 소집한 아우크스부르크 제국의회는 긴급한 헌법적·종교적 문제를 해결하기 위해 1547년 9월 1일부터 1548년 6월 30일까지 10개월간 지속되었다.[33]

제국의회는 선제후 평의회, 제후 평의회, 도시 평의회의 세 합의체로 구성되었다. 선제후 평의회에는 모든 선제후가 속했는데, 다만 보헤미아 국왕은 1420년부터 1708년까지 선거권이 없었다. 제후 평의회에는 성직자 제후들, 세속적 제후들, 고위 성직자들 그리고 제국 직속의 백작들과 남작들이 속했다. 도시 평의회에는 자유도시들과 제국도시들이 속했다.[34] 이처럼 제국의회에 참여할 자격을 가진 인물과 공동체를 제국신분(Reichsstand)이라 불렀다. 이에 반해 제국기사들과 제국촌락들은 제국의회에서 배제되었다. 루터에게 제국 추방령을 내리는 1521년 보름스 제국의회를 예로 들어 다음과 같이 제국의회의 구성을 도표로 나타낼 수 있다.[35]

이 도표에 대해서는 약간의 설명이 필요하다. 먼저 집단 투표권은 고위 성직자 83명이 합쳐서 두 표를 행사할 수 있고 제국 직속의 백작과 남작 145명이 합쳐서 두 표를 행사할 수 있다는 뜻이다. 이처럼 제후 평의회 내에서 영방제후라는 제국신분과 비영방제후라는 제국신분 사이에는 현격한 정치적 권력의 차이가 있었지만 이 두 집단은 연합하여 황제와 선제후 평의회에 맞서 자신들의 이해관계를 관철하려고 했다. 제후 평의회의 또 다른 특징은 세속적 영방제후의 수보다 성직자 영방제후의 수가 훨씬 많았다는 사실인데, 이는 종교개혁에 불리한 방향으로

---

33 같은 책, 118쪽.

34 자유도시란 명목상 한 주교에 예속되지만 실질적으로는 제국도시와 동일한 자치권과 특권을 갖는 도시를 가리킨다.

35 Heinrich Lutz, 앞의 책(1983), 120쪽; Luise Schorn-Schütte, 앞의 책(2016), 41쪽.

제국의회의 구성
─1521년 제국명부의 경우 ─

황제

개회 참석 및

결정사항 수용

제국의회

선제후 평의회

의장: 마인츠 대주교(대재상)

3명의 성직자 선제후: 4명의 세속적 선제후:

마인츠 대주교   팔츠

쾰른 대주교   작센

트리어 대주교   브란덴부르크

보헤미아(선거권 중지)

제후 평의회

의장: 오스트리아 대공 또는 잘츠부르크 대주교

개인 투표권:

50명의 성직자 영방제후   24명의 세속적 영방제후

집단 투표권:

두 개의 성직자 표   두 개의 세속적 표

슈바벤과 라인의 고위 성직자단   (백작과 남작: 145명)

(제국 수도원장, 제국 성당 참사회장 및 수도회장: 83명)

도시 평의회

의장: 제국의회가 개최되는 제국도시

85개의 자유도시와 제국도시

(완전한 투표권이 아님!)

(제국기사들과 제국촌락들은 제국의회에 참여할 권한이 없었다!)

작용할 수밖에 없었다. 제국의회의 결정을 위해서는 제후 평의회의 동의도 필요했는데, 자명한 일이지만 가톨릭 성직자인 그들이 종교개혁의 편에 설 리가 없었다.[36] 그리고 도시 평의회의 경우, 내적으로는 모든 도시가 똑같이 한 표를 행사할 권리가 있었다. 그러나 제국의회 전체에서 도시 평의회의 의사는 구속력이 없는 '자문적 투표권'(votum consultativum)으로 간주되었다. 선제후 평의회와 제후 평의회가 합의에 도달한 후 도시 평의회의 의사를 묻는 것이 규칙이었으며, 따라서 그로부터 벗어나는 도시들의 입장은 쉽게 무시될 수밖에 없었다. 그러나 당시 제국도시들은 제국에서 큰 경제적 비중을 차지하고 있었기 때문에 특히 그들의 경제정책적 입장을 관철할 수 있었다.[37]

도표에서 보듯이, 황제는 제국의회의 개회에 참석하고 그 결정사항을 수용했다. 제국의회의 의장도 황제가 아니라 선제후이자 대재상(이는 제국의 최고 관직이다) 마인츠 대주교였다. 그렇다고 해서 그의 역할이 수동적인 것만은 아니었다. 황제는 신성로마제국의 국가원수로서 제국의회를 소집하고 의론할 안건을 제시할 권리가 있었다. 바로 이 안건을 토의하면서 제국의회의 활동이 시작되었는데, 그것은 제국의회의 소집을 공고하면서 제시한 중요 의제들을 상술한 것이다. 선제후 합의체, 제후 합의체, 도시 합의체는 일단 따로따로 안건을 토의했다. 선제후 합의체와 제후 합의체의 내적 토의가 종결되면 이 둘의 입장을 조율했으며, 추후적으로—그것도 필요한 경우에 한해서—도시 합의체의 의사를 물었다. 이렇게 결정된 사항은 의장인 마인츠 대주교를 통해 황제에게 전달되었다. 황제는 동의하거나 반대 제안을 할 수 있었는데, 후자는 세 합의체에 의해 다시 토의되어야 했다. 이 과정은 여러 차례 계속되었다.

---

36 Horst Rabe, 앞의 책(1991), 116~17쪽.
37 같은 책, 117~18쪽.

황제와 전체로서의 제국신분들 사이에 최종적인 합의가 이루어지면, 그 결과들은 제국의결로 승격되어서 폐회 시 황제에 의해 낭독되었으며 — 비밀에 해당하는 사항을 제외하고는 — 출간되었다.[38] 이렇게 보면 제국의회는 황제와 제국신분들이 정치적인 줄다리기를 하는 장이었다고 할 수 있다.[39]

이처럼 제국적 차원에서 진행된 개혁에 상응하여 영방국가적 차원에서도 정치적 근대화라고 할 수 있는 중차대한 변화가 일어났다. 중세의 신성로마제국에서는 — 제국적 차원과 영방적 차원 모두에서 — 평화와 권리의 보호가 국가의 임무라는 관념이 지배적이었다. 그러나 15세기 중엽부터 사회적 삶이 양적으로나 질적으로 점차 요구되고 인간과 재화의 이동성이 증가하고 사회적 분화와 갈등이 증폭되었으며, 이는 국가의 기능을 평화와 권리의 보호를 넘어서 공익의 실현으로 확장하라는 요구로 이어졌다. 이제 공익이 정치의 주도적인 이념으로 자리하게 되었다.[40] 그럼에도 불구하고 국가는 중세적인 형태를 벗어나지 못했다. 그것은 한마디로 개별적인 권리들의 — 사법권, 관세권, 통행권, 화폐주조권, 광산지배권, 수렵 독점권, 산림주권 등의 — 집합체였으며, 그 권리들도 반드시 영방제후에 귀속된 것이 아니었다. 그와 같은 권리를 향유하고 영방제후의 지배로부터 자유로운 귀족들이 있었기 때문이다. 그들은 연합하여 영방국가의 정치에 대한 공동결정권을 요구했고 영방제후가 세금을 부과하려면 그들에게 물어야 했다(그리고 국가의 근대화가 시작되자 저항했는데, 이는 때로 반란으로 표출되기도 했다).[41] 요컨대 영방국가 전체를 포괄하는 통일적인 국가권력이 부재했으며, 따라서 새

---

38 같은 책, 118~19쪽.

39 Volker Press, 앞의 글(1985), 92쪽.

40 Horst Rabe, 앞의 책(1991), 104~05, 133쪽.

41 Winfried Schulze, 앞의 책(1987), 54쪽.

로운 시대적 과제인 공익의 실현에 부응할 수 없었다.

그 유일한 대안은 모든 지배권을 영방제후의 수중에 집중시키고 모든 삶의 영역을 영방국가의 권력에 편입하는 것, 그러니까 국가 지배의 내적 확대와 중앙집권화에 있었다. 이는 중앙행정에 의한 국가권력의 법적 제도화를 전제로 했으며, 그에 따라 중앙행정이 영방국가 근대화의 핵심적인 요소이자 가장 중요한 추동력이 되었다. 이는 다시금 행정의 전문화와 직업화를 전제로 했다. 다시 말해 전문적 능력을 갖춘 관료들이 행정을 담지하게 되었으며 역으로 행정은 관료들의 직업이, 그것도 유일한 또는 주요한 직업이 되었다.[42] 바로 이 전문적이고 직업적인 관료들이 영방국가의 지배구조를 체계화하고 합리화함으로써 초기 근대적 국가의 형성에 결정적으로 기여했다. 그들은 영방조령, 경찰조령 등의 법령을 제정·공포하고, 지배 및 통치 질서를 확립하고, 영방제후와 영방신분들의 권한을 규정하며, 조세제도를 구축하는 등의 기능을 담당했다.

자명한 일이지만 행정의 전문화는 일정한 수준의 훈련이 있어야 가능한 일인데, 당시 이 기능을 담당한 것이 대학에서의 법학 교육이었다. 특히 시민계층이 법학을 전공하여 영방제후의 중앙관료가 되고자 했는데, 바로 이것이 사회적으로 신분 상승을 할 수 있는 가장 확실한 통로였기 때문이다. 루터도 처음에 법학을 공부했다! 이러한 시대적 상황을 감안하면, 독일에서 다음과 같이 15세기 후반부터 16세기 초까지 여러 영방국가에서 대학이 설립되었다는 사실을 이해할 수 있을 것이다. 1457년 프라이부르크 대학(외지 오스트리아),[43] 1472년 잉골슈타트

---

42 Horst Rabe, 앞의 책(1991), 136쪽.

43 외지 오스트리아는 티롤과 바이에른 서쪽에 위치하는 합스부르크가의 영토를 가리킨다.

대학(바이에른 공국), 1477년 튀빙겐 대학(뷔르템베르크 방백국), 1477년 마인츠 대학(마인츠 선제후국), 1502년 비텐베르크 대학(작센 선제후국), 1506년 프랑크푸르트 안 데어 오더 대학(브란덴부르크 선제후국).[44] 물론 대학이 법률가의 양성만을 목적으로 세워진 것은 아니다. 서구의 대학은 전통적으로 신학부, 법학부, 의학부와 교양학부에 해당하는 철학부로 구성되어 있었으며, 그 정점에 신학이 자리하고 있었다. 그러나 이 시기에 설립된 대학들은 영방국가에서 필요로 하는 행정 관료의 양성을 가장 중요한 과제로 설정함으로써 초기 근대적 국가의 형성에 결정적으로 기여했다.

아무튼 초기 근대의 영방국가는 국가적 권력을 내적으로 확대하고 중앙으로 집중할 수 있었다. 그것은 절대주의 국가, 보다 정확히 말하자면 초기 절대주의 국가로서 프랑스·영국·스페인의 초기 절대주의 국가에 비견될 수 있다. 다만 전자에서는 절대주의가 영방적 차원에서 발전했고, 후자에서는 국민국가적 차원에서 발전했다는 차이점이 있을 뿐이다.[45] 당시는 종교적인, 너무나 종교적인 시대였기 때문에 이 초기 절대주의적 국가인 영방국가의 형성은 종교에도 커다란 영향을 끼칠 수밖에 없었다. 영방제후들은 강력한 정치적 권력을 바탕으로 성직 임명, 교회의 사법권과 재산 및 재정 그리고 예배질서와 교회규율 등에서 외부 세력의 간섭을 배제하고 자신의 영향력을 확대함으로써 영방국가의 교회 통치를 수중에 장악하려고 했다.[46]

이러한 현상을 전(前) 종교개혁적 영방제후 수장 교회통치라고 하는

---

44 Horst Rabe, 앞의 책(1991), 136~37쪽; Harm Klueting, 앞의 책(2007), 120쪽.

45 Horst Rabe, 앞의 책(1991), 127쪽.

46 이는 국민국가적 차원에서 초기 절대주의 국가가 형성된 경우에도 마찬가지인 바, 프랑스의 갈리아주의(로마교황으로부터 프랑스 가톨릭교회의 독립을 추구하는 운동), 영국의 수장령, 스페인의 군주교권주의가 그것이다.

데, 브란덴부르크 선제후국과 작센 선제후국 및 클레베 공국에서 특히 현저하게 바이에른 공국, 헤센 방백국, 팔츠 선제후국 등에서 나타났다. 사실 전(前) 종교개혁적 영방제후 수장 교회통치라는 개념은 1520년 대 중반부터 형성되기 시작한 종교개혁적 영방제후 수장 교회통치라는 개념을 역으로 적용한 것이며, 따라서 전적으로 옳다고 할 수는 없다.[47] 그럼에도 불구하고 종교개혁 이전 시기의 국가와 종교의 관계를 파악 하는 데에 매우 유용한 개념적 도구가 될 수 있다. 왜냐하면 일종의 종 교적 세속화라고 할 수 있는 전 종교개혁적 영방제후 수장 교회통치는 절대주의적 영방국가가 형성되는 역사적 과정의 일부분이며 중요한 구 조적 특징이었기 때문이다. 달리 말해 영방국가의 절대주의적 성격이 종교적 측면에서 표출된 것이 바로 전 종교개혁적 영방제후 수장 교회 통치였다. 게다가 전 종교개혁적 영방제후 수장 교회통치는 그 이후 종 교개혁이 전개되는 데에도 결정적인 역할을 했다. 예컨대 작센 선제후 프리드리히 현공의 보호가 없었더라면 루터의 종교개혁은 지속적으로 추진되기 어려웠을 것이다.

---

47   Harm Klueting, 앞의 책(2007), 110쪽.

제4장

근대와 루터 2 : 근대, 종교개혁의 추동력이 되다
— 사회집단 및 정치적 세력이 갖는 의미를 중심으로 —

이미 앞 장에서 언급한 바와 같이, 칭의론과 더불어 루터의 종교개혁적 돌파, 즉 신학적 패러다임의 전환이 일어났고 1520년에 출간된 종교개혁 3대 저작과 더불어 새로운 신학적 패러다임인 종교개혁 신학의 전반적인 틀이 갖추어졌다. 이는 교회 내적-신학적 과정의 산물이었다. 다시 말해 교황을 비롯한 로마 가톨릭교회와의 치열한 신학적 투쟁의 산물이었다. 그러나 종교개혁은 단순히 교회 내적-신학적 차원에 머문 개혁 운동이 아니었다. 종교가 사회적 끈이던 시대에 종교적 문제는 사회 전반의 문제로 확산될 수밖에 없었다. 루터의 종교개혁은 곧바로 다양한 사회집단 및 정치적 세력이 다양한 방식으로 참여하는 복잡한 사회개혁 운동이었으며, 이미 1521년에는 황제가 개입할 정도로 신성로마제국의 중차대한 정치적 사안이 되었다. 이는 종교개혁이 교회 내적-신학적 차원에서 추진된 동시에 근대에 의해 추동된 개혁 운동이었음을 의미한다. 이 장에서는 먼저 면죄부 논쟁부터 종교개혁 3대 저작까지 종교개혁 신학이 구축되는 교회 내적 과정을 추적하기로 한다. 그러고 나서 근대기 종교개혁을 추동하는 과정을 다양한 사회집단 및 정치적 세력을 중심으로 도시의 종교개혁에서부터 아우크스부르크 종교화의까지 추적하기로 한다. 이는 구체적으로 다음의 세 부분으로 구성된다. 1. 도시와 종교개혁, 2. 농민전쟁, 3. 제국, 영방국가, 종교개혁.

1. 종교개혁 신학에 이르는 교회 내적 과정

종교개혁의 도화선이 된 면죄부 판매는 알브레히트 폰 브란덴부르크 (1490~1545)라는 인물과 직접적인 관계가 있다. 원래 브란덴부르크의 변경백이던 알브레히트는 1513년 마그데부르크의 대주교이자 할버슈타트의 주교가 되었으며 1514년에는 마인츠의 대주교를 겸하였다. 이렇게 여러 개의 주교직을 위한 선거전을 치르면서 알브레히트는 엄청난 부채를 짊어질 수밖에 없었다. 게다가 한 사람이 두 개 이상의 대주교직을 차지하는 것은 교회법에 어긋나는 일이었는데, 당시 교황 레오 10세(1475~1521)는 알브레히트가 로마교황청에 큰돈을 기부하는 대가로 이를 승인했다. 성 베드로 성당의 개축에 충당하기 위해서였다. 알브레히트는 아우크스부르크의 상인-은행가 가문인 푸거가와 벨저가에게 돈을 빌렸으며, 이 부채를 갚기 위해 면죄부를 판매하게 되었다. 당시 독일의 많은 영방제후는 마그데부르크 및 마인츠 대주교에 의해 자신들의 신민들이 경제적으로 착취당하는 것에 저항했는데, 비텐베르크가 속한 작센 선제후국의 선제후 프리드리히 3세(1463~1525) ─프리드리히 현공(賢公)이라는 별명으로 더 잘 알려져 있다─도 자신의 영토에 면죄부 판매자들이 발을 들여놓지 못하게 했다. 그러자 많은 비텐베르크 시민들이 그곳에서 멀지 않은 위테르보크 ─이 도시는 브란덴부르크 변경백국에 속했다─로 몰려갔다. 당시 가장 성공적인 면죄부 판매자인 도미니쿠스파 수도사 요한 테첼(1465~1519)의 호객꾼 같은 행태가 면죄부에 대한 루터의 의구심을 불러일으켰으며, 이 의구심은 알브레히트가 작성한 『면죄부 판매자를 위한 교본』이 1517년 10월 루터의 손에 들어오게 되면서 한층 강화되었다. 그리하여 루터는 라틴어로「면죄부 효용성의 해명을 위한 논쟁」을 작성하여 게시했다.[1]

95개 조항으로 구성되어 있기 때문에 흔히「95개조 반박문」이라고 불리는 이 문건은, 당시 대학의 관례에 따라 신학적인 또는 다른 과학적 쟁점에 대하여 공개적인 토론이나 논쟁을 벌이기 위한 것이었다. 논쟁은 만성절(萬聖節)인 11월 1일에 열리기로 되어 있었지만 실제로는 실현되지 못했다. 그 대신에 사본, 복제, 번역 등을 통해 급속하게 확산되었다. 흥미로운 점은 루터의 적대자들이 면죄부 판매에 대한 비판보다는 교황의 권위에 대한 비판을 더 문제시했다는 사실이다. 그러나 루터는 인간적 권위로서의 교황의 권위를 인정했다. 다만 그 신적 권위를 부정했을 뿐이다. 루터의 종교개혁은 어떻게 보면 교황에 대한 — 그리고 신성로마제국 황제에 대한 — 저항과 투쟁이라고 할 수 있다.[2]

루터는[3]「95개조 반박문」이 면죄부 판매에 대한 비판이라기보다 교황권에 대한 비판이라는 인상을 줄 정도로 다양한 어조로, 그리고 강한 어조로 교황권을 비판하고 있다. 그 가운데 몇 가지만 인용하기로 한다. "교황은 자신의 직권이나 교회법에 근거하여 부과한 형벌 이외에는 어떠한 형벌도 사면하려고 해서도 안 되고 사면할 수도 없다"(제5조). "사

---

1 Harm Klueting, 앞의 책(2007), 151~52쪽.

2 다음에 실린 글들은 루터의 종교개혁을 교황과 황제에 대한 저항과 투쟁의 관점에서 논하고 있다. Dietmar Pieper·Eva-Maria Schnurr (Hrsg.), *Die Reformation. Aufstand gegen Kaiser und Papst*, München: Deutsche Verlags-Anstalt 2016.

3 이 단락과 바로 아래의 단락 및 아래 세 번째 단락에서 인용한 구절들은 다음의 두 자료를 참고하면서 이 책의 체제에 맞게 약간 수정했음을 일러둔다. 마르틴 루터, 「부록: 95개 반박문」, 스티브 오즈맹, 『프로테스탄티즘: 혁명의 태동』, 혜안 2004 (박은구 옮김; 원제는 Steven Ozment, *Protestants: The Birth of a Revolution*), 387~418쪽; 마르틴 루터, 「부록: 95개 면죄부 논제」, 『크리스챤의 자유 — 라틴어/한글 대역』, 좋은땅 2013b (김광채 옮김; 원제는 Martin Luther, *De libertate Christiana*), 209~77쪽.

실상 교황은 연옥에 있는 영혼에게 어떠한 형벌도 사면할 수 없는바, 그것은 교회법에 따라 현세에서 속죄되었어야 하기 때문이다"(제22조). "교황이 연옥에 대해 가지는 일반적인 권한은 주교가 자신의 주교구에 대해, 그리고 사제가 자신의 교구에 대해 가지는 개별적인 권한과 동일하다"(제25조). "교황이 자신에게 있지도 않은 천국 열쇠의 권한에 의해서가 아니라 연옥에 있는 영혼을 위한 중보기도의 방식으로 이들에게 사면을 해준다면, 그것은 매우 적절한 행위다"(제26조).

그리고 루터는 "교황이 면죄부를 발행하는 근거로 내세우는 교회의 보화가 기독교인들에게 충분히 언급되지도 않았고 잘 알려져 있지도 않다"고 비판하고 있다(제56조). 그것은 현세의 재화들이 아닌바, 그 이유는 "수많은 면죄부 설교자들이 그것을 쉽사리 내주지 못하고 그저 모으기만 하기 때문이다"(제57조). 또한 그 보고는 그리스도나 성인들의 공로도 아니다. 왜냐하면 이들의 공로는 "교황 없이도 항상 내면적인 인간에게는 은총을 가져다주고 외면적인 인간에게는 십자가, 죽음 및 지옥을 가져다주기 때문이다"(제58조). 그리고 성 라우렌티우스[4]가 주장하는 바처럼 "교회의 가난한 사람들은 교회의 보화가 될 수 없다. 그것은 당시의 언어 용법에 따른 것뿐이다"(제59조). 이 모든 것에 반하여 루터는 교회의 보화를 그리스도, 복음 및 은총에서 찾는다. 그에 따르면 "그리스도의 공로로 인해 선물로 주어진 교회의 열쇠를 보화라고 말하는 것이 합당하며"(제60조), "교회의 참된 보화는 신의 영광과 은총에 관한 가장 거룩한 복음이다"(제62조). 그러므로 "진정한 기독교인은 산 자나 죽은 자나 그리스도와 교회가 주는 모든 보화를 받을 수 있는바,

---

4 성 라우렌티우스(225~58)는 로마의 7명의 부제 가운데 한 사람이다. 258년 기독교 박해 때 교회 재산을 내놓으라고 강요당하자 라우렌티우스는 재산을 전부 가난한 이들에게 나누어주고는 가난한 이들이야말로 교회의 보화라고 말했으며, 그 때문에 뜨거운 철망 위에서 물고기 굽듯이 죽임을 당했다고 한다.

이는 신의 선물이기 때문에 면죄부가 없이도 가능하다"(제37조).

우리는 여기에서 「95개조 반박문」의 근저에 칭의론적 사고가 자리하고 있음을 간파할 수 있다. 복음(신의 말씀), 은총, 그리스도가 교회의 보화인데, 진정한 기독교인, 그러니까 신의 자비와 은총의 메시지인 복음과 이 복음이 성육신한 그리스도를 믿는 기독교인은 면죄부 없이도 교회의 모든 축복을 누릴 수 있다. 그리스도의 공로는 교황을 통해서가 아니라 교회를 통해서 신자들에게 선물로 주어지는바, 이 교회는 영적 신분과 세속적 신분의 차이 없이 세례를 받은 모든 기독교인이 사제가 되는 신앙 공동체로서 복음(신의 말씀)을 제일원리로 한다. 루터는 역설하기를,

> 면죄부는 지극히 작은 것이고 복음은 지극히 큰 것이다. 그러므로 면죄부를 위해 종을 한 번 치고 시가행렬을 한 번 하고 의식을 한 번 치른다면, 복음을 위해서는 종을 백 번 치고, 시가행렬을 백 번 하고 의식을 백 번 치러야 한다고 교황은 생각해야 한다(제55조).

아무튼 루터의 적대자들이 면죄부 판매에 대한 비판보다 교황의 권위에 대한 도전을 더 문제시했다는 사실은, 교황권이 로마 가톨릭교회에서 차지하는 비중을 감안하면 충분히 이해가 될 것이다. 미사와 연옥이 로마 가톨릭교회의 첫 번째 기둥이라면, 교황권은 그 두 번째 기둥이다. 전자가 의식적–교리적 기둥이라면, 후자는 제도적–조직적 기둥이다. 중세에는 사회의 모든 곳에 교회가 존재했는데, 이 교회는 그레고리우스 7세(1020~85)의 개혁 이후 통일적이고 중앙집권적이며 관료적으로 조직되었다. 다시 밀해 전 서구 기독교 세계의 교회가 꼭대기부터 바닥까지 아주 복잡하고 정교하게 조직화되었다. 그 정점인 교황은 지상에서의 그리스도의 대리자로서 신으로부터 온 세상의 보편적인 통

치권을 부여받은 존재로 간주되었다. 그리고 교황은 교회법을 통해 지상에서 그리스도의 통치를 실현하고자 했는데, 그것은 서구 기독교 세계 전체에 적용되는 일종의 만국법이었다.[5] 요컨대 교황권은 로마 가톨릭교회라는 전 유럽적 조직을 떠받치는 기둥이었던 것이다.[6] 면죄부 판매도 바로 이러한 교황의 권위에 근거했으며, 따라서 면죄부 판매에 대한 비판은 거기에 정당성과 의미를 부여한 교황권에 대한 비판으로 이어질 수밖에 없었다. 루터의 적대자들이 볼 때, 면죄부 판매에 대한 비판은 —— 루터 식으로 표현하자면 —— 지극히 작은 것이고 교황의 권위에 대한 비판은 지극히 큰 것이다. 결국 그들은 후자를 더 문제시할 수밖에 없었던 것이다.

루터가 「95개조 반박문」과 더불어 종교개혁의 불씨를 지핀 지 6개월 후인 1518년 4월 종교개혁과 관련된 첫 번째 논쟁인 하이델베르크 논쟁이 벌어졌다. 당시 루터가 소속된 아우구스티누스 엄수파 수도회는 하이델베르크에서 총회를 개최했는데, 루터도 자신의 지역을 대표하여 참석해야 했으며 자신의 95개 논제에 대한 토론을 벌여야 했다. 4월 26일 하이델베르크 대학 철학부에서 공개적으로 진행된 토론에서 루터는 자신의 견해를 40개의 논제 —— 28개의 신학적 논제와 12개의 철학적 논제 —— 로 정리하여 발표했는데, 그 핵심은 아우구스티누스와 바울의 신학에 근거하여 영광의 신학을 비판하고 십자가 신학을 제시했다는 사실에 있다. 그리스도를 떠나서 인간의 영광만을 찾는 것이 영광의 신학이라면, 신의 말씀이 그리스도의 십자가에 계시되었다고 보는 것이

---

5 디아메이드 맥클로흐, 『종교개혁의 역사』, 기독교문서선교회 2011 (이은재·조상원 옮김; 원제는 Diarmaid MacCulloch, *The Reformation. A History*), 68쪽 이하.
6 다음은 교황권의 모습과 교황들의 역사에 대한 조망을 준다. 호르스트 푸어만, 『교황의 역사: 베드로부터 베네딕토 16세까지』, 도서출판 길 2013 (차용구 옮김; 원제는 Horst Fuhrmann, *Die Päpste*).

십자가 신학이다. 성서는 십자가의 증언이다.[7] 그리고 루터는 필리프 멜란히톤(1497~1560), 마르틴 부처(1491~1551), 요하네스 브렌츠(1499~1570) 등과 같은 인문주의자들을 자신의 편으로 끌어들일 수 있었다. 부처와 브렌츠는 나중에 각각 슈트라스부르크와 슈베비쉬 할의 종교개혁가로 활동하게 된다.

하이델베르크 논쟁이 끝나고 비텐베르크로 돌아온 루터는 곧바로 작센 선제후 프리드리히 현공의 비텐베르크 대학 담당 비서인 게오르그 슈팔라틴(1484~1545)과 함께 대학의 개혁과 확장에 박차를 가했다. 비텐베르크 대학은 1502년 10월 18일에 개교하였다. 다른 영방국가에 속한 대학으로 간 젊은이들이 공부가 끝나고도 돌아오지 않는 경우가 많았기 때문에 작센 선제후국이 필요로 하는 인재를 자체적으로 양성할 목적으로 프리드리히 현공에 의해 설립되었다. 주요 신학 교수들은 아우구스티누스 엄수파 수도회 소속으로서 대부분이 튀빙겐 대학과 에르푸르트 대학 출신이었다. 학생 수는 첫 학기에 416명이었는데, 1505년 페스트 창궐로 55명으로 급격히 줄었다가 1507년부터 다시 증가했다.[8] 아무튼 루터는 선제후에게 희랍어, 히브리어, 수사학, 자연과학 및 수학을 담당할 교수의 영입을 제안했으며, 1518년에 희랍어와 히브리어 교수를 초빙함으로써 비텐베르크 대학은 라틴어, 희랍어, 히브리어라는 인문주의적 이상을 충족했다.[9]

이 대목에서 특히 언급할 만한 것은 인문주의자 필리프 멜란히톤이 1518년 8월 비텐베르크 대학의 희랍어 교수로 초빙되었다는 사실이다. 당시 멜란히톤은 튀빙겐 대학에서 희랍어를 가르치고 있었다.[10] 1516년

---

7 루터의 십자가 신학에 대한 자세한 논의는 다음을 참고할 것. 알리스터 맥그레스, 앞의 책(2001).

8 필립 샤프, 앞의 책(2004), 118쪽.

9 라인하르트 슈바르츠, 앞의 책(2007), 117쪽.

에 고대 로마의 희극작가 테렌티우스(기원전 185?~159?)의 전집을 출간하고(여기에 고대 희극의 역사에 대한 서문을 곁들였다) 2년 뒤인 1518년에 라틴어로 된 『희랍어 문법서』를 펴냄으로써 멜란히톤은 이미 젊은 나이에 고전어 학자로서 명성을 얻었다. 이 작품들은 원천으로 돌아가려는 인문주의적 이상에 의해 각인된 것이다.

원래 비텐베르크 대학은 신설된 희랍어 교수직에 당시 가장 저명한 희랍학자이자 흔히 독일 최초의 인문주의자로 간주되는 요하네스 로이힐린(1455~1522)을 초빙하려 했는데, 로이힐린은 나이가 많다는 이유로 거절하고 그 대신에 멜란히톤을 추천했다. 멜란히톤은 에라스무스와 로이힐린의 인문주의 정신 속에서 교육을 받았다. 로이힐린은 멜란히톤의 스승이자 종조부인데 그의 이름을 '검은 땅'이라는 의미의 독일어 '슈바르츠에르트'를, 같은 의미의 희랍어 '멜란히톤'으로 바꾸도록 했다. 다시 말해 이름조차 인문주의적인 것으로 바꾼 것이다.

1518년 11월 요한 뵈셴슈타인(1472~1540)이 비텐베르크 대학에 신설된 히브리어 교수직에 초빙되었다. 그러나 히브리어가 단지 신학의 보조과학으로 간주되는 데에 불만을 품고 이미 1519년 1월에 사직하고 비텐베르크를 떠났다. 1520년 4월 마테우스 아드리아니(1475~1521?)가 초빙되었으나, 그 역시 얼마 되지 않아 1521년 2월 사직하고 비텐베르크를 떠났다. 이번에는 루터와의 불화가 그 원인이었다. 그러다가 1521년 6월 루터와 멜란히톤의 추천으로 마테우스 아우로갈루

---

10 멜란히톤은 1497년 카를스루에에서 북동쪽으로 23킬로미터 정도 떨어진 작은 도시 브레텐(2012년 말 현재 인구가 2만 8,000명이 조금 넘는다)에서 태어나 1509년 불과 12세의 나이로 하이델베르크 대학에 입학하여 1511년에 인문학 학사학위를 취득했으며, 1512년부터 튀빙겐 대학에서 산술학·기하학·천문학·음악을 공부하여 1514년에 인문학 석사학위를 받았다. 이때부터 희랍어·히브리어·라틴어를 공부하고 나서 튀빙겐 대학에서 희랍어를 가르쳤다.

스(1490~1543)가 초빙되어 1543년 세상을 떠날 때까지 재직했으며, 1542년에는 비텐베르크 대학의 총장이 되었다. 아우로갈루스는 멜란히톤과 마찬가지로 인문주의자였다. 멜란히톤과 아우로갈루스를 통해 희랍어와 히브리어가 성서 연구 수단으로 이용됨으로써 종교개혁 운동에 결정적인 기여를 하게 되었다. '원천으로!'(ad fontes!)라는 인문주의적 이상에 기반하는 고전어 연구가 성서 원전의 해석을 통해 말씀의 신학을 구축하려는 루터의 신학적 의도와 결합한 것이다.

아무튼 루터와 멜란히톤이 포진함으로써 신생 비텐베르크 대학은 유럽에서 가장 비중 있는 대학으로 발돋움했다. 루터와 멜란히톤의 명성을 듣고 전 유럽에서 수천 명의 학생이 모여들었다. 멜란히톤이 자신의 강의실에서, 학생들이 11개의 언어로 대화하는 것을 들은 적도 있을 정도로 국제적인 대학이 되었다.[11] 이미 「95개조 반박문」과 하이델베르크 논쟁을 통해 루터로부터 결정적인 영향을 받은 멜란히톤은 비텐베르크 대학에서 학생들을 가르치면서 루터에게 신학 강의를 들었다. 그리하여 1519년 9월에는 성서 학사학위 취득과 더불어 신학부에서도 강의할 자격을 얻었으며, 또한 실제로 일생 동안 신학 강의를 했다. 역으로 루터는 멜란히톤에게서 희랍어와 히브리어를 배웠다. 그런데 이 둘의 관계는 거기에 머물지 않았다. 멜란히톤은 루터의 개혁 동지가 되어 루터가 가톨릭 진영이나 다른 종교개혁가들과 벌인 논쟁에서 루터를 옹호했다. 그리고 ── 아우로갈루스와 함께 ── 루터의 성서 번역에도 도움을 주었으며 그의 사후에는 종교개혁을 대변했다.

멜란히톤은 프로테스탄티즘과 가톨릭의 화해를 위해 양자의 일치점

---

11 필립 샤프, 앞의 책(2004), 118쪽. 다음은 루터가 대학 개혁에 대해 갖는 의미를 논하고 있다. Ulrich Köpf, "Martin Luthers Beitrag zur Universitätsreform", in: *Lutherjahrbuch. Organ der internationalen Lutherforschung 80*/2013, 31~59쪽.

을 찾는 데 힘썼으며, 합리주의적 관점에서 프로테스탄티즘과 인문주의를 조화시키려고 했다. 멜란히톤의 대표적인 저서로는 1521년에 출간된 『신학 강요』를 꼽을 수 있는데, 이 책은 최초로 프로테스탄티즘 조직신학의 기초를 확립한 작품으로 평가된다. 그 밖에도 『폭력과 교황의 수위권에 대한 논고』(1537)와 아우크스부르크 신앙고백과 관련한 저서 등을 비롯해 다양한 저술을 남겼다. 루터의 영원한 친구이자 동지인 멜란히톤은 1560년 비텐베르크에서 세상을 떠나 루터와 함께 궁정교회에 안장되었다.[12]

1518년 초 요한 테첼이 속한 도미니쿠스 수도회가 교황청에 공식적으로 루터를 이단으로 기소했으며, 그해 7월 7일 교황청은 루터에게 60일 이내에 로마로 와서 이단재판을 받으라는 소환장을 보냈다. 그러나 루터는 이에 응하지 않고 자신의 군주인 작센 선제후 프리드리히 현

---

12 루터는 『탁상담화』(1566)에서 멜란히톤을 다음과 같이 높게 평가한다. "요즘의 신학도는 과거에 비해 말할 수 없이 유리한 환경에 있다. 먼저 그에게는 성경이 있다. 내가 히브리어를 독일어로 번역한 성경은 내용이 쉽고 명쾌하여 누구라도 마음만 먹으면 읽고 이해할 수 있다. 다음으로 멜란히톤이 쓴 『신학 강요』가 있다. 신학도라면 거의 외우게 될 때까지 반복해서 읽어야 할 책이다. 일단 두 권으로 된 이 책을 숙달하면 마귀나 이단조차도 넘어뜨릴 수 없는 신학자로 인정받을 만하다. 그만 한 실력이면 모든 신학에 정통하여 어떤 책이든 읽고 이해할 수 있는 경지에 오른 셈이기 때문이다. 다음 단계로 멜란히톤의 「로마서」 주석과 나의 「신명기」와 「갈라디아서」 주석을 읽고 설교를 훈련해도 된다. 멜란히톤의 『신학 강요』만큼 신학과 신앙의 전체 내용을 철저히 정리해 놓은 책은 없다. 모든 교부의 저서와 모든 신학 명제 편찬자들의 저서를 다 합쳐놓아도 이 책에 견줄 수가 없다. 이 책은 성경 다음으로 가장 완벽한 책이다. 멜란히톤은 나보다 훌륭한 논리학자로, 나보다 변론 능력이 뛰어나다. 내가 멜란히톤보다 나은 점은 수사학 능력이다. 만약 인쇄업자들이 나의 조언을 받아들인다면, 나의 저서들 가운데 「신명기」와 「갈라디아서」 주석과 사도 요한의 네 권에 대한 설교 못지않게 교리를 제시한 책들을 펴낼 것이다. 나의 다른 저서들은 복음 계시의 진보를 확인시켜 주는 것 외에 별다른 기여를 한 것이 없다." 마르틴 루터, 앞의 책(2005), 61쪽.

공에게 도움을 청했다. 사실 프리드리히 현공은 열렬한 면죄부 수집가이자 성유물 수집가로서 루터의 추종자는 결코 아니었다.[13] 그럼에도 불구하고 루터의 청을 받아들였는데, 그 중요한 이유 가운데 하나는 비텐베르크 대학의 교수인 루터에 대한 교황청의 이단재판은 작센 선제후국의 교회문제에 대한 로마의 내정간섭이라는 판단 때문이었다. 이는 이미 종교개혁 이전에 초기 근대국가가 형성되었고 그에 따라 영방제후가 교회 통치의 수장이 되었다는 사실을 암시하는 대목이다.[14]

아무튼 1518년 10월 아우크스부르크 제국의회의 '모퉁이'에서 도미니쿠스 수도회 회장이자 로마에 소재하는 산타 프라세데 성당의 추기경 토마스 카예탄(1469~1534)의 심문을 받게 되었다(카예탄은 르네상스

---

13 작센 선제후 프리드리히 현공은 유럽에서도 그 전례를 찾아보기 힘든 성유물 수집가다. 구매, 교환 또는 증여를 통해 그가 수집한 성유물은 무려 1만 9,013개에 이르렀으며 이 방대한 종교적 대상물을 비텐베르크 궁정교회에 보관했다고 한다. Ingetraut Ludolphy, "Luther und sein Landesherr Friedrich der Weise", in: *Luther. Zeitschrift der Luther-Gesellschaft 54*/1983, 111~24쪽, 여기서는 117쪽. 다음의 인용구절에서 볼 수 있듯이, 프리드리히 현공은 아주 경건한 중세 가톨릭교도였다. "프리드리히는 단 하루도, 심지어 여행 중에도 미사를 빼먹지 않았다. 그는 사순절에 기꺼이 수도원에 은거했으며, 규칙적으로 성지순례를 했는데, 한번은 순례자로서 팔레스타인을 여행했다. 그는 교회음악을 애호했고 교회와 수도원의 증축을 재정적으로 지원했다. 프리드리히의 이 모든 신앙은 결코 피상적인 것이 아니었다. 그에게 중요한 것은 종교적 겉치레가 아니라 어떻게 하면 진정으로 신을 기쁘게 할 수 있는가 하는 것이었다. 그는 종교적 저작을 읽었으며, 신학자이자 인문주의자인 로테르담의 에라스무스나 역사가 요하네스 아벤티누스(1477~1534)와 같은 당대의 선도적인 지식인과 서신을 교환했다. 이 두 사람은 마르틴 루터와 교류가 있었다." Joachim Mohr, "Meisterhafter Taktiker. Der sächsische Kurfürst Friedrich der Weise unterstützte die Reformatoren", in: Dietmar Pieper · Eva-Maria Schnurr (Hrsg.), *Die Reformation. Aufstand gegen Kaiser und Papst*, München: Deutsche Verlags-Anstalt 2016, 82~86쪽, 여기서는 82쪽.

14 Harm Klueting, 앞의 책(2007), 153쪽.

시대의 신[新]토마스주의의 창시자이기도 하다). 당시 카예탄은 교황의 전
권대사로서 아우크스부르크 제국의회에 참석하고 있었다. 카예탄은 루
터에게 자신의 견해를 철회할 것을 요구했지만 루터는 단호히 거부하
고 공의회의 결정을 요구했다.

그 이듬해인 1519년 6~7월 라이프치히 대학에서 종교개혁에 결정
적인 의미를 갖는 논쟁이 벌어졌다. 사적인 청문회 성격이 강한 아우
크스부르크 심문과 달리 라이프치히 논쟁은 공식적이고 엄격한 과학
적 토론으로서 파리 대학과 에르푸르트 대학의 신학자와 교회법학자들
로 구성된 공식 재판관들이 배석하였다.[15] 작센 공국의 제후인 게오르
그 공작(1471~1539)[16]이 주선하여 열린 라이프치히 논쟁은 두 부분으
로 나누어볼 수 있는데, 그 하나는 비텐베르크 대학의 신학 교수 카를슈
타트(1486~1541)[17]와 잉골슈타트 대학의 신학 교수인 요한 마이어 폰
에크(1486~1543) 사이에 벌어진 것이고, 다른 하나는 루터와 역시 에
크 사이에 벌어진 것이다. 1519년 6월 27일 월요일부터 7월 15일 금요
일까지 3주에 걸쳐 휴일을 제외하고 15일간 진행된 라이프치히 논쟁에
서 카를슈타트와 에크가 첫 주에 4일과 3주째 마지막 이틀간 토론했고,
7월 4일부터 14일까지 루터와 에크의 토론에 대부분의 시간이 할애되
었다.[18]

---

15 그레이엄 톰린, 『마르틴 루터: 정신의 자유와 평등을 주장한 종교개혁의 투사』,
    예경 2006 (이은재 옮김; 원제는 Graham Tomlin, *Luther and His World*), 94쪽.
16 1257년 작센 공국이 선제후국으로 격상되었는데, 이 작센 선제후국은 1485년
    이른바 '라이프치히 분할'을 통해 작센 선제후국과 작센 공국으로 나누어졌다.
    게오르그 공작은 선제후 프리드리히 현공과 사촌 간이다. 당시 작센 공국에 속한
    라이프치히 대학은 1409년에 개교했으며, 작센 선제후국에 속한 비텐베르크 대
    학은 그보다 약 100년 뒤인 1502년에 개교했다.
17 그의 본명은 안드레아스 루돌프 보덴슈타인인데, 그의 고향 도시 이름을 딴 카를
    슈타트로 더 잘 알려져 있다.

루터와 에크는 참회, 면죄부, 연옥 등에 대해 토론했는데, 그 핵심은 교황의 권위에 있었다. 에크는 베드로의 후계자인 교황이 교회의 머리이며, 따라서 교황권은 신적인 것이라고 주장했다. 이에 반해 루터는 교황이 아닌 그리스도가 교회의 머리이며, 따라서 교황권은 아무런 성서적 근거도 없이 인위적으로 부여된 것이라고 주장했다. 이에 에크는 루터가 얀 후스(1370~1415)와 같은 부류라고 비난했다. 후스는 이미 100여 년 전에 교회의 머리는 교황이 아니라 그리스도이며 교황의 권위는 신적인 것이 아니라 인간적인 것이라고 주장했다는 이유로 콘스탄츠 공의회에서 이단으로 정죄되어 화형당했다. 에크의 비난에 대해 루터는 후스의 신학적 견해는 진정으로 그리스도적이고 복음적이라고 반박했으며, 이러한 후스를 처형한 콘스탄츠 공의회는 큰 잘못을 저질렀다고 비판했다. 보다 일반적으로 루터는 교황과 공의회는 오류를 범할 수 있다는 견해를 피력했다. 둘 다 신적인 것이 아니라 인간적인 것이기 때문이라는 것이다. 루터는 모든 종교적–신학적 권위의 근거로 성서를 내세웠다. 오직 성서만이 권위를 갖는다는 것이다. 루터 신학의 핵심을 이루는 '오직 성서'(sola scriptura) 원리에 근거한 논리였다. "성서가 없는 교황과 공의회보다 ─ 루터는 이렇게 역설했다 ─ 성서를 가진 평신도를 믿어야 한다."[19] 이렇게 해서 루터는 로마와 결별하게 된다.

그리고 루터는 1520년 5월 말에 나온 『라이프치히의 아주 저명한 교황주의자를 논박하며 로마교황권에 대하여』에서 라이프치히 논쟁에서 한 걸음 더 나아가 교황을 적(敵)그리스도로 규정한다. 여기에서 말하는 '라이프치히의 아주 저명한 교황주의자'는 라이프치히의 프란체스코파 수도사인 아우구스틴 폰 알펠트(1480?~1535?)를 가리킨다. 라이

---

18 라인하르트 슈바르츠, 앞의 책(2007), 146쪽.
19 Harm Klueting, 앞의 책(2007), 154쪽에서 재인용.

프치히 논쟁의 청중으로 참석했을지도 모르는 알펠트는 1520년 4월과 5월 사이에 『사도의 지위에 대하여』라는 책을 출간했는데(루터는 이 책을 5월 5일 이전에 보았다), 방금 언급한 루터의 책은 바로 이 책을 논박하면서 교황권에 대한 자신의 견해를 피력한 것이다. 알펠트는 교황이 기독교의 유일하고 영원한 머리이며, 따라서 교황의 신적 권리를 인정하지 않는 자는 누구든 이단이라고 주장한 반면, 루터는 이 교황주의적 견해에 맞서 교황을 적그리스도로 규정했다.

이 과정에서 루터는 성서에 준거하고 있다. 『신약성서』의 「요한 1서」 제2장 제18절, 제2장 제22절, 제4장 제3절, 「요한 2서」 제7절, 「요한계시록」 제13장 제11~17절 등에 적그리스도라는 단어가 등장한다. 예컨대 「요한 1서」 제2장 제22절은 다음과 같다. "거짓말하는 자가 누구냐, 예수께서 그리스도임을 부인하는 자가 아니냐? 아버지와 아들을 부인하는 자가 적그리스도니." 일반적으로 적그리스도는 "그리스도의 반대자이자 적대자이며 신에 반하여 활동하는 세력이 인격화된 존재"로 이해되었는데, 이 세력은 "그리스도의 가면을 쓰고 인간을 그리스도로부터 교묘하게 유혹하여 자신의 편으로 만든다"고 간주했다.[20]

사실 루터가 교황을 적그리스도로 규정한 것은 새로운 것도 아니고 독창적인 것도 아니었다. 왜냐하면 이미 중세에 프란체스코 수도회 소속의 다수의 설교자가, 그리고 영국의 개혁가 존 위클리프와 보헤미아의 개혁가 얀 후스가 교황을 적그리스도와 동일시했기 때문이다. 그러나 인쇄술이라는 새로운 매체와 인문주의자들의 지지, 그리고 작센 선제후의 보호 덕분에 미증유의 큰 반향을 불러일으켰으며, 이로 인해 그 이전에 비할 수 없는 결정적인 종교적-신학적 의미를 갖게 되었다.[21]

---

20 같은 곳.

21 같은 곳.

그리고 1520년 11월에는 『적그리스도의 저주스러운 교서에 대한 논박』
이라는 루터의 저작이 출간되었다.

라이프치히 논쟁이 끝나고 나서 에크는 루터를 로마교황청에 정식으
로 고발했다. 그러나 교황청은 신성로마제국 황제 선출이라는 복잡한
정치적 문제에 연루되어 있었기 때문에 곧바로 반응할 수 없었다. 그러
다가 1520년 1월 루터에 대한 이단재판이 재개되었으며, 그 결과 라이
프치히 논쟁이 벌어지고 1년 후인 그해 6월 15일 루터의 파문을 경고하
는 교황 레오 10세의 교서 『주여 일어나소서!』가 작성되어 7월 24일에
공표되었다(그 초안은 에크와 수많은 이탈리아 추기경에 의해 5월 초에 나왔
다). 이 교서는 루터를 교황이 즐겨 사냥하는 멧돼지에 비유하고 있다.
"주여, 일어나사 심판하소서. […] 숲에서 뛰쳐나온 멧돼지 한 마리가
[당신이 가꾼] 포도원을 파괴하고 있고 온갖 들짐승이 먹어치우고 있나
이다." 이는 「시편」 7편과 80편에서 인용한 것이다. "주여, 일어나사 내
적들의 노를 막으소서"(7편 7절). "멧돼지들이 [주가 가꾼 포도나무를]
파헤치며 들짐승들이 먹어치우나이다"(80편 14절). 이어서 교황의 교서
는 총 41개조에 걸쳐 루터를 이단으로 규정하면서 그의 저작을 불태우
도록 하고 루터에게 60일 이내에 주장을 철회하지 않으면 파문될 것이
라고 경고하고 있다.

기독교가 지배하던 중세 유럽에서 교회로부터의 파문은 그야말로 가
혹한 형벌이었다. 파문된 자는 교회 공동체로부터 추방되기 때문에 사회
적으로 죽음을 당하고 그의 영혼은 구원의 가능성을 상실하기 때문에
영원한 저주를 받게 된다. 파문은 한 인간의 존재 자체를 부정하는 종교
적 조치였다. 그러나 루터는 이에 굴하지 않았다. 오히려 교황의 교서를
적그리스도의 교서, 그것도 저주스러운 교서라고 반박하면서 맞섰다.

이 와중에 교황의 지시로 마인츠와 쾰른 등에서 루터의 저작이 불태
워졌다. 이 소식을 접한 루터는 그와 똑같이 대응하기로 작심하고 비텐

베르크 동쪽 성문 바로 바깥에 있는 '성 십자가 교회'에서 동료를 비롯해 학생들과 교황의 교서를 포함하여 수많은 가톨릭 서적을 불태웠다. 교황의 교서가 공표되고 정확히 60일째가 되는 날인 1520년 12월 10일의 일이었다. 고도로 계산된 '퍼포먼스'였다. 자신을 제도적으로 파문하려는 교황에게 신학적 파산을 선고한다는 메시지를 만천하에 알리는 '화형식'이었다. 마침내 교황 레오 10세는 1521년 1월 3일 『로마교황은 이렇게 말한다』라는 교서를 통해 루터를 파문했다. 이 장의 제4절에서 자세하게 논하게 되는 바와 같이, 그로부터 불과 4개월 후인 5월 8일 루터는 신성로마제국 황제로부터 제국 추방령을 받게 된다.

　1519년 라이프치히 논쟁에서부터 1521년 루터의 파문까지 전개된 일련의 종교개혁적 사건을 다음과 같이 루터와 교황의 관계로 요약할 수 있을 것이다. 교황을 적그리스도라고 비난하는 루터와 그런 루터를 신의 교회를 망치는, 그리고 교황이 즐겨 사냥하는 멧돼지에 비유하는 교황, 그리고 그런 교황의 교서를 적그리스도의 저주스러운 교서라고 논박하고 공개적으로 불태우는 루터와 그런 루터를 이단으로 파문하는 교황! 그 결과 루터와 교황은 서로에게 반기독교적인 존재가 되었다. 두 사람은 서로에게 적그리스도였을 뿐이며 신의 포도원을 짓밟는 멧돼지였을 뿐이다. 이제 서로 화해할 수 없는 두 신학적 체계가 양립하면서 투쟁하게 된 것인데, 이 투쟁은 짧게는 루터파가 공인되는 1555년까지 그리고 길게는 다른 개신교 교파들이 공인되고 개인의 종교적 자유가 인정되는 1648년까지 지속되었다. 1517년부터 1648년까지를 '교파 시대'라고 한다. 이는 분열의 시대라기보다 분화의 시대다. 분화는 근대의 가장 중요한 지표 가운데 하나다.

　루터가 교황을 적그리스도로 규정하면서 로마 가톨릭교회와 갈등하고 투쟁하면서 종교개혁가의 길을 가던 1520년은 또 다른 측면에서 종교개혁의 역사에서 중차대한 의미를 갖는 해다. 그해에 흔히 종교개혁

3대 저작이라고 불리는 세 권의 책과 한 권의 아주 중요한 설교집이 출간되어 종교개혁 신학이라는 새로운 신학의 전반적인 이론적 골격이 갖추어졌기 때문이다. 1520년을 종교개혁사의 '핵심적인 해'로 보는 것이 합당할 것이다.[22] 그 네 권의 저작은 다음과 같이 요약될 수 있다.

첫째, 1520년 8월에 독일어로 출간된 『기독교계의 개혁과 관련하여 독일 민족의 기독교 귀족에게 고함』(일반적으로 『독일 기독교 귀족에게 고함』으로 불린다)에서 루터는 강력하게 교회개혁과 더불어 전반적인 사회 개혁을 촉구하고 있다. 여기에서 독일 기독교 귀족이라 함은 성직자 귀족이 아니라 황제와 제후를 위시한 세속적 귀족을 가리킨다. 원래 교회 개혁의 의무는 성직자들에게 있지만 그들이 이를 제대로 수행하지 못하기 때문에 루터는 세속적 귀족들에게 교회개혁에 앞장서야 한다고 역설하고 있는 것이다. 이 저작은 총 28개 항목으로 구성되어 있는데, 그 가운데 12개 항목은 교황 체제의 개혁에, 그리고 나머지 16개 항목은 전반적인 교회개혁과 사회개혁에 할애되어 있다. 루터가 보기에 교황과 그 추종자들이 주위에 다음과 같은 세 개의 (교리적) 장벽을 쌓았기 때문에 기독교계가 부패할 수밖에 없었다. (1) 영적 신분이 세속적 신분보다 우월하다. (2) 교황만이 성서를 해석할 수 있다. (3) 교황만이 합법적으로 공의회를 소집할 수 있다. 이에 반하여 루터는 세례를 받은 모든 기독교인이 사제가 된다는 견해, 즉 만인사제직론 또는 만인제사장론을 피력한다.[23] 그리고 전반적인 교회개혁과 사회개혁에는 다음을 포함한다. 수도원 생활, 탁발 수도회, 성직자의 결혼, 미사 집전, 면죄부, 성인 숭배, 성지순례, 대학, 학교, 교황과 신성로마제국의 관계, 빈민 구호, 사

---

22 Helga Schnabel-Schüle, *Die Reformation 1495~1555. Politik mit Theologie und Religion*, Stuttgart: Reclam 2013 (2., durchgesehene und aktualisierte Auflage), 91쪽.

23 이에 대해서는 제5장 제1절에서 자세한 논의가 있을 것이다.

치와 낭비, 상업과 이자, 향신료 사용, 폭음과 폭식, 독신생활 등.

둘째, 1520년 10월에 라틴어로 출간된『교회의 바빌론 유수에 대하여』에서 루터는 로마 가톨릭교회의 의례적 근간인 성례전의 문제를 비판적으로 고찰하고 있다. 이 저작은 일반인이 아니라 지식인과 신학자를 대상으로 한 학술적인 성격을 띠고 있다. 거기에서 루터는 성례전은 그리스도의 약속과 표지로서 그리스도 자신이 제정한 것이라는 신학적 기준을 제시하면서, 그에 입각하여 가톨릭의 일곱 가지 성례전 가운데 세례와 성만찬 및 참회만을 성례전으로 인정한다(나중에는 참회도 성례전에서 제외하고 세례와 성만찬만을 성례전으로 인정하게 된다). 루터에 따르면, 나머지는 그리스도가 제정한 것이 아니라 로마교황(청)이 아무런 성서적 근거도 없이 자의적으로 제정한 것이며, 따라서 진정한 성례전이 될 수 없다. 더 나아가 루터는 로마교황(청)이 세 가지 성례전을 (로마교황청에) 비참하게 유수함으로써 주술로 변질시켜 버렸다고 강력하게 비판한다.[24]

셋째, 1520년 11월에 출간된『기독교인의 자유에 대하여』에서 루터는 제목 그대로 기독교인의 자유를 다루고 있다. 이 저작은 라틴어판도 있고 독일어판도 있는데, 전자가 후자보다 약간 더 상세하다. 루터는 기독교인이 한편으로 지극히 자유로운 주인이며 아무에게도 종속되지 않으나, 다른 한편으로 지극히 충성스러운 종이며 모든 사람에게 종속된다는, 아주 역설적인 신학적 명제를 제시한다. 그리고 이에 대한 근거를 신의 말씀이 성육신한 예수 그리스도에서 찾는다. 그리스도는 모든 것의 주인이지만 자유인인 동시에 종이며 신의 형상과 종의 형상을 동시에 지닌다는 것이다. 기독교인은 이러한 그리스도를 따라 자발적으로 이웃을 섬김으로써 신을 기쁘게 해야 한다. 기쁨과 사랑 가운데에서 지

---

24 이에 대해서는 제5장 제2절에서 자세한 논의가 있을 것이다.

극히 자유롭게 섬기는 일에 진정한 기독교인의 삶이 있다.[25]

넷째, 종교개혁 3대 저작에 더해 1520년 3월에 출간된 방대한 설교집 『선행에 대하여』를 언급할 수 있다. 여기에서 루터는 십계명을 선행의 관점에서 고찰하면서 믿음과 행위의 관계에 대하여 중세 가톨릭 신학과 완전히 다른 논리를 전개하고 있다. 가톨릭교회에서는 이른바 연출된 경건, 그러니까 미사, 교회 축일, 서원, 자선, 면죄부 구매, 수도원에서의 금욕적 삶, 성인숭배, 성지순례, 금식, 철야기도 등과 같이 좁은 의미의 종교적 행위만을 선행으로 간주했다. 이에 반해 루터는 손일을 하고, 걷고, 서고, 먹고, 마시고, 자는 것과 같이 아주 일상적인, 아니 아주 소소한 인간의 행위도 신에 대한 믿음에 근거하는, 그러니까 신을 신뢰하고 인간이 하는 모든 것이 신을 기쁘게 한다는 것을 확신하고서 하는 행위라면, 비록 그것이 짚 한 오라기를 집어올리는 것처럼 지극히 사소할지라도 선한 것이다. 더 나아가 루터는 믿음을 모든 선행 가운데 제일가며 최고의 그리고 가장 고귀한 선행이라고 주장한다. 이로써 모든 세속적 영역, 그러니까 결혼·가족·노동·사회 등에서의 일상적 삶과 행위가 신학적 가치와 의미를 갖게 된다.[26]

이렇게 해서 루터는 1520년에 기독교의 핵심 문제인 신, 인간, 교회, 성례전, 믿음과 선행(행위) 등에 대하여 전통적인 신학과 근본적으로 구별되는 새로운 신학의 전반적인 이론적 골격을 갖출 수 있었다. 그것은 종교개혁적 돌파와 더불어 시작된 새로운 패러다임이 일단락된 것이다. 그 이후에 전개되는 루터의 신학사상은 바로 이 패러다임을 완성해 가는 과정이라 해도 과언이 아니다. 루터의 종교개혁 신학이 갖는 의미를 한스 큉과 더불어 다음과 같이 평가할 수 있다.

---

25 이에 대해서는 제5장 제1절에서 자세한 논의가 있을 것이다.
26 이에 대해서는 제5장 제2절에서 자세한 논의가 있을 것이다.

전통적인 교회와 신학의 파행과 오류에 저항하고 복음으로 회귀한 것은 **교회와 신학의 새로운 종교개혁적, 즉 개신교적-복음주의석 패러다임**의 출발점이 되었다. 루터가 복음을 새롭게 이해하고 칭의론을 완전히 새롭게 평가한 것은, 사실상 신학 전반이 나아가야 할 방향을 새롭게 제시하고 교회의 구조를 새롭게 제시한 것이다. 그것은 탁월한 **패러다임 전환**이었다. 그러니까 신학과 교회에서도 [자연과학에서와 마찬가지로] 때때로 개별적인 문제와 주제에 국한된 미시적 또는 중시적 영역에서뿐만 아니라 거시적 영역에서도 **패러다임 전환 과정**이 일어난다. 중세 신학으로부터 종교개혁 신학으로 전환한 것은 지구 중심적 관점에서 태양 중심적 관점으로 이행한 것에 비견될 수 있다.

— 확실하고 친숙하던 개념의 의미가 바뀌었다. 칭의, 은총, 신앙, 율법과 복음, 또는 그러한 개념이 쓸모없는 것으로 폐기되었다. 실체와 속성, 질료와 형상, 현실태와 잠재태와 같은 아리스토텔레스의 개념들.

— 특정한 문제와 답변의 용인성(容認性)을 결정하던 규범과 기준이 전위되었다. 성서, 공의회, 교령, 이성, 양심.

— 질료형상론적 성례전론과 같은 신학 이론 전체와 스콜라주의의 사변적-연역적 방법과 같은 신학 방법 전체가 와해되었다.

특히 새로운 패러다임의 언어적 매력이 당시의 수많은 성직자와 평신도들에게 결정적이었다. 많은 사람들이 처음부터 루터가 제시한 해결책의 내적 **일관성**, 근본적 **투명성**, 구령적(救靈的) **효율성** 그리고 루터 신학이 지닌 참신한 단순성과 독창적인 언어능력에 완전히 매료되었다. 게다가 인쇄술, 설교집과 소책자의 홍수 그리고 독일어 찬송가도 대안적 패러다임의 급속한 대중화와 확산에 크게 기여했다.

그리하여 그때까지 신학과 교회에 의해 인정받아 온 해석 모델과 그에 수반되는 갖가지 개념, 방법, 문제 영역 및 해결책의 거대한 복합체가 변하게 되었다. 마치 코페르니쿠스와 갈릴레이 이후의 천문학자들이 그랬던 것처럼, 루터 이후의 신학자들은 말하자면 **다르게 보는 것**에 익숙해졌다. 그것은 그때까지와는 다른 거시적 모델의 맥락에서 보는 것이다. 다시 말해 예전에는 보지 못했던 많은 것이 이제는 인지되었으며, 또한 거꾸로 예전에는 통찰할 수 있었던 몇몇의 것이 어쩌면 미래에는 간과될 수도 있다. 말씀과 믿음, 신의 의와 인간의 칭의, 유일한 중보자 예수 그리스도 그리고 만인사제직에 대한 마르틴 루터의 새로운 이해는 신학 전체의 근저를 뒤집어엎고 **성서적－그리스도 중심적인 새로운 관념**의 구축으로 귀결되었다. 루터는 바울의 칭의 메시지를 새롭게 발견함으로써 다음과 같은 새로운 이해를 얻을 수 있었다.

——**신**에 대한 새로운 이해: "즉자적"으로 존재하는 추상적 신이 아니라 아주 구체적으로 "우리를 위해" 은총을 베푸는 신.

——**인간**에 대한 새로운 이해: 믿음에서 "의인인 동시에 죄인"인 인간.

——**교회**에 대한 새로운 이해: 관료주의적 권력 및 금융 기구로서의 교회가 아니라 만인사제직에 근거하여 새롭게 태어난 신앙인의 공동체로서의 교회.

——**성례전**에 대한 새로운 이해: 흡사 기계적으로 작동하는 의식으로서의 성례전이 아니라 그리스도의 약속과 신앙의 표지로서의 성례전.[27]

---

27 Hans Küng, 앞의 책(1994), 170~71쪽. 이렇게 보면 다음의 연구서와 같이 종교개혁을 '혁명', '혁신', '체계 변혁' 등으로 간주하는 것은 충분한 설득력을 갖는다고 할 수 있다. Berndt Hamm, "Wie innovativ war die Reformation?", in: *Zeitschrift für historische Forschung 27*/2000, 481~97쪽; Richard van Dülmen, *Reformation als Revolution. Soziale Bewegung und religiöser Radikalismus*, Frankfurt am Main: Fischer 2015.

2. 도시와 종교개혁

미국의 종교개혁 연구가 아서 디킨스(1910~2001)는 1974년에 출간된 『독일 민족과 마르틴 루터』에서 다음과 같이 주장하고 있다. "독일의 종교개혁은 문학적 · 기술적 · 설교적 측면 모두에서 도시적 사건이었다."[28] 이러한 주장은 다음과 같은 사실만을 감안해도 충분한 설득력이 있어 보인다. 루터라는 이름은 비텐베르크라는 도시와 떼려야 뗄 수 없는 관계에 있다. 그는 거기에서 종교개혁을 촉발했고 추진했다. 비텐베르크는 (독일) 종교개혁의 발원지이자 중심지였다. 그 밖에 중요한 종교개혁가들의 이름도 모두 특정한 도시와 결부되어 있다. 멜란히톤은 루터의 개혁 동지로서 비텐베르크에서 활동했으며, 츠빙글리는 취리히에서, 칼뱅은 제네바에서, 부처는 슈트라스부르크에서, 브렌츠는 슈베비쉬 할에서 종교개혁을 추진했다. '도시(들) 종교개혁'이라는 개념이 존재한다.

그러나 다음과 같은 사실만 감안해도 종교개혁이 도시적 사건이었다는 주장은 지나치게 단순하고 극단적인 것으로 보인다. 루터라는 이름은 비텐베르크라는 도시 이외에도 또는 그것과 더불어 작센 선제후(국)와 떼려야 뗄 수 없는 관계에 있다. 또한 다른 영방제후(국)들, 특히 헤센 방백(국) 필리프 1세도 (루터의) 종교개혁에서 아주 중요한 위치를 점하고 있다. '영방제후(들) 종교개혁'이라는 개념이 존재한다. 그리고 신성로마제국과 황제 카를 5세의 이름도 종교개혁과 밀접하게 결부되어 있다. 게다가 농민전쟁도 종교개혁의 역사를 이해하는 데 간과해서는 안 될 중차대한 사건이다.

---

28 Arthur G. Dickens, *The German Nation and Martin Luther*, London: Harper & Row 1974, 182쪽.

172

그럼에도 불구하고 디킨스의 주장은 일정한 설득력이 있다. 왜냐하면 종교개혁은 전적으로 도시적 사건 또는 도시적 신학은 아니었지만 분명히 도시와 선택적 친화력을 지닌 사건이자 신학이었기 때문이다. 종교개혁은 도시에서 시작하여 도시를 중심으로 전개되어 점차 영방국가적 차원으로 확장되었다. 도시는 종교개혁의 선구자로서 루터의 이념이 실천적으로 연출되는 정치적-사회적 공간이자 무대였다. 도시는 종교개혁의 전위대였으며 그 선도자이자 대변자로 기능했다. 농민전쟁도 도시의 영향을 도외시하고는 제대로 이해할 수 없을 것이다. 다음과 같은 주장은 지나치게 단순하고 극단적이지만 종교개혁의 역사에서 도시가 차지하는 위치와 의미를 집약적으로 표현한다고 할 수 있다. "만약 루터와 도시들이 없었더라면 ─ 종교개혁은 일어나지 않았을 것이다. 만약 기사들과 농민들이 없었더라면 ─ 종교개혁은 다르게 진행되었을 것이다. 만약 종교개혁적 신념을 가진 영방제후들이 없었더라면 ─ 종교개혁은 몰락했을 것이다."[29]

이처럼 도시가 종교개혁의 '묘목밭'이 된 이유를 논의하기 전에, 아니 보다 잘 논의하기 위해서는 잠시 도시의 특징을 살펴볼 필요가 있다. 이미 제3장 제2절에서 언급한 바와 같이, 중세 유럽의 도시는 서약과 자치에 기반하는 시민 공동체였다. 공동체란 모든 구성원의 동가치성이라는 수평적 구조의 사회집단이다.[30] 그것은 모든 구성원의 참여와 동의를 전제로 하며 공익을 최상의 가치로 추구하는 사회집단이다. 이렇게 보면 '도시 공화주의'라는 개념은 도시의 특징을 표현하는 데 상당히 유용한 개념이라고 할 수 있다.[31] 그런데 여기에서 ─ 적어도 우리의

---

29 Berndt Hamm, 앞의 책(1996), 91쪽.
30 Helga Schnabel-Schüle, 앞의 책(2013), 260쪽.
31 Heinz Schilling, 앞의 책(1988), 162쪽 이하.

논의와 관련하여 ― 한 가지 매우 중요한 점은 도시의 공동체 원리는 정치적-사회직 차원에 한정된 것이 아니라 종교적 차원에까지 적용되었다는 사실이다. 도시는 시민 공동체이면서 교회 공동체였다. "중세 후기의 독일 도시는 작은 기독교 왕국(corpus christianum)이라는 자아상이 있었다."[32]

도시의 가장 중요한 통치기구는 12세기 말부터 등장한 시참사회였다. 이것은 원래 공동체 원리에 입각하여 시민의 선거를 통해 구성되며 시민 전체를 대표하는, 그러니까 도시 공화주의의 이상을 상징하고 구현하는 기관이었다. 그러나 도시의 인구가 증가하고 산업과 상업이 발달하며 사회적 불평등과 사회적 분화가 심화되면서 시참사회의 권한은 시민 삶의 거의 전 영역으로 확장되었으며, 그 결과 과두제가 공화주의를 대체하기에 이르렀다. 시민들은 점점 더 단순한 시참사회의 지배 및 통제의 대상으로 전락하게 되었다. 15세기부터 시참사회가 점차로 시민들을 '신민'이라고 칭하고 자신을 '지배자'라고 칭한 사실은 도시의 수평적 공동체 원리가 수직적 지배 원리로 대체되었음을 단적으로 보여주는 대목이다.[33]

요컨대 도시는 더 이상 동의 공동체가 아니었다. 그것은 시참사회와 공동체의 조화가 아니라 지배자와 피지배자의 ― 다소간 폭발적인 ― 긴장을 특징으로 하는 '갈등 공동체'였다. 그런데 이 갈등 공동체의 모습은 단순히 정치적 측면에 한정된 것이 아니라 더 나아가 경제적·사회적·종교적 측면에서도 관찰할 수 있다. 첫째, 경제적 측면에서 보면, 초기 자본주의가 발전함에 따라 한편으로 대자본을 소유한 상인을 비

32 Bernd Moeller, *Reichsstadt und Reformation*, Berlin: Evangelische Verlagsanstalt 1987 (Bearbeitete Neuausgabe), 15쪽.
33 Horst Rabe, 앞의 책(1991), 141~42쪽.

롯한 부유한 수공업 장인들과 다른 한편으로 수공업 직인과 도제들, 그리고 도시 하층민 사이에 격차가 존재했으며, 또한 수공업 내에서도 분야에 따라 격차가 존재했다. 둘째, 사회적 측면에서 보면, 도시의 공적 기능을 수행하거나 도시를 공적으로 대표하는 사람들과 그로부터 배제된 사람들 사이에 명예와 위세의 차이가 존재했다. 셋째, 종교적 측면에서 보면, 평신도와 성직자 사이에, 시민 공동체의 기관과 교회 기관의 위계질서 사이에 경쟁이 존재했고, 수도사와 세속 성직자들 사이에 적의가 존재했으며 교육을 받은 고위 성직자와 교육을 받지 못하고 급여가 아주 적은 미사 집행 신부 사이에 간극이 존재했다. 그리고 이러한 갈등 공동체의 모습은 비단 아우크스부르크와 같이 큰 제국도시나 하노버와 같이 큰 영방도시뿐만 아니라 하일브론과 같이 작은 제국도시와 키칭겐과 같이 작은 영방도시에서도 관찰할 수 있었다.[34] 요컨대 도시의 모든 삶의 영역에서, 즉 경제적·사회적·정치적·종교적 영역에서 갈등을, 그것도 특정한 범주와 규모의 도시에 국한된 특수한 현상으로가 아니라 중세 후기 이후 독일 도시 전반에 확산된 일반적인 현상으로 관찰할 수 있었다.

이 모든 것의 결과로 15세기 말부터 16세기 초에 모든 유형의 도시에서 소요가 일어났는데, 그것은 단순히 가진 자에 대한 갖지 못한 자의 또는 지배자에 대한 피지배자의 증오, 저항 또는 투쟁이 아니라 갈등 공동체를 극복하고 동의 공동체를 재건하려는 시도였다. 그것은 과두제로 변질된 정치질서를 극복하고 도시 공화주의를 재건하려는 시도였다. 요컨대 도시를 개혁하려는 시도였다. 이러한 시도가 절정에 달한 것은 종교개혁 전야인 1509년과 1514년 사이였는데, 그 이유는 경제위기와 증세가 기존의 도시적 갈등을 강화하고 증폭했기 때문이다.[35] 도시가 개

---

34 Berndt Hamm, 앞의 책(1996), 51쪽 이하.

혁을 위한 이념을 찾은 것이 바로 루터의 종교개혁이었다.

　루터는 모든 구성원의 동가치성이라는 공동체 원리를 제시한다. 그에 따르면, 모든 기독교인은 영적 신분에 속하며 그들 사이에는 직무상의 차별밖에 없다. 이와 관련하여 루터는 1520년에 출간된 『독일 기독교 귀족에게 고함』에서 다음과 같이 주장하고 있다.

　　교황, 주교, 사제, 수도사를 영적 신분이라고 부르고 제후, 군주, 직공 및 농부를 세속적 신분이라고 부르는 것은 날조된 것이다. 이는 정말 거짓이며 위선이다. 그러니 그 누구도 이런 따위에 겁을 먹어서는 안 된다. 충심에서 우러난 말이다. 왜냐하면 모든 기독교인은 진실로 영적 신분에 속하며, 그들 사이에 직무상의 차이 이외에는 아무 차이도 없기 때문이다. 바울도 「고린도전서」 제12장에서 우리는 한 몸이지만, 각 지체가 다른 지체를 섬기기 위하여 각각 자기 나름의 일을 갖고 있다고 말한다(제12절 이하). 이는 우리가 하나의 세례, 하나의 복음, 하나의 믿음을 가지고 있고, 또한 다 같은 기독교인이라는 점을 상기하게 한다. 그도 그럴 것이 세례와 복음과 믿음, 그것만이 우리를 영적으로 만들고 같은 기독교의 백성이 되게 하기 때문이다.[36]

　루터에게 교회 공동체란 세례와 복음과 믿음을 통해 영적으로 된 기독교인으로 구성되는 사회집단으로서, 거기에서는 사제나 주교나 교황도 세속적인 관헌도 구두 수선공, 석공, 목수, 요리사, 급사, 농부 등과 아무런 차이가 없고 그들보다 우위에 있지도 않다. 사제, 주교, 교황이 신의 말씀을 선포하고 성례전을 집전하는 역할을 하고 세속적인 관헌

35　Luise Schorn-Schütte, 앞의 책(2016), 24~25쪽.
36　마르틴 루터, 앞의 책(2010), 18~19쪽.

이 악한 자를 벌하고 선한 자를 보호하는 역할을 수행한다면, 구두 수선 공, 석공, 목수, 요리사, 급사, 농부 등은 신발, 의복, 집, 음식물 등을 제공하는 역할을 한다. 요컨대 교회 공동체의 각 구성원은 공동체의 육적인 또는 영적인 안정과 복리를 위해 각자에게 주어진 직무를 수행한다는 것이 루터의 견해다.[37] '작은 기독교 왕국'이라는 자아상을 갖고 있던 도시는 바로 이러한 교회 공동체의 논리에서 갈등 공동체를 극복하고 동의 공동체 또는 도시 공화주의를 재건할 수 있는 신학적 이념을 발견했던 것이다. 다시 말해 도시는 세례와 복음과 신앙에 기반하는 교회 공동체라는 종교개혁의 원리에서 서약·참여·동의라는 시민 공동체라는 도시개혁의 원리를 발견했던 것이다. 종교개혁은 곧 도시개혁을 의미했다. 그리하여 1520~40년 독일의 수많은 도시에서 종교개혁이 일어났던 것이다.

이렇게 보면 도시 종교개혁은 시참사회에 의한 위로부터의 개혁이 아니라 일반 시민들에 의한 아래로부터의 개혁에서 출발했음을 알 수 있다. 이를 시민 종교개혁 또는 공동체 종교개혁이라고 한다. 방금 앞에서 언급한 바와 같이, 시참사회가 수직적인 지배 원리를 지향했다면 일반 시민들은 수평적인 공동체의 원리를 지향했다. 루터는 도시민들에게서 광범위한 추종자를 얻었다. 16세기 전반부의 종교개혁 운동은 도시들에서 — 인문주의자들의 경우를 제외하면 — 예외 없이 민중에서 시작되었다. 시참사회는 아래로부터의 개혁에 저항하거나 그것을 억압하다가 상황이 돌이킬 수 없게 되었을 때 어쩔 수 없이 대세를 따르는 식으로 종교개혁에 동참했다. 단지 몇몇 제국도시에서만 시참사회가 민중의 개혁 의지를 처음부터 또는 잠시 주저하다가 받아들여 종교개혁을 신속하고도 일관되게 추진했다. 가장 대표적인 경우가 뉘른베르크인데,

---

37 같은 책, 22쪽 이하.

그 밖에도 슈트라스부르크, 콘스탄츠, 메밍겐, 마그데부르크와 같은 도시를 거론할 수 있다. 아무튼 '시참사회 종교개혁'은 단 하나도 없었다고 말할 수 있다.[38]

물론 그렇다고 해서 도시 종교개혁이 전적으로 일반 시민들에 의해 추진되었다는 것은 결코 아니다. 그보다 시민 종교개혁 또는 공동체 종교개혁이란 개혁의 의지와 운동이 일반 시민들로부터 발원했음을 의미한다는 식으로 해석해야 한다. 왜냐하면 도시 종교개혁은 다음과 같이 다양한 행위 주체가 공동으로 작용한 결과였기 때문이다. (1) 이미 앞에서 언급한 루터, 츠빙글리, 칼뱅 등과 같은 종교개혁가들. 이들은 비록 특정한 도시와 결부되어 있었지만, 그들의 영향력 있는 저작은 초도시적-초지역적 의미를 가지면서 종교개혁 전체를 각인했다. (2) 대학에서 법학을 공부하고 도시의 관직을 담당한 시민계층의 지식인들. 이들은 종교개혁이 도시 전체에서 공적으로 수용되고 추진되는 데에 결정적인 역할을 했다. (3) 신학적 교육을 받은 목사들. 이들은 현장에서 설교와 팸플릿 등을 통하여 민중의 종교개혁 운동을 선도했다. (4) 학식 있는 평신도들(드물게는 여자 평신도들). 이들도 역시 팸플릿을 통하여 일반 시민들의, 그리고 통치자들의 의견을 조성하는 데 영향을 끼쳤다. (5) 지적 역동성과 문학적 능력을 갖춘 수공업자들과 여타 중간계층의 구성원들. 이들은 스스로 팸플릿이나 청원서를 작성하거나 경우에 따라서 설교를 하기도 했다. (6) 기존 질서의 파괴자들(그 가운데에는 빈번히 자의식적인 여성들도 있었다). 이들은 예컨대 작당하고, 예배와 행렬을 방해하고, 성직자를 습격하고, 수도원에 침입하여 성상(聖像)과 문화재를 파괴하고, 시가행진을 벌이고, 길거리에서 도발적인 노래로 십일조를 거부하며 시참사회의 통치를 비난했다. 이 새로운 공공적-대중적 현상은

---

38   Bernd Moeller, 앞의 책(1987), 23쪽.

종교적 구원과 교회개혁의 문제를 교회로부터 거리와 광장으로, 그리고 술집과 시청 회의실로 옮겨놓았다. 또한 그럼으로써 초도시적인 영향력과 변화력을 가져왔다. 다시 말해 그 현상을 통해 종교개혁적 충동과 욕구가 대도시들, 즉 시장, 산업, 상업, 종교, 교육 및 정치의 중심지로부터 작은 도시와 촌락으로 확산되었다.[39]

도시가 종교개혁의 선구자가 될 수 있었던 또 다른 중요한 이유는 시민의 지적 수준에 있었다. 의례 중심의 가톨릭과 달리 루터의 종교개혁 신학은 (신의) 말씀 중심이다. 가톨릭이 의례 종교라면 루터의 신학은 말씀의 신학이다. 가톨릭이 의례 공동체를 추구한다면 루터는 말씀의 공동체를 추구한다. 루터가 추구하는 기독교는 ― 후일 『대교리문답』에서 명백하게 밝히고 있듯이 ― "신의 말씀을 가르치고 전하고 듣고 읽고 깊이 숙고하며 실천하며", 그럼으로써 "각 사람의 인격과 시간과 행위를 거룩하게 만드는" 종교다.[40] 신의 말씀은 성서에 기록되어 있고 따라서 모든 신학적 근거와 권위는 성서에 있다. 이를 성서 원리 또는 성서주의라고 한다. 루터가 성서 번역에 힘쓴 것도 바로 이 때문이다. 자명한 일이지만 말씀의 신학 또는 성서주의적 신학이 관철되려면 성직자뿐만 아니라 일반인들도 읽을 수 있는 능력을 갖추어야 한다.

이 전제조건을 충족한 곳이 바로 도시였다. 산업과 상업 그리고 화폐와 자본의 중심지인 도시는 그 경제력을 바탕으로 라틴어 학교, 독일어 학교 또는 혼합 유형의 학교와 도서관을 설립함으로써 시민들에게 정신적 교육과 교양을 갖출 기회를 제공했다(영방제후들이 설립한 대학도 농촌이 아니라 도시에 있었다. 종교개혁 이전의 독일에는 단 한 개의 농촌 학교

---

39 같은 책, 93쪽 이하.
40 마르틴 루터, 『대교리문답』, 도서출판 복있는사람 2017 (최주훈 옮김; 원제는 Martin Luther, *Der Grosse Katechismus*), 93~94쪽.

도 존재하지 않았다). 그 결과 도시 인구의 30퍼센트가 문해력을 갖추게 되었는데, 이는 전체 인구의 5퍼센트에 비하면 상당히 높은 비율이 아닐 수 없다. 대다수의 도시에서는, 예컨대 뉘른베르크에서는 약 50퍼센트의 도시민이 글을 읽을 수 있었다. 그리고 도시는 종교개혁적 설교단을 설치하여 시민들에게 새로운 형태의 신앙을 전파토록 했는데, 읽을 능력이 없는 하층민들도 거기에서 행해지는 설교를 통해 지적인 담론을 접할 수 있었고 성서주의적 신앙을 수용할 수 있었다. 그들은 더 나아가 집에서, 술집에서, 시장에서 성서와 종교개혁 관련 저작이 낭독되는 것을 들음으로써 그리고 알기 쉬운 삽화나 암송용 성구가 곁들인 팸플릿을 접함으로써 루터의 신학적 메시지를 이해할 수 있었다. 요컨대 도시는 경제력, 정신적 개방성 및 종교적 경건성이 결합된 공간이었으며, 바로 이 공간에서 루터가 설파한 성서주의적 신학과 말씀의 공동체가 실현될 수 있었던 것이다.[41]

도시 종교개혁에서 중추적인 역할을 한 것은 제국도시였다. 종교개혁은 뉘른베르크, 아우크스부르크, 바젤, 슈트라스부르크 등과 같이 큰 제국도시에서 먼저 뿌리를 내렸고 또 이들 도시는 종교개혁이 전개되는 정치적 무대인 제국의회에서 ─ 가톨릭에서 개신교로 개종한 영방제후들과 더불어 ─ 종교개혁을 대변했다. 쾰른이 큰 제국도시들 가운데 가톨릭으로 남은 유일한 경우였다. 그렇다고 해서 쾰른에서는 일반 시민들 사이에 종교개혁적 운동이 전혀 일어나지 않은 것은 아니다. 다만 제국도시인 동시에 대주교국이며 선제후국에 속하는 도시인 쾰른에서 종교개혁이 관철될 수 없었을 뿐이다. 대략 60개 정도인 제국도시 가운데 단지 5개만이 종교개혁적 운동과 전혀 접촉이 없었는데, 그 제국도시들

---

41 Berndt Hamm, 앞의 책(1996), 36~37쪽; Heinz Schilling, 앞의 책(1988), 163~ 64쪽.

이 제국 내에서 차지하는 비중은 아주 작았다. 이렇게 보면 제국도시와 종교개혁의 공속성이라는 표현을 쓰는 것도 결코 지나친 말이 아닐 것이다.[42] 그러나 도시 종교개혁은 제국도시들에 머문 것이 아니라 거기로부터 영방제후의 통치 아래에 있는 수많은 도시로 퍼져나갔다. 보다 정확히 말하자면, 큰 제국도시들에서 작은 제국도시들과 크고 작은 영방도시들로 퍼져나갔다.

제국도시 가운데 뉘른베르크가 제일 먼저 종교개혁을 받아들였다. 당시 인구 4만 명 정도로 쾰른 및 아우크스부르크와 더불어 독일의 가장 큰 도시 가운데 하나였던 뉘른베르크는 — 이미 제3장 제2절에서 살펴본 바와 같이 — 초기 자본주의의 중심지, 보다 정확히 말하자면 산업, 상업, 금융 및 원거리 무역의 중심지 가운데 하나이기도 했다. 뉘른베르크의 수공업자들은 아주 우수한 식사용 기구, 무기, 도구 등을 생산했다. 또한 상인들은 목화, 비단, 향료 등을 거래했는데, 당시 금과 같은 가치를 지닌 사프란을 매년 1,500킬로그램이나 수입했다. 가장 중요한 수출품은 금속제품이었다. 투허가나 임호프가와 같은 상인-금융가 가문 덕분에 뉘른베르크는 아우크스부르크 등과 더불어 초기 자본주의적 금융업을 선도하게 되었다. 그리고 뉘른베르크는 그곳에서 교차하는 12개의 교역로를 통해 북으로는 한자 도시들과 연결되었으며 남으로는 베네치아와 연결되었고 그 무역항을 통해 동양과 연결되었다.[43]

이러한 경제적-물질적 개방성은 문화적-정신적 개방성을 가져왔다. 이탈리아와 교역을 하는 뉘른베르크의 상인들은 그곳으로부터 경제적

---

42 Bernd Moeller, 앞의 책(1987), 18쪽; Heinz Schilling, 앞의 책(1988), 163쪽.

43 Annette Bruhns, "Lutherische Sonne. Nürnberg wurde als erste Reichsstadt evangelisch. Warum?", in: Dietmar Pieper·Eva-Maria Schnurr (Hrsg.), *Die Reformation. Aufstand gegen Kaiser und Papst*, München: Deutsche Verlags-Anstalt 2016, 105~18쪽, 여기서는 106~07쪽.

재화와 더불어 인문주의와 르네상스를 '수입'했다. 인문주의는 뉘른베르크의 정신세계에 커다란 영향을 끼쳤다. 이미 네 개의 전통적인 라틴 학교가 존재함에도 불구하고 뉘른베르크는 1496년 교회의 지배로부터 자유롭고 인문주의적 원리에 입각한 이른바 '시인들의 학교'를 설립했는데, 이 과정에서 시참사회는 도미니쿠스 수도회와 처절한 투쟁을 벌여야 했다.[44] 그리고 독일의 르네상스 예술을 대표하는 알브레히트 뒤러(1471~1528)가 뉘른베르크 출신이며 그곳에서 활동했다는 사실은 결코 우연이 아니었다. 그는 1505년부터 1507년까지 뉘른베르크의 중요한 원거리 무역 상대인 베네치아에서 예술 수업을 받았다. 베네치아는 르네상스 예술의 커다란 조류인 베네치아파의 중심지였다.[45] 열렬한 루터의 추종자인 뒤러는 종교개혁에 헌신했다.[46]

아무튼 1471년 인문주의적 천문학자이자 수학자인 레기오몬타누스(1436~76)는 다음과 같이 말했는데, 이는 당시 뉘른베르크의 경제적–물질적 및 문화적–정신적 위상을 단적으로 보여준다. "나는 지속적으로 뉘른베르크를 주거지로 선택했는데, 그 이유는 한편으로 여기에서 제작되는 도구들, 특히 천문학이 반드시 필요로 하는 도구들 때문이

---

44 같은 글, 109쪽.

45 베네치아파는 15세기 후반부터 16~18세기 이탈리아의 베네치아를 중심으로 활동한 유파로서 감각적이고 관능적인 미를 추구했다. 그리하여 일명 색채파라고도 한다. 그 밖에도 빛과 그림자를 철저히 구분했으며 과감한 선을 사용했다. 티치아노(1477~1576)와 조르조네(1477~1510) 같은 거장이 베네치아파를 상징한다.

46 뒤러는 작센 선제후국의 궁정사제에게 꼭 루터의 초상화를 그릴 수 있도록 해달라고 애원했지만 끝내 성사되지 못했다. Annette Bruhns, 앞의 글(2016), 111쪽. 애석하게도 위대한 종교개혁가를 르네상스 예술로 만날 수 있는 절호의 기회를 놓쳐버리고 만 것이다! 뒤러와 종교개혁의 관계에 대해서는 Thomas Schauerte, et al., *Dürer als Zeitzeuge der Reformation*, Petersberg: Michael Imhof Verlag 2017 참조.

며 다른 한편으로 다른 곳에 사는 학자들과 보편적으로 의견을 교환할 수 있는 유리한 입지 때문이다." 그의 말대로 뉘른베르크는 물질적-정신적으로 '유럽의 중심지'가 되었다.[47] 이밖에도 뉘른베르크는 인쇄업이 번성한 도시이기도 했다. 뒤러의 대부 안톤 코베르거(1440~1513)는 1500년경 24개의 인쇄기를 갖추고 100명의 장색(匠色)을 거느린 유럽 최대 규모의 인쇄업자였다. 미디어 도시가 자신의 종교개혁에 대해 갖는 의미를 잘 알고 있던 루터는 뉘른베르크가 "독일의 눈과 귀나 마찬가지"이며 "마치 달과 별 사이에서 해처럼" 빛난다고 격찬했다.[48] 루터가 『신약성서』를 독일어로 번역한 지 불과 몇 달 만에 뉘른베르크의 인쇄업자 한스 헤르고트(?~1527)가 그 1판을 출간했다. 그리고 또 다른 뉘른베르크의 인쇄업자 욥스트 구트크네히트(1514~42)는 최초의 종교개혁적 찬송가집을 출간했다.

이 초기 근대 유럽의 물질적-정신적 중심지인 뉘른베르크에서는 일찌감치 종교개혁 운동이 전개되었다. 이미 1518년에 라틴어로 된 루터의 「95개조 반박문」이 독일어로 번역되어서 그곳의 인쇄소에서 출간되어 광범위하게 유포되었다. 뉘른베르크의 종교개혁을 결정적으로 각인한 사람은 평신도인 시 서기 라차루스 슈펭글러(1479~1534)다. 그는 뉘른베르크 태생으로 1494년 라이프치히 대학에서 법학을 공부했지만 1496년 아버지의 갑작스러운 죽음으로 불과 2년 만에 중단하고 뉘른베

---

47 Berndt Hamm, 앞의 책(1996), 33~36쪽에서 재인용(이 인용문이 33~36쪽에 걸쳐 있는 것은 34~35쪽에 뉘른베르크의 한 종교 시설 사진과 그에 대한 설명이 나오기 때문이다).

48 Annette Bruhns, 앞의 글(2016), 107쪽에서 재인용. 다음은 독일의 눈과 귀나 다름 없는 뉘른베르크가 종교개혁 시기에 미디어 중심지로서 기능한 역할을 다루고 있다. Thomas Schauerte, et al., *Deutschlands Auge & Ohr: Nürnberg als Medienzentrum der Reformationszeit*, Nürnberg: Tümmel Verlag 2015.

르크의 시 서기가 되었다. 그 후 1507년에는 서기장이 되었고 1516년에는 시참사의원이 되었다. 슈펭글러는 1518년 아우크스부르크 제국의회에 오가는 길에 뉘른베르크에 들른 루터를 직접 만나서 큰 감동을 받았으며 1519년에는 루터의 신학을 공개적으로 옹호하는 글을 써서 익명으로 출간했다. 그리하여 루터 편에 가담한 최초의 평신도가 되었다. 1521년 뉘른베르크의 대표로 보름스 제국의회에 참석한 슈펭글러는 그곳에서 다시 루터를 만났고 그로 인해 루터를 지지하고 추종하는 그의 마음은 더욱더 강화되었다. 루터의 추종자이자 열광자인 슈펭글러는 시참사회, 황제, 일반 시민을 중재하면서 종교개혁을 전개해 나갔다.[49]

뉘른베르크의 종교개혁을 논하면서 빼놓을 수 없는 또 한 사람의 평신도가 있으니, 그는 다름 아닌 시인이자 극작가인 한스 작스(1494~1576)다. 작스는 뉘른베르크에서 재단사의 아들로 태어나 일곱 살 되던 해부터 라틴어 학교에서 8년간 인문주의 교육을 받았으며 평생 뉘른베르크에서 제화공으로 일하면서 6,000편 이상의 작품을 썼는데, 그 대부분이 종교적인 내용이었다. 일찍이 루터에 심취한 그는 1523년에 출간된 500행의 대서사시이자 자신의 대표작인『비텐베르크의 나이팅게일』에서 종교개혁 신학의 핵심을 민중의 언어와 형태로 요약하고 해석함으로써, 그리고 1524년에는 네 편으로 된『대화』를 출간하여 루터의 사상을 보급하는 데에 결정적으로 기여했다. 1527년에는 로마 가톨릭교회에 대한 비판이 너무 과하다는 이유로 시참사회로부터 1530년까지 출판을 금지당하기도 했다.

1521년 보름스 제국의회에서 신성로마제국 황제 카를 5세는 이른바 보름스 칙령을 반포하여 루터의 저작을 소지하거나 읽거나 매매하거나

---

49 같은 글, 107~108쪽. 슈펭글러에 대한 자세한 내용은 Berndt Hamm, *Lazarus Spengler* (*1479~1534*), Tübingen: Mohr Siebeck 2004 참조.

배포하는 행위를 일체 금지시켰다. 황제가 곧 군주인 제국도시 뉘른베르크에서는 이 칙령을 무조건 따라야 했다. 그러나 시참사회는 시민들 사이에서 소요가 일어날 수 있다는 이유를 대면서 칙령을 6개월 동안이나 공포하지 않았다. 그리고 시민들 사이에서 유포되는 유인물도 마지못해 단속했다. 교황권을 비방하거나 조롱한 사람들을 두 차례, 그것도 잠시 가둔 것이 고작이었다.[50]

1년 뒤인 1522년 뉘른베르크 시참사회는 공석이 된 설교자 자리 셋을 루터주의적 신학으로 무장된 신학자들로 채웠다. 그리하여 스스로 글을 읽을 수 없거나 서적을 살 수 없는 사람들도 종교개혁 사상에 접할 수 있는 기회가 제도적으로 보장되었다. 특히 성 로렌츠 교회의 안드레아스 오시안더(1498~1552)의 카리스마 넘치는 설교를 듣기 위해 뉘른베르크 안팎에서 민중이 몰려들었다. 잉골슈타트 대학에서 신학을 공부한 그는 뒤러, 슈펭글러, 작스 등의 평신도들과 함께 종교개혁을 추진했다. 이 모든 것의 결과로 뉘른베르크에서는 —— 한 관찰자에 따르면 —— 심지어 골목의 어린이들도 신학적 문제에 관심을 가질 정도였다. 그다음 해인 1523년 성(聖)목요일(부활절 앞 목요일) 아우구스티누스 수도원에서 평신도들에게 떡(빵)과 잔을 받도록 하는 새로운 형태의 성만찬이 집전되었다. 중세 가톨릭교회의 성만찬에서는 성직자만 떡과 잔을 모두 받고 평신도들은 떡만 받도록 되어 있었다. 그로부터 2년 뒤인 1525년 3월 3일부터 15일까지 시참사회는 시청에서 루터주의와 가톨릭 양 진영의 신학자들이 참석하는 공개적인 종교 담화를 개최했다. 전자를 대표한 것이 오시안더라면 후자를 대표한 것은 프란체스코 수도원의 설교자인 리엔하르트 에브너였다. 수많은 시민들이 지켜보는 가운데 진행된 이 종교 담화가 끝난 후 시참사회는 공식적으로 루터주의 신

50 같은 글, 112쪽.

앙을 받아들일 것을 선언했다. 그로부터 몇 달이 지난 후부터 수도원들이 해체되기 시작했다. 세속화가 진행되기 시작한 것이다. 1526년 5월 23일에는 옛 베네딕투스 수도원 자리에서 멜란히톤의 라틴어 축사와 더불어 독일 최초의 김나지움이 개교했다(오늘날에는 '멜란히톤 김나지움'으로 불린다). 실로 인문주의자들의 오랜 꿈이 이루어진 것이다.[51]

사실 도시 종교개혁이 진행된 과정은 각 도시마다 다르기 때문에 여기서 일일이 언급하기란 불가능하며, 따라서 한 가지 예만 드는 것으로 만족하기로 한다. 그것도 큰 제국도시가 아니라 작은 영방도시를 예로 들기로 한다. 리페 방백국에 속하는 한자 도시 렘고가 그것이다.

인구가 약 4,000명 정도이고 두 개의 교구 본당교회와 다른 몇몇 종교 기관이 위치한 이 도시에는 ─ 비텐베르크, 바젤, 슈트라스부르크 등과 달리 ─ 토착적인 종교개혁가가 없었다. 라틴어 교사나 시(市) 서기와 같은 지식인들이 처음으로 루터의 저작을 읽고 종교개혁적 이념이 널리 퍼지도록 했다. 이 과정에서 그들은 돌아다니는 탁발 수도사로부터, 특히 루터가 속한 수도회의 탁발 수도사로부터 지원을 받았다. 이 수도회는 인접한 도시 헤르폴트에 수도원이 있었다. 1525년경 처음으로 일군의 시민들이 개신교 예배에 참석하기 위해 헤르폴트로 몰려갔다. 그들이 이 사실을 고백한 것은, 렘고에서 시민 몇 명이 사순절에 고기를 먹고는 이를 공개적으로 선언할 때였다. 그리고 보수적인 ─ 두 교회 가운데 더 새로운 ─ 성 마리아 교회의 주임 신부가 미사를 집전할 때, 그 신자들의 일부가 갑자기 독일어 찬송가를 부르기 시작했다. 이는 오직 성직자만이 행위의 주체가 되는 중세 후기의 미사를 거부하고 파괴하는 행동이었다. 그리고 삶의 구원을 스스로 떠맡고 그들이 옳다고 생각하는 새로운 종교적 이념과

---

51 같은 글, 112쪽 이하.

규범에 따르는 개신교적 공동체가 형성되었음을 의식적이고 결연하게 공표하는 행동이었다. 교회 당국과 시 당국이 시민들에게 신의 말을 들을 수 있도록 배려를 하지 않자 그들은 청원서를 통해 신의 말씀을 순수하고 명료하게 선포할 진정한 설교자를 선택하는 것이 정당하다고 주장했다. 이는 ― 두 교회 가운데 더 오래된 ― 니콜라우스 교회와 관련하여 먼저 일어났다. 도시 전체를 개신교적 공동체로 만들기 위해 그사이에 결성된 '24인 시민위원회'가 가톨릭 신학자들과 개신교 신학자들 사이의 논쟁을, 그것도 시참사회와 시민 전체 앞에서 공개적으로 개최했다. 이러한 방식은 합리적인 결정 과정이라는 시민들의 관념에도 기독교 공동체라는 종교개혁의 이념에도 부합하는 것이었다. 예상대로 시민들이 개신교의 승리를 선언하고 난 뒤에 두 번째 교구 본당교회도 개신교로 전환되었다. 그러나 시참사회는 더 이상의 변화를 거부했는데, 그 첫 번째 이유는 리페 방백, 그러니까 렘고의 군주가 엄격한 가톨릭교도라는 사실을 염두에 두었기 때문이며, 그 두 번째 이유는 시참사회에 뿌리를 내리고 있는 많은 명문 가문들이 수도사를 비롯해 가톨릭교회의 고위 성직자들과 친족관계에 있었기 때문이다. 그들은 수도원에서 내쫓기고 성직록을 빼앗길 처지에 놓여 있었다. 이러한 시참사회의 태도에 시민 공동체는 새로운 설교자들의 선도 아래 단호하게 저항했다. 결국 시참사회는 시민 전체로부터 나오는 아래부터의 개혁 의지에 굴복할 수밖에 없었으며 가톨릭교도인 영방제후도 어쩔 수 없이 현실을 인정하게 되었다. 1531년 초 가톨릭교도들로 구성된 시참사회의 지도자들이 도시를 떠났고 그 자리는 개신교도 의원들로 채워졌는데, 그 가운데 일부분은 그때까지 의원을 배출하지 못한 사회계층에서 나왔다. 시참사회, 시민위원회 그리고 그때그때 소집되는 시민총회가 협력한 결과 1532~33년에 루터주의적 시(市) 교회가 건립되었다. 도시 전체에서, 그러니까 수도원과 종교적 자선단체에서도 미사와 여타 가톨릭적 의례의 사용이 금지되었다. 교회의 통일성이 추구되었던 것이다. 신자들의 가장 높은 자리는 일종의 개신교 주교인 감독이 차지했다. 1533년에 통과된 교회규정에는 새로운 예배 형식과 생활양식이 아주 상세하게 제시되었다. 렘고는 리페 방백국에서 루터주의로 개종한 최초의 도시였다. 리페 방백국은 곧 렘고의 전범을 따라 종교개혁을 도입했다.[52]

이 인용구절의 마지막 부분에서 볼 수 있듯이, 종교개혁은 도시에서 영방국가로 확산되었다. 도시가 종교개혁의 선구자 역할을 했던 것이다. 특히 큰 제국도시들이 그랬다. 이 유형의 도시들은 더 나아가 — 영방국가들에 비해 정치력이 허약함에도 불구하고 — 제국적 차원에서 종교개혁의 주도적인 역할을 했다. 그중에서도 남부 독일의 세 개의 큰 제국도시 뉘른베르크, 슈트라스부르크, 울름이 제국적 차원에서 종교개혁을 주도했다.

3. 농민전쟁

종교개혁이 시작되고 7년이 채 안 된 1524년 6월 독일에서는 농민전쟁이 발발해 1525년 5월까지 지속되었다. 전쟁의 원인은 당시에 농민들이 처한 열악한 상황에 있었다. 그들은 '큰 십일조'(곡물과 큰 가축으로 내는)와 '작은 십일조'(작은 가축, 과일, 채소 등으로 내는)를 비롯해 세금, 통행세, 이자 등을 내야 했으며, 영주에 대하여 노동으로 하는 부역과

---

52 이는 다음을 요약한 것이다. Heinz Schilling, 앞의 책(1988), 167~68쪽. 다음은 북독일의 제국도시이자 한자 도시인 뤼베크의 경우를 예로 들어 도시의 종교개혁 과정을 간략하게나마 기술하고 있다. Luise Schorn-Schütte, 앞의 책(2016), 65쪽 이하.

마소를 동원하는 부역 등의 의무를 졌다. 게다가 ── 이미 제3장 제1절에서 살펴본 바와 같이 ── 15세기 중엽부터 인구가 증가하면서 자작농이 감소하고 다양한 유형의 소농(토지를 전혀 소유하지 못하거나 자급자족할 만큼의 토지를 소유하지 못한 농민)이 형성되었다. 뿐만 아니라 초기 근대국가가 형성되면서 영방제후들은 자신의 지배력을 강화하기 위한 일환으로 농촌의 자치를 말살하려고 했다. 다음의 인용구절은 농민전쟁당시 농민들의 상황을 적나라하게 보여준다. "독일의 농민들은 사회를위해 무거운 짐을 짊어진 가축이었으며, 노예보다 형편이 낫지 않았다. 보상은 없이 죽도록 일만 해야 하는 것이 그들의 일상적인 운명이었으며, 심지어 주일에도 고되게 일을 해야 했다. 합법과 불법을 가리지 않고 부과되는 세금에 등골이 휘었다. 아메리카 대륙이 발견되면서 부가늘고 사치를 일삼고 쾌락을 좇았으나 그들의 형편은 열악해져만 갔다. 기사들과 귀족들이 수입을 늘리고 면죄부 구입 자금을 확보하기 위해서 이전보다 더욱 혹독하게 그들을 부렸다."[53]

농민전쟁은 종교개혁으로부터 결정적인 영향을 받았는데, 이는 무엇보다도 농민들 요구가 담긴 이른바 「12개 조항」을 보면 명백하게 드러난다. 1525년 3월 6일 제국도시 메밍겐에서 오버슈바벤(슈바벤의 위쪽지역)의 농민집단 대표자 약 50명이 모여서 어려운 협상 끝에 그다음 날'기독교 연합'을 결성했다. 그리고 1525년 3월 15일과 20일에 다시 모여 자신들의 요구사항이 담긴 「12개 조항」과 「메밍겐 동맹규정」을 채택했다. 이 둘은 농민전쟁의 수많은 프로그램 가운데 인쇄된 '유이'(維二)한 문건이다. 특히 「12개 조항」은 2개월 안에 당시로서는 엄청난 양인2만 5,000부가 인쇄되어 독일 전역에 배포되었다. 이 「12개 조항」은 유럽에서 최초로 인권과 자유권이 기록된 것으로 간주되며, 그것을 통과

───────

53 필립 샤프, 앞의 책(2004), 353쪽.

시킨 메밍겐 회합은 독일 최초의 '헌법제정회의'로 간주된다.[54] 그 구체적인 내용은 다음과 같다.

제1항, 민중이 직접 자신들의 성직자를 선출할 권리가 있다. 제2항, 큰 십일조를 제외한 작은 십일조를 폐지하라(큰 십일조로 성직자의 급료를 지불하고 그 나머지는 촌락의 가난한 자들을 돕고 전쟁세를 납부하는 데에 사용한다). 제3항, 농노제도를 폐지하라. 제4항, 수렵과 어획(漁獲)의 자유를 허하라. 제5항, 숲에서 건축자재 및 땔감을 얻을 권리를 보장하라. 제6항, 강제 부역을 제한하라. 제7항, 계약에 명기되지 않은 가외 부역에는 급료를 지불하라. 제8항, 소작료를 인하하라. 제9항, 독단적 처벌을 중지하라. 제10항, 권력으로 무단 점유해 온 공동 목초지와 경작지를 환원하라. 제11항, 과부와 고아들한테서 유산을 앗아가는 차지(借地) 상속세를 폐지하라. 제12항, 이 모든 요구사항을 성서에 비추어 검증하되, 만약 성서에 부합하지 않으면 요구를 철회할 용의가 있다.[55]

사실 이 「12개 조항」은 농민들이 이전에 자신들에게 주어졌던, 이른바 '옛 권리'의 회복을 요구한 것이다. 그러나 종교개혁과 밀접한 관계에 있다는 점에서 아주 큰 의미가 있다. 내가 보기에 종교개혁이 농민전쟁에 끼친 영향은 다음의 세 가지로 정리할 수 있다. 첫째, 신의 의지, 신적 권리 및 신의 창조질서라는 관념이다. 「12개 조항」은 농민들의 요구가 전적으로 성서에 근거하는 권리, 그러니까 신이 자신의 의지에 따라 농민들에게 부여한 권리임을 명백히 하고 있다. 그것은 신의 의지에서 비롯된 신적 권리라는 것이다. 그리고 농민들은 자신들의 요구가 신의 창조질서에 속함을 분명히 하고 있다. 예컨대 농민들은 제4항, 즉 수

---

54 https://de.wikipedia.org/wiki/Zw%C3%B6lf_Artikel.

55 필립 샤프, 앞의 책(2004), 355쪽; https://de.wikipedia.org/wiki/Zw%C3%B6lf_Artikel.

렵과 어획의 자유에 대한 근거로 신이 인간을 창조하면서 모든 짐승과 새와 물고기를 다스리게 했다는 성서의 내용을 내세우고 있다(「창세기」 제1장 제26절).

둘째, 기독교인의 자유라는 관념이다. 루터는 1520년에 출간된 『기독교인의 자유에 대하여』에서 다음과 같이 역설하고 있다. "**기독교인은 모든 것을 지배하는 지극히 자유로운 주인이며 아무에게도 종속되지 않는다.**"[56] 그리고 그리스도를 통해 성육신한 신의 말씀에서 그 근거를 찾는다.[57] 이러한 자유사상으로 인해 농민들은 귀족들이 자신들의 옛 권리를 제한하는 것이 기독교인의 자유를 제한하는 것이며, 따라서 신의 말씀에 어긋난다는 생각을 할 수 있게 되었다. 루터가 설파한 자유사상은 「12개조항」에서 농노제도 폐지(제3항), 강제 부역 제한(제6항), 독단적 처벌 중지(제9항) 등의 요구에서 구체적으로 읽을 수 있다. 예컨대 농민들은 제3항, 즉 농노제도의 폐지에 대한 근거를 다음과 같이 제시하고 있다. 그리스도는 자신의 보혈을 흘림으로써 모든 사람을 구원했으며, 따라서 우리가 자유로우며 자유롭기를 원하는 것은 전적으로 성서에 부합하는 것이다.

셋째, 공동체 원리라는 관념이다. 이미 앞 절에서 살펴본 바와 같이, 루터는 1520년에 출간된 『독일 기독교 귀족에게 고함』에서 모든 기독교인은 영적 신분에 속하며 그들 사이에는 직무상 이외에는 아무런 차별도 없음을 강조하고 있다. 루터에 따르면, 교회 공동체란 세례와 복음과 믿음을 통해 영적으로 이루어진 기독교인으로 구성되며, 모든 구성원은 각자의 기능을 통해 공동체의 육적인 또는 영적인 안정과 복리에 기여한다. 이러한 공동체 원리는 제1항, 즉 공동체가 자유롭게 성직

---

56 마르틴 루터, 앞의 책(2013a), 9쪽.
57 이에 대한 자세한 논의는 제5장 제1절 참고.

자를 선출할 권리를 요구한 점에서 명료하게 드러난다. 그 밖에도 십일조의 관리를 공동체에 위임할 것, 즉 공유화할 것(제2항), 수렵과 어획에 대한 권리 및 산림 이용권을 공동체 전체에 귀속시킬 것(제4~5항), 공동 목초지와 경작지를 공동체 전체에 반환할 것(제10항) 등의 요구도 루터가 설파한 공동체 원리를 잘 반영하고 있다.[58]

아무튼 루터의 종교개혁은 신의 의지, 신적 권리 및 신의 창조질서라는 관념, 기독교인의 자유라는 관념, 그리고 공동체 원리라는 관념을 제시함으로써 농민전쟁의 중요하고도 강력한 이념적 추동력이 되었다. 물론 그렇다고 해서 농민들이 낡은 사회질서를 전복하고 새로운 사회질서를 구축한다는 혁명적 사고를 했던 것은 결코 아니다. 그들이 궁극적으로 추구한 것은 농민들의 '옛 권리'의 회복이었으며, 그에 대한 정당성을 바로 루터의 신학사상에서 찾았던 것이다.

사실 농민전쟁은 전(全) 독일적 전쟁이라기보다 지역적 전쟁이라고 보는 것이 합당하다. 왜냐하면 신성로마제국의 넓은 지역이 농민전쟁에 휩쓸리지 않았기 때문인데, 예컨대 북부와 북동부가 그랬으며 남부에서도 바이에른 공국과 보헤미아 왕국이 그랬다. 북서부는 대토지 경영의 발달이 미약했기 때문에 사회적-경제적 갈등의 결정적인 동인이 결여되어 있었다. 동부의 경우에는 대토지 경영이 확대되었기 때문에 농민들의 저항이 일어날 계기는 충분했지만 실제로 농민들이 봉기하지는 않았는데, 아마도 농민들의 자치가 발전하지 못했기 때문일 것으로 추측된다.[59]

농민전쟁이 전개되는 과정은 매우 복잡하기 때문에 여기서는 그 큰 줄기만을 살펴보기로 한다. 이 전쟁은 1524년 6월 슈바르츠발트(검은

---

58 Luise Schorn-Schütte, 앞의 책(2016), 55~56쪽.
59 같은 책, 56~57쪽.

숲) 남부 지역의 몇몇 촌락이 연합하여 봉기하면서 발발했다. 아직 종교개혁의 영향을 받은 상태는 아니었지만 그 지역을 통치하던 영방제후의 세력이 약했기 때문에 봉기는 아주 빠르게 확산되었다. 그리하여 1525년 3월에는 ─ 이 절의 모두에서 언급한 바와 같이 ─ 오버슈바벤의 농민들이 메밍겐에서 기독교 연합을 결성하고 「12개 조항」과 「메밍겐 동맹규정」을 채택했다. 이어서 프랑켄의 농민들이 그에 상응하는 연합을 결성하고 그에 상응하는 동맹규정을 채택했다. 그와 동시에 점점 더 폭력적이 되는 소요가 뷔르템베르크, 튀링겐, 팔츠, 알자스로도 퍼져 나갔으며, 마침내는 티롤, 잘츠부르크와 내지 오스트리아[60]로까지 퍼져 나갔다. 그 결과 1525년 4월에는 30만 명의 농민이 전쟁에 참가하게 되었다. 1525년 4월 초에는 마인츠 대주교가 자신의 영토에서 「12개 조항」을 적용하기로 농민들과 조약을 체결했다.[61] 이미 제3장 제4절에서 살펴본 바와 같이, 마인츠 대주교는 선제후이자 신성로마제국의 제일 관직인 대재상이면서 제국의회의 의장이었다. 농민전쟁이 성공적이고 절정에 달한 것처럼 보이는 대목이다.

그러나 농민들의 봉기는 그로부터 불과 몇 주 안에 진압되었다. 그 이유는 농민들이 지휘 체계도 갖추지 못하고 군사훈련도 받지 못한 채 포병이나 기병도 없이 빈약한 무기를 들고 싸웠기 때문이다. 더구나 여러 지역의 농민군 사이에는 그 어떤 공동 프로그램, 공동 전선, 공동 전략도 없었다. 농민전쟁은 1525년 4월 4일 슈바벤 동맹군[62]의 지휘관인 게

---

60 내지 오스트리아는 젬머링 남쪽에 위치하는 합스부르크가의 영토를 가리킨다.

61 Luise Schorn-Schütte, 앞의 책(2016), 57~58쪽.

62 슈바벤 동맹이 보유한 군대를 말한다. 슈바벤 동맹은 1488년 2월 14일 에슬링겐 제국의회에서 황제 프리드리히 3세(1415~93)의 발기로 제국개혁과 제국평화를 위해 결성된 슈바벤 지역 제국신분의 연합으로, 세속적 영방국가, 성직자 영방국가, 제국도시, 고위 성직자, 귀족, 기사 등으로 구성되었다.

오르그 트루흐제스 폰 발트부르크(1488~1531)가 발트링겐 농민부대에 내하여 거둔 승리와 더불어 진압되기 시작했다. 그는 얼마 뒤인 5월 12일에는 뷔르템베르크 농민들을 격파했다. 이어서 그달 16일에는 로트링겐의 안톤 공작이 이끄는 군대가 알자스 농민군을 궤멸시켰는데, 이때 약 1만 8,000명의 농민들이 목숨을 잃었다. 그리고 그 하루 전인 5월 15일에는 헤센의 필리프 방백과 작센의 게오르그 공작의 연합군이 프랑켄하우젠 부근에서 농민군을 대파했다.[63] 이때 급진적 종교개혁가이자 농민전쟁의 이념적 지도자인 토마스 뮌처(1490?~1525)가 포로로 잡혀 5월 27일 자신이 목사로 일하던 도시 뮐하우젠에서 잔혹한 방식으로 처형되었다. 뮌처는 농민들에게 폭력을 행사하도록 강력하게 권고했는데, 그 이유는 그가 폭력을 신정정치의 실현을 위한 정당한 수단으로 보았기 때문이다. 이 전쟁에서 10만 명 이상의 농민이 목숨을 잃었다.

루터는 1525년 4월에 두 편의 저작을 통해 농민전쟁에 대한 자신의 견해를 밝혔는데, 그 직접적인 동기는 농민전쟁이 확산되면서 1525년 3월부터 수도원과 성채에 대한 파괴와 약탈이 자행되었기 때문이다. 루터가 발표한 두 편의 글은 각각 「슈바벤 농민들의 12개 조항에 대하여 평화의 권고로써 답함」과 「약탈과 살인을 일삼는 농민 폭도들을 반대함」이다. 이 둘의 관계에 대해서는, 루터가 처음에는 농민들에게 기회가 있다고 판단하고는 전자의 저작에서 그들에게 우호적인 태도를 보이다가 전세가 농민들에게 불리하게 되자 후자의 저작에서 적대적인 태도로 돌변했다는 식으로 해석하고 비판하는 것이 일반적이다.

그러나 그와 같은 해석과 비판은 조악한 오해일 뿐이며, 따라서 전혀 타당성이 없다. 그 논거는 다음과 같이 크게 세 가지로 들 수 있다. 첫째, 농민전쟁과 관련된 루터의 두 저작은 비텐베르크의 한 인쇄소에서

---

63 Luise Schorn-Schütte, 앞의 책(2016), 57~58쪽.

동시에 출판되었으며, 또한 「약탈과 살인을 일삼는 농민 폭도들을 반대함」의 원래 제목은 「또한 약탈과 살인을 일삼는 다른 농민 폭도들을 반대함」이었다. 전자는 제후들과 농민들 모두에게 평화적 해결을 권고한 것이며, 후자는 "또한", 즉 전쟁 당사자들에게 평화를 권고하는 동시에 이미 약탈과 살인을 일삼는 "다른 농민 폭도들", 즉 일부 농민 폭도들을 단호하게 조치할 것을 제후에게 권고한 것이다. 후일 인쇄업자들이 이 두 저작을 서로 무관한 별도의 저작으로 출간하면서 그 제목을 「약탈과 살인을 일삼는 농민 폭도들을 반대함」으로 제목을 바꾸었다.[64] 그 결과로 루터가 농민들을 약탈과 살인을 일삼는 폭도들로 규탄했다는 오해를 불러일으키게 되었다.

이러한 루터의 의도는 두 저작의 구성에서도 그대로 드러난다. 먼저 「슈바벤 농민들의 12개 조항에 대하여 평화의 권고로써 답함」은 그 대상이 제후들과 농민들이라는 점에 걸맞게 다음과 같이 구성되어 있다. 1. 서론 부분, 2. 제후들에게 권고하는 부분, 3. 농민들에게 권고하는 부분(이 부분에 12개 조항에 대한 루터의 견해가 피력되어 있음), 4. 제후들과 농민들 모두에게 권고하는 부분. 그리고 「또한 약탈과 살인을 일삼는 다른 농민 폭도들을 반대함」은 특별한 구분 없이 서론 부분에 이어서 농민의 세 가지 죄악을 논한 다음, 제후에 대한 권고로 맺고 있다.

둘째, 루터는 농민전쟁을 시종일관 종교개혁의 토대인 성서 원리 또는 성서주의에 입각하여 판단하고 있다. 이는 루터가 농민전쟁을 정치적 또는 사회적 사건이 아니라 신학적 사건으로 보았음을, 아니 보다 정확하게 말하자면 농민전쟁이라는 정치적-사회적 사건을 신학적 관점에서 접근하고 있음을 시사하는 대목이다. 사실상 루터는 제후의 편도

---

64 장문강, 「마르틴 루터의 정치사상: 농민전쟁에 대한 일관성을 중심으로」, 성균관대학교 2000 (박사학위논문), 112, 115쪽.

농민의 편도 아니었다.[65] 그에게 중요한 것은 어디까지나 제후들이나 농민들이 성서의 가르침을 따르고 있는가 하는 문제였다. 루터는 「슈바벤 농민들의 12개 조항에 대하여 평화의 권고로써 답함」의 서두에서 자신이 성서에 근거하여 농민전쟁의 문제에 접근하고 있음을 분명히 밝히고 있다.

> 나는 이 땅에서 성서를 다루는 사람 중 한 사람으로 평판이 나 있고 특히 그들이[농민들이] 이름을 거론하며 요청한 사람 중 한 사람으로서 나의 가르침을 공개적으로 밝히는 데 더욱더 용기와 자신을 갖고 있다. 나는 이 일을 박애의 의무로 보며 우정과 기독교인의 정신으로 행한다.[66]

루터에 따르면, 농민들이 자신들의 요구가 성서에 근거하는 신의 의지이자 신적 권리라고 주장하는 것은 전혀 신학적 근거가 없다. 왜냐하면 직접 복수하거나 직접 불의를 해결하지 않고 문제의 해결을 신에게 맡기는 것이 진정한 성서의 가르침이기 때문이다.

> 「로마서」 제12장 제19절에서 바울은 "내 사랑하는 자들아 너희가 친히 원수를 갚지 말고 신의 진노함에 맡기라"고 말한다. 이와 같은 의미에서 그는 「고린도후서」 제11장 제20절에서 어떤 사람들이 고린도 사람들을 때리고 그들의 것을 빼앗았지만 고린도 사람들이 기꺼이 참고 견디는 것을 칭찬하고 있다. 그리고 그는 「고린도전서」 제6장 제1~2절에서 고

---

65 같은 글, 92쪽.

66 Martin Luther, "Ermahnung zum Frieden auf die zwölf Artikel der Bauernschaft in Schwaben"(1525), in: *Dr. Martin Luthers Werke. Kritische Gesamtausgabe* (*Weimarer Ausgabe*), *Band 18*, Weimar: Hermann Böhlaus Nachfolger 1908a, 291~334쪽, 여기서는 291~92쪽.

린도 사람들이 불의를 참고 견디지 않고 재산 때문에 법정으로 가는 것을 비난하고 있다. 진실로 우리의 지도자인 예수 그리스도는 「마태복음」 제7장에서, 우리를 모욕하는 사람들을 위해 복을 빌고, 우리의 박해자들을 위해 기도하고, 우리의 원수들을 사랑하고, 우리에게 악을 행한 사람들에게 선을 행해야 한다고 말하고 있다. 친애하는 친구들이여, 바로 이것이 우리 기독교인들의 계명이다.[67]

요컨대 농민들이 자신들의 문제를 스스로 판단하고 전쟁과 같은 폭력적이고 야만적인 방식으로 직접 자신들의 요구를 해결하려는 것은 신의 의지도 신적 권리도 아니라는 것이 루터의 논지인 것이다. 그것은 성서의 가르침에 반하여 악을 행하는 것일 뿐이다. 그러므로 그들은 자신들을 기독교 연합이라고 불러서도 안 되고 신의 이름이나 말씀을 함부로 거론해서도 안 된다.[68] 그러나 루터는 농민들의 요구가 세속적인 권리에 대한 요구이며, 또한 이 점에서는 타당성을 갖기 때문에 세속적인 법률에 의해 합리적으로 보장되어야 한다고 주장한다.

셋째, 루터는 ─ 역시 1525년에 출간된 「또한 약탈과 살인을 일삼는 다른 농민 폭도들을 반대함」에 대한 '공개 서한'에서 ─ '두 왕국론'에 입각하여 농민전쟁에 대한 자신의 견해를 개진하고 있는데, 이것은 이미 1523년에 출간된 『세속 정부에 대하여: 우리는 어디까지 거기에 복종해야 하는가?』에서 제시한 것이다.

두 왕국이 있는바, 하나는 신의 왕국이고 다른 하나는 세상의 왕국이다. 내가 이것에 대해 그토록 자주 썼음에도 불구하고 그것을 모르거나 기억

---

67 같은 책, 309~10쪽.
68 같은 책, 301쪽.

하지 못하는 사람이 있다니 놀라울 따름이다. 누구든지 이 두 왕국을 올바르게 구별할 줄 아는 사람은 나의 작은 책자[「또한 약탈과 살인을 일삼는 다른 농민 폭도들을 반대함」]에 화가 나지 않을 것이고 자비에 대한 구절도 제대로 이해할 것이다. 신의 왕국은 은총과 자비의 왕국이지 진노와 징벌의 왕국이 아니다. 이 왕국에는 오직 용서, 서로에 대한 배려, 사랑, 봉사, 선행, 평화, 기쁨 등만이 있을 뿐이다. 그러나 세상의 왕국은 진노와 엄격의 왕국이다. 이 왕국에는 오직 징벌, 억압, 심판, 죄의 선고만이 있을 뿐인데, 이는 악한 사람들을 억제하고 선한 사람들을 보호하기 위함이다. 그런 까닭에 이 왕국은 칼을 가지고 있으며, 성서는 제후나 군주를 '신의 진노' 또는 '신의 몽둥이'라고 부른다(「이사야」 제14장 제5~6절).[69]

아무튼 루터는 농민들이 반란과 약탈 및 살인이라는 끔찍한 죄를 지어 신의 진노를 샀기 때문에 신의 진노를 대행하는 제후들이 그 행악자(行惡者)에게 단호한 조치를 취할 것을 촉구하고 있다.

이 경우 제후는 「로마서」 제13장 제4절에 따라 자신이 신의 사역자이자 신의 진노를 위한 종이며, 그러한 사람들에게[약탈과 살인을 일삼는 농민 폭도들에게] 사용하도록 신으로부터 칼이 주어졌음을 명심해야 한다. 만약 그가 자신의 직책에 따르는 의무, 즉 일부를 징벌하여 다른 사람들을 보호하는 의무를 수행하지 않는다면, 칼이 주어지지 않은 사람이 살인을 저지르는 것처럼 신 앞에서 큰 죄를 저지르는 것이다. 만약 그가 징벌할 수 있는데도 징벌하지 않는다면 ─ 비록 그가 일부를 죽이거나 일부

69 Martin Luther, "Ein Sendbrief von dem harten Büchlein wider die Bauern" (1525), in: *Dr. Martin Luthers Werke. Kritische Gesamtausgabe (Weimarer Ausgabe), Band 18*, Weimar: Hermann Böhlaus Nachfolger 1908c, 384~401쪽, 여기서는 389쪽. 두 왕국론에 대해서는 제5장 제4절에서 자세한 논의가 있을 것이다.

로 하여금 피를 흘리게 한다고 할지라도 ──, 그들이 저지르는 모든 살인과 악행에 대하여 죄가 있는 것이다. 왜냐하면 살인과 악행을 막을 수 있고 막는 것이 그의 의무임에도 불구하고, 그는 신의 명령을 고의로 무시함으로써 그와 같은 악당들이 악한 일들을 저지르도록 허락하는 것이기 때문이다. 지금은 잠잘 때가 아니다. 그리고 인내나 자비의 여지가 없다. 지금은 은총을 베풀 때가 아니라 칼을 들 때이다.[70]

흔히 루터는 농민전쟁을 계기로 보수적인 색채를 띠게 되었다는 비판을 받는다. 루터는 농민전쟁이라는 단 하나의 사건으로 인해 "모든 종류의 혁명에 반대하고 세속 권력에 복종해야 한다는 뜻을 천명했으며, 마치 교황이 「마태복음」 제16장 제18절을 전가의 보도처럼 휘두르듯이 「로마서」 제13장 제1절을 거듭 근거로 제시했다. 마치 그 구절에 권세에 복종하라는 모든 성서의 교훈이 담겨 있다는 듯이 말이다. 멜란히톤과 부처는 이 점에서 루터의 견해에 철저히 동의했다. 그리고 루터교는 이후로 정치적 보수주의를 견지하고 시민의 자유 증진에는 무관심한 태도를 보여왔다. 참고로 독일과 러시아에서 농노제도가 완전히 폐지되고 미국에서 흑인 노예제도가 폐지된 것은 19세기에 가서야 비로소 이루어진 일이다."[71]

그러나 사실 이런 식의 비판은 타당성도 설득력도 없다. 교황들이 전가의 보도처럼 휘두른다는 「마태복음」 제16장 제18절은 다음과 같다. "또 내가[예수가] 네게 이르노니 너는 베드로라. 내가 이 반석[베드로

---

70 Martin Luther, "Auch wider die räuberischen und mörderischen Rotten der anderen Bauern"(1525), in: *Dr. Martin Luthers Werke, Kritische Gesamtausgabe (Weimarer Ausgabe), Band 18*, Weimar: Hermann Böhlaus Nachfolger 1908b, 357~61쪽, 여기서는 360쪽.

71 필립 샤프, 앞의 책(2004), 359쪽.

제4장 근대와 루터 2: 근대, 종교개혁의 추동력이 되다 199

는 반석이란 뜻이다] 위에 내 교회를 세우리니 음부의 권세가 이기지 못하리라." 로마 가톨릭교회는 이 성서 구절에 준거하여 교황이 그리스도의 대리자요, 베드로의 후계자이기 때문에 황제의 세속적 권력은 교황을 위해 사용해야 하며 교황의 권위에 복종하고 교황의 지도를 받아야 한다고 주장한다. 이에 반해 루터가 세속 권력에 복종해야 한다고 역설하면서 그 근거로 제시하는 「로마서」 제13장 제1절은 다음과 같다. "각 사람은 위에 있는 권세에 복종하라. 권세는 신으로부터 나지 않은 것이 없나니 모든 권세는 다 신이 정한 바라." 루터는 이 성서 구절에 준거하여 로마 가톨릭교회와 달리 영적 권력과 세속적 권력을 명백히 구별하고 있다. 다시 말해 영적 정부가 세속적 정부에 간섭하거나 개입할 수 없음을, 그리고 역으로 세속적 정부가 영적 정부에 간섭하거나 개입할 수 없음을 설파하고 있는 것이다. 루터가 세속 권력에 복종해야 한다고 주장하는 이유는 그가 정치적으로 또는 사회적으로 보수적이어서가 아니라 세속을 교회로부터 해방해서 세속의 기능적 독립성을 보장하기 위해서이다. 그것은 사회적 기능의 분화에 대한 신학적 근거와 정당성을 부여하려는 루터의 의도를 반영하는 것이다. 루터와 사회적 분화에 대해서는 제5장 제4절에서 다시 자세한 논의가 있을 것이다.

내가 보기에 농민전쟁이 루터의 종교개혁에 대해 갖는 의미는 바로이 측면에서 찾아야 할 것이다. 루터는 농민전쟁을 계기로 세속적 정부, 즉 국가의 역할을 좀 더 강조하게 되었고 국가의 다양한 기능에 대해 논의하게 되었다. 요컨대 루터의 분화론적 사고가 강화되고 심화되었다. 그 대표적인 것이 1526년에 출간된 『군인들도 구원을 받을 수 있는가?』이다. 루터는 이 저작에서 사도 시대 이후 아무도 자신만큼 "세속적 칼과 정부를 명쾌하게 기술하고 높이 찬양한 적이 한 번도 없었다"고 말하며, 또 이를 "아주 자랑스럽게 생각한다"고 말하고 있는데,[72] 이는 농민전쟁 이후 그의 분화론적 사고가 심화되고 강화되었음을 단적으로 보여주는 대목이라 할 수 있다. 이는 루터의 사상이 보다 근대적이 되었음을 의미한다. 왜냐하면 분화는 근대의 중요한 지표 가운데 하나이며 초기 근대에 사회의 기능적-직업적 분화가 고도화되고 있었는데, 루터는 국가의 세속적 권력을 직접적으로 돌아보게 한 농민전쟁을 계기로 사회적 분화에 대한 보다 포괄적이고 심층적인 논의를 전개하게 되었기 때문이다.

　루터에 따르면, 군인은 세속적 정부, 즉 국가의 중요한 기능을 담지하는 중요한 직업집단 가운데 하나로서 당연히 구원을 받을 수 있다. 왜냐하면 세속적 정부는 영적 정부와 더불어 신이 제정한 것이기 때문이다. 그러므로 군인은 선한 양심으로 전쟁에 임해야 한다. 그러나 공적으로 부당한 전쟁에 내몰린다면 이를 거부하고 인간보다는 신에게 복종해야 한다.[73] 그리고 더 나아가 — 제5장 제4절에서 보게 되는 바와 같이 — 국가가 권력을 남용하거나 오용한다면 우리는 불복종하거나 저항해야 한다. 사람보다 신에게 순종하는 것이 우리의 의무이기 때문이다. 이처럼 루터는 보수적이거나 권위주의적이 아니었다.

4. 제국, 영방국가, 종교개혁

　그러나 제국도시들이 제국적 차원에서 종교개혁을 주도한 시점은 1521년 보름스 제국의회가 끝나고부터 1529년 슈파이어 제국의회까지, 특히 1524년부터 1526년에 한정되어 있었다.[74] 그 이후에는 종교개

72　이에 대해서는 제5장의 각주 155에서 자세한 논의가 있을 것이다.
73　Hans-Martin Barth, *Die Theologie Martin Luthers. Eine kritische Würdigung*, Gütersloh, Gütersloher Verlag 2009, 433쪽.
74　Berndt Hamm, 앞의 책(1996), 106쪽.

혁의 주도권과 구심점이 도시에서 영방국가로 넘어갔다. 이에 대한 이유는 다음과 같이 복합적이었다.

도시가 종교개혁의 초기 단계에서 우월한 위치를 점할 수 있었던 것은 무엇보다도 도시의 교육적·문화적 수준 및 정신적·사회적 역동성 때문이었다. 그리고 그 시기는 정치와 권력의 진공 상태, 즉 황제가 부재하고(신성로마제국 황제 카를 5세는 전쟁과 여타 다른 대외정치 문제로 인해 1521~22년 겨울부터 9년 동안이나 제국 내에 없었다.) 영방제후들이 망설이는 시기였다. 그러나 종교개혁이 불가역적인 역사적 사실이 되면서 영방제후들은 점차로 관망하는 태도에서 벗어나 적극적으로 종교개혁을 보호하고 추진하며 확장하게 되었으며, 그 결과 종교개혁의 주도권과 구심점이 영방국가로 넘어가고 황제, 영방제후, 도시의 관계도 다시 정립되었다. 종교개혁 이전에 제국도시들은 일반적으로 자신의 군주인 황제와 연합하고 영방제후들에게 적대적인 관계에 있었다. 그러나 제국도시들이 엄격한 가톨릭교도인 황제에 반하여 종교개혁을 추진하면서 황제는 제국도시들의 보호자에서 적대자가 되었다. 이제 제국도시들은 종교개혁을 지향하는 영방제후들의 정치적-군사적 보호를 받는 입장이 되었으며, 역으로 도시 종교개혁은 영방제후 종교개혁에 통합되었다. 거기에 더해 1520년대 말에는 조직화된 가톨릭 도시들의 저항으로 인해 개신교 도시들의 세력이 한층 더 약화되었다. 마지막으로 1529년 루터와 츠빙글리 사이에 벌어진 성만찬 논쟁은 개신교 도시들이 루터주의, 스위스, 남부 독일의 세 진영으로 분열되는 계기가 되었는데, 그로 인해 앞의 두 진영 사이에 끼게 된 남부 독일 제국도시들의 입장이 특히 약화되었다.[75]

종교개혁의 주도권과 구심점이 최종적으로 도시에서 영방국가로 옮

---

75 Berndt Hamm, 앞의 책(1996), 105, 113~14쪽.

아간 것은 1531년이었는데, 그 계기는 두 가지였다. 먼저 그해 취리히와 가톨릭을 지지하는 다섯 개 칸톤 사이에 종교전쟁이 일어났다. 취리히는 카펠 전투에서 패했고 종군목사로 참전한 츠빙글리는 포로가 되어 그해 10월 11일 처형되었다. 이로 인해 스위스가 독일 종교개혁의 역사에서 떨어져 나가게 됨으로써 루터주의의 가장 중요한 평형추가 사라졌을 뿐만 아니라 영방제후 종교개혁의 중요한 정치적 대척자가 사라졌다. 그리고 1530년 아우크스부르크 제국의회에서 보름스 칙령이 부활되어 모든 종교개혁적 시도나 운동을 엄하게 처벌할 것임이 천명되었다. 이에 개신교적 영방국가들과 제국도시들은 1531년 슈말칼덴 동맹을 맺고는 자신들의 신앙을 무력으로 방어할 수 있는 동맹군을 창설했다. 이를 주도한 것은 도시가 아니라 영방국가, 특히 작센 선제후국과 헤센 방백국이었다. 제국도시들은 영방국가들의 정치력과 군사력이라는 보호 우산 아래에서 종교개혁을 지속할 수밖에 없었다. 더 나아가 자신들이 산업과 상업 및 금융의 중심지로서 활동하기 위해서는 반드시 평화가 필요하다는 점을 제국도시들은 잘 알고 있었다.[76] 아우크스부르크 제국의회와 슈말칼덴 동맹에 대해서는 곧 자세한 논의가 있을 것이다.

자명한 일이지만, 제국과 영방국가라는 초기 근대적 정치체제 또는 정치적 초기 근대가 종교개혁을 견인한 과정을 제대로 살펴보려면, 제국과 각 영방국가가 이 과정에서 구체적으로 수행한 역할을 입체적으로 조명해야 한다. 그러나 여기서는 지면 관계상 종교개혁과 관련이 큰 제국의회를 중심으로 살펴보기로 한다. 제국 및 영방국가와 정치적 줄다리기를 한 제국의회는 루터의 종교개혁이 대중화되고 전개되는 정치적 무대였기 때문이다.

---

76 같은 책, 115~16쪽.

이미 이 장의 제1절에서 언급한 바와 같이, 루터는 1521년 1월 3일 교회로부터 파문당했다. 거기에 더해 정치적 차원에서의, 보다 정확히 말하자면 제국적 차원에서의 심판과 형벌이 따랐다. 1521년 4월 17일 보름스 제국의회에서 루터에 대한 심문이 있었다(이 의회는 1월 27일부터 5월 26일까지 열렸다). 루터는 신성로마제국 황제 카를 5세와 제국신분들 앞에서 그 어떤 토론이나 변론의 기회도 주어지지 않은 채 다음의 두 가지 질문에 답변해야 했다. 첫째, 그에게 제시된, 그의 이름이 적힌 20여 종의 — 일부는 독일어로, 일부는 라틴어로 된 — 서적이 실제로 그가 쓴 것인가? 둘째, 그 안에 담겨 있는 내용을 철회할 준비가 되어 있는가? 첫 번째 질문에 대하여 루터는 모두가 자신이 쓴 것이라고 간단하게 대답했다. 반면 두 번째 질문과 관련해서는 영혼의 구원과 신의 말씀이 가장 중요하기 때문에 생각할 말미를 달라고 요청하여 하루의 시간을 얻었다. 그다음 날인 4월 18일 루터는 자신의 저작을 다음과 같이 세 가지 범주로 분류했다. 첫째, 순수하게 신앙적이기 때문에 논쟁이 되지 않는 것. 둘째, 교황권을 반박하는 것. 셋째, 교황권을 옹호하는 로마교회의 논적을 반박하는 것. 그러고는 그 어느 것도 철회할 수 없다고 말했다. 첫 번째 범주는 논적도 읽을 가치가 있기 때문에 철회할 수 없고, 두 번째 범주는 교황권이 복음 또는 교부의 견해와 상반되는 교회법에 근거하기 때문에 철회할 수 없으며, 세 번째 범주는 교황주의자들이 잘못된 교리로 신자들을 현혹하고 있기 때문에 철회할 수 없다고 했다.[77]

신성로마제국 황제와 제국신분들 앞에서 루터는 다음과 같은 말로 자신의 입장을 정리했는데, 거기에는 루터의 신학적 입장이 교황주의가 아니라 성서 원리와 신의 말씀에 입각해 있음이 단적으로 드러난다.

---

77 라인하르트 슈바르츠, 앞의 책(2007), 216~17쪽.

성서의 가르침이나 명백한 근거에 의해 내가 잘못되었다고 입증되지 않는 한, […] 나는 내가 언급한 성서의 말씀에 의해 구속된다. 그리고 나의 양심이 신의 말씀에 사로잡혀 있는 한, 나는 그 어떤 것도 철회할 수 없으며 철회하지도 않을 것이다. 왜냐하면 양심에 반해 행동하는 것은 확실하지도 않고 복되지도 않기 때문이다. 신이시여 도우소서. 아멘.[78]

자명한 일이지만, 이처럼 교황주의에 반하는 루터의 입장과 태도가 로마 가톨릭교회의 수호자임을 자처하는 신성로마제국 황제에게 통할 리 만무했다. 이미 4월 19일에, 그러니까 루터가 철회를 거부한 바로 다음 날에 카를 5세는 제국신분들에게 루터에게 제국 추방령이라는 법적 조치를 내릴 것임을 천명했다. 그러나 일단 루터가 비텐베르크로 안전하게 돌아갈 수 있도록 해주었다. 그리하여 루터는 4월 26일 제국 호위병을 대동하고 보름스를 떠날 수 있었다. 루터가 출발하기 전 작센 선제후 프리드리히 현공의 측근은 루터를 보호할 계획을 세워 선제후의 승낙을 받았다. 5월 4일 선제후의 기사들이 튀링겐 숲의 알텐슈타인 성 근처에서 루터를 '납치'하여 아이제나흐 근처의 요새인 바르트부르크 성(城)으로 데리고 갔다. 그로부터 며칠 후인 5월 8일 카를 5세는 보름스 칙령(이것은 교황의 전권대사로서 제국의회에 참석한 히에로니무스 알레안더[1480~1542]가 초안을 작성하고 황제의 자문위원들이 수정을 했다)을 공표하여 루터에게 제국 추방령을 내렸다. 이 칙서에 따르면, 비단 루터만이 아니라 그의 추종자와 보호자 그리고 그의 저작을 소지하거나 읽거나 매매하거나 배포하는 자도 역시 제국 추방령에 처해질 터였다. 이

---

78 Heinz Schilling, 앞의 책(1988), 206쪽에서 재인용. 이러한 루터의 행위는 ── 제5장 제1절의 각주 4에서 논하게 되는 바와 같이 ── 개인주의와 자유라는 관점에서 해석할 수 있다.

로써 루터는 로마교황청으로부터뿐만 아니라 신성로마제국으로부터도 이단으로 징죄되었던 것이다.[79]

루터는 1521년 5월부터 1522년 2월까지 '융커 게오르그 기사'라는 가명을 쓰며 머리와 수염을 기르고 평복으로 변장한 채 바르트부르크 성에 은거했다.[80] 루터의 정체를 아는 사람은 성주 단 한 사람뿐이었다.

---

79 루터는 1523년에 출간된 『세속 정부에 대하여: 우리는 어디까지 거기에 복종해야 하는가?』에서 세속적 정부(국가)와 영적 정부(교회)의 영역은 기능적 분화의 관계를 이루며, 따라서 전자와 후자가 상호 간섭하거나 개입해서는 안 된다는 논리를 전개한다. 이로써 루터는 보름스 제국의회에서 자신이 황제 앞에서 한 행동이 정당한 반면 황제가 자신의 종교개혁에 대해 취한 일련의 정치적 조치가 부당함을 사후적으로 논증한 셈이다. 『세속 정부에 대하여: 우리는 어디까지 거기에 복종해야 하는가?』에 나오는 다음과 같은 구절은 마치 루터가 보름스 제국의회에서 직접 황제 앞에서(!) 황제를 포함한 모든 기독교인을 향하여(!) 한 말이라는 인상을 준다. "만약 당신의 제후나 세속 군주가 당신에게 교황의 편이 되고 이것을 또는 저것을 믿으라고 명령하거나 어떤 책을 버리라고 명령한다면, 당신은 다음과 같이 말해야 한다. 신 옆에 앉는 것이 루시퍼에게는 제격이 아니다. 경애하는 군주여, 나는 생명과 재산에 관한 한 당신께 마땅히 복종해야 한다. 그러므로 당신이 당신의 세속적 권세의 한계 내에서 내게 명령한다면 나는 복종할 것이다. 그러나 만약 당신이 내게 믿으라고 명령하거나 책을 치우라고 명령한다면, 나는 복종치 않을 것이다. 왜냐하면 이 경우에 당신은 폭군이 되며 권력을 남용하여 당신이 전혀 권한이나 권력을 가지고 있지 않은 것을 명령하고 있기 때문이다. 군주가 자신의 권한과 권력을 넘어서 당신의 재산을 취하고 당신의 불복종을 벌한다면 당신은 복되다. 당신이 신의 말씀으로 인하여 고난을 당할 가치가 있음을 신에게 감사하라. 바보인 그로 하여금 미쳐 날뛰게 하라. 그는 분명히 신의 심판을 받을 것이다. 내가 당신에게 말하건대, 만약 당신이 그에게 저항하지 않고 그가 하고 싶은 대로 내버려두어서 그로 하여금 당신의 믿음 또는 당신의 책들을 취하도록 한다면 당신은 진정으로 신을 부인하는 것이 된다." Martin Luther, "Von weltlicher Obrigkeit, wie weit man ihr gehorsam schuldig sei" (1523), in: *Dr. Martin Luthers Werke. Kritische Gesamtausgabe* (*Weimarer Ausgabe*), *Band 11*, Weimar: Hermann Böhlaus Nachfolger 1900, 245~81쪽, 여기서는 267쪽. 세속적 정부(국가)와 영적 정부(교회)의 기능적 분화에 대해서는 제5장 제4절에서 자세한 논의가 있을 것이다.

대다수의 사람들이 루터가 살해되었다고 여겼다. 이 기간에 루터는 원어 성서, 즉 히브리어『구약성서』와 희랍어『신약성서』를 연구했고『신약성서』를 독일어로 번역했으며 수많은 글을 썼다. 당시 루터가 쓴 글의 양이 어느 정도인지는 그의 전기 작가의 말을 통해 짐작할 수 있다. "루터가 한 해에 피라미드를 쌓기라도 한 것 같다."[81] 사실 루터가 처음으로 성서를 독일어로 옮긴 것은 아니다. 루터 이전에도 무려 18종의 성서 번역본이 있었다. 그러나 모두 중세 교회의 공식어인 라틴어로 된 불가타 성서를 번역한 일종의 중역으로서 라틴어를 번역했기 때문에 난해하고 심지어 라틴어 오류까지도 그대로 옮기는 등 문제가 많았다. 이에 반해 루터는 원어인 희랍어를 독일어로 옮겼다. 그리고 그의 다른 독일어 저작에서와 마찬가지로 작센의 관청언어를 사용했는데, 이 언어는 남부 독일어와 북부 독일어를 잘 융합해 주는 장점이 있었다(그때까지 나온 독일어 성서 18종 가운데 14종은 남부 독일어로, 그리고 4종은 북부 독일어로 되어 있었다).[82] 이로써 루터는 근대 독일어가 형성되는 데 결정적인 영향을 끼쳤다. 아무튼 물경 11주 만인 1521년 12월에 완성된 번역은 비텐베르크 동료들의 교정을 거쳐 1522년 9월에 인쇄되었다.

이처럼 루터가『신약성서』를 중세 교회의 언어인 라틴어가 아니라 원래의 희랍어를 독일어로 옮긴 것은 '원천으로!'(ad fontes!)라는 인문주

80 다음은 루터가 바르트부르크 성에서 보낸 시기를 흥미진진하게 추적하고 있다. 제임스 레스턴,『루터의 밧모섬: 바르트부르크 성에서 보낸 침묵과 격동의 1년』, 이른비 2016 (서미석 옮김; 원제는 James Reston Jr., *Luther's Fortress. Martin Luther and his Reformation under Siege*).

81 패트릭 콜린슨,『종교개혁』, 을유문화사 2005 (이종인 옮김; 원제는 Patrick Collinson, *The Reformation*), 97쪽에서 재인용.

82 라인하르트 슈바르츠, 앞의 책(2007), 236~37쪽.

의 정신의 발로라고 할 수 있다. 그러나 그 기저에는 루터가 보름스 제국의회에서 세국적 차원에서의 파문과 형벌의 위험을 무릅쓰고 황제의 면전에서 천명한 성서 원리가 확고히 자리하고 있었다. 신의 말씀이 믿음과 교회의 토대가 되어야 하고 그 말씀이 기록된 성서를 누구나 접할 수 있도록 해야 한다는 확신이 루터가 성서를 번역하게 된 동기였던 것이다. "가정주부들, 거리에서 노는 아이들과 시장에서 평범한 사람들에게 물어보고, 그들의 답변을 충분히 검토한 후 그에 따라 번역해야 한다."[83] 아무튼 루터에 의해 신의 말씀이 대중의 언어로 표현됨으로써 비로소 성서의 민주화가 가능해졌고 종교적 개인주의가 가능해졌다.

루터는 바르트부르크 성에 은둔하는 동안 엄청난 양의 글을 썼다. 그 가운데 특히 언급할 만한 것은 1521년 11월에 쓴 『수도사 서원에 대한 판단』이다. 여기에서 루터는 수도사의 서원이 신의 의지에 어긋나는 율법에 불과하다는 것을 논증하고 있다. 신의 진정한 의지는 그보다 세속적 직업의 일상적 노동에 있다는 것이 그의 논지다. 이 저작이 루터의 신학에서 차지하는 의미는 다음과 같이 세 가지로 평가할 수 있다. 첫째, 루터 종교개혁 신학의 핵심인 성서주의가 비판적으로 수도원 제도에 적용된 것이다. 둘째, 루터의 직업 관념에 대한 본질적인 논의를 담고 있다. 셋째, 루터의 개인적인 신학적-신앙적 발달 과정, 즉 수도원에 들어가 구원을 추구하다가 영적 시련을 겪은 후 복음을 재발견하고 종교개혁에 이르는 도정에 대한 일종의 해명서와도 같은 것이다.[84]

아무튼 루터는 1524년 10월에 수도복을 벗었으며 1525년 6월에는 결혼을 했다. 루터가 수도사였던 것처럼 그의 부인 카타리나 폰 보라

---

83 그레이엄 톰린, 앞의 책(2006), 126쪽에서 재인용.
84 Bernhard Lohse, "Luthers Kritik am Mönchtum", in: *Evangelische Theologie 20*/1960, 413~32쪽, 여기서는 413쪽.

(1499~1552)도 수녀였다. 이미 열 살 때 수녀원에 들어가 열여섯 살에 정식으로 수녀가 된 그녀는 수녀원에서 루터의 종교개혁 관련 저작을 읽었으며, 수도 생활에 회의를 품은 다른 수녀들과 함께 루터의 도움으로 수녀원을 탈출했다. 1525년 루터와 결혼해 슬하에 3남 3녀를 두었다. 두 사람의 결혼생활은 행복했다고 한다.[85] 루터는 로마교황청이 성직자들의 결혼을 금하는 것은 로마교황청이 아무런 권리도 없이 신의 뜻을 거슬러 잘못된 법령을 만든 결과에 지나지 않는다고 주장했다. 교황이 성직자들에게서 그들의 처와 자식을 훔친 셈이 된다는 것이 루터의 생각이었다. 그리하여 루터는 성직자들에게 교황에게서 그들의 처와 자식을 훔치라고 가르쳤다. 성직자들이 교황에게서 처와 자식을 훔치는 것은, 마치 이스라엘의 자손들이 이집트인들에게서 자신들의 노임을 훔친 것이나 종이 사악한 주인에게서 자신의 노임을 훔치는 것처럼 정당한 일이라는 것이다.[86] 이렇게 보면 루터는 자신의 이론과 가르침을 누구보다도 솔선수범하여 실천했다고 할 수 있다. 결혼과 가정생활 그리고 수도원 제도에 대한 루터의 견해는 제5장 제2~4절에서 다시 자세하게 논의할 것이다.

루터는 1522년 3월 1일 바르트부르크 성을 떠나 3월 7일 비텐베르크로 돌아와 글을 쓰면서 비텐베르크와 선제후국의 다른 도시들을 돌아다니며 설교하면서 종교개혁을 추진했다. 루터 설교의 핵심은 믿음과 사랑이었다. 대표적인 설교로는 루터가 비텐베르크로 돌아온 지 이틀 만인 3월 9일부터 16일까지 총 세 차례에 걸쳐 행한 『청원 설교』다. 사순절 첫째 일요일에 시작했기 때문에 『사순절 첫째 일요일 설교』라고도 불리

---

85 루터와 그의 부인에 대한 자세한 논의는 다음을 참고할 것. 우줄라 코흐, 『눈 속에 피는 장미』, 솔라피데출판사 2009 (이은자 옮김; 원제는 Ursula Koch, *Rosen im Schnee. Katharina Luther, geborene von Bora – eine Frau wagt ihr Leben*).
86 마르틴 루터, 앞의 책(2010), 92쪽.

는 이 설교와 더불어 이른바 비텐베르크 운동을 종식시킬 수 있었다. 비텐베르크 운동이란 루터가 바르트부르크 성에 은거하는 동안 카를슈타트를 중심으로 전개된 비텐베르크의 개혁운동을 가리키는데, 이 운동은 성상(聖像)을 금지할 것과 인간이 신을 직접적으로 체험할 수 있다는 등의 급진적인 견해를 내세웠다. 이에 반해 루터는 성상숭배 자체에는 반대했지만 성상이 신앙에 도움이 된다고 주장했으며, 우리는 성서에 문자로 기록된 복음과 외적인 표지, 즉 세례와 성례전을 통해서만 신과 교통할 수 있다고 주장했다.

1522년 11월 18일부터 1523년 2월 9일까지 제2차 (종교개혁) 뉘른베르크 제국의회가 열렸다(제1차는 1522년 3월 27일부터 4월 30일까지 열렸다). 거기에서 교황 하드리아누스 6세(1459~1523)는 전권대사 프란체스코 키에레가티(1479~1539)를 통해 교회의 분열에 로마 가톨릭교회도 일정 부분 책임이 있음을 고백하면서도 제국신분들에게 보름스 칙령을 준수할 것을 강력히 경고했다. 그리고 교리 문제를 일반 공의회에 위임하라는 제국신분들의 요구가 관철되었다. 이에 따르면 교회는 공의회의 결정이 있을 때까지 성서의 가르침과 해석에 따라 진정한 복음을 설교해야 했다. 이를 루터 측과 로마 가톨릭 측은 각자의 입장에 맞게 해석하고 수용했다.

이어서 1524년 1월 14일부터 4월 18일까지 제3차 (종교개혁) 뉘른베르크 제국의회가 열렸는데, 거기에서 보름스 칙령을 가능한 한 준수할 의무가 있음이 재차 강조되었다. 이에 제국도시들이 저항했다. 그들은 루터의 신학에 기대어 모든 종교적 문제는 궁극적으로 성서에 의해 판단해야 한다고 주장했다. 그들은 제국적 차원에서 종교개혁을 공개적으로 지지한 최초의 집단이었으며 종교개혁의 역사에서 최초의 '프로테스탄트들', 즉 최초로 저항한 자들이었다. 이는 종교개혁의 구심점과 주도권이 여전히 도시에 있음을 시사하는 대목이다. 이렇게 1524년의 뉘른베르크 제국의회에서 표명된 제국도시들의 종교적 노선은 그해 12월 울름에서 개최된 도시 협의회에서 재확인되고 강화되었다. 1524년 12월 12일 뉘른베르크, 울름 및 슈트라스부르크를 위시한 개신교적 제국도시들이 황제에게 서신을 보냈는데(이 가운데 주도적인 역할을 한 도시가 뉘른베르크다), 이 서신은 제국적 차원에서 루터주의에 대한 최초의 신앙고백이라고 할 수 있다. 그들은 루터의 '두 왕국론'에 준거하면서 세속적인 사안에서는 황제에 복종할 것이지만 종교적인 문제에서는 황제에 반하는 한이 있더라도 종교개혁을 고수할 것임을 천명했다.[87] 이러한 제국도시들의 종교적 노선은 1526년 슈파이어 제국의회에서도 그대로 유지되었다.

그런데 1526년 6월 25일부터 8월 27일까지 열린 제1차 (종교개혁) 슈파이어 제국의회에서는 신성로마제국의 태도가 완전히 바뀌면서 보름스 칙령을 폐지하고 영방제후와 도시들에 가톨릭이나 루터주의를 선택할 수 있는 권한을 주었다. 이러한 종교적 관용이 가능했던 것은 당시의 정치적 상황 때문이다. 황제 카를 5세는 1526년 5월부터 이탈리아에 대한 패권을 쟁취하기 위해 프랑스 국왕 프랑스 1세(1494~1547) 및 교황 클레멘스 7세(1478~1534)가 주축이 된 동맹군을 상대로 전쟁을 치르고 있었으며, 또한 황제의 동생이자 그의 대리자로서 제국의회를 개최한 대공(大公) 페르디난트 1세(1503~64)[88]는 보헤미아와 헝가리 국왕

---

87 Berndt Hamm, 앞의 책(1996), 106쪽 이하. 루터의 두 왕국론에 대해서는 제5장 제4절에서 자세한 논의가 있을 것이다.

88 페르디난트 1세는 제1차 슈파이어 제국의회가 끝나고 난 후인 1526년 10월에 보헤미아 국왕으로 선출되었다. 이어 1526년 12월에는 헝가리 국왕으로 선출되었고, 1527년에는 오스만 터키의 침략을 물리친 공로로 크로아티아의 국왕으로 선출되었다. 그리고 1531년에는 로마-독일 국왕으로 선출되었으며, 1556년 8월 그의 형이 황제 자리에서 물러나자 실질적인 황제권을 행사하다가 1558년 2월에 신성로마제국의 황제로 선출되었다.

자리에 신경을 쓰고 있었기 때문에 제국의 문제에 관심이 없었다. 게다가 경제적으로 비중 있는 남부 독일의 몇몇 도시가 루터주의에 합세하면서 그들의 군주인 황제의 공개적인 적대세력이 되었다.[89] 이렇게 해서 가능해진 종교적 선택권 또는 종교적 관용은 향후 루터주의적 영방교회가 형성되는 계기가 되었고 제후 종교개혁의 출발점이 되었다.

그러나 1529년 3월 15일부터 4월 22일까지 열린 제2차 (종교개혁) 슈파이어 제국의회에서는 모든 것이 다시 원점으로 돌아갔다. 황제의 대리자인 국왕 페르디난트 1세(1503~64)는 보름스 칙령이 다시 효력을 발생하도록 했고 종교 선택권을 폐지하려고 했으며, 이에 그 구성원의 다수가 옛 가톨릭 신앙의 소유자인 종교정치 담당 위원회가 동조함으로써 제1차 슈파이어 제국의회에서 성취한 종교적 관용은 폐기되었다. 이에 소수파인 루터주의적 신앙의 소유자들이 저항했다. 구체적으로 1529년 4월 19일 작센 선제후와 헤센 방백을 비롯한 여섯 명의 영방제후와 뉘른베르크, 울름, 슈트라스부르크를 비롯한 14개 제국도시의 대표들이 모여 ── 개인적 신앙과 양심의 자유라는 루터의 교설을 내세우면서(!) ── 신앙의 문제를 다수결의 원칙에 따라 결정한 것에 대해 항의했다.[90] 쾰른과 프랑크푸르트는 처음에 항의문서에 서명했으나 나중에 철회했다.

이러한 저항에도 불구하고 다수파의 의지가 관철되었다. 그러나 이 사건은 다음과 같이 두 가지 측면에서 매우 중요한 의미를 갖는다. 첫째, 그 사건으로부터 오늘날 개신교도(들)와 개신교를 가리키는 단어

89 Luise Schorn-Schütte, 앞의 책(2016), 79쪽.

90 그 나머지 영방국가는 다음과 같다. 브란덴부르크-안스바흐 변경백국, 브라운슈바이크-뤼네부르크 공국, 안할트 후국, 퓌르스텐베르크 방백국. 그리고 그 나머지 제국도시는 다음과 같다. 하일브론, 이스니, 켐프텐, 콘스탄츠, 린다우, 메밍겐, 뇌르틀링겐, 로이틀링겐, 장크트갈렌, 바이센부르크, 빈츠하임.

인 '프로테스탄트(들)'와 '프로테스탄티즘'이 생겨났다. 당시 제국의
회에서 황제에게 항의한 신분들은 '프로테스탄텐'(Protestanten; 단수
Protestant), 즉 항의하는 자들 또는 저항하는 자들이라고 불리게 되었고
그들의 신앙은 '프로테스탄티즘'(Protestantismus), 즉 항의하는 자들 또
는 저항하는 자들의 신앙이라고 불리게 되었다. 그리고 시간이 지남에
따라 루터주의를 넘어서 종교개혁으로부터 연원하는 모든 교파와 분파
를 가리키는 의미로 확대되었다. 이를 우리말로 옮긴 것이 개신교도(들)
와 개신교다. 둘째, 그 사건의 결과로 독일과 유럽에서 종교적 및 양심
적 자유의 원리가 점차로 관철되었다.

1530년 6월 20일부터 11월 19일까지 아우크스부르크에서 열린 제국
의회는 황제가 직접 소집한 것으로서 오스만 터키의 위협과 종교문제
가 핵심 주제였다. 가톨릭과 개신교의 갈등이 점점 깊어지면서 제국의
통일과 평화가 심각하게 흔들리자 황제는 진상을 파악하기 위해 개신
교 측에 그들의 신학적 입장을 정리하여 제출하도록 했다. 로마교회의
수호자임을 자처하는 황제에게 제국의 통일과 평화는 어디까지나 가톨
릭에 의한 제국의 종교적 통합에 의해서만 가능한 일이었다. 당시 루터
는 신분상 여전히 파문당하고 추방당한 처지였기 때문에 아우크스부르
크로 가지 못하고 코부르크의 한 성채에 은둔하고 있었다. 그리하여 멜
란히톤이 게오르그 슈팔라틴, 유스투스 요나스(1493~1555) 등 개혁 동
지들과 협력하여 『아우크스부르크 신앙고백』을 작성하였다. 루터는 이
들과 편지로 의견을 주고받았다.

총 28개조로 작성된 이 문건은 루터의 주요한 종교개혁 사상, 다시 말
해 결정적인 종교개혁적 신학을 담고 있으면서도 가톨릭과의 공통점을
강조하고 있다. 그리고 재세례파와 영성주의 그리고 츠빙글리주의와 같
이 급진적인 개신교 노선과도 분명히 거리를 두었다. 이는 한편으로 멜
란히톤이 종교적 타협을 추구했음을 시사하며, 다른 한편으로 그가 『아

우크스부르크 신앙고백』이 순수한 신학적 논의가 아니라 제국의회에서의 종교적 협상이라는 실천적 과제를 위한 소수파의 문건임을 감안했음을 보여주는 대목이다.[91] 그래서 그런지 루터는 만일 자신이 신앙고백을 작성했더라면 멜란히톤처럼 그렇게 온유하고 조심스럽게 표현할 수 없었을 것이라고 말했다.[92] 아무튼 1530년 6월 25일 작센 선제후국과 헤센 방백국을 포함한 일곱 영방국가와 뉘른베르크와 로이틀링겐 두 제국도시의 이름으로 개신교의 신앙고백이 공식으로 제출되어서 그 다음 날 황제 앞에서 낭독되었다.[93]

그런데 개신교 측이 아우크스부르크 제국의회에서 제출한 신앙고백은 두 가지가 더 있었다. 먼저 남부 독일의 네 도시, 즉 슈트라스부르크, 콘스탄츠, 린다우, 메밍겐은 개신교에 속했지만 성만찬 문제에서 다른 개신교 지역과 견해를 달리했기 때문에 『아우크스부르크 신앙고백』에 서명하지 않고 대신에 『4개 도시 신앙고백』이라는 독자적인 신앙고백서를 제출했다. 그리고 취리히의 종교개혁가 츠빙글리는 — 제국의회에 참석하지 않은 채 취리히에서 — 『카를 황제를 위한 신앙의 설명』이라는 독자적인 신앙고백서를 보냈다.

사실 이는 제국적 차원에서 종교개혁이 상당히 진척되었음을 명백하게 보여주는 사건이지만, 다른 한편으로는 종교개혁의 주도권이 더 이상 도시가 아니라 영방국가에 있음을 단적으로 드러내는 사건이기도 했다. 종교개혁의 역사에서 그리고 루터주의의 발전에서 그토록 중요한

---

91 Harm Klueting, 앞의 책(2007), 191쪽.

92 Günther Gassmann (Hrsg.), *Das Augsburger Bekenntnis Deutsch 1530~1980*: *Revidierter Text*, Göttingen: Vandenhoeck & Ruprecht/Mainz: Matthias-Grünewald-Verlag 1980 (5. Auflage), 13쪽.

93 그 나머지 영방국가는 다음과 같다. 브란덴부르크-안스바흐 변경백국, 뤼네부르크 공국, 작센 공국, 브라운슈바이크-뤼네부르크 공국, 안할트-쾨텐 후국.

위치를 점하는『아우크스부르크 신앙고백』에 서명한 영방제후가 일곱 명이었던 반면, 제국도시는 고작 두 개에 그쳤다. 게다가 도시 종교개혁이 세 개의 진영으로 분열되는 양상까지 나타났다.

그런데 종교개혁의 무게중심이 도시에서 영방국가로 넘어간 사실은 이미 그 1년 전인 1529년의 제2차 슈파이어 제국의회에서 분명하게 드러났다. 방금 앞에서 언급한 바와 같이, 당시 종교적 관용의 폐기에 저항한 영방제후가 여섯 명이었던 반면 제국도시는 무려 14개나 되었다. 그러나 제국도시들은 개신교와 가톨릭, 그리고 동요하고 주저하는 집단의 세 진영으로 분열되었다. 저항은 일차적으로 개신교적 영방제후들의 몫이었다. 그들은 그사이에 은닉 전술을 집어던지고 공개적으로 개신교적 신앙고백을 하였으며 이제 도시들을 점점 더 그들의 종교개혁적 교회정치와 영방정치의 부속물로 만들어갔다. 그것이 명백하게 드러난 것이 바로 1530년의 아우크스부르크 제국의회에서였다.[94]

아무튼 가톨릭에 속하는 제국신분들은 즉각『아우크스부르크 신앙고백』에 반박하고 나섰다. 그들은 가톨릭 신학자들의 평가서에 근거하여 루터주의적 신앙고백을 거부했을 뿐만 아니라 한 걸음 더 나아가 종교개혁 운동 자체가 종식되어야 한다는 아주 강경한, 그리고 어찌 보면 당시의 종교적 상황을 제대로 인식하지 못한 견해를 내세웠다. 황제는 이 평가서를 요약된 문건으로 만들도록 한 후 8월 3일 제국신분들 앞에서 황제의 입장임을 내세우며 낭독했다. 이 문건에는『교황의 반박』이라는 제목이 주어졌으며, 루터의 라이프치히 논쟁 상대자였던 요한 마이어 폰 에크와 요하네스 코클레우스(1479~1552)에 의해 작성되었다. 개신교 측이 이를 거부함으로써 8월 중순부터 타협을 위한 협상이 시작되었다. 9월 22일 멜란히톤이 작성한『아우크스부르크 신앙고백 변론』이 황

---

94 Berndt Hamm, 앞의 책(1996), 110~11쪽.

제에게 제출되었으나 받아들여지지 않았다. 이로써 협상은 결렬되었다. 1530년 11월 19일 황제가 제안하고 — 소수파인 개신교 측이 부재한 상태에서 — 다수파인 가톨릭 측이 수용함으로써 채택된 제국의결에서는 보름스 칙령이 부활되었으며 모든 종교개혁적 시도나 운동을 제국의 평화를 파괴하는 행동으로 간주하고 엄하게 처벌할 것임이 천명되었다.

자명한 일이지만 이는 개신교 측에 공공연한 위협으로 비칠 수밖에 없었다. 황제가 무력으로 아우크스부르크 제국의회의 결정사항을 관철하려고 할 것을 우려한 개신교적 제국신분들은 1531년 2월 27일 튀링겐 숲의 남서쪽 끝에 위치한 슈말칼덴에서 이른바 '슈말칼덴 동맹'을 맺었다.[95] 그들은 자신들의 신앙을 무력으로 방어할 것을 서약하고는 공동의 전쟁금고를 설치하고 동맹군을 창설했다. 일곱 개의 영방국가와 여덟 개의 제국도시가 참여한 이 동맹을 주도한 것은 헤센 방백 필리프 1세(1504~67)와 작센 선제후 요한 불변공(不變公, 1468~1532)이었다.[96] 이로써 종교개혁의 구심점이 도시에서 영방국가로 넘어갔음이 다시 한 번 입증된 셈이다.

그러나 1532년 오스만 터키가 오스트리아 국경까지 진군하면서 빈이 위험에 처하자 황제는 개신교 측의 지원을 절실히 필요로 했다. 그리하여 1532년 7월 23일에 황제와 슈말칼덴 동맹 사이에 이른바 '뉘른베르크 화해'가 체결되었다. 이에 따라 공의회가 열릴 때까지 잠정적으로 종교적 자유가 주어지고 제국적 차원에서의 이단재판이 중지되었으며 처음으로 루터의 교리가 법적으로 용인되었다. 그 대가로 개신교 영방제

---

95 헤센 방백 필리프 1세와 작센 선제후 요한 불변공은 이미 1526년 고타에서 가톨릭 측으로부터 루터주의적 신앙을 보호하기 위한 동맹을 맺은 적이 있다.

96 요한 불변공은 1525년 세상을 떠난 그의 형 프리드리히 현공(賢公, 1463~1525)의 뒤를 이어 작센 선제후에 즉위하여 1532년 세상을 떠날 때까지 통치했다.

후들은 황제와 연합하여 오스만 터키의 위협에 대처하기로 했다. 이 한시적인 종교화의는 1539년 4월 19일에 체결된 이른바 '프랑크푸르트 화해'에 의해 재차 확인되었다.[97]

1541년 4월 5일부터 7월 29일까지 열린 레겐스부르크 제국의회에서는 가톨릭과 개신교 사이에 종교적 화해를 위한 대화가 성사되었다. 각 진영을 대표하는 신학자들이 참석한(개신교 측에서는 특히 멜란히톤을, 그리고 가톨릭 측에서는 특히 에크를 언급할 만하다) 이 대화는 결국 아무런 소득도 없이 끝나고 말았다. 다만 오스만 터키의 위협으로 인해 뉘른베르크 화해가 다시 한 번 연장되었을 뿐이다.

이처럼 여러 차례에 걸친 평화적인 대화에도 불구하고 종교적 갈등과 그로 인한 제국의 분열을 막을 수 없게 되자 카를 5세는 마침내 무력으로 종교문제를 해결할 생각을 하기에 이르렀다. 그러한 생각의 배경에는 무엇보다도 대외정치적 상황이 자리하고 있었다. 1544년 프랑스와의 전쟁을 끝내고 오스만 터키와도 휴전협정을 맺게 되면서 카를 5세는 아무런 대외정치의 부담 없이 독일 문제에 집중할 수 있게 되었다. 게다가 교황이 군대와 전쟁자금을 지원하겠다고 약속했으며, 그로 인해 카를 5세는 슈말칼덴 동맹을 군사적으로 제압할 수 있다는 확신을 갖게 되었다.

1546년 6월 5일부터 7월 24일까지 레겐스부르크에서 제국의회가 열렸는데, 카를 5세는 이 제국의 정치적 장을 이용해 앞으로는 개신교 측과 대화하는 시늉을 하면서 뒤로는 그동안 해왔던 전쟁 준비를 마무리했다. 예컨대 제국의회가 한창이던 7월 19일 카를 5세는 자신의 가장 강력한 적대자들 가운데 한 사람인 작센 공작 모리츠(1521~53)에게 그의 사촌인 요한 프리드리히 1세(1503~54)[98]가 갖고 있는 작센 선제후

97　Harm Klueting, 앞의 책(2007), 192쪽.

의 지위를 주겠다고 약속하고 자신의 편으로 끌어들였다.[99] 가톨릭과 개신교 사이의 대화가 결렬되면서 아직 제국의회가 진행 중이던 1546년 7월 10일에 황제와 슈말칼덴 동맹 사이에 전쟁이 발발했는데, 이 전쟁은 슈말칼덴 동맹의 이름을 따서 '슈말칼덴 전쟁'이라고 불린다. 1547년 4월 뮐베르크 전투에서 카를 5세의 군대가 슈말칼덴 동맹군에게 압승하고 작센 선제후 요한 프리드리히 1세와 ─ 황제에게 항복한 ─ 헤센 방백 필리프 1세를 포로로 잡았다. 1547년 5월 19일 이른바 '비텐베르크 항복조약'이 체결되면서 전쟁이 끝났다. 그 결과 슈말칼덴 동맹이 해체되고 작센 선제후의 지위가 모리츠에게로 넘어갔다.

　슈말칼덴 전쟁에서 승리한 카를 5세는 여세를 몰아 종교개혁을 무효화하고 개신교도들을 재(再)가톨릭화하려고 했다. 그 의지가 천명된 것이 1547년 9월 1일부터 1548년 6월 30일까지 열린 아우크스부르크 제국의회에서 공포된 이른바 '아우크스부르크 잠정안'이다. 이 잠정안에 따르면, 개신교에는 성만찬에서 평신도들에게 포도주 잔을 주는 것과 성직자가 결혼하는 것만 허용했는데, 그것도 1545년에 시작된 트리엔트 공의회가 최종적인 결정을 내릴 때까지 잠정적으로만 허용되었다. 그 밖의 교회제도는 옛 가톨릭의 전통으로 되돌아가야 했다. 물론 이 잠정안은 가톨릭 측에는 적용되지 않았다. 그 대신에 황제는 이른바 '개혁의 공식'을 공포했다.

98　요한 프리드리히 1세는 요한 프리드리히 관용공(寬容公)이라고도 불리며 요한 불변공의 장남으로 1532년부터 1547년까지 작센 선제후였으며 그 지위를 상실한 1547년부터 세상을 떠날 때까지 작센 공작으로 군림했다.

99　카를 5세는 1544년 12월 15일부터 1545년 8월 4일까지 열린 보름스 제국의회에서도 양면작전을 썼다. 한편으로는 곧 종교적 협상을 가질 것을 약속하고 개신교측에 앞으로 있을 트리엔트 공의회에 참석할 것을 요구하면서, 다른 한편으로는 제국의회를 앞으로 있을 전쟁의 잠재적인 동맹세력과 접촉하는 데 이용했다.

그러나 아우크스부르크 잠정안은 개신교 측뿐만 아니라 가톨릭 측도 거부했다. 그 이유는 무엇보다도 양쪽 모두가 만족할 수가 없었기 때문이다. 그리고 양쪽 모두 황제가 종교문제에 그런 식으로 개입하는 것을 원하지 않았기 때문이다. 작센에서는 새로이 선제후가 된 모리츠가 멜란히톤 등에게 아우크스부르크 잠정안을 대신할 교회규정을 만들도록 했다. 개신교와 가톨릭을 혼합한 이 이른바 '라이프치히 잠정안'은 1548년 12월 22일 선제후국 의회에서 부결됨으로써 실제로 효력이 발생되지는 않았다. 그러나 그 신학적 혼합성으로 인해 루터의 정통 교설을 고수하려는 개신교도들의 저항을 불러왔으며, 그리하여 개신교가 순수 루터주의와 멜란히톤주의로 깊게 분열되는 계기가 되었다.[100]

아무튼 1547~48년의 아우크스부르크 제국의회는 카를 5세의 정치적-종교적 위상 및 권력을 천명하는 계기가 되었다. 개신교 측과 가톨릭 측 모두가 거부했음에도 불구하고 아우크스부르크 잠정안은 1550년 7월 26일부터 1551년 2월 14일까지 열린 아우크스부르크 제국의회에서 연장되었다. 제국 내에서 황제에 대한 불만이 고조될 수밖에 없었다. 북부 독일에서는 개신교 영방제후들이 1551년 5월 21일 비밀리에 작센 선제후 모리츠의 주도 아래 작센의 토르가우에서 조약(이는 '토르가우 조약'이라고 불린다)을 체결하고 동맹을 맺었다.[101] 황제에 맞서 제후

---

100 https://de.wikipedia.org/wiki/Leipziger_Artikel.

101 여기에서 한 가지 의문이 제기될 수 있다. 모리츠가 이미 1546년 7월 황제의 편으로 넘어갔는데 어떻게 1551년 5월 개신교 영방제후의 토르가우 조약에서 주도적인 역할을 할 수 있었는가? 이를 제대로 이해하기 위해서는 좀 더 자세한 설명이 필요하다. 1546년 7월 19일 카를 5세는 작센 선제후 요한 프리드리히 1세와 헤센 방백 필리프 1세에게 제국 추방령을 내렸는데, 그 이유는 그들이 주도하는 슈말칼덴 동맹이 1542년 가톨릭 국가인 브라운슈바이크-뤼네부르크 공국을 정복하고는 그곳에 개신교를 공인했으며 그 군주인 하인리히 2세(1489~1568)를 포로로 잡아 여러 해 동안 헤센의 한 작은 도시에 감금했기 때

들의 자유를 보호하고 개신교를 보호하는 것이 목적이었다. 그들은 1522년 1월 프랑스 국왕 앙리 2세(1519~59)와 샹보르 조약을 맺고 전쟁자금과 무기의 지원을 약속받았다(프랑스는 이미 1551년 가을 카를 5세에게 선전포고하고 라인 강까지 진출했다). 그리고 그 대가로 프랑스 국경에 가까운 주교도시 메스, 툴, 베르됭을 양도하기로 약속했다.

1552년 3월 제후들의 동맹군은 여전히 황제에게 충실한 남부 독일의 여러 도시를 신속하게 점령했다. 황제는 인스부르크에서 포로가 될 위기를 겨우 넘기고 필라흐로 도주했다. 제후들의 전쟁, 제후들의 반란 또는 제후들의 모반이라고 불리는 이 전쟁에서 가톨릭 측은 중립을 지켰는데, 그 이유는 제국 내에서 황제의 권력이 강화되는 것을 원치 않았기

문이다. 카를 5세는 요한 프리드리히 1세가 추방되고 나면 그 지위를 모리츠에게 주겠다고 약속했다. 이에 모리츠는 장인인 필리프 1세도 같이 추방될 것이기 때문에 오랫동안 망설였다. 그러나 카를 5세의 동생 페르디난트 1세가 작센 선제후국을 공격하려고 하자, 모리츠는 합스부르크가에 작센 지역에서의 주도권을 빼앗기지 않으려고 그보다 먼저 선수를 쳐 작센 선제후국을 점령했다. 이로써 모리츠는 카를 5세의 편이 되었던 것이다. 슈말칼덴 전쟁에서 패하고 황제의 포로가 된 작센 선제후 요한 프리드리히 1세는 참수형을 피하려고 '비텐베르크 항복조약'에서 선제후 지위와 그의 영토의 상당 부분을 모리츠에게 넘겼다. 모리츠는 1547년 6월 4일 작센 선제후 직에 올랐다. 그러나 여기에는 값비싼 대가가 따랐다. 그는 황제 측에 개신교의 비밀을 누설했고 장인인 필리프 1세를 곤경에 빠뜨렸다. 모리츠는 필리프 1세에게 만약 항복한다면 감금되지 않을 것이라고 확언했다. 그러나 필리프 1세는 카를 5세에게 무릎을 꿇었지만 5년간 포로로 잡혀 있었다. 이러한 일들이 있고 난 후 모리츠의 백성들은 그를 "마이센의 유다"라고 조롱했다. 모리츠는 황제에게 깊이 실망했지만 1548년 2월 25일 아우크스부르크 제국의회에서 작센 선제후 서임식이 열릴 때까지 자신의 속내를 숨겼다. 마그데부르크가 아우크스부르크 잠정안을 따르지 않으려고 하자 카를 5세는 이 도시를 처벌하려고 했다. 모리츠는 황제의 위임을 받아 마그데부르크로 군대를 끌고 갔지만 그 도시 및 황제의 적들과 연합했다. 이처럼 모리츠는 황제에게 등을 돌리고 토르가우 조약과 제후들의 전쟁에서 핵심적인 역할을 했다. https://de.wikipedia.org/wiki/F%C3%BCrstenaufstand 참조.

때문이다. 카를 5세의 동생 페르디난트 1세가 개신교 제후들과 협상을 벌인 결과 1552년 8월 파사우에서 조약을 체결했다(이는 '파사우 조약'이라고 한다). 이 조약에 따라 프랑스와의 동맹이 해체되고 슈말칼덴 전쟁에서 포로가 된 헤센 방백 필리프 1세와 전(前) 작센 선제후 요한 프리드리히 1세가 풀려났다. 파사우 조약의 핵심은 6개월 안에 제국의회를 소집하여 종교적 분쟁을 해결한다는 것이었다.

그러나 실제로 제국의회가 열린 것은 1555년 초의 일이다. 그해 2월 5일에 페르디난트 1세에 의해 소집되어 9월 25일까지 지속된 아우크스부르크 제국의회에서 긴 협상 끝에 종교적 강화에 도달했다. '아우크스부르크 종교화의'로 불리는 이 강화의 기본적인 이념은 가톨릭교도와 개신교도들의 공존을 제국법적으로 규정함으로써 제국과 종교의 평화를 유지한다는 것이다. 이에 따르면 각 제후는 가톨릭이나 개신교 가운데 하나를 선택할 수 있는 종교적 자유를 갖는다. 그러나 개신교에서 인정된 것은 아우크스부르크 신앙고백을 준수하는 루터주의뿐이고 다른 교파나 분파는 배제되었다. 제후가 하나를 선택하면 그 신민들은 이에 따라야 했다. 이른바 "제후의 종교가 신민의 종교"(Cuius regio, eius religio)라는 원칙이다. 이 원칙을 따르지 않는 신민은 자신의 재산을 처분하고 종교의 자유를 찾아서 다른 곳으로 이주할 수 있었다. 이러한 자유를 갖는 세속적 제후와 달리 성직자 제후는 가톨릭에서 개신교로 바꿀 수 없고 만약 바꾸려면 그 지위와 영토를 포기해야 했다. 그리고 제국도시들은 가톨릭과 개신교 중 하나를 선택할 필요 없이 각 시민들에게 자유로운 종교적 삶을 허용할 수 있었는데, 그 이유는 제후들의 지배로부터 자유로운 제국도시들에는 더 이상 종교적 동질성이 없었기 때문이다.

이렇게 보면 아우크스부르크 종교화의는 "제국에 대한 영방제후들의 승리이고 중앙권력에 대한 제후적 자유의 승리이며 보편적 기독교적 황제주의에 대한 종교적 다원주의의 승리"라고 그 정치적·종교적 의미를 자리매김할 수 있다.[102] 그것은 "황제에 대한 루터의 사후적 승리"라고 할 수 있다.[103]

102 https://de.wikipedia.org/wiki/Augsburger_Reichs-_und_Religionsfrieden.
103 Volker Press, 앞의 글(1985), 93쪽.

제5장

루터와 근대 2 : 루터, 근대사회를 각인하다

—그 사회학적 결과를 중심으로—

이 장은 루터가 근대에 대해 갖는 의미를 논의하는 두 번째 부분으로서, 루터가 근대사회를 각인하는 과정을 추적한다. 이 책의 중심이 바로 이 장에 있다. 이미 제2장에서 자세하게 논의한 바와 같이, 루터는 중세의 스콜라적 가톨릭 신학과 근본적으로 다른 신학적 사상을 구축함으로써 신학적 패러다임의 전환을 가져왔다. 루터는 근대 신학의 창시자다. 그런데 루터가 근대에 대해 갖는 의미는 신학적 영역을 훨씬 넘어서 사회 전반에 걸쳐 있다. 그 이유는 그가 근대사회의 발전 논리와 구조 원리를 결정적으로 각인했기 때문인바, 그 논리와 구조란 구체적으로 개인화, 탈주술화, 세속화 및 사회적 분화라는 네 가지 사회학적 지표다. 개인화는 각 개인이 자유롭고 독립적인 존재가 되는 과정을, 탈주술화는 세계가 주술적 사고와 행위로부터 해방되는 과정을, 세속화는 종교의 기능이 축소되고 의미가 상실되며 종교적 영향력과 지배력이 축소되는 과정을, 분화는 다양한 사회적 집단과 영역, 그리고 그에 상응하는 다양한 기능으로 갈려 나뉘는 과정을 가리킨다.

1. 개인화

이미 제2장 제3절에서 자세하게 논한 바와 같이, 루터 신학의 핵심은 '오직 성서', '오직 은총', '오직 믿음', '오직 그리스도'이다. 그 각각을 다시 한 번 상기하면 다음과 같다. (1) 오직 성서: 오직 성서만이 모든 신학적 및 신앙적 근거와 권위가 된다. (2) 오직 은총: 인간은 오직 신의 은총을 통해서만 구원을 받게 된다. (3) 오직 믿음: 이 은총은 오직 믿음을 통해서만 주어진다. (4) 오직 그리스도: 오직 그리스도만이 구원의 중재자다.

이처럼 '오직…'이라는 신학적-의미론적 구조로 대변되는 루터의 종교개혁 신학은 신학의 역사에서 여러 가지로 중요한 의미를 갖는데, 그 첫 번째는 성서 원리 또는 성서주의를 회복한 데에서 찾을 수 있을 것이다. 20세기 신학을 대변하는 카를 바르트(1886~1968)는 1928년에 행한 강연 「개신교회에게 주어진 질문으로서의 로마 가톨릭교회」에서 이 문제를 논하고 있다.[1] 바르트에 따르면, 종교개혁은 혁명이나 파괴가 아

---

1 바르트는 이 강연에서 로마 가톨릭교회가 개신교회에 던진 두 가지 질문에 답한다. 그 하나는 "개신교회는 과연 그리고 얼마만큼 **교회**인가"라는 질문이고, 또 다른 하나는 "개신교회는 과연 그리고 얼마만큼 **개신**교회인가"라는 질문이다. Karl Barth, "Der römische Katholizismus als Frage an die protestantische Kirche", in: ders., *Die Theologie und die Kirche. Gesammelte Vorträge*, Band 2, Zollikon-Zürich: Evangelischer Verlag 1928, 329~63쪽, 특히 336, 349쪽. 그리고 바르트는 1933년에 발표한 「결단으로서의 종교개혁」에서 종교개혁을 '결단'으로 표현하고 있다. 결단은 비교하거나 숙고하거나 또는 토론하는 것이 아니라 단순히 이것이나 저것을 선택하는 것을 의미한다. 종교개혁가들은 신앙과 불신앙 사이에서 전자를 선택한 인물이다. 결단을 한다는 것은 자유 속에서 그 자신의 자유를 포기하는 것이다. 그러므로 신앙을 결단하는 사람은 스스로를 속박해야 한다. 다시 말해 신의 말씀에 순종해야 한다. 종교개혁은 예언자와 사도들의 목소리와 선포에 귀 기울이고 신앙과 순종을 결단함으로써 진정한 기독교 교회를 회복한 사건이다. 결단으

니라 말 그대로 개혁, 즉 회복을 의미한다. 다시 말해 종교개혁은 교회의 회복을 의미한다. 개신교는 교회에 반해 저항하지 않고 교회를 위해 저항한다. 구체적으로 종교개혁은 "**말씀**의 교회"의 회복이자 "**죄인들의 교회**"의 회복이요 "신의 **자비**의 교회"의 회복이며, 또한 "교회의 권위에 대한 **신**의 권위"의 회복이다. 또한 종교개혁은 "주님의 절대적이고 유일무이한 인격성과 절대적이고 반복할 수 없는 역사에 대한 인식의 회복이고, 말씀과 육신 그리고 주어와 술어의 불가역적인 관계의 회복이며, 또한 계시의 신적인 현실성과 신앙의 신적인 현실성의 상관관계의 회복이다." 그러나 다른 한편 종교개혁은 "중재적 사고, 봉사적 개념 그리고 교회는 **신**의 집이라는 통찰의 부정이 아니라 긍정이며, 강화이자 첨예화이지 약화는 아니며 폐지는 더더욱 아니다."[2] 이처럼 바르트가 종교개혁을 회복으로 간주하는 근거는 바로 이 역사적 사건에 의해 신의 집인 교회의 성서적-역사적 원천, 즉 초대교회가 재발견되었기 때문이다. 종교개혁은 예언자적-사도적 교회의 회복이라는 것이 바르트의 확신이다.

'오직…'이라는 신학적-의미론적 구조로 대변되는 루터의 종교개혁 신학이 신학의 역사에서 갖는 또 다른 중요한 의미는, 인간주의적 또는 인간 중심적 중세 신학을 극복하고 신(神) 중심적 (근대) 신학을 정립한

로서의 종교개혁은 성서에 대한 교리이자 원죄에 대한 교리요 칭의에 대한 교리이며 또한 은총의 선택 또는 예정에 대한 교리다. 바르트는 주장하기를, 오늘날의 개신교회는 부단히 "16세기의 종교개혁을 기억하며, 그것의 역사적 이미지를 새롭게 하고 각인하며, 그 자신이 종교개혁과 실질적으로 결합되어 있다는 사실을 강조하고 이 관계를 소중히 하며 또한 그 스스로를 바로 종교개혁의 교회로 이해하기를 원한다." Karl Barth, "Reformation als Entscheidung", in: ders., *Der Götze wackelt, Zeitkritische Aufsätze, Reden und Briefe von 1930 bis 1960* (herausgegeben von Karl Kupisch), Berlin: Käthe Vogt Verlag 1961, 71~86쪽, 직접 인용은 71쪽.

2 Karl Barth, 앞의 글(1928), 336, 343, 346, 352, 355, 358쪽.

데에서 찾을 수 있을 것이다. '오직 …'이라는 신학적-의미론적 구조에는 —중세 가톨릭교회의 칭의론이 내세우는바— 인간적인 것이 끼어들 여지가 전혀 없다. 성서, 은총, 그리스도는 모두 신과 관련되어 있다. 구원의 획득을 위해 인간이 할 수 있는 것은 단지 신에 대한 믿음, 그러니까 그리스도를 통해 계시되고 성서에 기록된 신의 말씀을 절대적으로 신뢰하는 것뿐이다. 인간은 오직 신앙을 통해서만 의롭다 함을 받고, 즉 의인이 되고 구원을 받는다. 이를 이신칭의(以信稱義)라고 한다.

이 '오직 …'이라는 신학적-의미론적 구조가 어떻게 인간 중심적 신학 대신에 신 중심적 신학을 가능케 하는가는 다음과 같이 한스 큉이 아주 잘 요약하고 있다. "'오직 성서만으로': 수백 년이 지나면서 덧붙여진 모든 전통과 율법 및 권위에 반해 루터는 **성서의 우위성**을 제시한다. '오직 그리스도': 모든 수많은 성인 및 신과 인간 사이의 무수한 중재자에 반해 루터는 **그리스도의 우위성**을 제시한다. '오직 은총'과 '오직 믿음': 구원의 획득을 위해 교회에 의해 지정된 모든 경건한 선행(善行)과 노력('행위')에 반해 루터는 예수 그리스도의 십자가와 부활을 통해 명백히 드러난 자비로운 신의 **은총과 믿음의 우위성**을, 그리고 이 신에 대한 인간의 무조건적인 믿음과 절대적인 신뢰를 제시한다."[3]

그런데 '오직…'이라는 신학적-의미론적 구조로 대변되는 루터의 종교개혁 신학은 더 나아가 사회학적으로도 중요한 의미를 갖는데, 무엇보다도 개인의 해방 또는 개인화에 대한 기여에서 찾을 수 있다. 이렇게 말하는 것은 모순적으로 보인다. 왜냐하면 루터는 인간 중심적 신학에서 신 중심적 신학으로 패러다임을 전환함으로써 믿음을 제외하고는 인간적인 것 일체를 부정했기 때문이다. 게다가 신에 대한 인간의 믿음도 개인적 자유의지의 발로가 아니라 신의 말씀과 거기에 담긴 은총의

---

3 Hans Küng, 앞의 책(1994), 167쪽.

메시지 및 그리스도의 십자가에 대한 절대적인 내적 확신을 갖고 무조건적으로 거기에 의지하는 것이다. 루터에 따르면, 인간은 자유의지가 없고 노예의지만 있을 뿐이다.

사실 루터가 개인화에 기여할 수 있었던 것은 바로 신 중심적 신학 때문이었다. 원래 기독교는 한 사람 한 사람의 구원을 추구한 종교였다. 모든 개인은 직접 신과 교통할 수 있었고 직접 신에게 호소할 수 있었다. 예수는 모든 개인을 위해 십자가에서 죽었다. 그것은 종교적 개인주의였다. 그러나 ─ 방금 큉이 명백하게 보여주었듯이 ─ 중세에는 교회라는 구원 기관과 성인 및 성직자 계급을 비롯한 수많은 구원의 중재자들, 그리고 교회에 의해 인위적으로 설정된 무수한 전통, 율법, 권위, 의례 및 행위(선행)의 의무가 신과 인간 사이에 끼어들었으며, 그 결과 영혼의 구원을 추구하는 개인은 신으로부터 소외된 채 교회에 예속되어 교회의 통제와 지배를 받게 되었다. 종교적 개인주의가 종교적 집단주의로 변질된 것이다. 이제 구원을 위해 필요한 것은 개인의 내면적인 신앙이 아니라 교회라는 초개인적 사회체에 의해 부과된 무수한 외면적인 의례, 의무, 율법, 행위 등이었다.

이에 반하여 루터는 '오직 성서', '오직 은총', '오직 믿음', '오직 그리스도'를 내세워 기독교 신앙을 신과 인간 또는 신과 영혼의 직접적인 관계로 재설정했던 것이다. 그 결과 개인이 교회의 통제와 지배로부터 해방되어 자유로운 존재로서 직접 신과 관계를 맺고 직접 신의 말씀을 접하고 그것을 사유하고 성찰할 수 있게 되었다. 개인은 궁극적으로 신과 자신의 양심에 따라 신앙생활을 하고 신과 자신의 양심에 대해서만 책임을 지게 되었다. 외면적 종교가 내면적 종교로 대체되었으며, 종교적 집단주의가 종교적 개인주의로 대체되었다. 이처럼 루터가 교회로부터의 개인의 해방 또는 자유를 주창한다고 해서 교회 그 자체를 부정한다는 것은 물론 아니다. 그것은 다만 종교적 집단주의가 지배하는 권위적인 교회로부터의 해방 또는 자유를 뜻할 뿐이다. 자유로운 기독교인은 자유로운 교회를 필요로 한다. 그것은 직접 신 앞에 선 기독교인들에게 신의 말씀을 선포하는 복음적 공동체다. 종교적 개인주의가 지배하는 이 자유로운 교회에서는 모든 기독교인이 사제가 된다.[4] 이를 만인

---

4 Hellmut Zschoch, "Martin Luther und die Kirche der Freiheit", in: Werner Zager (Hrsg.), *Martin Luther und die Freiheit*, Darmstadt: Wissenschaftliche Buchgesellschaft 2010, 25~40쪽. 이 새로운 종교적 개인주의의 대표적인 사례는 루터 자신을 들 수 있다. "루터는 다른 사람들이나 종교개혁가들과는 달리 전통이나 세속적인 교회 당국과 — 이는 내면적으로도 그랬는데 — 칼로 베듯 분명하게 인연을 끊지 않고도 유례가 없을 정도로 자기 스스로가 정한 삶을 살았다. 루터의 부단한 자기 성찰은 자신을 신의 도구이자 발성기관으로 생각한 데서 온 것이었고, 루터는 이를 항상 새롭게 확신해야만 했다. 또한 자기 성찰은 인간의 죄 많음과 불완전성을 인식한 데서 왔고 특히 자기 자신이 그러하다는 인식에서 온 것이었다. 그의 신학은 자신의 경험을 반영하고 있으며 그 가운데 인간의 취약함에 대한 통찰이 큰 역할을 했다. 루터는 가톨릭 교리와도 단절했을 뿐만 아니라 이미 일찍부터 자신이 정한 길을 걸었다. 그는 아버지가 원한 과학을 공부한 것이 아니라 스스로 분명하게 판단해 성직자가 되었으며, 성직자로서 자신이 한 서원과 오랫동안 갈등한 끝에 심지어 결혼까지 하고 가정도 꾸렸는데 가정은 루터에게 대단히 중요한 의미를 지녔다. 자신의 행동에 대한 새로운 책임감이 가장 잘 드러난 것은, 루터가 1521년 보름스 제국의회에 등장했을 때다. '성서의 가르침이나 명백한 근거에 의해 내가 잘못되었다고 입증되지 않는 한, […] 나는 내가 언급한 성서의 말씀에 의해 구속된다. 그리고 나의 양심이 신의 말씀에 사로잡혀 있는 한, 나는 그 어떤 것도 철회할 수 없으며 철회하지도 않을 것이다. 왜냐하면 양심에 반해 행동하는 것은 확실하지도 않고 복되지도 않기 때문이다. 신이시여 도우소서. 아멘.' 루터는 자신의 말이 가져올 결과를 잘 알고 있었다. 그는 오랜 역사를 가진 권위에 대항해 단호하게 자신의 양심을 내세웠던 것이다." 리하르트 반 뒬멘, 『개인의 발견: 어떻게 개인을 찾아가는가 1500~1800』, 현실문화연구 2005 (최윤영 옮김; 원제는 Richard van Dülmen, *Die Entdeckung des Individuums 1500~1800*), 29~30쪽. 루터가 보름스 제국의회에서 황제와 제국신분들에게 보여준 행위는 『기독교인의 자유에 대하여』가 가장 혹독한 시험을 통과했음을 만천하에 고지한 것이다. 거기에서 기독교인은, 루터가 이 저작에서 설파한 대로, 진정으로 모든 것의 주인이며 아무에게도 종속되지 않는 진정한 자유인이 되었다. Werner

사제직이라고 한다.

그렇다면 다음과 같은 질문이 제기될 수 있을 것이다. 루터는 개인주의자였는가? 아니면 그는 적어도 개인주의 이론을 제시하거나 정립했는가? 그가 기독교인들의 자유와 평등을 역설했다는 사실을 감안하면, 그렇다고 볼 수 있을 것이다. 이를 검토하기 위해서는 1520년에 출간된 종교개혁 3대 저작 가운데 둘을 좀 더 상세하게 살펴볼 필요가 있다.

먼저 1520년 11월에 출간된 『기독교인의 자유에 대하여』에서 루터는 자유의 문제를 집중적으로 다루고 있다. 그는 이 저작의 서두에서 다음과 같이 주장하고 있다.

> **기독교인은 모든 것을 지배하는 지극히 자유로운 주인이며 아무에게도 종속되지 않는다.[5]**

루터는 기독교인이 자유로운 존재가 되는 근거를 인간의 외적 행위나 내적인 노력에서 찾지 않고 성서주의 또는 말씀의 신학에 근거하여 신의 말씀에서 찾는다. 루터는 주장하기를, 기독교인의 자유를 위해서는

> 한 가지, 오직 한 가지만 필요하다. 그것은 바로 신의 지극히 거룩한 말씀인 그리스도의 복음인바, 이는 그리스도가 「요한복음」 제11장 제25～26절에서 말한 바와 같다. "나는 부활이요 생명이니, 나를 믿는 자는 [죽어도 살겠고, 무릇 살아서 나를 믿는 자는] 영원히 죽지 아니하리니." […] 그리고 「마가복음」 제4장 제4절에서는 이렇게 말하였다. "사람이 떡으로

Zager, "Verwirklichte Freiheit: Martin Luther vor dem Reichstag zu Worms", in: Werner Zager (Hrsg.), *Martin Luther und die Freiheit*, Darmstadt: Wissenschaftliche Buchgesellschaft 2010, 9～23쪽.

5 마르틴 루터, 앞의 책(2013a), 9쪽.

만 살 것이 아니요 신의 입으로부터 나오는 모든 말씀으로 살 것이다."[6]

요컨대 신의 말씀만 있다면 그 밖에 다른 모든 것이 없다고 할지라도 인간과 그의 영혼은 자유롭다는 것이 루터의 논지인 것이다. 그 이유는 신의 말씀이 "생명의 말씀이요, 진리의 말씀이요, 빛의 말씀이요, 평화의 말씀이요, 의(義)의 말씀이요, 구원의 말씀이요, 기쁨의 말씀이요, 자유의 말씀이요, 지혜의 말씀이요, 능력의 말씀이요, 은혜의 말씀이요, 영광의 말씀이요, 측량할 길 없이 선한 모든 보화의 말씀이기 때문이다."[7] 그러므로 신이 자신의 말씀을 보내는 것보다 더 큰 은총은 있을 수 없다. 그리스도는 오직 말씀을 선포할 사역 때문에 이 세상에 보내진 것이며, 또한 사도들, 주교들, 사제들과 모든 영적 지위도 오직 말씀의 사역을 위해서만 부름을 받고 세워진 것이다. 이는 그토록 큰 은총을 베푸는 신의 말씀이 "성육신하고, 고단당하고, 부활하고, 거룩하게 하는 성령으로 말미암아 영광을 받은 신의 아들에 대한 신의 복음"임을 의미한다. 그리스도를 설교하는 것은 그 설교를 믿는 영혼을 자유롭게 하는 것이다. 오직 믿음만이 자유의 근거인 신의 말씀을 받아 간직하며 사용할 수 있는 길이다.[8] 그 밖에 어떤 선행(행위)이나 공적도 진정으로 신의 말씀에 이르는 길이나 그것을 실천하는 길이 아니다.

그리고 루터는 개인의 자유에 머물지 않고 더 나아가 평등을 주창하는바, 이는 무엇보다도 1520년 8월에 출간된 종교개혁 3대 저작 가운데 하나인 『독일 기독교 귀족에게 고함』에 잘 드러나 있다. 거기에서 루터는 교황과 그 추종자들이 주위에 세 개의 장벽을 쌓아놓고 자신들을 방

---

6 같은 책, 19쪽.
7 같은 책, 21쪽.
8 같은 책, 21쪽 이하, 직접 인용은 23쪽.

어해 왔기 때문에 기독교계 전체가 무서운 부패의 늪에 빠졌다고 주장한다. 그 세 개의 장벽은 다음과 같다. (1) 영적 신분이 세속적 신분보다 우월하다는 교리가 첫 번째 장벽이다. (2) 교황만이 성서를 해석할 수 있다는 교리가 두 번째 장벽이다. (3) 교황만이 합법적으로 공의회를 소집할 수 있다는 교리가 세 번째 장벽이다.[9] 요컨대 교황과 그 추종자들이 그들 주위에 쌓음으로써 기독교를 부패하도록 만든 장벽은 기독교인들을 영적 지배자와 영적 피지배자로 분할하는 불평등이며, 그 위계의 정점에 교황이 자리하면서 교리적·제도적으로 독재를 자행한다는 것이 루터의 주장이다.

이러한 가톨릭적 장벽에 맞서 루터는 모든 기독교인은 세례와 복음 및 믿음을 통해 영적인 존재가 되며, 즉 영적 신분에 속하게 되어 복음을 믿는 자는 누구든 세례를 받으면 사제의 서품을 받는 것이라고 역설한다.[10] 이 새로운 신학적 논리에 따르면, "교황이나 주교가 기름을 바르고 삭발한 채 성직을 수여하고 서품식을 거행하면서 평신도와는 다른 옷을 입는 것은 위선자와 바보를 만들 수 있으며, 결코 기독교인이나 영적인 인간을 만들지는 못한다. […] 만일 교황이나 주교가 주는 것보다 더 높은 서품이 우리에게 주어지지 않는다면, 교황이나 주교의 서품식을 통하여 결코 사제가 되지 못할 것이며, 그 누구도 미사를 드리거나 설교를 하거나 면죄행위를 하지 못할 것이다." 그러므로 사제의 서품이란 "그가 동등한 권한을 가진 전체 회중을 대신하여 그들 가운데 하나를 선택하여 그에게 다른 사람들을 위하여 이 권한을 맡기는 것과 다르지 않다. 이는 마치 모두가 왕의 자식이고 동등한 상속자인 열 형제가 그들 가운데 하나를 선택하여 자신들 대신 유산을 관리하게 하는 것과

9　마르틴 루터, 앞의 책(2010), 17쪽 이하.

10　같은 책, 19쪽.

도 동일하다. 그들 중 한 사람이 관리를 맡고 있기는 하나, 그들은 모두가 왕이며 동등한 권력을 소유하고 있다고 하겠다."[11]

이처럼 세례를 받은 모든 기독교인이 사제가 된다는 루터의 이론을 만인사제직론 또는 만인제사장론이라고 한다. 세상적인 일에 종사하는 평신도들도 ── 이와 관련하여 루터는 계속해서 주장하기를 ── 영적인 일에 종사하는 사람들과 마찬가지로,

세례를 받고 같은 믿음과 복음을 갖고 있기에 우리는 그들을 사제와 주교로 인정해야 한다. 그들의 직무를 기독교 사회에 속하는 유용한 것으로 간주해야 한다. 그럴 것이 세례를 받은 자는 누구나, 설령 직무를 수행하기에 합당하지 않을지라도, 사제나 주교, 교황의 서품을 받았다고 자랑할 수 있기 때문이다. 실로 우리 모두가 다 같이 사제들이기 때문에, 어느 누구도 우쭐해하면서 우리의 동의나 선택 없이 다 같은 권한을 지닌 일을 독선적으로 감행하려 해서는 안 된다. 왜냐하면 그 누구든 공동체에 속한 것을 전체의 의사와 허락 없이 떠맡으려고 해서는 안 되기 때문이다. 그리고 누군가 이 직무를 위하여 선택되었으나 직권의 남용으로 말미암아 파면을 당한다면, 그는 이전과 같은 상태로 돌아가게 될 것이다.[12]

그러므로 평신도와 사제, 제후와 주교, 즉 영적인 인간과 세속적인 인간 사이에는 직무와 일에 관한 차이만 있을 뿐 그 어떤 신분적 차이도 없다. 교황, 주교, 사제처럼 영적이라고 불리는 사람들은 신의 말씀을 선포하고 성례전을 집행하는 것 이외에는 다른 기독교인과 아무런 차이도 없고 그들보다 우월하지도 고귀하지도 않다. 결국 기독교에서 사

---

11 같은 책, 19~20쪽.
12 같은 책, 21쪽.

제의 신분이란,

> 관리자 외에 다른 것이 아니다. 그가 직무를 수행하는 한 맡은 업무에
> 서 우선권을 갖는다. 그러나 그가 파면당하면 다름 사람들처럼 농부나 시
> 민이 된다. 그러므로 어떤 사제가 파면을 당하면 그는 더 이상 사제가 아
> 님이 분명하다. 그러나 그들은 이른바 '삭제할 수 없는 특성'(characteres
> indelebiles)[13]이라는 것을 고안해 냄으로써 파면된 사제라 해도 그는 평신
> 도와는 다른 어떤 존재라고 지껄인다. 나아가 단연코 사제는 사제이지 평
> 신도가 될 수는 없다고 야무지게 꿈까지 꾼다. 이 모든 것은 인간이 날조
> 한 말 내지 법칙이다.[14]

이러한 만인사제직의 관점에서 보면, 교황만이 성서를 해석할 수 있
다는 교리와 교황만이 합법적으로 공의회를 소집할 수 있다는 교리는
더 이상 설 자리가 없게 된다. 루터에 따르면, 세례를 받은 모든 기독교
인이 사제라면 누구든지 자유롭게 성서를 해석할 권리가 있다. 교황만
이 성서를 해석할 권리가 있다고 주장하는 교황권자들은, 천국의 열쇠
가 베드로에게 주어졌을 때 이미 그 권리가 그에게 따라서 그의 후계자
인 교황에게 주어졌다는 식의 논리를 편다. 이에 반해 루터는 그 열쇠
가 베드로에게만 주어진 것이 아니라 모든 기독교인에게 주어진 것이

---

13 이는 중세 교회의 신학적 교리로서 '지위버릴 수 없는 성격'이라고도 옮긴다.
　　이에 따르면 사제는 그 개인적인 성품과 무관하게 '삭제할 수 없는 특성'을 지
　　닌다. 이러한 교리는 아주 큰 심리학적 효과를 가져와 "사람들은 사제를 인간
　　적으로 싫어하는 경우에도 그의 종교적인 선물을 갈망하였다." 야콥 부르크하
　　르트, 『이탈리아 르네상스의 문화』, 푸른숲 2002 (안인희 옮김; 원제는 Jacob
　　Burckhardt, *Die Kultur der Renaissance in Italien*), 554쪽.
14 마르틴 루터, 앞의 책(2010), 21~22쪽.

며, 따라서 성서 해석은 교황의 독점적 권리가 아니라 모든 기독교인이 향유하는 공적 권리라고 논박한다. 그러므로 ─루터는 이렇게 역설한다 ─우리는 교황을 믿을 것이 아니라 성서를 제 것으로 하고 그것을 나름대로 해석하는 평신도를 믿어야 한다.[15]

그리고 루터에 따르면, 세례를 받은 모든 기독교인은 사제이기 때문에 필요한 경우에는 누구든 자유롭게 공의회를 소집할 권한이 있다. 이는 기독교인으로서 그리고 사제로서 신으로부터 부여받은 직무와 일을 수행하는 것이며, 따라서 교황만이 공의회를 소집할 권한이 있다면 그 공의회들은 전부 이단임에 틀림없다. 초기 기독교에서 사도회의를 소집한 것은 베드로가 아니라 사도와 원로들이었으며, 가장 유명한 니케아 공의회를 소집한 것도 로마의 주교가 아니라 콘스탄티누스 황제(280?~337)였다. 루터는 한 걸음 더 나아가 교황이 죄가 있을 때에는 공의회를 통하여 교황을 벌해야 한다고까지 주장한다.[16]

여기까지의 논의는 루터가 개인의 자유와 평등을 주창했음을 명명백백하게 보여준다. 그렇다면 루터는 오늘날 우리가 이해하는 개인주의를 주창했다고 볼 수 있을 것이다. 그러나 루터는 개인주의자가 아니었다. 방금 앞에서 그의 입장을 종교적 개인주의라고 규정한 것은 오늘날의 관점에서 그의 신학을 재구성한 것이다. 개인주의는 르네상스와 인문주의의 관심사였지, 루터 신학의 관심사는 아니었다. 루터가 궁극적으로 관심을 가진 것은 신-인간의 관계 또는 신-영혼의 관계, 즉 개인이 어떻게 신 앞에 서고 어떻게 구원을 받을 수 있는가 하는 문제였으며, 따라서 그에게 개인의 실존은 어디까지나 신에게 의존한다. 개인은 초개인적 사회체로부터 자유롭지만 그의 실존은 신에게 속박되고 예속된다.

---

15 같은 책, 27쪽 이하.
16 같은 책, 32~33쪽.

루터의 개인주의는 신에 속박된 개인주의다. 그것은 종교적 개인주의다. 이에 반해 오늘날 우리가 이해하는 개인주의에서는 개인이 초개인적 사회체로부터뿐만 아니라 신으로부터도 해방된 독립적이고 자율적인 존재로 설정된다. 그것은 세속적 개인주의다.

이는 자유와 평등에 대한 루터의 논의를 다시 한 번 검토해 보면 보다 명백해질 것이다. 먼저 루터가 말하는 자유란 개인이 스스로 결정하고 행위하는 의지나 능력이 아니라 신과 그의 말씀에 속박된 상태다. 그것은 어디까지나 타율적, 보다 정확히 말하자면 신율적(神律的) 자유인 것이다.[17] 루터는 가톨릭에 반하여 개인을 초개인적 사회체에의 속박으로부터 해방했지만 이 자유로운 개인을 다시금 신과 그의 말씀에 속박했던 것이다. 루터는 자유의 투사라기보다 신의 선물로서의 그리고 신의 말씀에의 속박으로서의 자유를 위한 투사였다.[18] 요컨대 루터에게 자유란 속박된 자유였던 것이다.

그런데 루터의 자유는 신에게만 속박된 것이 아니라 이웃에도 속박되어 있다. 그의 자유는 이중적 속박을 특징으로 한다.[19] 이에 대한 근거를 루터는 신의 말씀의 성육신인 그리스도에서 찾는다. 그리스도는 모든 것의 주인이지만 자유인인 동시에 종이며 신의 형상과 종의 형상을 동시에 지닌다는 것이다.[20] 기독교인은 이러한 그리스도를 모본(模本) 삼아 자발적으로 이웃을 섬김으로써 신을 기쁘게 해야 한다. 진정한

17   Kardinal Walter Kasper, 앞의 책(2016), 47쪽.
18   Thomas Nipperdey, "Luther und die moderne Welt", in: *Geschichte in Wissenschaft und Unterricht 36*/1985, 803~13쪽, 여기서는 808쪽; Markus Wriedt, "Luthers Verhältnis zu Demokratie und individueller Freiheit", in: *Luther, Zeitschrift der Luther-Gesellschaft 85*/2014, 149~63쪽, 여기서는 159, 161쪽.
19   Markus Wriedt, 앞의 글(2014), 159쪽.
20   마르틴 루터, 앞의 책(2010), 11쪽.

기독교인의 삶은 "기쁨과 사랑 가운데에서 지극히 자유롭게 섬기는 일에 종사하는 것이다."[21] 루터는 『기독교인의 자유에 대하여』에서 다음과 같이 역설하고 있다.

기독교인은 모든 일을 위하여 봉사하는 지극히 충성스러운 종이며 모든 사람에게 종속된다.[22]

그리고 만인사제직에 나타난 평등도 오늘날 우리가 이해하는 평등과는 거리가 한참 멀다. 그것은 복음과 믿음, 그리고 세례를 전제로 하는, 그러니까 신에 속박된, 신 앞에서의 평등이다. 게다가 교회는 개인의 자유로운 계약에 의한 공동체가 아니라 그들의 의지를 초월하면서 그들을 자신의 지체로 포괄하는 유기적 실체다. 루터는 교회를 인간의 작품이 아니라 신의 말씀, 즉 복음에 의해 창조된 것으로 이해한다. 교회의 유일하고 영원하며 확실한 표지는 말씀이다. 왜냐하면 "교회는 오로지 복음을 통해서만 잉태되고, 형성되고, 부양되고, 태어나고, 양육되고, 목양되고, 옷 입고, 치장하고, 강화되고, 무장하며 유지되기 때문이다. 간단히 말해 교회의 전체적인 생명과 본질은 신의 말씀에 있다."[23]

이처럼 복음은 교회의 근원과 본질이며 교회가 존속하고 성장하고 기능하며 그 내적-외적 특징과 형태를 갖추는 전제조건이 되는 것이다. 이러한 복음과 교회의 관계를 루터는 다음과 같은 간단명료한 명제

---

21 같은 책, 131쪽.

22 같은 책, 9, 91쪽.

23 Martin Luther, "Ad librum eximii Magistri Nostri Magistri Ambrosii Catharini, defensoris Silvestri pieratis acerrimi, responsio"(1521), in: *Dr. Martin Luthers Werke. Kritische Gesamtausgabe (Weimarer Ausgabe), Band 7*, Weimar: Hermann Böhlaus Nachfolger 1897a, 698~778쪽, 여기서는 721쪽.

에 함축적으로 표현하고 있다.

말씀이 있는 곳에 교회가 있다.[24]

여기까지의 논의를 요약하자면, 루터는 비록 개인의 자유와 평등을 주창했지만 결코 근대적 의미의 개인주의자이거나 개인주의 이론가라고 볼 수 없다. 그의 자유와 평등은 철저하게 신과 그의 말씀에 속박되어 있었다. 심지어 루터는 인간이 자유의지가 아니라 노예의지를 갖고 구원 과정에서 전적으로 신에게 의존한다고 주장한다. 자유의지는 전적으로 신에게 귀속되는 속성이다. 루터에 따르면, 인간의 의지는 짐 나르는 짐승과 같아서 그 위에 신이 올라타면 신이 원하는 곳으로 가고 사탄이 올라타면 사탄이 원하는 곳으로 간다. 인간은 고작해야 인간 아래에 있는 것들에 대해서만 어느 정도 자유를 가질 뿐이다. 이 점에서 루터는, 인간이 자유의지를 갖고 구원 과정에서 신과 적극적으로 협력한다는 인문주의자 에라스무스(1466~1536)와 완전히 상반된다.[25] 니체식으로 말하자면, 인간이 주인도덕의 소유자가 아니라 노예도덕의 소유자라는 것이 루터의 견해다.[26]

24　Martin Luther, "Die Promotionsdisputation von Johannes Machabäus Scotus" (1542), in: *Dr. Martin Luthers Werke. Kritische Gesamtausgabe* (*Weimarer Ausgabe*), *Band 39/2*, Weimar: Hermann Böhlaus Nachfolger 1932, 145~84쪽, 여기서는 176쪽.

25　고든 루프·필립 왓슨, 『루터와 에라스무스: 자유의지와 구원』, 두란노아카데미 2011 (이성덕·김주한 옮김; 원제는 Gorden Rupp·Philip Watson, *Luther and Erasmus, Free Will and Salvation*).

26　다음의 인용구절에서 명백하게 드러나듯이, 니체에게 부터는 근대정신의 숙적이었다. "**르네상스와 종교개혁** ── 이탈리아의 르네상스는 근대 문화가 은혜를 입은 모든 긍정적인 힘을 자신 안에 숨기고 있었다. 즉 그 힘은 사상의 해방, 권위의 멸시, 혈통의 긍지에 대한 교양의 승리, 과학과 인간의 과학적인 과거에 대

그렇다면 다음과 같은 의문이 제기될 수밖에 없다. 이처럼 비개인주의적인, 아니 반개인주의적인 루터가 근대의 중요한 지표 가운데 하나인 개인화에 결정적으로 기여했다고 말하는 것은 자기모순이 아닌가?

한 감격, 개인의 해방, 겉모습과 단순한 효과에 대한 혐오와 성실성의 불타는 열정(자기 작품에서의 완전함, 자신의 최고의 도덕적 순수성을 가지고 오로지 완전함만을 요구했던 예술적인 성격으로 가득 차 활활 타올랐던 열정)이었다. 실로 르네상스는 **지금까지의** 우리 현대 문화에서 단 한 번도 그렇게 다시 강했던 적 없는 긍정적인 힘을 가지고 있었다. 르네상스는 모든 오점과 부도덕에도 불구하고 이 천년의 황금시대였다. 그런데 이에 비해 독일의 종교개혁은 뒤떨어진 정신의 단호한 항의라는 점에서 대조적이다. 그들은 여전히 중세의 세계관에 전혀 싫증을 내지 않았으며, 중세가 해체되어 가는 징후, 종교적 삶이 지나치게 천박해지고 피상적이 되는 것을 당연한 일로 환호하는 것이 아니라 깊은 불만을 느꼈을 뿐이다. 그들은 북유럽적인 힘과 완고함으로 사람들을 다시 퇴보시켰고 가톨릭교의 정당방위, 즉 반종교개혁 운동을 계엄 상태와 같은 폭력행위로 제압했다. 그리고 고대의 정신과 근대의 정신이 완전히 하나로 유착되는 것을 아마 영원히 불가능하게 만들었을 뿐만 아니라 과학의 완전한 각성과 지배를 200~300년 정도 지연시켰다. 르네상스의 위대한 과제는 끝까지 이루어질 수 없었다. 그사이에 뒤떨어진 독일적 본성(독일적 본성도 중세 시대에는 그들의 안녕을 위해 끊임없이 되풀이하여 알프스를 넘어가고자 했던 분별력은 충분히 가지고 있었다)의 저항이 이것을 방해했던 것이다. 그 당시 루터가 살아남은 것과 그의 저항이 힘을 얻었던 것은 특별한 정치적 우연에 의한 것이었다. 왜냐하면 황제는 그의 개혁을 교황에 대한 압력의 도구로 활용하기 위하여 루터를 보호했으며, 마찬가지로 교황은 프로테스탄트적인 제후를 황제에 대한 견제의 힘으로 이용하기 위하여 은밀히 그를 지원했기 때문이다. 모든 의도의 이런 진기한 합작극이 없었다면 루터는 후스처럼 화형당하고 말았을 것이다. ― 그리고 계몽의 아침놀은 아마 우리가 지금 예상할 수 있는 것보다 훨씬 더 아름다운 광채를 띠고 떠올랐을 것이다." 프리드리히, 니체, 『인간적인 너무나 인간적인 1』, 책세상 2001 (김미기 옮김; 원제는 Friedrich Nietzsche, *Menschliches, Allzumenschliches*), 238~40쪽. 그런데 한 가지 매우 흥미로운 점은, 이처럼 루터를 근대정신의 숙적으로 본 니체가 사실 초기에는 루터를 근대정신의 아버지 또는 적어도 그 창조자들 가운데 한 사람으로 보았다는 사실이다. 여기서는 루터와 종교개혁에 대한 니체의 입장을 자세히 논할 수는 없고 다음을 언급하는 것으로 만족하기로 한다. 김미기, 「루터와 종교개혁에 대한 니체의 이해」, 『한국니체학회연구』 제2집/1996, 215~46쪽.

루터가 아니라 르네상스와 인문주의가 근대 개인주의를 각인한 것이 아닌가?

실제로 근대 개인주의는 루터가 아니라 르네상스와 인문주의에 그 계보학적 연원을 두고 있다. 근대적 개인주의는 개인을 종교적 속박으로부터 해방된 자율적이고 주체적인 존재로 간주하며, 따라서 신율적 개인을 설정하는 루터와는 대척적인 관계에 있다고 할 수 있다. 그러나 루터가 개인화와 근대적 개인주의에 대해 갖는 의미는 르네상스나 인문주의보다 훨씬 크다. 그러니까 근대적인 르네상스와 인문주의가 아니라 중세적인 루터가 근대성의 한 중요한 지표에 더 크게 기여했던 것이다. 이 자기모순적 테제는 '근대성'과 '근대화의 잠재성'을 구별하면 자연스레 해결될 것이다.[27]

그 구별이 무엇인가는 막스 베버의 연구를 보면 확연하게 드러날 것이다. 1904~05년에 발표한 저 유명한 논문 「프로테스탄티즘의 윤리와 자본주의 정신」에서 베버는, 일반적으로 상호 무관한 또는 상호 배타적인 것으로 간주되는 종교와 경제 사이에 선택적 친화성과 인과적 관계가 있음을 논증하고 있다. 근대 자본주의 정신을 주조한 가장 중요한 문화적 요소가 바로 종교개혁 이후에 발전한 금욕적 프로테스탄티즘, 특히 칼뱅주의라는 것이 베버의 논지다. 이처럼 종교가 근대적 문화에 결정적으로 기여할 수 있었던 이유는 종교의 근대성이라기보다 거기에 내포된 근대화의 잠재성 때문이다. 다시 말해 종교가 철학과 같은 여타의 정신적 조류보다 더 근대적이었기 때문이 아니라 더 많은 근대로의 변환 가능성을 내포하고 있었기 때문이다. 그리고 이 변환의 잠재성은

---

27 이는 슈무엘 아이젠슈타트(1923~2010)가 사용한 개념인 프로테스탄티즘의 '변환적 잠재성', '변환적 능력' 등을 원용한 것이다. Shmuel N. Eisenstadt, *Tradition, Wandel und Modernität*, Frankfurt am Main: Suhrkamp 1979, 236쪽 이하.

시대적 상황에서 나온 것이다.

구체적으로 말해 그 잠재성은 "종교적 의식 내용이 생활양식, 문화, 민족성에 대해 가졌던 의미를 그것이 실제로 그랬던 것만큼 **그렇게 크게 표상할 수 없는**" 시대적 상황에서 나온 것이다.[28] 당시는 "내세가 전부이고, 성만찬에 참여할 수 있는 자격에 기독교인의 사회적 지위가 달려 있으며, 또한 성직자가 목회, 교회 규율, 설교를 통해 주는 감화가 […] 우리 현대인들이 **절대 더 이상 상상할 수 없을 만큼** 막대한 영향력을 행사한" 시대였다.[29] 그리고 보다 일반적으로 베버가 세계종교의 경제 윤리에 대한 비교종교학적 연구를 시도하는 근거는 무엇보다도 "과거에는 도처에서 주술적인 또는 종교적인 힘과 이것들에 대한 신앙에 근거한 윤리적 의무 관념이 생활양식을 형성하는 가장 중요한 요소에 속했다"는 사실에서 찾을 수 있다.[30]

베버가 분석한 프로테스탄티즘의 윤리에는 루터주의가 포함되지 않는다(칼뱅주의, 경건주의, 감리교 및 재세례파 운동에서 발생한 분파들이 그 논의의 대상이다). 그러나 루터주의도 내세가 전부인, 그러니까 종교적인 너무나 종교적인 시대의 종교였으며, 따라서 나름대로의 방식으로 개인의 행위, 생활양식, 문화 등에 결정적인 막대한 영향력을 행사할 수밖에 없었다.

방금 앞에서 언급한 바와 같이, 개인주의에 관한 한 인간은 노예의지의 소유자라고 주장한 루터는 인간의 자유의지를 인정하는 에라스무스보다 근대적이지 못했다. 그러나 루터가 갖는 근대화의 잠재성은 에라스무스보다 훨씬 더 컸다. 에라스무스는 인간이 자유롭고 인격적이고

---

28 막스 베버, 앞의 책(2010), 369쪽.
29 같은 책, 332쪽.
30 같은 책, 26~27쪽.

합리적이며 윤리적으로 행위하고 그에 대한 책임을 진다고 설파했지만, 그 사회적 영향력은 교육을 받은 시민계층과 같이 특정한 계층이나 집단에 한정적일 수밖에 없었으며 그 심리적 영향력도 개인의 삶을 근본적으로 변화시킬 만큼 클 수가 없었다. 요컨대 한 사회집단에 속하는 모든 개인에 의해 공유되는 세계관으로서의 개인주의를 창출할 수 없었다. 그러기 위해서는 종교적 정당화와 의미부여가 필요했다. 이것을 제공한 것이 바로 루터의 종교적 개인주의였던 것이다.

루터는 개인이 성서주의에 입각하여 직접 신에게 호소하고 직접 신과 교통하는 것만이 구원에 이르는 유일한 길이라고, 따라서 그 밖의 모든 인간적 제도, 전통, 권위는 타파되어야 한다고 설파했다. 심지어 교회 권력과 권위의 정점인 교황도 성서에 위배되는 행위를 하는 경우 "성서의 편에 서서 그를 책망하고 억제하는 것이 의무"라고, 그리고 죄업이 있을 때에는 공의회를 통하여 그를 벌해야 한다고 역설했다.[31]

내세적 구원이 초미의 관심사이던 당시 루터주의자들은 개인과 그 내면적 신앙에 지향된 루터의 교리를 철저하게 체화하고 그에 따라 자신들의 사고, 행위, 생활양식, 말하자면 자신들의 전 존재를 조직하고 영위할 수밖에 없게 되었다. 그렇지 않으면 구원의 가능성이 주어지지 않을 것이라고 믿었기 때문에, 아니 믿을 수밖에 없었기 때문이다. 그 결과 개인은 독립적이고 자율적인 존재가 되었고 그 존재에게 절대적인 의미와 가치를 부여하게 되었다. 개인화가 진행되었고 개인주의가 형성되었던 것이다. 물론 이 개인주의는 철학에서처럼 이론적으로 정립된 것이 아니라 종교적 구원을 위한 실천을 하는 과정에서 발전한 것이며, 따라서 이론적 개인주의가 아니라 실천적 개인주의라고 하는 것이 합당할 것이다. 그리고 이 실천적 개인주의는 루터가 의도하지 않은 결

---

31   마르틴 루터, 앞의 책(2010), 31~32쪽.

과였다.

아무튼 세계사적 사실로서의 그리고 집단 현상으로서의 근대 개인
주의를 창출한 것은 비교적(秘敎的)이고 엘리트적인 인문주의가 아니
라 바로 루터의 신학이었다.[32] 그것은 사회적 신분이나 집단에 관계없

---

32 Thomas Nipperdey, 앞의 글(1985), 808쪽. 종교개혁 이후 "기독교인은 철저하게
신에게 의존하게 되었다. 기독교인의 신앙·은총·칭의는 전적으로 신에 근거했
다. 이러한 신앙의 확실성은, 비록 지식인들과 성직자들이 어느 정도 우위를 점
할 수 있었지만, 사실상 사회적 신분이나 종교적 깨달음의 정도와는 무관했다.
이로써 모든 기독교인이 원칙적으로 동등한 종교적 기회를 획득함과 동시에 종
교적-교회적 질서 내에서 일정한 독립과 자격을 획득했다. 비록 이 독립과 자격
은 교회적 구속을 결코 배제하지 않았지만 ── 의심할 여지없이 교회에의 소속이
자유로운 결정의 조건이자 여건으로 이해되었다 ── 개인의 신앙이 더 이상 일
차적으로 교회에의 소속에 의해 규정되지 않도록 했다. 그렇다고 해서 아직 계
몽주의적 사회에서 볼 수 있는 것과 같은 '초기 시민계층'의 자율적 주체가 형
성된 것은 아니다. 그리고 종교개혁 시대에는 그 어디에서도 정치적 자율성이나
정치적 자결로의 전환이 일어나지 않았다. 심지어 토마스 뮌처(1490?~1525)
의 종교개혁에서도 일어나지 않았고, 아마도 17세기 영국의 분파에서 단초적으
로 일어났을 것이다. 비록 그렇지만 처음으로 종교적-교회적 전통으로뿐만 아
니라 사회적-정치적 전통으로부터도 해방된 인간의 자립과 자결이 공론화되었
다. 종교적-정치적 '직접성'이라는 관념은 당시의 사회에 주어진 질서로부터 현
저한 정도의 자유와 자율성을 함의하는 것이었다. 그것은 원칙적으로 사회적 기
회를 의미했지만 인간에게 무리한 요구이기도 했다. 왜냐하면 강대한 신과의 교
통에서 더 이상 종교적 의식이나 업적이 그 중간에 끼어들 수 없었기 때문이다.
이러한 요구는 종속적이고 단순한 민중보다는 독립적인 엘리트가, 그리고 도시
공동체나 촌락 공동체의 '정상적인' 구성원보다는 사회적으로 무정향적(無定向
的)인 집단이 더 용이하게 처리할 수 있었다. 게다가 구원의 확실성이 없었고 종
교적 자율성은 정신적 위험부담을 내포하고 있었기 때문에, 저주에 대한 불안
이 일어났고 이 불안은 다시금 새로운 부자유로 이어졌다./아무튼 각자가 홀로
이 문제를 해결해야만 했다. 개인들에게 사회적으로 또는 정신적으로 도움을 주
는 교회규율 제도가 강한 호응을 얻었다는 사실도 바로 여기에 그 원인이 있었
다. 비록 종교개혁 시기에 교파화를 통해서, 그리고 기독교 신자들을 국가나 정
치적 공동체에 새로이 결속함으로써 그들을 성숙하게 만들고 성숙하게 되도록

이 모든 기독교인에게 절대적인 타당성과 구속력을 갖는 가치 및 의미 체계이자 세계 해석 및 행위 체계였다. 물론 오늘날 우리가 이해하는 개인주의는 루터의 신학에 의해 단숨에 출현한 것은 아니다. 그것은 종교적 제약이 매우 큰 루터의 개인주의와 달리 세속적 개인주의로서 장기간에 걸친 발전 과정의 산물이다. 루터에 의해 촉발된 개인주의는 칼뱅에 이르면 훨씬 더 근대적인 형태를 취하게 된다. 칼뱅주의자들은 교회, 성직자, 성례전 그리고 궁극적으로는 신 자체로부터도 분리되어 완전히 독립적이고 자율적인 개인으로서 궁극적으로 자기 자신에게만 의존하게 되었다. 그러나 — 자명한 일이지만 — 이 역시 아직은 종교적 색채를 완전히 벗어나지 못한 상태였다. 왜냐하면 칼뱅주의에서는 신의 나라가 궁극적인 목적이었기 때문이다.[33] 그 후 계몽주의에 이르러 세속

하려는 시도가 또다시 중단되었지만, 여하튼 종교개혁과 더불어 원칙적으로 낡은 종교적 질서의 확고 부동성, 자명성 및 전통적 구속력이 깨졌고 자결, 아니 자기 성찰이 발전할 수 있었던바, 이것은 곧 종교적, 적어도 교회적 틀도 부수게 되었다. 이는 무엇보다도 영국의 사례에서 잘 드러난다. 거기서는 정치적 혁명과 종교적 자결이 아주 밀접하게 결합되었다." Richard van Dülmen, *Religion und Gesellschaft. Beiträge zu einer Religionsgeschichte der Neuzeit*, Frankfurt am Main: Fischer Taschenbuch Verlag 1989, 14~15쪽.

33 칼뱅의 개인주의는 막스 베버의 「프로테스탄티즘의 윤리와 자본주의 정신」을 보면 단적으로 드러난다. 베버에 따르면, 칼뱅의 예정론은 프로테스탄트들에게 구원과 저주 또는 선택과 유기는 이미 영원으로부터 예정된 것이고, 따라서 신(神) 자신도 이를 변경할 수 없는 것이라고 가르쳤는데, "비장함을 불러일으킬 만큼 비인간적인" 이 교리로 인해 **각자 개인이** 직면하는 전대미문의 내적 **고독감**"이라는 심리학적 결과가 초래되었다. "종교개혁 시대의 인간에게 가장 결정적인 삶의 관심사는 다름 아닌 영원한 구원이었는데, 이제 그들은 영원으로부터 확정된 운명을 따라 고독하게 자신의 길을 가는 것 이외에 달리 방법이 없었다. 아무도 그들을 도와줄 수 없었다. 설교사도 도울 수 없었다. — 왜냐하면 오직 선택받은 자만이 신의 말씀을 영적으로 이해할 수 있기 때문이다. 성례전도 도울 수 없었다. — 왜냐하면 성례전이 신의 영광을 더하기 위해 신에 의해 명령된 것이며, 또한 그러므로 반드시 지켜야 하는 것이 사실이긴 하지만, 신의 은총을 얻기 위

한 수단이 아니라 단지 신앙의 주관적인 '외적 보조 수단'(externa subsidia)에 지나지 않기 때문이다. 교회도 도울 수 없다. — 왜냐하면 참된 교회를 멀리 하는 자는 신으로부터 선택받은 자들에 결코 속할 수 없다는 의미에서 '교회 밖에서는 구원이 없다'(extra ecclesiam nulla salus)라는 명제가 타당하기는 하지만, 신의 선택을 받지 못한 자들도 (외적) 교회에 속하며, 아니 교회에 속하고 그 규율에 복종해야 **하기** 때문이다. 그런데 그들은 이를 통해서 구원을 얻기 위해서가 아니라 — 이것은 불가능하다 — 그들도 신의 영광을 위해 신의 계명을 지키지 않을 수 없기 때문이다. 마지막으로 — 심지어 신조차도 도울 수 없다. 왜냐하면 그리스도 역시 오직 선택된 자들만을 위해 죽었으며, 신은 영원으로부터 그들을 위하여 속죄의 죽음을 내리기로 결정했기 때문이다." 막스 베버, 앞의 책(2010), 182쪽. 이처럼 예정론에 의해 초래된 개인의 심대한 내적 고독감이라는 심리학적 효과는 우선 다음과 같은 사회학적 결과를 초래하게 되었다. 즉 칼뱅주의자들은 신으로부터 소명받은 자본주의적 직업과 노동에 헌신하고 이로부터 발생하는 이윤을 쾌락이나 향락 또는 경제 외적 목적을 위해서 낭비함이 없이 지속적인 사업에 투자함으로써 신의 영광을 증대시키고자 노력하게 되었다. 왜냐하면 그들은 바로 이러한 행위를 통해서만 자신의 구원 상태, 즉 자신이 신으로부터 구원으로 예정된 자들에 속한다는 것을 내적·외적으로 확증할 수 있었기 때문이다. 이러한 확증은 물론 어디까지나 신의 은총에 대한 인식 근거이지 결코 실재 근거가 아니다. 그것은 어디까지나 주관적 근거이지 객관적 근거가 아니다. 왜냐하면 칼뱅주의의 예정론에 따르면, 신이 이미 영원으로부터 특정한 인간을 구원 또는 선택으로, 그리고 나머지 인간을 저주 또는 유기로 예정했으며 이는 신 자신도 변경할 수 없기 때문이다. 그리고 예정론에 의해 초래된 개인의 심대한 내적 고독감이라는 심리학적 효과는 한 걸음 더 나아가 다음과 같은 사회학적 결과를 초래하게 되었다. 칼뱅주의자들은 교회, 성직자, 성례전 그리고 궁극적으로는 신 자체로부터도 분리되어서 독립적이고 자율적인 개인으로서 궁극적으로 자기 자신에게만 의존하게 되고 직업윤리를 바탕으로 금욕적이고 합목적적으로 행위하고 직업 외적인 일상생활 역시 금욕적이고 조직적으로 구조화하고 영위하게 되었다. 그 결과 종교개혁 이전까지 '수도원의 골방'에 한정되어 있던 금욕주의, 그러니까 수도사의 탈세속적이고 초세속적인 금욕주의가 수도원의 높은 담장을 넘어서 신에 의해 구원으로 예정된 자들의 세속적 금욕주의로 확산되었다. 이는 다음을 요약·정리한 것이다. 김덕영, 앞의 글(2010), 618~22쪽.

이렇게 보면 칼뱅주의의 개인주의는 종교적 제약을 완전히 벗어던진 것이라는 식으로 해석할 여지가 있다. 내가 보기에 이 문제는 게오르그 짐멜(1858~

적 개인주의가 출현하게 된다. 그런데 이 개인주의는 단순히 종교개혁과 더불어 출현하고 발전한 개인주의를 극복하고 타파한 결과라기보다그 실천적 개인주의에 대한 이론적-철학적 성찰의 결과로 보는 것이타당하다. 종교개혁 이후 개인주의는 점차 인간적 삶과 행위의 보편원리가 되어갔다. 그러나 여전히 그 '모태'인 종교의 '탯줄'을 달고 있었는데, 계몽주의는 이 탯줄을 자르고 개인주의를 신이 아닌 이성의 토대위에 구축했다. 그리고 이 과정에서 르네상스와 인문주의에 이념적 '젖줄'을 댔던 것이다.

1918)의 힘을 빌리면 어렵지 않게 해결할 수 있다. 짐멜에 따르면, "칼뱅의 종교적 관념은 거룩하고 무한한 신의 의지와 경험적 인간세계의 객관적 질서"라는두 가지 요소로 구성된다. 칼뱅은 다음과 같이 이 둘의 원대한 종합을 제시한다."실재적인 삶이 다름 아닌 이 삶 자신의 내재적인 그리고 순수하게 객관적인 규범과 필요에 의해 미리 설정된 유형의 완성으로 이어져야 한다. 그리고 바로 그렇게 됨으로써 신의 의지가 가장 잘 실현되고 우리 행위에 대한 신의 축복이 가장 명료하게 상징된다." 요컨대 "칼뱅주의에서는 신의 나라가 절대적인 목적이다. 그러나 거기에 도달하기 위하여 지상적인 것이 마치 그 자체가 목적인 것처럼 취급된다. 칼뱅에게는 이 두 절대성 사이에서 모든 형이상학적 의미가 펼쳐진다. 개인 자체는 이 의미로부터 배제된다. 개인은 말하자면 그 두 절대성이 교통할 수 있도록 이어주는 다리에 지나지 않거나 또는 그것들의 교통이 일어나는 데에 없어서는 안 될 소재에 지나지 않는다. 또한 개인은 가치를 대변하는 삶을 살 뿐 절대로 그 자체적인 동인에 의한 삶을 살 수 없다. 그리고 개인은 자신에게 할당된 상대성의 차원에서 절대적인 의미를 갖지 않는바, 이 의미는 그 상대성의 차원에서 오히려 객관적인 가치에만, 그러니까 개인적인 것의 그리고 특히 공동체적 삶의 초(超)인격적 구조에만 귀속된다." 게오르그 짐멜, 『렘브란트: 예술철학적 시론』, 도서출판 길 2016 (김덕영 옮김; 원제는 Georg Simmel, *Rembrandt. Ein kunstphilosophischer Versuch*), 277쪽 이하, 직접 인용은 278, 281쪽.

2. 탈주술화

여기에서 사용하는 '탈주술화'는 막스 베버로부터 온 것이다.[34] 베버는 (세계의) 탈주술화라는 공식으로 근대 세계의 발전논리와 구조원리를 기술하고 설명하고 있다. 탈주술화란 말 그대로 주술로부터 벗어나는 것, 즉 주술로부터의 해방을 의미한다. 일반적으로 주술은 신이나 혼령 또는 악령에게 무엇을 희사하거나 또는 강제하거나 매수하거나 심지어 위협함으로써 인간이 필요로 하는 재화를 얻어내는 신앙 형태를 뜻한다. 그러므로 주술 세계에서는 인간과 신, 그리고 피안(彼岸)과 차안(此岸)의 분리와 긴장이 약할 수밖에 없다. 이 두 세계를 매개하고 중재하는 존재가 주술사다. 바로 이러한 주술적 세계관으로부터 벗어나는 것이 탈주술화다. 탈주술화된 세계에서는 합리적인 과학적-기술적 수단과 계산에 의해 문제를 해결한다.

베버는 세계의 탈주술화 과정을 크게 두 범주, 즉 종교적 탈주술화 과정과 과학적 탈주술화 과정으로 나누어 고찰한다. 여기서는 지면 관계상 전자에 초점을 맞추기로 한다.[35] 종교는 초월적 신의 존재를 통해 — 또는 초월적 질서를 통해 — 신과 인간 사이에 또는 피안과 차안 사이에 극복할 수 없는 간극을 설정한다. 이제 인간은 신이 원하는 또는

---

34 이 단락과 아래의 네 단락은 다음을 요약·정리한 것이다. 김덕영, 앞의 책(2012), 667쪽 이하.

35 일반적으로 과학이라 함은 경험적 세계에 대한 단순한 지식이 아니라 그것에 대한 합리적이고 체계적인 사유와 인식의 체계, 그리고 방법 및 논증을 의미한다. 과학은 세계를 초월적 존재나 초자연적 존재가 작동하는 장으로 파악하거나 특정한 가치나 목적이 구현되는 장으로 파악하지 않고 단지 인과적 메커니즘으로 파악한다. 과학에 의한 세계의 탈주술화 과정은 크게 보아 헬레니즘에서 시작되어 르네상스를 거쳐 근대과학에서 완성되었다. 이에 대한 자세한 내용은 다음을 참고할 것. 같은 책, 681쪽 이하.

명하는 바에 따라 윤리적으로 행위해야 한다. 그리하여 비합리적인 의식이나 터부 대신에 합리적이고 조직적인 생활양식이 전면에 등장한다. 더불어 주술은 기적으로 대체된다. 기적은 신이 합리적으로 이 세계를 지배하는 행위이며, 신의 내적 의지에 의한 은총이다. 그러므로 기적은 근본적으로 인간이 측량할 수 없으며 일종의 "이 세상적 기계 신"인 주술과 근본적으로 달리 인간이 희사, 강제, 매수 또는 위협을 통해 얻어낼 수 있는 것이 아니다.[36] 인간이 할 수 있는, 그리고 해야 하는 것은 초월적이고 절대적인 신에 대한 기도와 찬양뿐이다.

베버에 따르면, 종교적 탈주술화 과정이 진행되는 데에는 다음과 같이 여섯 단계가 중요했다.

1. 고대 유대교의 상대적 유일신교 그리고 신과 그 백성 사이의 계약적 동맹이라는 표상
2. 레위족에 의한 구비(口碑) 경전의 점진적인 문서화와 정경화(正經化) 및 율법윤리적 체계화 그리고 특히 불운의 예언자에 의한 신념윤리적 승화
3. 유대교 내부의 혁신운동으로서의 예수운동과 바울의 전도에 의한 그 운동의 인종적-사회적 한계의 극복
4. 로마제국에 의한 기독교적 종교 공동체의 인정과 서방 교회의 성직 카리스마적 구원 기관으로의 발전
5. 중세의 비교적 통일적인 기독교 문화의 구축과 서임(敍任) 논쟁의 해결을 통한 교권제적 권력과 정치적 권력의 독특한 중재
6. 종교개혁과 그에 따르는 교파화 또는 분파화 시대 그리고 연이은 종

---

36 여기에서 말하는 "기계 신"(Deus ex machina)은 고대 그리스의 연극에서 공중에서 내려오는 기계로서, 마치 신처럼 극중의 복잡한 문제를 해결한다.

물론 이 과정은 단선적인 진화론적 과정이 아니라 세계의 탈주술화
와 재주술화가 부단히 상호교차하며 점진적으로 이루어진 변증법적 과
정이다.[38] 이 탈주술화와 재주술화의 변증법적 과정은 중세에도 있었
다. 원래 기독교는 주술과 상극적이고 적대적인 종교다.[39] 왜냐하면 유
일신만을 인정하며, 따라서 인간이 구원을 추구하는 과정에서 그 어떤
신적 존재와도 관계를 맺거나 호소하지 못하도록 하기 때문이다. 중세
사회가 기독교화되면서 점차로 세계에서 작용하는 모든 긍정적인 힘은
신·교회·성직자와 그리고 모든 부정적인 힘은 사탄과 관련되었으며
(사탄은 신의 도구라고 생각되었다), 따라서 모든 주술적 사고와 행위가 배
척되었다. 이제 구원이나 재앙은 의식이나 터부와 같은 인간적 행위의
결과가 아니라 신이 작용하거나 사탄이 작용한 결과가 지배하게 되었
다. 요컨대 중세적 세계의 탈주술화가 일어난 것이다.

그러나 중세 사회가 기독교에 의해 지배되고 철저하게 교회화하면서
상황은 다음과 같이 근본적으로 바뀌었다. 첫째, 가톨릭교회는 공개적
으로는 민중의 주술적 사고와 행위를 비난하면서도 그것이 기독교적-
교회적 구원에 어긋나지 않는 한 관용적인 태도를 보였다. 둘째, 가톨
릭교회는 기존의 다양한 주술적 전통을 기독교적 정신으로 변용하거나

---

37 Wolfgang Schluchter, *Die Entzauberung der Welt. Sechs Studien zu Max Weber*,
   Tübingen: Mohr Siebeck 2009, 8쪽.
38 같은 곳.
39 이 단락과 아래의 단락은 다음을 요약·정리한 것이다. Richard van Dülmen, 앞
   의 책(1989), 208~09쪽; Richard van Dülmen, *Kultur und Alltag in der frühen
   Neuzeit*, München: C. H. Beck 1994, 80쪽. 중세 후기의 종교적 삶의 중심축은
   미사, 성례전(성사)과 준성사 그리고 성인숭배 및 그와 밀접하게 연관된 성지순
   례라고 할 수 있다. 같은 책(1994), 60~61쪽.

자신의 구원적 실천에 편입했다. 중세의 수많은 종교적 실천, 예컨대 준성사(準聖事), 성인숭배, 특히 마리아숭배, 성지순례 등은 다양한 방식으로 주술적 요소와 결합되었으며, 바로 그 때문에 이미 종교개혁이 일어나기 오래전부터 그로 인해 기독교적 복음을 왜곡한다는 비판이 제기되어 왔다. 가톨릭교회는 종교와 주술의 광범위한 융합 과정을 통해 자신의 정신적 지배력을 강화하고 삶과 세계 해석의 다른 모든 기제를 무력화할 수 있었다. 셋째, 심지어 가톨릭 신앙의 중심적인 영역인 미사와 성례전에서도 주술과 기독교의 공생관계가 형성되었다. 가톨릭교회와 신학자들은 미사와 성례전이 그 자체로서 구원의 효력을 갖는다고 설파했다. 이 점에서 교회적 주술이라고 할 수 있을 것이다.[40] 요컨대 중세적 세계의 재주술화가 일어났던 것이다.[41]

루터는 ─ 그리고 더 나아가 개신교 일반은 ─ 방금 언급한 세 가지 범주 모두를, 특히 가톨릭교회와 연결된 두 번째 및 세 번째 범주를 주술로 간주했으며, 이에 따라 첫 번째 범주와 두 번째 및 세 번째 범주에 대해 서로 다른 태도를 보였다. 먼저 민중에 확산된 주술에 대해서는 그것이 기독교적 신앙에 배치되지 않고 이교도적인 것이 아닌 한 관용적

---

40 가톨릭의 교리에 따르면, 7가지의 성례전이 있는데, 7성사라고 하며 구체적으로 세례성사, 성체성사(성만찬), 견진성사, 고해성사, 병자성사, 성품성사, 혼인성사가 있다. 그리고 준성사가 있는데, 이는 말 그대로 성사에 준하는 의례를 가리킨다. 성사가 그리스도에 의해 제정된 것이라면, 준성사는 교회의 오랜 전통과 관습에서 기인한 것이다. 준성사는 성사의 효력을 받을 준비를 하거나 성사의 효력을 지속시키는 데에 그 의미가 있다. 준성사는 크게 기도, 도유(塗油), 식사, 고백, 희사, 축복의 6가지로 나누어볼 수 있다.

41 가톨릭에서는 고대 유대교에서 볼 수 있던 신의 초월성이 그 절대적 성격을 상실하게 되면서 세계의 재주술화가 일어났다. 다시 말해 성서적 요소와 성서 외적 요소의 거대한 합성을 이룸으로써 주술적 세계관이 창출되었다. Peter L. Berger, *Zur Dialektik von Religion und Gesellschaft. Elemente einer soziologischen Theorie*, Frankfurt am Main: Fischer Taschenbuch Verlag 1988, 117쪽.

태도를 보였다. 물론 가능한 한 가톨릭보다 강력하게 주술을 배척했다. 이에 반해 마리아숭배, 성인숭배, 성지순례, 준성사 등과 같은 가톨릭적 선행을 폐지하고 가톨릭적 의례의 중심인 미사와 성례전을 주술적 요소로부터 해방함으로써 순수한 기독교 복음을 보존하려고 했다. 자명한 일이지만 이러한 교회적 주술과의 투쟁은 민중적 주술에도 커다란 영향을 끼칠 수밖에 없었다.[42] 가톨릭적 주술에 대한 루터의 투쟁은 한 마디로 이른바 행위칭의사상에 대한 투쟁이라고 할 수 있다. 행위칭의사상이란 인간이 선행을 통해 신 앞에서 의롭다 함을 얻는다는 사상이다. 이에 대한 투쟁의 신학적 무기는 다름 아닌 이신칭의사상, 즉 인간은 오직 믿음을 통해서만 신 앞에서 의롭다 함을 얻는다는 사상이다.

그렇다면 선행이란 무엇인가? 루터는 『선행에 대하여』(1520)에서 이 문제를 자세하게 다루고 있다. 로마 가톨릭에서는 미사, 교회 축일, 서원, 자선, 면죄부 구매, 수도원에서의 금욕적 삶, 성인숭배, 성지순례, 금식, 철야기도 등과 같이 좁은 의미의 종교적 행위만을 선행으로 간주했다. 요컨대 가톨릭에서는 '연출된 경건'이 곧 선행이었던 것이다.[43] 이를 루터는 다음과 같이 비판한다.

그들이[연출된 선행을 하는 사람들이] 손일을 하고, 걷고, 서고, 먹고, 마시고, 자며, 육신의 자양을 위해서나 공공복리를 위해서 온갖 일을 할 때 이것도 선행으로 간주하며, 또한 이러한 일이 신을 기쁘게 한다고 믿는가 하고 물으면, 그들은 "아니다"라고 말할 것이다. 그리고 그들은 선행을 너무나 좁게 이해하기 때문에 단지 교회에서 드리는 기도와 금식과 자선

---

42 Richard van Dülmen, 앞의 책(1989), 210쪽; Richard van Dülmen, 앞의 책 (1994), 81~82쪽.

43 Bernhard Kaiser, "'Gute Werke' nach der Theologie Martin Luthers", 2013 (http://www.irt-ggmbh.de/downloads/luther-von-den-guten-werken.pdf).

만 행할 것이다. 그들은 다른 일들을 쓸데없는 것으로 여기며, 또한 신이 그런 것들을 바라지 않는다고 생각한다. 그리하여 믿음으로 행하고 말하고 생각하는 모든 것이 신을 섬기는 일임에도 불구하고 그들은 자신들의 저주받을 불신을 통하여 그 섬김을 제한하거나 축소해 버린다.[44]

루터에 따르면 방금 열거한 것과 같이 아주 일상적인, 아니 아주 소소한 인간의 행위도 신의 계명에 의한 것이라면 선행이 된다. "먼저 신이 금한 죄 이외에는 아무 죄도 없는 것처럼" —— 루터는 이 문장으로 『선행에 대하여』의 맨 앞부분을 장식한다 ——

> 신이 명령한 선행 이외에는 아무 선행도 없다는 것을 알아야 한다. 그러므로 누구나 선행을 알고 행하려는 사람은 신의 계명 이외에는 그 어떤 것도 알 필요가 없다. 그런 까닭에 그리스도는 "생명에 들어가려면 계명을 지켜라"고 말한다(「마태복음」 제19장 제17절). [⋯] 요컨대 우리는 선행을 식별하는 방법을 신의 계명에서 배워야 한다. 그렇지 않고서 행위 자체의 겉모양이나 크기나 수에서 배워서는 안 되며, 또한 인간의 판단이나 인간적 법규나 우리가 익히 아는 방식, 즉 우리의 무지로 인해 신의 계명을 완전히 경멸한 채 과거에 행해졌고 현재에도 여전히 행해지는 방식에서 배워서도 안 된다.[45]

그런데 신의 계명은 선행의 형식적 기준일 따름이다. 실질적-내용적으로는 믿음이 결정적인 역할을 한다.[46] 신에 대한 믿음에 근거하는, 그

---

44 Martin Luther, "Von den guten Werken"(1520), in: *Dr. Martin Luthers Werke. Kritische Gesamtausgabe* (*Weimarer Ausgabe*), *Band 6*, Weimar: Hermann Böhlau 1888a, 202~76쪽, 여기서는 205쪽.

45 같은 책, 204쪽.

러니까 신을 신뢰하고 인간이 하는 모든 것이 신을 기쁘게 한다는 것을 확신하고서 하는 행위는 비록 그것이 짚 한 오라기를 집어올리는 것처럼 지극히 사소할지라도 선한 것이다. 그렇지 않은 행위는 비록 그것이 죽은 자들을 다 소생시키고 자신을 불사르는 것처럼 지극히 숭고한 것일지라도 선한 행위가 아니다.[47] 루터는 한 걸음 더 나아가 믿음을 모든 선행 가운데 제일가며 최고의 그리고 가장 고귀한 선행이라고 본다.[48] 다름 아닌 믿음에서

> 모든 행위가 균등해지고 한 행위가 다른 행위와 똑같이 되며, 또한 행위가 크든지 작든지, 길든지 짧든지 또는 많든지 적든지 간에 그것들 사이의 모든 구별이 없어진다. 왜냐하면 행위는 그 자체로 인해서가 아니라 믿음으로 인해서 가납(加納)될 수 있기 때문이다. 아무리 수가 많고 아무리 그 종류가 다르다고 할지라도 모든 행위 안에서는 오직 믿음만이 아무 차별 없이 균등하게 존재하고 작용하며 생명력을 갖는다. 이는 마치 몸의 모든 지체가 머리에 의하여 생명력을 갖고 작용하며 그에 합당한 이름을 갖는 것과 같다. 머리가 없으면 그 어떤 지체도 생명력을 갖고 작용하며 그에 합당한 이름을 가질 수 없다.[49]

이러한 신학적 논리에 입각해 보면, 신에 대한 믿음이 없고 따라서 신의 자비와 은총과 선의에 의지하지 않고 다른 것들이나 다른 사람들에게서 또는 자기 자신에게서 그와 같은 것을 찾는 자는 결국 주술을 행한다는 논리가 성립한다.[50] 주술은 신의 계명과 무관하게 인간에 의해

---

46 Bernhard Kaiser, 앞의 글(2013).
47 Martin Luther, 앞의 책(1888a), 206쪽.
48 같은 책, 204쪽.
49 같은 책, 206~07쪽.

제정된 독단적인 선행으로서 우리 자신을 향하는 반면 신의 계명에 근거하는 진정한 선행은 우리 이웃을 향하고 이웃을 섬기며, 그리하여 신을 기쁘게 한다. 이와 관련하여 루터는 다음과 같이 말하고 있다.

> 우리 자신의 독단적인 선행은 우리를 자신에게 그리고 자신 안으로 인도하여 오직 우리의 유익과 구원만을 구하게 한다. 그러나 신의 계명은 우리를 이웃으로 인도함으로써 다른 사람의 구원을 위하여 그들을 이롭게 할 것이다. 이는 마치 그리스도가 십자가에 달렸을 때 그 자신만을 위해서가 아니라 오히려 우리를 위하여 기도한 것과 같다. 그리스도는 "아버지여, 저들을 용서하여 주옵소서. 저들은 자신들이 행하는 것을 알지 못하나이다"라고 말했다(「누가복음」 제23장 제34절).[51]

이러한 행위, 선행 및 주술의 논리에 입각하여 루터는 가톨릭적 주술을 비판하는바, 이는 크게 가톨릭 신앙의 중심적인 영역인 미사와 성례전에 대한 비판과 성인숭배에 대한 비판으로 나누어볼 수 있다. 가톨릭적 주술에 대한 루터의 비판은 무엇보다도 1520년에 출간된 『교회의 바빌론 유수에 대하여』에 잘 나타나 있다. '바빌론 유수'란 기원전 597년부터 538년까지 유대인들이 신(新)바빌로니아 왕국의 수도 바빌론에 유수된 사건을 가리킨다.[52] 그리고 '교회의 바빌론 유수'란 기독교, 좀

---

50 같은 책, 210쪽.

51 같은 책, 242쪽. 루터는 『대교리문답』(1529)에서 다음과 같이 역설하고 있다. "믿음으로는 오직 신을 섬기며 행위로는 사람을 섬긴다." 마르틴 루터, 앞의 책 (2017), 117쪽.

52 바빌론 유수(幽囚)는 비빌론 포로(捕虜) 또는 바빌론 포수(捕囚)라고도 하며, 총 세 차례에 걸쳐 일어났다. 기원전 601년 신바빌로니아의 왕 네부카드네자르 2세는 유다 왕국의 수도 예루살렘을 함락시키고 597년 그 상층계급의 사람들을 바빌론에 포로로 끌고 갔다. 이것이 제1차 바빌론 유수다. 또한 기원전 586년 예루

더 정확히 말하면 성례전과 미사가 반성서적으로 해석되고 집행되는 실상을 비유적으로 표현한 것이다. 루터가 보기에 당시 교회는 모든 주술의 근원이자 주원인인 로마교황(청)에 비참하게 유수됨으로써 자유를 박탈당했으며, 따라서 그 '주술의 정원'으로부터 교회를 해방해서 자유롭게 만드는 것이 매우 시급한 신학적 과제였다.[53] 내가 보기에『교회의 바빌론 유수에 대하여』는 한 마디로 교회를 주술로부터 해방하는 신학적 작업이었다. 그것은 교회의 탈주술화 작업이었다.

루터는 가톨릭의 일곱 가지 성례전 가운데 세례와 성만찬 및 참회만을 성례전으로 인정한다.[54] 나머지는 그리스도가 제정한 것이 아니라 로마교황(청)이 아무런 성서적 근거도 없이 자의적으로 제정한 것이며, 따라서 진정한 성례전이 될 수 없다. 더 나아가 로마교황(청)은 이 세 가지 성례전을 비참하게 유수함으로써 주술 상태로 전락시켜 버렸다. 여기서는 성만찬에 ── 그리고 루터가 그와 밀접한 관계에서 논의하는 미사에 ── 논의의 초점을 맞추기로 한다. 그 이유는 첫째 지면 관계상이고, 둘째 너무 복잡하고 전문적인 신학적 논의가 전개되면 일반인들이 이해하기 어렵기 때문이다. 내가 보기에 성만찬과 미사에 대한 논의만으로도 루터의 탈주술화 작업을 이해하기에 충분할 것이다. 세례와 참회의 탈주술화 작업도 성만찬과 미사의 탈주술화 작업과 같은 틀에서

살렘은 다시 함락되고 완전히 파괴되어 대부분의 주민이 바빌론으로 납치되었다. 이것이 제2차 바빌론 유수다. 그리고 582년 유다의 모든 도시가 파괴되고 주민들은 포로로 끌려갔다. 이것이 제3차 바빌론 유수다. 바빌로니아를 정복한 페르시아의 키루스 대왕(성서에는 고레스 왕이라고 표기되어 있다)이 유대인들에게 팔레스티나로 돌아갈 것을 허용함으로써 바빌론 유수는 막을 내렸다.

53 '주술의 정원'은 막스 베버에게서 따온 개념이다. Max Weber, *Wirtschaft und Gesellschaft. Grundriss der verstehenden Soziologie*, Tübingen: J. C. B. Mohr (Paul Siebeck) 1972 (5. Auflage; 1. Auflage 1922), 379쪽.
54 나중에 루터는 참회를 성례전에서 제외한다.

전개되기 때문이다.

루터는 로마에 의한 성만찬의 유수를 불완전성과 불평등성, 화체설 (化體說) 그리고 성만찬과 미사를 선행과 봉헌제(제사)와 동일시라는 세 가지 측면으로 나누어 고찰하고 있다. 첫째, 불완전성은 성만찬 시 사제에게는 포도주와 빵을 모두 받도록 하는 반면 평신도에게는 빵만을 받게 하는 것, 그러니까 평신도에게 성만찬의 두 가지 요소 가운데 한 가지 요소를 거부하는 것을 말하며, 불평등성은 그로부터 연원하는 사제와 평신도 사이의 위계성과 차별성을 가리킨다. 루터는 이러한 성례전적 불완전성과 불평등성이 성서적 근거가 전혀 없는 왜곡된 의례라고 논박한다. 예컨대 다음과 같은 성서 구절만 보아도 성만찬에 참가한 모든 사람이 빵과 포도주를 받도록 해야 한다는 것이다. "그들이 먹을 때에 예수께서 빵을 가지고 축복하시고 떼어 제자들에게 주시며 이르시되 받아서 먹으라. 이것은 내 몸이니라 하시고 또 잔을 가지사 감사 기도하시고 그들에게 주시며 이르시되 너희가 다 이것을 마시라. 이것은 죄 사함을 얻게 하려고 많은 사람을 위하여 흘리는바 나의 피 곧 언약의 피니라"(「마태복음」 제26장 제26절 이하; 「누가복음」 제22장 제17절 이하; 「고린도전서」 제11장 제23절 이하). 요컨대 성례전의 불완전성과 불평등성을 야기하고 조장하는 로마 사람들은 성서에 반하여 그들의 허구에만 의존하며, 따라서 "이단자들이며 불경건한 분열주의자들"일 따름이다.[55]

둘째, 화체설은 미사에서 성만찬의 빵과 포도주가 그리스도의 살과 피로 변한다는 가톨릭 신학의 이론이다. 좀 더 정확히 말하면, 빵과 포도주의 본질이 그리스도의 몸과 피의 본질로 변하고, 형체·색·맛 등과 같은 부수적인 혹은 본질에 귀속되는 성질은 존재에서 중요히

---

55   Martin Luther, 앞의 책(1959), 24쪽.

지 않기 때문에 변하지 않는다는 것이 화체설이다. 이는 라틴어로 '화체'를 의미하는 'transsubstantiation'을 보면 잘 드러난다. 'trans'는 변화를, 'substantiation'은 본질 또는 실체라는 의미다. 그러니까 본질 또는 실체가 다른 본질 또는 실체로 변하는 것이 화체인 셈이다. 화체설은 1215년 제4차 라테란 공의회에서 공식적인 가톨릭 교리로 채택되었다.[56] 그리고 스콜라주의의 집대성자인 토마스 아퀴나스에 의해 신학적으로 공식화되고 체계화되었는데, 이 과정에서 아퀴나스는 모든 존재를 그 본질과 거기에 귀속되는 부수적인 성질로 구별하는 아리스토텔레스 철학에 준거했다.

이처럼 성례전의 교리가 형이상학적 스콜라주의와 혼용되어 있고 후자는 다시금 기독교와 무관한 아리스토텔레스 철학에 의존하고 있는 상태, 이를 루터는 성례전의 유수로 본 것이다. 그것은 철학에 의한 성례전의 유수이자 이성에 의한 성례전의 유수다. 아퀴나스에 따르면 이성은 신이 인간에게 준 선물, 즉 인간이 필요로 할 때 신의 신비를 이해할 수 있도록 신이 인간에게 준 정신적 능력이다.[57] 루터가 보기에 성례전은 철학과 이성에 의해 유수되어 왔을 뿐만 아니라 더 나아가 이교도에 의해서도 유수되어 왔다. 왜냐하면 ── 이미 제2장 제4절에서 자세하게 살펴본 바와 같이 ── 루터에게 아리스토텔레스는 이교도일 뿐이기 때문이다.

그런데 내가 보기에 비록 루터가 『교회의 바빌론 유수에 대하여』에서는 언급하지 않았지만 성만찬은 또 한 가지 중요한 측면에서 화체설에 의해 유수되어 왔다. 그것은 주술에 의한 성만찬의 유수, 그러니까 성만

---

56 이 공의회에서 투르의 베렌가리우스(?~1088)의 상징적 성만찬론이 배격되었다. 베렌가리우스에 따르면, 빵과 포도주는 그리스도의 몸과 피를 상징하는 것이고 성만찬은 그리스도를 기념하는 것이다.

57 디아메이드 맥클로흐, 앞의 책(2011), 67쪽.

찬의 주술화이며, 따라서 우리의 논의를 위해서는 방금 논한 것보다 더 중요한 의미를 갖는다. 어떻게 빵과 포도주가 그리스도의 몸과 피로 변하는가? 가톨릭 신학에 따르면, 이 변화는 사제에 의해서 이루어진다. 미사에서는 사제가 빵과 포도주에 성령의 은총이 내리기를 기원한 후 예수가 최후의 만찬에서 축성(祝聖)을 한다. 다시 말해 "이 빵은 내 몸이요 이 포도주는 내 피이다"라고 말한다. 바로 이 축성을 통해 빵과 포도주가 그리스도의 몸과 피로 변한다.[58] 결국 화체는 주술적 행위가 되고 가톨릭 사제는 화체의 기적을 행하는 주술사가 되는 셈이다.[59]

이러한 가톨릭의 화체설에 반하여 루터는, 그리스도의 몸과 피는 빵과 포도주 안에 실제로 존재한다는 실제적 임재설(臨在說)을 내세운다.[60] 루터는 주장하기를, "성례전에서는 참 몸과 참 피가 있기 위하여 빵과 포도주가 변하고 그리스도가 그 부수적인 성질 아래에 포함될 필

---

58 Gerhard Ludwig Müller, *Katholische Dogmatik. Für Studium und Praxis der Theologie*, Freiburg/Basel/Wien: Herder 1996 (Zweite, durchgesehene und verbesserte Auflage), 695쪽 이하.

59 막스 베버, 앞의 책(2010), 201쪽.

60 그 밖에도 종교개혁 시기에는 상징설 또는 기념설과 영적 임재설이 중요한 성만찬론으로 제시되었다. 츠빙글리는 성만찬에서의 빵과 포도주는 그리스도의 몸과 피를 상징하는 것으로, 그리고 성만찬이란 십자가에 못 박혀 죽고 부활한 그리스도를 기념하는 행위로 해석했다. 이를 상징설 또는 기념설이라고 한다. 츠빙글리가 이런 성만찬론을 내세운 배경에는 인문주의의 영향이 자리하고 있었다. 그리고 칼뱅은 성만찬 시 그리스도는 실제로가 아니라 영적으로 임재한다는 성만찬론을 주창했다. 이를 영적 임재설이라고 한다. 성만찬론은 종교개혁가들에 아주 중요한 의미를 지녔다. 그리하여 루터와 츠빙글리는 1529년에 벌인 성만찬 논쟁 이후 결별하게 되었다. 그러나 이 세 주요 종교개혁가들에게 공통적인 출발점과 지향점은 가톨릭의 화체설을 부정하는 데에 있었나. 다음을 보면 이 세 종교개혁가들의 성만찬론에 대한 전반적이고 체계적인 조망을 얻을 수 있다. 아카기 요시미츠, 『종교개혁자의 성만찬론』, 만우와장공 2010 (김종무 옮김; 원제는 赤木善光, 聖晩餐).

요가 없다." 그리고 이에 대한 근거를 루터는 성서에서 찾는다. 그리스도는 성서의 여러 곳에서 나음과 같이 말하고 있다. "이 빵은 내 몸이다. 이 포도주는 내 몸이다."[61] 더 나아가 루터는 기독론과의 유비를 통해 자신의 성만찬론이 신학적 타당성을 갖는다는 것을 입증하려고 한다. 기독교 신학에 따르면, 그리스도는 신성의 성육신(成肉身)이다. 그런데 "신성이 그 [그리스도] 안에 육신적으로 거하기 위하여(「골로새서」 제2장 제9절) 인성이 변하여 신성이 인성의 부수적인 성질 아래에 포함될 필요가 없다. 두 본성은 그저 총체적으로 존재할 따름이며, 따라서 '이 인간은 신이고 이 신은 인간이다'라고 참되게 말할 수 있다." 요컨대 ― 루터는 이렇게 결론짓는다 ― "그리스도에 관하여 참된 것은 성례전에 관하여도 참되다."[62]

셋째, 로마 가톨릭에서는 미사를 선행이자 봉헌제(제사)로 간주한다. 루터가 보기에 이는 교회의 가장 심각한 유수이며 기독교 신앙의 가장 불신적(不神的)인 오용이다. 그리고 이 오용은,

> 다른 무수한 오용을 가져옴으로써 성례전의 신앙은 완전히 소멸되었으며 거룩한 성례전이 단순한 상품, 시장 및 영리사업으로 변질되었다. 그리하여 영적 참여, 형제단, 대도(代禱), 공적, 기념제, 추도제 그리고 유사한 상품이 교회에서 매매되고 거래되며 교환되고 있다. 여기에 사제와 수도사의 모든 생계가 달려 있다.[63]

요컨대 가톨릭교회에 의해 거룩한 미사가 단순한 선행과 봉헌제(제

---

61 Martin Luther, 앞의 책(1959), 35쪽.
62 같은 곳; 파울 알트하우스, 앞의 책(1994), 514쪽(각주 2).
63 Martin Luther, 앞의 책(1959), 35~36쪽.

사)라는 주술적 행위로 전락했고 그로부터 무수한 주술이 파생되었다는 것이 루터의 비판이다. 교회의 가장 심각한 유수이며 기독교 신앙의 가장 불경건한 오용으로 인해 교회와 세상이 '주술의 정원'이 되어버렸다는 것이다.

루터에 따르면, 미사는 인간의 행위가 아니라 약속 또는 언약의 말씀이다. 보다 정확히 말하자면, 미사는 "그리스도의 몸과 피의 성례전으로 봉인된 그의 거룩한 약속 또는 언약일 따름이다."[64] 이 약속 또는 언약은 신이 우리 죄를 용서해 준다는 은총의 약속 또는 언약으로서 그의 아들의 죽음으로 확증된 것이다. 그러니까 미사는 그리스도의 말씀과 성례전으로 구성되며, "바로 그 말씀에 그리고 오로지 그 말씀에 미사의 능력과 본질 및 완전한 실체가 있다. 그 밖의 모든 것은 그리스도의 말씀에 첨부된 인간의 행위이며, 따라서 그것들 없이도 미사는 미사로 유지되며 존속할 수 있다."[65] 그러므로 미사에서 인간이 필요로 하는 것은 "인간 자신의 어떤 행위나 능력이나 공적이 아니라 오직 믿음, 보다 구체적으로 말하면 그리스도의 거룩한 약속 또는 언약의 말씀에 대한 믿음"뿐이다.[66] 이러한 신-인간 관계에서 사제의 역할이 도출된다. 사제는 봉사자일 따름이다. 미사는 "신의 거룩한 약속이라는 선물로서 사제의 손으로 모든 사람에게 제공된다."[67]

미사는 신이나 인간에게 주어질 수 없다. 오히려 신만이 사제의 봉사를 통하여 인간에게 미사를 주며, 인간은 어떤 행위나 공적 없이 오로지 믿음으로 그것을 받는다. 누더기를 걸친 거지가 부자에게서 선물을 받을 때 그

---

64   같은 책, 47쪽.
65   같은 책, 36, 38쪽.
66   같은 책, 38~40쪽.
67   같은 책, 51쪽.

것을 거지가 선행을 하는 것이라고 주장하리만치 어리석은 자는 없을 것이다. […] 요컨대 미사는 다른 사람들에게 전달될 수 있는 행위가 아니라 (이미 앞에서 말한 바와) 믿음의 대상이라는 것이 확실한바, 그 목적은 각자의 믿음을 강화하고 기르기 위한 것이다.[68]

여기까지 간략하게 논의한바, 미사에서의 신-인간-사제 관계를 다음과 같이 도표로 나타내면 보다 명확하게 와 닿을 것이다.

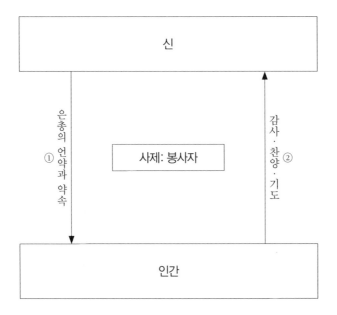

이 모든 것에도 불구하고 ── 루터는 이렇게 비판한다 ── 미사는 로마 교회에 의해 행위, 즉 선행과 봉헌제로 변질됨으로써 가장 불신적(不神 的)인 주술로 전락하고 말았다. 그리하여 약속 또는 언약의 말씀과 그에

---

68 같은 곳.

대한 믿음의 자리에 선행이 들어섰고 신의 은총에 대한 기도와 감사와 찬양의 자리에 봉헌제(제사)가 들어섰다. 그와 더불어 신-인간-사제의 관계도 완전히 전도되어 사제는 봉사자에서 주술사로 변질되었다. 원래 우리는 사제를 통하여 신에게 어떤 것을 능동적으로 드리는 것이 아니라 사제를 통하여 수동적으로 신의 은총과 그 표지를 받는 것이다. 그럼에도 불구하고 로마 교회는 우리가 사제를 통하여 신을 위하여 능동적으로 선행을 하고 제사를 드림으로써 구원의 효력을 얻을 수 있다고 가르쳐왔다.[69] 오늘날 사제들은 ──루터는 비판하기를── 미사를 자신들의 욕구와 죽은 자이든 산 자이든 다른 사람들의 욕구를 충족해 주는 행위로 생각하는 결정적인 오류를 범하고 있다. 그 결과 대도, 기념제, 추도제 등과 같은 무수한 인간적 행위와 그 규정들이 구원의 효력이 있다는 식으로 '신학적으로' 상품화되어 교회와 수도원이라는 '내부장'에서 판매되고 있다. 주술화된 미사는 교회와 수도원의 풍성한 수입의 토대로 기능할 뿐이다.[70] 요컨대 우리 시대에는 ──루터는 계속하여 비판하기를── "모든 사제와 수도사가 저들의 주교 및 저들의 모든 상관과 더불어 우상숭배자[주술사]임이 분명하다. 그들은 이처럼 미사나 성례전이나 신의 약속에 대해 무지하며 그것들을 오용하고 조롱하기 때문에 극히 위험한 상황 속에서 살고 있는 것이다."[71]

여기까지 간략하게 논의한바, 주술로 변질된 미사에서의 신-인간-사제 관계를 다음과 같이 도표로 나타내면 보다 명확하게 와 닿을 것이다.

---

69   같은 책, 47, 49~50쪽.
70   같은 책, 49~50쪽.
71   같은 책, 42쪽.

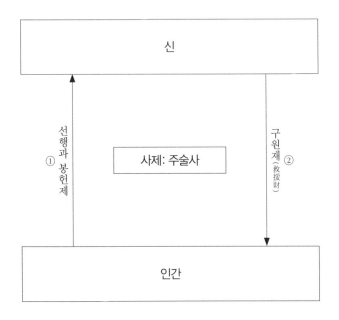

루터가 보기에 교회적 주술의 극치는 인간의 신격화다. 이와 관련하여 루터는 1529년에 출간된 『대교리문답』에서 다음과 같이 말하고 있다.

모든 영적 직분은 오로지 양심과 관련되어 있다. 그런데 지금은 우상의 버팀목이 되어버렸다. 영적 직분은 (사람들의 양심을 건드려서) 도움과 위로, 하늘의 지복을 "자신의 행위에서 찾으라!" 하며 하늘에 있는 신을 끌어내리고 있다. 그러고는 얼마나 많은 헌금을 했는지, 얼마나 자주 금식을 했는지, 얼마나 많은 미사를 드렸는지와 같은 것에만 몰두한다. 이런 일에 의지하면서, "난 원래부터 신으로부터 받은 선물이 아무것도 없었지만, 선행을 많이 하고 노력하니 이제는 이렇게 많은 것을 벌어들일 수 있게 되었다"고 자랑한다. 이것은 마치 "신은 우리의 종, 우리에게 빚진 자, 그리고 우리는 신을 부리는 영주"라고 떠벌이는 것과 별반 다르지 않다./ 신을 우상으로 만들고, '내가 바로 신'이라고 스스로 목을 곧추세우는 것과 무엇이 다를까?[72]

이러한 피조물의 신격화는 행위칭의사상의 논리적 귀결이라고 할 수 있다. 이미 앞에서 언급한 바와 같이, 행위칭의사상이란 인간이 선행을 통해 신 앞에서 의롭다 함을 얻는다는 사상이다. 그런데 이러한 주술적 관념이 극단화되면서 인간이 도움과 위로뿐만 아니라 하늘의 지복, 즉 내세적 구원도 신이 주는 것이 아니라 자신의 노력으로 구한 것이라고 생각하게 된다는 것이다. 그리하여 신은 신격화된 인간에게 봉사하는 주술사로 전락하게 된다는 것이다. 그리고 모든 영적 직분, 그러니까 로마 교회에 속하는 모든 사제, 수도사, 주교 그리고 궁극적으로 로마교황이 이 극단적인 주술화에 전적으로 책임이 있다는 것이 루터의 확신이다.[73]

루터의 탈주술화 작업의 또 다른 중요한 대상은 성인숭배에서 찾아볼 수 있다. 다음의 인용문에서 분명하게 알 수 있듯이, 중세 후기에는 성인숭배가 아주 광범위하게 행해졌다. "모든 사람은 세례를 통해 자신만의 세례명을 얻었고 모든 사회적 집단과 신분, 길드, 도시 등은 자신의 특별한 성인을 수호성인으로 숭배하면서 그 축일을 기념하고 예배당과 제단을 설립했다. 그 밖에도 사람들은 특별히 중요하거나 위급한 일에 그것을 관할하는 성인에게 호소할 수 있었다. 성인숭배는 교회에

---

72 마르틴 루터, 앞의 책(2017), 61~62쪽.
73 루터가 보기에 주술은 "교황 신학의 우발적인 요소가 아니라 본질적인 요소"다. 주술은 교황 신학의 원리인 것이다. 교황은 "성스러운 사물을 '날조하고' 신이 그에게 하라고 명령한 것에 족하는 대신에 의식적으로 신의 의지에 반하여 행위하고 성서를 남용한다. 그는 '적극적인' 주술사다." Jörg Haustein, *Martin Luthers Stellung zum Zauber-und Hexenwesen*, Stuttgart/Berlin/Köln: W. Kohlhammer 1990, 120~21쪽.

서 그리고 수많은 행렬과 성지순례를 통해서 이루어졌으며 일상적 삶에서도 무수한 표징을 통해서 이루어졌다. 사람들은 교회에 의해 진정한 신앙의 증인으로 선언된 성인들에게 신과의 중재를 청하거나 각종 위난에 대한 구체적인 도움을 청했다. 그들은 용기를 주었고 기적을 일으켰다. 특히 마리아가 신의 어머니로 숭배되었다."[74] 이 인용문에서 드러나듯이, 성지순례는 성인숭배와 밀접한 관계에 있었다.[75] 기독교 신자라면 누구나 자신이 속한 교구에서 성인숭배를 행할 수 있었다. 그러나 성지순례는 비일상성을 체험할 수 있는 기회라는 점에서 특별했다. 순례자들은 성지에서 치유나 특별한 구제를 얻을 수 있었다. 성지는 은총의 장소였다. 특히 마리아 성지로 많은 사람들이 모여들었다. 중세 후기에는 수많은 성지가 있었고 성지 간에 치열한 경쟁이 일어나는 경우가 드물지 않았는데, 그 이유는 순례지가 신자들에게 은총의 장소인 동시에 교회, 교구 및 수도원에게 중요한 수입원이 되었기 때문이다.[76]

아무튼 성인숭배에 대해 루터는 다음과 같이 말하고 있다.

우리는 이제껏 교황권 밑에서 시키는 대로 우매하게 움직였다. 이가 아프면 금식하고 성 아폴로니아를 찾아 숭배했다. 집에 불이 날까 무서우면 불의 수호성인인 성 로렌스를 찾아갔다. 역병이 무서우면 성 세바스티아

---

74 Richard van Dülmen, 앞의 책(1994), 60쪽.
75 물론 그렇다고 해서 모든 성지순례가 성인숭배와 연결되었다는 뜻은 아니다. 예컨대 빌스낙이 순례지가 된 이유는 성인이 아니라 성체에 있었다. 1383년 빌스낙 성당이 한 기사의 명으로 소실(燒失)되었는데, 이때 축성된 성체 세 개가 손상되지 않고 핏자국이 묻어 있는 상태로 발견되었다고 한다. 이 기적을 접하고 수많은 순례자가 모여들어 작은 마을이 도시로 변했다고 한다. 1522년 빌스낙이 개신교 지역이 되면서 한 목사가 기적의 성체를 태워버림으로써 성지순례가 끝났다고 한다.
76 Richard van Dülmen, 앞의 책(1994), 75~76쪽.

누스나 성 로크를 찾아가 서원기도를 했다. 돌아보면 셀 수 없을 정도로 많은 흉한 일이 우리 주변에서 일어났다. 그때마다 거기에 걸맞은 성인을 골라서 빌었고 이 흉측한 일에서 구해 달라고 기도했다. 이 모든 것은 아주 어리석은 짓이고 악마와 계약을 맺는 일에 속한다. 악마는 사람들에게 돈을 퍼다 주고 애정 문제도 해결해 주고 그들의 가축을 보호하기도 하고 잃어버린 재산을 되찾게 하는 등의 일을 하기도 한다.

그런데 이런 일은 마법사나 무당들이나 하는 짓이다. 이런 사람들은 모두 참된 신이 아닌 다른 곳에 마음을 두고 의지한다. 그렇기에 신으로부터 나오는 참으로 선한 것들을 기대하지도 구하지도 않는다.[77]

요컨대 루터는 성인숭배를 주술의 일종으로 보고 단호하게 거부했다. 그런데 이는 『대교리문답』에 나오는 구절이다. 1529년의 일이다. 그러나 루터가 처음부터 성인숭배에 대하여 부정적인 입장을 취했던 것은 아니다. 초기에는 성인숭배의 상대적인 정당성을 인정했다. 다만 그 남용을 비판했을 뿐이다. 성인들에게서 신을 찾을 수 있고 신의 영광이 찬미되는 한 예컨대 크리스토포루스(?~250?)는 '그리스도를 업어 나른 자'로서 그리스도의 십자가가 갖는 의미를 되새겨 볼 수 있게 한다.[78]

---

77 마르틴 루터, 앞의 책(2017), 56~57쪽. 성 아폴로니아(?~249)는 치아를 모두 뽑힌 채 순교했기 때문에 치통을 없애는 데 효험이 있는 성인으로 숭배된다. 성 로렌스(225~58)는 초기 기독교의 일곱 부제 가운데 한 사람으로 화형에 처해져 순교했다. 성 세바스티아누스(256~88)는 로마의 페스트를 막은 순교자이고 성 로크(1295~1327)는 중세에 페스트가 창궐했을 당시 병자들을 치료했던 순교자다. 같은 책, 56쪽 각주 9~11.

78 크리스토포루스는 원래 그리스어(Χριστόφορος)로 '그리스도를 업어 나른 자' 라는 뜻이다. 그는 기독교를 전파하다가 250년경 순교했다. 가톨릭의 14성인 가운데 한 사람으로 축일은 7월 25일이다. 전하는 바에 의하면, 그가 한 소년을 업고 강을 건넜는데 그가 바로 그리스도였다고 한다. 그리하여 크리스토포루스라는 이름이 붙여졌다고 한다.

게다가 루터는 세속적 목적을 위한 성인숭배에서 그 효력에 대한 믿음에 결정적인 힘이 있다고 보았다. 그런데 그 효력을 믿음이 아니라 성인의 힘에 돌리는 것은 남용이다. 성인숭배의 의미는 오직 신의 영광을 드높이고 기독교인의 믿음을 개선하는 데에서만 찾아야 한다. 그러다가 1527년에는 다음과 같은 명제를 제시하기에 이른다. "당신이 카타리나를 위해서 기도하고 금식할 때 당신은 사탄을 숭배하는 것이다."[79]

루터가 언급한 카타리나는 구체적으로 이집트의 알렉산드리아에서 순교한 여성으로 알렉산드리아의 카타리나라고 불린다. 그녀는 위대한 네 명의 동정녀 성인 가운데 하나이자 가톨릭 14성인 가운데 한 사람이다(그녀의 축일은 11월 25일이다). 기독교인을 박해하는 로마 황제 막센티우스(278?~312)가 50명의 현자를 보내어 그녀를 설득하여 로마의 신들에게 제물을 바치게 하려 했으나 그녀는 오히려 그들을 그리고 심지어 황후까지도 기독교로 개종시켰다. 그로 인해 수많은 톱니와 못이 박힌 네 개의 수레바퀴에 매달려 갈기갈기 찢겨 죽는 형벌에 처해졌다. 그녀가 간절하게 기도하자 한 천사가 검을 들고 내려와 수레바퀴를 부숴버렸지만 결국 카타리나는 참수되었는데 잘린 목에서 피가 아니라 우유가 흘러나왔다. 그녀의 시신은 천사들에 의해 시내 산으로 옮겨졌다. 그로부터 500년이 지난 후 그녀의 성유물이 발견되었고 바로 그 장소에 '카타리나 수도원'이 세워져 그녀를 기리고 있다. 그녀는 많은 학교와 철학부 그리고 재봉사, 재단사, 마차 제작자, 수리공, 보모, 유모 등의 수호성인이다. 그런데 루터가 보기에 이처럼 위대한 성인을 숭배하는 것은 그리스도의 십자가가 갖는 의미를 드러내는 일도 아니요, 신의

---

79 Uwe Rieske-Braun, "Glaube und Aberglaube. Luthers Auslegung des Ersten Gebotes 1516/18", in: *Lutherjahrbuch* 69/2002, 21~46쪽, 여기서는 39~40쪽; Jörg Haustein, 앞의 책(1990), 122쪽.

영광을 드높이는 일도 아니요, 기독교인의 믿음을 증진하는 일도 아니다. 그것은 단지 사탄을 숭배하는 일에 불과할 뿐이다. 이로부터 루터에게 성인숭배는 행위칭의사상에 뿌리를 둔 주술의 일종에 불과했다.

이어서 루터는 『탁상담화』(1566)에서 성인숭배는 주술의 근원이자 주원인인 교황과 추종자들이 제정한 헛된 관행, 그것도 이교도들에게서 배워 제정한 헛된 관행이라고 비판한다. 이교도들은 "신을 무수히 많은 형상과 우상으로 구분하고, 각각에게 독특한 특성과 직무를 배정하고서 그들에게 기도했던 것이다." 그러므로 성인을 숭배하는 것은 "너무나 혐오스러운 무지요, 이단이다."[80] 교황과 교황주의자들은 ── 루터는 비판하기를,

> 염치도 없이 기독교인의 신분을 망각한 채 이런 행위를 모방함으로써 신의 전능한 능력을 부정한다. 그들은 신의 말씀에서 떠나 저마다 자기 소견에 옳은 대로 견해를 취한다. 이는 마치 사제 중 한 사람이 미사를 거행하면서 제단에서 여러 제병(祭餠)을 한꺼번에 축성하려고 할 때 "이것은 내 몸이라"고 말하는 것이 문법에 맞지 않는다고 생각하고서 "이것들은 내 몸들이라"고 말하고, 후에 "내가 문법을 제대로 알지 못했다면 이단에 떨어져 하나의 제병에 대해서만 축성할 뻔했다"고 말하는 것과 같다.[81]

또한 루터는 로마 순례를 비롯한 성지순례를 폐지해야 한다고 역설하면서, 그 이유를 신이 성지순례를 명하지 않았으며, 따라서 그것은 아주 사소한 선행이며 또한 대체로 악하고 미혹적인 것이라는 데에서 찾는다.[82] 성지순례에는 ── 루터는 『독일 기독교 귀족에게 고함』에서 말

---

80 마르틴 루터, 앞의 책(2005), 129~30쪽.
81 같은 책, 129쪽.

하기를 —"좋은 일이라곤 전혀 없고, 계명도 없으며, 오히려 죄와 신의 계명에 대한 경멸의 무수한 기회가 있을" 뿐이다. 그러한 성지순례로 말미암아 "무수한 악행을 행하고, 궁핍하지 않은데도 구걸을 배워 습관화된 거지들이 생겨난다. 그리고 여기서 삶의 방종과 그 이상의 한심한 일도 생겨난다." 신은 성지순례와 같이 사소한 선행 대신에 "우리에게 가장으로서 아내와 자식을 돌보고, 결혼생활에 필요한 것을 행하고, 나아가 이웃에게 봉사하고 도움을 줄 것을 명하였다." 그러므로 사제와 군주는 "[성지]순례에 드는 돈과 노력을 신의 계명을 지키는 일과 천 배나 더 좋은 일, 즉 그 자신의 가족과 가난한 이웃에게 사용하는 방법을 가르쳐 주어야 한다."[83]

성지순례가 성인숭배와 연결된 경우에도 마찬가지다. 방금 앞에서 언급한 바와 같이, 루터는 초기에 성인숭배의 상대적인 의미를 인정했다. 그러나 이 경우에도 굳이 순례지를 찾을 필요 없이 자신이 속한 교회에서 성인숭배를 해야 한다고 보았다. 이와 관련하여 루터는 『독일 기독교 귀족에게 고함』에서 다음과 같이 주장하고 있다.

나는 성인들이 스스로 떠받들어지도록 놓아두라고 권고하는 바다. 실로 신만이 성인들을 우뚝 솟아오르도록 할 수 있는 존재다. 그리고 누구든 자기의 교구에 머물러 있는 것이 좋을 것이다. 그는 자신의 교구에서 마치 그 모든 순례지 교회를 다 경험한 것처럼 더 많은 것을 발견하게 된다. 여기서 각자는 세례, 성사, 설교와 그의 이웃을 발견하게 된다. 이런 것이 하늘에 있는 모든 성인보다 더 위대한 것이다. 왜냐하면 그들 모두가 신의 말씀과 성사를 통하여 성인이 되었기 때문이다. 우리가 이렇게 위대한 일

---

82 마르틴 루터, 앞의 책(2010), 81쪽.
83 같은 책, 81~82쪽.

을 경멸하므로 신이 분노의 심판을 내리는 것도 지당하며, 바로 그렇기에 신은 악마에게 다음의 일을 허락하는 것이다. 즉 악마는 우리를 이리저리 이끌어 순례하도록 하고, 교회당과 벽지교회를 세우게 하고, **성인숭배**를 준비하도록 했다. 악마는 우리로 하여금 갖가지 이와 비슷한 우행을 저지르게 함으로써, 우리는 올바른 신앙으로부터 새로 생겨난 거짓된 미신으로 떨어지곤 했다.[84]

이미 앞에서 언급한 바와 같이, 가톨릭적 주술에 대한 루터의 투쟁은 한 마디로 이른바 행위칭의사상에 대한 투쟁이었으며, 이 투쟁을 위한 신학적 무기는 다름 아닌 이신칭의사상, 즉 인간은 오직 믿음을 통해서만 신 앞에서 의롭다 함을 얻는다는 사상이었다. 그렇다면 미사나 성례전은 구원의 효력이 없다고 보는 것이 논리적이다. 실제로 루터는 성례전 그 자체에는 인간을 의롭게 할 수 있는 능력이 없다고 한다. 루터에 따르면, "성례전에 칭의의 능력이 [인간을 의롭게 할 수 있는 능력이] 있다고 하거나 성례전이 은총의 '실질적인 표징'이라고 하는 것은 참될 수 없다." 그러나 다른 한편 — 이 점이 우리의 논의에서 결정적이다 — 루터는 믿음이라는 조건하에서 미사나 성례전의 구원 가능성을 인정한다. 그에 따르면 세례의 경우 "누군가를 의롭게 하거나 이롭게 하는 것은 세례가 아니라 저 약속의 말씀에 대한 믿음인바, 세례는 바로 이 말씀에 첨부된 것이다." 요컨대 "성례전이 아니고 성례전의 믿음이 의롭게 한다."[85] 그러므로 루터는 『교회의 바빌론 유수에 대하여』에서 주장하기를,

---

84 같은 책, 106~07쪽.
85 Martin Luther, 앞의 책(1959), 66쪽.

우리는 눈을 똑바로 뜨고 [성례전의] 표징보다 말씀에 더 주의를 기울이고 행위나 표징의 쓰임새보다 믿음에 더 주의를 기울일 줄 알아야 한다. 신의 약속이 있는 곳에는 어디서나 믿음이 요구되며 이 두 가지는 서로에게 필수불가결하기 때문에 어느 하나도 다른 하나로부터 떨어져서는 전혀 효력이 없다는 것을 우리는 안다. 왜냐하면 약속이 없다면 믿을 수 없고 믿음이 없다면 약속이 확립될 수 없기 때문이다. 반면 이 두 가지가 만날 때 성례전은 실질적이고 가장 확실한 효력을 갖는다. 그러므로 약속과 믿음을 떠나 성례전의 효력을 찾는다는 것은 헛수고이며 정죄를 구하는 일이다. 바로 이런 까닭에 그리스도는 말한다. "믿고 세례를 받는 자는 구원을 얻을 것이나 믿지 않는 자는 정죄를 받으리라"(「마가복음」 제16장 제16절). 그리스도는 이 말을 통해 믿음은 성례전의 필수불가결한 부분이기 때문에 믿음은 심지어 성례전 없이도 우리를 구원해 줄 수 있다는 것을 우리에게 보여준다. 그렇기 때문에 그는 "믿지 않고 세례를 받지 않은 자"라는 말을 덧붙이지 않았다.[86]

물론 루터는 성례전 그 자체에는 구원의 가능성이 없고 오직 믿음과 결부된 성례전에만 구원의 가능성이 있다는 입장이며, 따라서 루터의 성례전론은 그의 신학의 주춧돌인 이신칭의사상에 어긋나지 않는다는 식으로 해석할 수 있을 것이다. 그리고 그 근거로 방금 인용한 구절의 끝부분, 즉 "믿음은 심지어 성례전 없이도 우리를 구원해 줄 수 있다는 것"이라는 명제를 제시할 수 있을 것이다. 그러나 루터는 성례전의 구원 가능성을 분명히 하고 있다. 예컨대 『교회의 바빌론 유수에 대하여』에서 세례는 "두 가지 사안인 죽음과 부활, 즉 완전무결한 칭의를 뜻한다. 목사가 아이를 물속에 잠기게 할 때는 죽음을 뜻하며 다시 나오게

---

86 같은 책, 67쪽.

할 때는 생명을 뜻한다."[87] 그리고『대교리문답』에서 다음과 같이 말하고 있다. "세례의 능력, 행위, 효과, 열매, 최종 목적 모두 '복됨'에 있다. 그런데 '복'이라는 것은 다른 것이 아니다. 복이란 죄와 죽음의 악마로부터 풀려나 그리스도의 나라 가운데에서 그와 함께 영원히 사는 것이다."[88] 여기에서 '복'과 '복됨'이라는 단어는 각각 '구원'과 '구원됨'이라는 의미로 읽을 수 있다.

자명하지만 이러한 견해에 대해서는 비판이나 이론(異論)이 제기될 법하다. 실제로 루터는 가끔 다음과 같은 질문을 받았다고 한다. "세례는 분명 그것 자체로 일종의 행위다. 그런데 당신 말대로 행위가 구원에 아무런 영향을 끼치지 못한다면, 도대체 무슨 믿음을 말하는 것인가?"[89] 이에 대해 루터는 다음과 같이 답변한다.

그 말은 맞다. **우리의** 행위는 구원과 아무런 상관이 없다. 분명 세례는 우리의 행위가 아니라 신에게 속한 신의 행위다. […] 그리스도의 세례와 목욕물 세례 사이에 놓인 거대한 차이를 구별해야 한다. 신의 행위는 구원을 위한 일이기에 필요하며, 믿음을 배제하지 않고 오히려 믿음을 요구한다. 왜냐하면 믿음 없이 구원받을 수 없기 때문이다./머리에 물만 붓는다고 해서 온전한 세례가 아니다. 그렇게 해서는 세례의 유익을 취할 수 없다. 세례를 통해 약속에 담긴 복을 받고 그 유익을 얻기 위해서는 신의 명령과 그분의 이름을 진심으로 받아들여야 한다. 왜냐하면 그 물 안에 신이 정한 모든 것이 담겨 있기 때문이다. 이 욕을 받는 것은 자기 힘으로 안 되며 욕으로도 할 수 없다. 오직 마음으로만 신뢰할 수 없다./그러므로 분명

---

87 같은 책, 67~68쪽.
88 마르틴 루터, 앞의 책(2017), 297쪽.
89 같은 책, 302쪽.

히 보아야 한다. 세례란 우리가 만들어낼 수 있는 행위와 아무런 상관이 없다. 이것은 십자가에 달린 주 그리스도가 우리에게 준 보화이며, 믿음만으로 가질 수 있다. 또한 이것은 믿음을 통해 우리에게 보여주고 취할 수 있도록 말씀 안에 담아 놓은 보화다. 그런데 열광주의자들은 "오직 믿음만으로 가르치면서 그 믿음에 위배되는 설교를 하고 있다"고 우리를 향해 소리치며 왜곡한다. 다시 말하지만 믿음 없이는 아무것도 못한다. 믿음이 없다면 아무것도 받을 수 없고 아무것도 누릴 수 없기 때문이다.[90]

요컨대 세례는 인간의 행위가 아니라 신의 행위이며, 따라서 믿음만 있다면 성례전이 구원의 효력을 갖는다고 보는 것은 이신칭의사상에 부합하다는 것이다. 그러나 루터의 주장과 달리 성례전에는 인간의 행위가 가미될 수밖에 없다. 왜냐하면 루터처럼 성례전이 구원을 얻기 위한 수단이 될 수 있다고 가르치면 그의 추종자들은 성례전에 참여함으로써 구원의 외적이고 객관적인 확증과 표징을 얻으려 할 것이고 성례전을 집행하는 사제의 행위와 능력에 의존하려고 할 것이기 때문이다. 달리 말하자면, 이신칭의사상을 내세워 앞문으로 내다버린 행위칭의사상이 슬그머니 뒷문으로 들어와 자신을 신앙적-신학적 세계로부터 추방한 이신칭의사상과 결합할 가능성이 존재한다. 내가 보기에 열광주의자들의 루터 비판, 즉 루터가 "오직 믿음만으로 가르치면서 그 믿음에 위배되는 설교를 하고 있다"라고 비판한 것은 상당한 일리가 있다.

이는 루터를 칼뱅과 비교해 보면 보다 명백하게 드러날 것이다. 이미 앞 절의 각주 33에서 인용한 바와 같이, 칼뱅은 구원과 저주 또는 선택과 유기는 이미 영원으로부터 예정된 것이고, 따라서 신(神) 자신도 이를 변경할 수 없다는 예정론을 내세웠으며, 그에 입각하여 설교자, 성

---

90 같은 책, 302~03쪽.

례전, 교회, 그리고 심지어 신조차도 개인의 구원을 도울 수 없다고 가르쳤다. 성례전이 개인의 구원을 도울 수 없는 것은, 그것이 "신의 영광을 더하기 위해 신에 의해 명령된 것이며, 또한 그러므로 반드시 지켜야 하는 것이 사실이긴 하지만, 신의 은총을 얻기 위한 수단이 아니라 단지 신앙의 주관적인 '외적 보조수단'(externa subsidia)에 지나지 않기 때문이다." 이러한 칼뱅의 논리에서 보면, 아무리 믿음이 있다고 하더라도 세례의 성례전도, 성만찬의 성례전도 개인의 구원을 도울 수 없다.

베버에 따르면, 고대 유대교로부터 종교개혁과 그에 따르는 교파화 또는 분파화 시대까지 장기간에 걸친 세계의 탈주술화 과정은 금욕적 프로테스탄티즘, 보다 구체적으로 말해 칼뱅주의의 예정론에 이르러 완결되었다. 이와 관련해 베버는 「프로테스탄티즘의 윤리와 자본주의 정신」에서 이렇게 말하고 있다.

> 고대 유대교의 예언자와 더불어 시작되고 헬레니즘의 과학적 사고와 결합되어 모든 **주술적** 구원 추구 수단을 미신과 독신(瀆神)이라고 비난했던 저 위대한 종교사적 과정, 즉 세계의 **탈주술화** 과정이 여기에서 완결되었다. 진정한 청교도들은 심지어 장례식에서도 일체의 종교적 의식의 흔적을 배척했고 노래도 예식도 없이 가까운 사람의 장례를 치렀는데, 이는 어디까지나 그 어떠한 종류의 '미신', 즉 주술적 – 성례전적 방식의 구원 효과에 대한 그 어떠한 신뢰심도 생겨나지 않게 하기 위해서였을 뿐이다. 신이 은총을 거부하기로 결정한 자에게 다시 그 은총을 얻게 해주는 주술적 수단이 존재하지 않았을 뿐만 아니라 아예 수단이라는 것 자체가 존재할 수 없었다. 이러한 인간의 내적인 고립은 모든 피조물이 절대적으로 신으로부터 분리되어 있고 절대적으로 무가치하다는 냉혹한 교리와 결합되어, 한편으로 문화와 주관적 종교성에 내재하는 모든 감각적 – **감정적**인 요소에 대한 청교주의의 절대적인 부정적 태도의 근거를 제공했으며 ── 왜

냐하면 그러한 요소는 구원에 무익하고 감상적인 환상과 피조물 신격화의 미신을 부추기기 때문에 — 또한 그럼으로써 모든 감각적 문화 일반에 대한 근본적인 혐오의 근거를 제공했다.[91]

아무튼 루터주의는 가톨릭의 성직자적 성례전주의를 비판하면서도 성례전이 구원의 의미를 가진다는 관념을 완전히 포기하지 않았다.[92] 성직자적-성례전적 구원론을 비판하고 영적 구원론을 주창했지만 완전한 논리적 일관성을 띠는 형태로 발전하지는 못했다.[93] 이 점에서 루터주의는 가톨릭과 칼뱅주의의 중간에 위치한다. 말하자면 루터주의는 완전히 탈주술화된 신앙 형태가 아니라 반(半)탈주술화된 신앙 형태였다는 것이다. 이러한 베버의 견해에는 전적으로 동의한다. 그러나 다른 한편 종교개혁과 그에 따르는 교파화 또는 분파화 시대의 탈주술화

---

91 막스 베버, 앞의 책(2010), 182~83쪽. 이 인용구절의 다음과 같은 부분은 종교에 의한 세계의 탈주술화 과정이 미사나 성례전 그리고 성인숭배와 성지순례에 한정되지 않았음을 암시하는 대목이다. "진정한 청교도들은 심지어 장례식에서도 일체의 종교적 의식의 흔적을 배척했고 노래도 예식도 없이 가까운 사람의 장례를 치렀는데, 이는 어디까지나 그 어떠한 종류의 '미신', 즉 주술적-성례전적 방식의 구원 효과에 대한 그 어떠한 신뢰심도 생겨나지 않게 하기 위해서였을 뿐이다." 그 밖에도 십자가, 제단, 교회 장식, 악기 그리고 특히 성상(聖像) 등이 탈주술화 문제에 포함되었는데, 이를 둘러싸고 종교개혁가들 사이에서 다양한 견해가 개진되었다. 성상(파괴)에 대해서는 무엇보다도 다음을 참조할 것. Margarete Stirm, *Die Bilderfrage in der Reformation*, Gütersloh: Gütersloher Verlagshaus Gerd Mohn 1977; Bob Scribner (Hrsg.), *Bilder und Bildersturm im Spätmittelalter und in der frühen Neuzeit*, Wiesbaden: Otto Harrassowitz 1990. 특히 전자는 성상 문제에 대한 츠빙글리와 루터의 입장을 비교하여 고찰하고 있다.

92 Wolfgang Schluchter, *Die Entwicklung des okzidentalen Rationalismus. Eine Analyse von Max Webers Gesellschaftsgeschichte*, Tübingen: J. C. B. Mohr (Paul Siebeck) 1979, 249쪽.

93 막스 베버, 앞의 책(2010), 182쪽.

가 시작된 것은 다름 아닌 루터에서부터다. 루터의 중요한 신학적 관심사 가운데 하나가 바로 기독교를 중세적 주술로부터 해방하는 데에 있었다. 그때부터 비로소 종교와 주술의 혼용이 본격적으로 분리되기 시작했다. 이러한 사실을 감안한다면 루터가 세계의 탈주술화에 대해 갖는 의미는 베버가 ─ 칼뱅이 그것에 대해 갖는 의미를 논하는 과정에서 ─ 부수적으로 언급한 것보다 더 자세하게 다룰 필요가 있다. 말하자면 베버의 연구는 보충되어야 하며, 이 장은 그러한 작업의 일환이라고 할 수 있다.[94]

3. 세속화

방금 앞 절에서 언급한 바와 같이, 루터는 선행을 연출된 경건과 동일시하는 가톨릭에 반하여 인간의 모든 행위가 선행이 될 수 있다는 논리를 편다.

인간은 그 본질상 어떤 것을 행하거나 행하지 않거나 어떤 것을 견디거

---

94 이 맥락에서 헤겔을 언급할 가치가 있다. 루터를 근대정신의 숙적으로 보는 니체와 달리(이 장의 각주 26 참고), 헤겔은 종교개혁을 "중세 끝에 보게 된 아침 햇살 뒤로, 태양이 모든 것을 비추는" 시대라고 높이 평가한다. 그것은 정신이 "자신을 알고 절대 보편적인 영원한 진리를 사유하는" 시대, 즉 근대의 시작이다. 헤겔은 이러한 종교개혁의 본질을 바로 탈주술화에서 찾는다. 게오르그 빌헬름 프리드리히 헤겔, 『역사철학강의』, 동서문화사 2015 (권기철 옮김; 원제는 Georg Wilhelm Friedrich Hegel, *Vorlesungen über die Philosophie der Geschichte*), 397쪽 이하. 헤겔의 탈주술화 개념은 다음을 참고할 것. Walter Jaeschke, "Hegels Begriff des Protestantismus", in: Richard Faber · Gesine Palmer (Hrsg.), *Der Protestantismus – Ideologie, Konfession oder Kultur?*, Würzburg: Königshausen & Neumann 2003, 77~91쪽.

나 피하지 않고는 단 한순간도 있을 수 없다(왜냐하면 생명은 결코 멈추지 않기 때문이다). 그러므로 경건하고 선행으로 충만하려는 사람은 그렇게 시작하도록 하고 모든 삶과 행위에 있어 언제나 이러한 믿음 안에서 훈련을 하도록 하라. 그리고 항상 모든 것을 그와 같은 신뢰 속에서 행하거나 행하지 않는 것을 배우도록 하라. 그러면 얼마나 일을 해야 하는가를 알게 될 것이고, 실로 모든 것이 믿음에 내포되어 있다는 것을 알게 될 것이며, 또한 아무 일도 하지 않은 채 시간을 보낼 수 없다는 것을 알게 될 것이다 (사실 무위도 믿음을 훈련하고 실행하는 일이어야 한다). 요컨대 모든 것이 신을 기쁘게 한다고 (우리가 의당 믿어야 하는 것처럼) 믿는다면, 우리에게나 우리 주변에는 선하고 의로운 일 외에는 아무것도 있을 수도 없고 일어날 수도 없다. 그리하여 사도 바울은 이렇게 말한다. "사랑하는 형제들아! 너희가 먹거나 마시거나 너희가 행하는 모든 일을 다 우리 주 예수 그리스도의 이름으로 행하라"(「고린도전서」 제10장 제31절). 말하자면 그와 같은 믿음 안에서 행해지지 않으면 그리스도의 이름으로 행해진다고 할 수 없는 것이다. 마찬가지 의미로 「로마서」 제8장 제28절에는 다음과 같이 기록되어 있다. "신의 성도들에게는 모든 일이 협력하여 유익하게 됨을 우리가 안다."[95]

이는 모든 세속적 영역, 그러니까 결혼, 가족, 노동, 사회 등에서의 일상적 삶과 행위가 신학적 가치를 갖게 됨을 의미한다.[96] 중세에 연출된 경건에 밀려 가치절하된 세속적 삶과 행위가 신학적으로 가치절상됨을 의미하는 것이다. 그것은 세속화를 의미하는 것이다.

이처럼 선행의 개념이 연출된 경건에서 세속의 일상적 삶과 행위로

---

95 Martin Luther, 앞의 책(1888a), 212~13쪽.
96 Bernhard Kaiser, 앞의 글(2013).

전환될 수 있는 신학적 근거는 ── 방금 인용한 구절에서 분명하게 드러나듯이 ── 믿음에 있다. 이 맥락에서 반드시 짚고 넘어가야 할 것이 하나 있으니, 그것은 루터가 십계명의 제1계명("너는 나 외에 다른 신들을 너에게 두지 말라")에 절대적인 의미를 부여한다는 사실이다. 루터에 따르면 "제1계명은 모든 계명의 뜻을 완성하는 화관의 고리"이며, 역으로 "모든 계명은 제1계명의 부가문"이다.[97] 요컨대 제1계명은 모든 선행의 알파요 오메가인 셈이다. 제1계명은 아주 간단히 말해 "너는 나를 유일하고 바른 신으로 삼아 두려워하고 사랑하고 신뢰하라"는 요구다. "누구든지 이런 마음의 태도를 가질 때 모든 계명을 완수할 수 있게 된다. 반대로 누구든지 천지에 있는 다른 어떤 대상을 사랑하고 두려워하는 자는 첫째 계명은 물론이요 다른 계명 모두 지키지 않는 셈이다."[98] 여기에 언급된바 신 이외의 "다른 어떤 대상은" 피조물·성인·악령 등을 가리키며, 이들 존재를 사랑하고 두려워하는 자는 그들에게서 도움과 위로 및 구원을 추구한다. 다시 말해 주술적 사고와 행위에 경도된다.

요컨대 제1계명은 "빛나며 그 광채를 다른 계명에 나누어준다." 그것은 모든 계명의 머리이며 원천이다. "제1계명은 모든 계명 속으로 흘러들어간다. 반대로 모든 계명은 제1계명으로 되돌아온다. 그러므로 제1계명은 처음이요 끝이고 다른 모든 계명을 하나로 엮어주는 고리이며 기반이다." 이렇게 보면 기독교인들은 일상적 삶에서 다음과 같이 살고 행위해야 한다는 결론에 도달한다. "마치 자물쇠나 화관의 테에 있는 첫 부분과 마지막 부분이 아귀가 맞듯 일관성을 가지고 전체 계명에서 이 결론이 드러나도록 해야 한다."[99] 그런데 이러한 제1계명이 오늘날

---

97 마르틴 루터, 앞의 책(2017), 190, 193쪽.
98 같은 책, 192쪽.
99 같은 책, 193, 195쪽. 제1계명과 다른 모든 계명의 관계가 구체적으로 어떠한가
    는 다음에 간략하게 기술되어 있다. 같은 책, 193~94쪽.

에는 ─ 루터는 『선행에 대하여』에서 당시의 종교적 상황을 이렇게 기술하고 있다 ─

　　찬송가 부르기, 성서 읽기, 오르간 연주하기, 미사 드리기, 아침 기도를 비롯한 저녁 기도와 여타 시간에 기도 드리기, 교회나 제단 또는 수도원을 설립하거나 장식하기, 종, 귀중품, 의상, 장신구 및 보물 수집하기, 로마 순례나 성인숭배를 하는 것이라고 한다. 게다가 우리가 정장 차림을 하고 절하고, 무릎 꿇고, 묵주기도와 시편 기도를 드리면, 그것도 우상 앞에서가 아니라 신의 거룩한 십자가나 성인의 화상 앞에서 한다면, 우리는 그것이 곧 '신을 공경'하고 '예배'하는 일이라고 말하며, 또한 제1계명에 따라 '다른 신을 두지 않는 일'이라고 말한다. 그러나 이 모든 것은 고리대금업자나 간부(姦夫)와 모든 종류의 죄인도 할 수 있으며 또한 실제로 매일 한다.[100]

　그리고 루터는 이 일련의 신앙 행태에 대하여 다음과 같이 신학적인 판단을 내린다.

　　그런데 이러한 일들이 행해질 때 그것들이 신을 기쁘게 한다고 확신하는 믿음으로 행해진다면, 그것들은 그 자체가 갖는 미덕 때문이 아니라 […] 모든 행위를 동등하게 만드는 믿음 때문에 칭찬할 만하다. 그러나 만일 신이 우리에게 은혜로우며 우리를 기쁘게 여긴다는 것을 의심하거나 확신하지 않는다면, 또는 심지어 외람되게도 우리의 행위를 통해서 신을 기쁘게 하려고 한다면, 그것은 외적으로는 신을 공경하나 내적으로는 자기 자신을 우상으로 만드는, 전적인 기만일 뿐이다. 바로 이것이 내가 그

100　Martin Luther, 앞의 책(1888a), 211쪽.

와 같은 행위가 허식적이고 호화로우며 아주 많다고 그렇게 자주 말해 오고 비난해 온 이유다. 자명한 일이지만, 이러한 행위가 의심 속에서 행해지거나 그와 같은 믿음이 없이 행해질 뿐만 아니라 그 행위를 통해서 신을 기쁘게 하고 신의 은총을 받을 수 있다고 생각하며, 그럼으로써 그 행위를 대목장의 상품으로 만들어버리지 않는 사람이 거의 없는 실정이다. 그러나 신은 이것을 용인하지 않는다. 왜냐하면 신은 우리에게 은총을 거저 약속했고 우선 우리가 그 은총을 신뢰하기를 바라며 모든 행위를 그것들이 무엇이든 간에 그 은총 가운데서 이행하기를 바라기 때문이다.[101]

요컨대 방금 나열한 일련의 신앙 행태가 믿음으로 하는 것이라면 제1계명에 합당한 것이나 선행으로 하는 것이라면 제1계명에 배치된다는 것이며, 또한 그 모든 것이 믿음으로 말미암은 것이 아니라는 것이 루터의 논지다.[102] 그것들은 행위칭의사상에 입각한 연출된 경건일 따름이다. 그 극단적인 형태가 바로 수도원이다. 수도원은 "가장 승화된 형태의 주술과 제도화된 기적"을 베푸는 은총 기관이다.[103] 수도원은 중세적 행위칭의사상의 극치이자 결정체이며, 따라서 이신칭의사상과 완전히 대척적이다. 그리고 수도원의 또 다른 특징은 탈세속적-초세속적 금욕주의에서 찾을 수 있다. 수도사들은 ──루터가 『탁상담화』(1566)에서 기술하듯이── 세속을 벗어나서 "독방에 앉아 신과 그가 행한 기이한 일을 명상하고, 열정에 불타올라 무릎을 꿇고 기도하고 천상의 존재를 사모하고 그들에게 거의 기도하는 상태에 들어가 종교적 희열에 싸여 감격의 눈물을 흘리는 것을 최고의 경건으로 간주했다. 수도사들은

---

101   같은 곳.
102   Hans-Martin Barth, 앞의 책(2009), 483쪽.
103   Wolfgang Schluchter, 앞의 책(1979), 249쪽.

이러한 영적 자부심에 힘입어 여자들에 대한 모든 욕구와 생각을 쫓아 버렸다."[104]

말하자면 수도원은 그 자체로서 신학적 가치를 갖는 일상적 삶과 행위, 즉 세속을 벗어나고 넘어서며 세속을 부정함으로써 구원을 얻으려는 종교적 엘리트주의가 제도화된 기관이다. 그런데 수도원은 단순히 탈세속성과 초세속성에 머무는 것이 아니라 그 고도의 금욕적 경건함과 거룩함에 힘입어 비금욕적인 세속의 삶과 행위에 결정적인 영향을 끼치고 지배했다. 그리고 그 영향력과 지배력은 수도원의 경건함과 거룩함이 크면 클수록 더 커질 수밖에 없었다. 루터가 보기에 수도원이 거룩하고 영적일수록, 다시 말해 수도원이 수도원다울수록 인간 사회에는 해롭고 위험하다. 왜냐하면 그러한 수도원으로 인해 사람들이 신에 대한 믿음을 버리고 자신들의 힘과 행위와 의에 의지해 구원을 얻으려 하기 때문이다.[105]

루터가 보기에 수도원은 진정한 기독교적 신앙에 걸림돌이 되었던 것이다. 그렇다면 이에 대한 대책은? 방금 논한 바에 근거해 추론한다면, 개선이라는 개량주의적 처방이 아니라 폐지라는 근본주의적 처방이 답이 될 것이다. 그러나 루터는 수도원을 폐지하려고 한 것이 아니라 수도원의 비기독교적인 탈세속성과 초세속성을 제거하려고 했으며 또한 그럼으로써 그 영향과 지배 아래 있던 세속적 삶과 행위를 해방하려고 했다. 비유적으로 표현하면, 수도원이라는 바빌론에 유수되어 온 세속적 삶과 행위를 해방하는 것이 루터가 추구하는 바였다. 그렇다면 수도원에서의 삶과 행위는? 루터는 그것을 일종의 직업으로, 그것도 모든 세속적 직업과 동등한 신학적 가치를 지닌 직업으로 만들고자 했다.

---

104 마르틴 루터, 앞의 책(2005), 124쪽.
105 같은 곳.

루터는 이미 1513년부터 수많은 글과 특히 평신도를 대상으로 하는 설교에서 수도원 문제를 다루었고 수도원의 특정한 폐해를 비판했지만 1519년에 이르기까지 수도원 제도를 근본적으로 거부하지는 않았다. 오히려 일차 「시편」 강의(1513~15)에서는 수도사 서원의 문제를 '세례 언약'의 틀에서 이해하고 있으며, 또한 1519년에 출간된 『거룩하고 축복된 세례의 성례전』에서는 여전히 수도사의 길을 추천하고 있다.[106] 거기에서 루터는 세례의 의의가 현세적 삶에서 완성되는 것이 아니라 죽음을 통해서야 비로소 완성되는 것이라고 주장하면서, 그에 근거하여 다음과 같이 권고하고 있다. "더 많은 고통을 구하고 많은 고행으로 죽음을 준비하며 세례의 목적을 서둘러 이루고자 하는 자는 독신자가 되거나 수도사가 되게 하라. 수도사직, 만약 그것이 의무로서 주어진다면, 그는 완전히 고난을 당해야 하고 순교자가 되어야 한다. 이것은 세례와 결혼보다 더 혹독한 훈련인 것이다."[107]

그러나 이듬해인 1520년이 되자 상황이 크게 달라졌다. 그해에 출간된 종교개혁 3대 저작에서 ― 즉 『독일 기독교 귀족에게 고함』, 『교회의 바빌론 유수에 대하여』, 『기독교인의 자유에 대하여』에서 ― 루터는 수도원 제도를 비판적으로 검토하고 그에 대한 실천적인 개혁을 모색하고 있다.[108] 물론 이들 저작에서도 ― 그리고 곧 보게 되는 바와 같

106　베른하르트 로제, 앞의 책(2002), 201쪽.

107　Martin Luther, "Ein Sermon von dem heiligen und hochwürdigen Sakrament der Taufe"(1519), in: *Dr. Martin Luthers Werke. Kritische Gesamtausgabe (Weimarer Ausgabe)*, Band 2, Weimar: Hermann Böhlau 1884a, 727~37쪽, 여기서는 736쪽 (베른하르트 로제, 앞의 책[2002], 201쪽에서 재인용).

108　이 3대 저작 각각에서 수도원 문제가 어떻게 다루어지고 있는가는 다음에 간략하게 정리되어 있다. Christina Pabst, "*...quia non habeo aptiora exempla.*" *Eine Analyse von Martin Luthers Auseinandesetzung mit dem Mönchtum in seinen Predigten des Jahres nach seiner Rückkehr von der Wartburg 1522/1523*, Hamburg

이 ― 그 이후에도 루터는 수도원 제도의 근본적인 폐지를 주장하지 않았다. 그가 수도원 제도를 비판하면서 염두에 둔 것은 수도원에 성서주의적 원리에 합당한 기능과 의미를 부여함으로써 그것이 기독교 세계에서 갖는 지위를 재정립하는 것이다.

그리고 1년 뒤인 1521년에는 수도원 제도에 대한 본격적인 논의를 전개한다. 보다 정확히 말하면, 종교개혁 신학의 근본인 성서주의에 입각하여 수도원의 존재와 수도사의 삶에 대한 체계적이고 심층적인 접근을 시도한다. 이에 대한 일차적인 이유는 1521년에 루터의 종교개혁 신학의 영향을 받은 일군의 사제가 결혼을 하거나 수도사가 수도원을 떠나는 초유의 사건에서 찾을 수 있다. 그 가운데에서도 선구적인 역할을 한 것은 비텐베르크 대학에서 공부한 세 명의 사제 바르톨로메우스 베른하르디(1487~1551), 야코프 자이들러, 하인리히 푹스였다. 이들은 1521년 5월 성직자의 독신 의무를 어기고 공개적으로 결혼을 했는데, 곧바로 다른 성직자들이 그들을 따랐다. 루터는 그들의 결혼을 사탄에 대한 승리라며 환영했다. 그러나 가톨릭교회는 즉각 세속 정부의 도움을 받아 수도원을 떠난 수도사와 결혼한 사제에 대하여 강력한 교회법적 조치를 취했다. 예컨대 자이들러는 1521년 5월 19일에 체포되어 마이센 주교에게 인도되었다. 그로 인해 비텐베르크 대학의 신학자들 사이에서는 성직자 독신과 수도사 서원의 문제를 종교개혁적 신학의 관점에서 접근하려는 움직임이 일어났다. 카를슈타트는 1521년 6월 20일에 성직자 독신과 수도사 서원에 대한 일곱 개의 명제를 제시하고 6월 28일에 비텐베르크 대학에서 그에 대한 토론회를 개최했다.[109]

이 모든 것은 루터에게 서원과 수도원에 대해 본격적으로 고찰하는

2005 (Dissertation), 68쪽 이하.

109   같은 책, 70~71쪽.

실천적-이론적 계기가 되었다. 루터는 그해 10월 초에 「서원에 대한 논제들」이라는 아주 짧은 글을 출간했다. 글은 두 부분으로 나누어져 있는데, 그 각각은 다시금 139개와 141개의 명제 형식의 조항으로 이루어져 있으며 그해 9월 초와 9월 말에 쓰였다. 이러한 스케치를 거쳐서 그해 11월에는 『수도사 서원에 대한 판단』이라는 방대한 글을 써서 1522년 2월에 출간했다.[110] 루터는 이것을 1521년 11월 21일에 완성하여 곧바로 그다음 날 게오르그 슈팔라틴에게 보내어 출판하도록 했다. 당시 루터는 바르트부르크 성에서 숨어 지내고 있었기 때문이다. 그런데 그 안에 과격한 내용이 담겨 있을 것이라고 생각한 슈팔라틴이 조속한 출판을 원하는 루터의 바람과 달리 12월 초까지 원고를 출판사에 넘기지 않고 있었다. 이러한 사실을 루터는 12월 초에 은밀하게 비텐베르크를 방문하면서 알게 되었다. 그는 곧바로 바르트부르크로 돌아갔기 때문에 출판을 신속하게 추진할 수 없었다. 결국 원고가 완성되고 나서 2개월이 지난 후인 1522년 2월 25일에 비로소 멜란히톤이 인쇄된 책자를 슈팔라틴에게 보내어 바르트부르크에 있는 루터에게 전달하도록 했다.[111] 루터는 자신이 수도사가 되는 것을 반대했던 아버지에게 이 책을 헌정했다. 그 후에도 루터는 다양한 저작과 설교를 통해 지속적으로 수도원 문제와 씨름했다.[112]

방금 언급한바 1521년의 두 저작에는 제목에 모두 '서원'이라는 단

---

110 「서원에 대한 논제들」을 구성하는 두 편의 글은 각각 7쪽과 6쪽(『바이마르판 루터 전집』 제8권, 323~29쪽 및 330~35쪽)인 반면, 『수도사 서원에 대한 판단』은 96쪽(『바이마르판 루터 전집』 제8권, 573~669쪽)이다. 루터는 후자를 불과 10여 일에 걸쳐 썼다고 한다!

111 Christina Pabst, 앞의 책(2005), 90쪽.

112 다음은 루터가 바르트부르크 성에서 비텐베르크로 돌아와서 1522년부터 1523년까지 행한 수많은 설교에서 어떻게 수도원 제도를 다루었는지 아주 세밀하게 분석하고 있다. Christina Pabst, 앞의 책(2005), 120쪽 이하.

어가 들어 있다는 공통점이 있다. 그 이유는 서원이 수도원 제도와 갖는 관계 때문이다. 수도원 제도는 중세 후기의 교회와 생활 세계의 필수불가결한 구성요소였으며, 따라서 개별적인 수도사뿐만 아니라 사회 전체에 대해서도 중요한 의미를 지녔다. 이러한 수도원 제도의 토대이자 핵심이 바로 수도사 서원이었다. 그러므로 수도사 서원이 타당성을 상실하게 되면 중세 후기 사회의 필수불가결한 구성요소가 그 존립 근거를 잃어버릴 수밖에 없게 될 것이다.[113] 루터가 의도한 바는 수도원 제도의 근본적인 폐지가 아니라 그 토대와 핵심이 되는 서원을 비판함으로써 수도원이 기독교적 구원 추구에서 갖는 특권적 지위를 박탈하는 데에 있었다.[114] 수도원을 세속적 삶과 동등한 가치로 만드는 것이 루터가 궁극적으로 추구한 바였다.

『수도사 서원에 대한 판단』은 5개의 주(主) 부분과 결론 부분, 그리고 1개의 부록으로 구성되어 있다. 각 주 부분의 맨 앞에는 명제 형식으로 제목이 주어져 있는데, 이들 제목은 수도사 서원에 대한 루터의 입장을 아주 간결하면서도 일목요연하게 제시하고 있다. 그리고 결론 부분에서는 다시 한 번 수도원의 세 가지 서원, 즉 청빈·순결(독신)·복종을 요약적으로 논하고 있다.[115] 『수도사 서원에 대한 판단』을 구성하고 있는

---

113 Andreas Stegmann, *Luthers Auffassung vom christlichen Leben*, Tübingen: Mohr Siebeck 2014, 362~63쪽.

114 Christina Pabst, 앞의 책(2005), 86쪽.

115 루터는 결론 부분의 거의 마지막에서 아주 간략하게 「디모데전서」 제5장 제11~12절에 대한 해석을 시도하고 있다. 그 구절은 다음과 같다. "젊은 과부는 [과부 명부에] 올리지 말지니 이는 정욕으로 그리스도를 배반할 때에 시집가고자 함이니/처음 믿음을 저버렸으므로 정죄를 받느니라." 이 짧은 성서 구절이 서원의 논거가 될 수 없다는 것이 루터의 논지다. Martin Luther, "The Judgment of Martin Luther on Monastic Vows", in: *Luther's Works, Volume 44: The Christian in Society I*, Philadelphia: Fortress Press 1966, 251~400쪽, 여기서는 396쪽 이하.

5개 주 부분의 제목 또는 5개의 명제는 다음과 같다.[116]

1. 서원은 신의 말씀에 근거하지 않고 오히려 상치된다.
2. 서원은 신앙에 배치된다.
3. 서원은 복음적 자유에 배치된다.
4. 서원은 신의 계명에 배치된다.
5. 수도원 제도는 이성에 배치된다.

이에 대한 루터의 방대한 논의를 간략하게 요약하면 다음과 같다. 첫째, 초대교회와 『신약성서』 그 어느 곳에서도 수도사 서원을 찾아볼 수 없다. 그것은 인간이 고안해 낸 지극히 위해한 제도일 따름이다. 그러므로 수도사 서원은 신의 말씀과 상치된다. 둘째, 의와 구원은 오직 그리스도에 대한 믿음을 통해서만 얻을 수 있다. 그럼에도 불구하고 수도사는 서원이 의와 구원에 이르는 길이라고 생각하고 평생 이를 실천한다. 그러므로 수도사 서원은 신앙에 배치된다. 셋째, 인간의 자유는 신적 권위, 즉 신의 말씀인 복음에 의해 부여된다. 보다 정확히 말하면, 세례를 통해 우리의 위에 쏟아부어진다. 이를 기독교적 자유 또는 복음적 자유라고 하며, 그 어떤 인간적 제도나 계명 또는 규칙에 의해서도 제한되거나 구속될 수 없다. 특별히 신의 계명이 아닌 것은 자유의지와 자유선택의 문제다. 그럼에도 불구하고 수도사의 삶은 가난, 순결 및 순종이라는 외적 올가미와 굴레에 철저하게 속박되어 있다. 그러므로 수도사 서원은 기독교적 또는 복음적 자유에 배치된다. 넷째, 수도사는 신앙이 아니라 자신의 행위와 선행을 통해 의와 구원을 얻으려 하고, 신의 이름 대신에 자신의 이름을 세우며, 자신의 행위와 공적을 그리스도의 행위와

---

116 같은 책, 252, 273, 295, 317, 336쪽.

공적보다 위에 둔다. 이는 십계명 가운데 신을 향한 계명들(제1~3계명)에 완전히 배치된다. 또한 수도사는 세속적 삶으로부터 고립된 채 수도원 골방에서 금욕적 행위를 통해 의와 구원을 추구한다. 이는 십계명 가운데 이웃을 향한 계명들(제4~10계명)에 완전히 배치된다. 그러므로 수도사 서원은 신의 계명에 배치된다. 다섯째, 이성은 신앙과 달리 신이 무엇인지 알지 못하지만 무엇이 신이 아닌지는 확실하게 안다. 수도사 서원은 그것이 한때 신적이고 모든 면에서 옳았지만 상황이 바뀌면서 더 이상 지키는 것이 불가능하게 되었다. 우리는 그것이 더 이상 신적인 것이 아니라는 것을 이성적으로 판단할 수 있다. 그러므로 수도원 제도는 이성에 배치된다.

요컨대 수도사 서원은 반기독교적인 너무나 반기독교적인 제도라는 것이 루터의 논지다. 그런데 수도원 제도에 대한 루터의 견해에서 우리의 논의를 위해 중요한 의미를 지니는 것은, 루터가 모든 서원을 반기독교적이고 반복음적인 것으로 파악하지는 않았다는 사실이다. 그리고—이 점이 우리의 논의에 대해 더 큰 의미를 갖는다—루터는 모든 수도사 서원을 반기독교적이고 반복음적인 것으로 파악하지도 않았다. 중세의 수도원에서 행해지는 서원이 반기독교적이고 반복음적이라는 것이다. 루터가 『수도사 서원에 대한 판단』에서 궁극적으로 추구하는 인식 관심은—그 서두에서 분명하게 밝히고 있듯이—"서원을 지켜야 할 것인가가 아니라 어떤 서원이 진정한 서원인가"를 논구하는 것이다. 루터에 따르면, 성서에도 "서원하고 그것을 지키라"(「시편」제76편 제12절)는 구절이 있으며, 따라서 서원을 지켜야 할 것인가는 신학적으로 아무런 문제가 되지 않는다.[117]

---

117   같은 책, 251~52쪽.

우리는 서원을 지켜야 할지 아닌지에 대해 논하지 않는다. 우리가 보여주고자 하는 바는, 어떻게 서원을 구별할 수 있고 어떤 서원이 신적이고 선하며 신을 기쁘게 하는 것인가를 인식할 수 있는가이다. 오직 이러한 것만이 서원으로 간주되어야 한다. 성서는 그것들을 알고 요구한다. 더 나아가 우리는 어떤 서원이 불신적이고 악하며 신을 기쁘게 하지 않는 것인가를 보여주고자 한다. […] 이러한 경우에는 서원을 지켜야 할지 파기해야 할지를 논할 필요가 조금도 없다.[118]

루터에 따르면, 수도사의 서원은 불신적이고 악하며 신을 기쁘게 하지 않는 서원이며, 그 구체적인 이유는 그것이 —방금 앞에서 언급한 바와 같이— 신의 말씀, 신앙, 복음적 자유, 신의 계명 그리고 이성에 모순되기 때문이다. 요컨대 성서 원리와 인간 본성에 모순되기 때문이다. 그런데 수도원이 처음부터 그처럼 반기독교적이고 반복음적인 것은 아니었다. 원래 수도원적 삶은 철저하게 성서 원리와 인간 본성에 입각했다. 수도원적 삶의 창시자이자 수도사의 아버지인 성 안토니우스(251?~356)는 사도들을 본받기 위해 사막에서 금욕적인 은둔자의 삶을 살았다. 그러나 그는 "성서적 권위를 갖지 않는 것은 아무것도 지켜서는 안 된다고 믿고 가르쳤다. 그는 수도사 서원과 이런 종류의 의식에 대해 아무것도 몰랐지만 자발적으로 은둔자의 삶을 선택했으며, 또한 자유의지로 복음을 본받아 독신자의 삶을 선택했다. 그러나 그의 후계자들이 인간의 지혜를 좇으면서 이러한 삶의 방식을 서원, 즉 의무적이고 강제적인 사안으로 만들어버렸다. 이러한 삶의 방식은 안토니우스의 규칙, 그러니까 그리스도의 규칙을 허울만 그럴 듯하게 따라하는 것이고 잘못 알고 준수하는 것일 뿐이다."[119]

---

118 같은 책, 252쪽.

사실 이 인용문은 약간의 설명이 필요하다. 잘못 읽으면 마치 안토니우스가 처음 수도원을 만들었다고 생각하기 쉽기 때문이다. 안토니우스는 수도원적 삶의 창시자이지, 수도원의 창시자는 아니다! 세계 최초의 수도원은 361년부터 363년에 걸쳐 이집트에 세워진 '성 안토니우스 수도원'이다. 성 안토니우스에 헌정된 것이다. 이를 비롯한 초기의 수도원들은 철저하게 성서 원리와 자유의지, 그러니까 안토니우스의 규칙, 즉 그리스도의 규칙에 입각해 있다는 것이다(그리고 루터는 그 기능을 — 곧 언급하는 바와 같이 — 기독교적 교육에서 찾았다). 그러나 그 후의 발전 과정에서 반기독교적이고 반복음적인 형태로 변질되었다는 것이다(참고로 가난·순결·복종의 수도사 서원이 제도화된 것은 6세기 초에 창립된 베네딕투스 수도회에서였다). 이러한 루터의 견해는 다음의 인용구절을 보면 좀 더 명확하게 드러날 것이다.

서원은 인간적 제도이며 그것으로 남아 있다. 그러나 서원이 모두 터무니없는 것은 아니다. 이러한 종류의 제도에 주어진 시간만 순종할 것을 자발적으로 서원하는 것은 가치가 없는 것이 아니다. 이러한 종류의 자발적 서원이 초대교회의 제도였으며 장로들이 그들에게 맡겨진 젊은이들을 당분간 신앙과 규율을 가르쳤던 곳에서는 어디서나 건전하게 실행되었다는 것을 우리는 알고 있다. 사도 베드로와 바울의 서간은 젊은이들이 장로들에게 순종해야 한다고 분명히 말하고 있다(「베드로전서」 제5장 제5절). 최초의 기독교 학교들은 바로 이러한 관행으로부터 생겨났다. 성 아그네스[120]의 일대기에서 볼 수 있는 바와 같이, 심지어 소녀들도 그 학교들에

---

119 같은 책, 253쪽.
120 성 아그네스(291~304)는 순교자이자 가톨릭 성인이다. 아그네스는 처녀 시절 로마 집정관의 아들이 청혼하자 그리스도 외에는 배우자를 둘 수 없다는 이유를 들어 거절했다고 한다. 아그네스는 양 또는 혹은 순결을 뜻하며 처녀 정절의

서 교육을 받았다. 종내에는 자발적으로 이 학교들에서 평생 머물기를 바라는 사람들을 위해 이 초기의 시설로부터 대학과 수도원이 발전했다. 그러나 부와 여가가 증가하면서 젊은이들의 교육을 담당한 사람들이 게을러지기 시작했고 그들 모두 자신의 이해관계를 좇았다. 그리고 젊은이들이 더 반항적이 되자 그들은 서원이라는 덫을 고안해 냈다. 그들은 서원을 통해 젊은이들의 양심을 구속했으며 그 결과 각 젊은이는 죄에 대한 두려움으로 인해 자신을 억제했고 그들을 책임지는 사람들은 자신들의 평화와 안식을 확보했다. 요즘에는 젊은이들에게 서원의 올가미를 씌우고 그들의 양심을 누더기처럼 갈기갈기 찢어놓는 것이 학교들의 미친 관습이며, 그 결과 더 이상 이 젊은이들을 건사하고 신경 쓸 필요가 없다. 이는 교사들이 평온하게 낮잠을 즐길 수 있는 또 다른 이유다. 그리하여 자유로운 기독교 학교들이 노예적인 유대교적 수도원들, 그러니까 사실상 비신성(非神聖)의 회당에 지나지 않는 것으로 변질되고 말았다. 그런데 만약 오늘날의 서원이 고대의 관습과 연결되어 있다면, 그리고 그와 동일한 정신에 머물러 있다면, 거기에는 아무런 해악도 없을 것이다. 의심할 바 없이 신의 눈에는 그것이 오랜 전통의 일시적인 지속으로 비칠 것인바, 바로 그것에 의해 미숙하고 배우지 못한 영혼들이 기독교적 교육을 받을 수 있고, 마침내는 다시 자유로운 인간으로 나가도록 허용될 수 있다.[121]

여기서 우리의 관심사는 이 인용구절이 실제의 역사적 사실과 얼마나 부합한가 또는 그것을 얼마나 충실하게 재현하고 있는가가 아니다. 우리의 관심사는 그보다 다만 루터가 수도원의 문제를 입체적으로, 즉 이론적 측면과 역사적 측면에서 고찰하고 있음을, 그리고 고대를 통해

수호성인이다.

121   Martin Luther, 앞의 책(1966), 312~13쪽.

중세를 비판하고 극복하고자 함을 논증하는 데에 있다.

고대의 수도원(적 삶)과 그 정신으로부터 완전히 멀어진 중세 수도사들은 평생 동안 가난·순결·복종의 세 가지 서원을 지키고 기도와 노동에 헌신해야 했다. 이 고도의 금욕주의에서 루터는 무엇보다도 행위칭의사상의 극치이자 결정체를 간파했다. 수도사들이 서원을 하고 그에 따라 초세속적이고 탈세속적인 수도원에서 평생 동안 금욕적으로 살아가는 것은 그리스도에 대한 믿음을 통해서가 아니라 바로 이 선행을 통해 스스로의 힘으로 의롭다 함을 얻고 구원을 얻기 위해서다. 달리 말해 수도사들은 "그들 자신의 행위로 천국을 얻으려고 한다. 그들 자신의 행위가 없다면 그들은 신에게 아무것도 기대할 수 없다. 왜냐하면 이것이 그들의 삶의 방식이고 그들의 서원이 그들에게 가르치는 것이기 때문이다."[122]

그러므로 서원은 "신앙을 아무런 내용이 없는 형식적인 것으로 만들어버리며" 또한 수도사들은 "신의 이름을 없애 버리고 그 자리에 자신들의 이름을 세운다." 이제 수도사들은 "더 이상 기독교인들 또는 신의 자녀들이라고 불리지 않고 오히려 베네딕투스파, 도미니쿠스파, 프란체스코파, 아우구스티누스파로 불린다. 그들은 이러한 이름과 그들 수도회 창립자의 이름을 그리스도의 이름보다 더 자랑스럽게 생각한다. 그들은 자신이 구원을 받은 것이 그리스도의 이름 때문이라는 것을 믿지 않고 그들이 세례를 받았기 때문에, 그리고 그들이 기독교인이기 때문에 의롭다 함을 얻었다는 것을 믿지 않는다. 그들은 자신들이 자신들만의 수도회의 이름을 지니고 있다는 이유만으로 구원을 받았다고 믿는다. 그러므로 그들은, 마치 세례와 신앙이 오래전에 난파되어 소멸되기라도 한 것처럼 그들 자신의 이름을 신뢰하고 거기에서 기쁨을 찾는다.

122 같은 책, 319쪽.

결과적으로 그들은 신의 이름을 헛되이 지니고 들먹인다. 그들은 오직 자신들의 이름만을 지닌다. 왜냐하면 그들은 행위를 기반으로 해왔기 때문이다. 그들은 만약 자신들이 속한 수도회의 규칙을 어긴 것을 알게 되면 완전한 절망 상태에 빠지게 된다. 그 이유는 그들이 이 규칙을 지키는 것이 의와 구원에 필수불가결하다고 생각하기 때문이다."[123]

이렇게 보면 자명한 일이지만 고도의 금욕적인 서원과 그에 따라 엄격한 규칙에 따라 극단적인 행위칭의사상을 추구하는 수도사는 자신의 행위와 공적을 그리스도의 행위와 공로보다 위에 그리고 높게 둔다. "이는 그리스도의 이름을 훔치고는 '나는 그리스도'라고 말하면서 도용하는 것 이외에 아무것도 아니다."[124] 요컨대 수도사 서원은 독신적이고 무신적이며 우상숭배적인 것으로서 신에게 하는 것이 아니라 악마에게 하는 것이다. 수도사는 바알(Baal, 가나안 지역에서 숭배되는 풍요의 신)의 헌신적인 추종자 또는 몰록(Moloch, 셈족이 갓난아기를 제물로 바치면서 숭배한 신)의 종으로서 다음과 같이 서원한다. "신이시여, 나는 평생 당신을 모독하고 무신적으로 살 것을 서원하나이다."[125]

그리고 루터는 한 걸음 더 나아가 중세 수도원이 추구하는 고도의 금욕주의에서 종교적 엘리트주의를 간파했다. 수도사들은 ──루터는 이렇게 비판한다──"그들 자신의 수도원적 제도가 더 중요하고 더 의미 있는 것이라고, 그리고 단순한 기독교적 삶은 열등한 것이고 무시할 수 있는 것이라고 생각한다."[126] 중세 가톨릭 신학은 계명과 복음적 권면

123 같은 책, 318쪽.

124 같은 책, 320쪽.

125 같은 책, 315쪽; Martin Luther, "Themata de votis"(1521), in: *Dr. Martin Luthers Werke. Kritische Gesamtausgabe* (*Weimarer Ausgabe*), *Band 8*, Weimar: Hermann Böhlau 1889a, 323~35쪽, 여기서는 324쪽.

126 Martin Luther, 앞의 책(1966), 322~23쪽.

또는 복음적 권고를 엄격하게 구분했다. 전자는 십계명처럼 모든 기독교인이 반드시 지켜야 하는 보편타당한 의무인 반면, 후자는 개인이 자유의지에 따라서 선택할 수 있는 특수한 의무다. 수도사 서원이 대표적인 복음적 권면이다. 중세에는 복음적 권면을 지키면 특별한 공로를 쌓게 된다고 믿었다. 이처럼 보편적인 윤리적 규정과 특수한 윤리적 규정을 구분하는 것을 이(二)단계 윤리라고 하며, 그 성서적 근거는 『신약성서』「마태복음」 제19장 제21절에서 찾았다("예수께서 이르시되 네가 온전하고자 할진대 가서 네 소유를 팔아 가난한 사람들에게 주라. 그리하면 하늘에서 보화가 네게 있으리라. 그리고 와서 나를 따르라 하시니"). 이러한 종교적 이중윤리는 기독교적 삶의 위계적 분화로 이어졌다. 중세 가톨릭 신학에 따르면 기독교인들은 완전성의 계층과 불완전성의 계층으로 구별되는데, 전자에는 특수한 권면을 따르는 수도사가 속하는 반면 후자에는 보편적인 계명을 따르는 일반적인 기독교인이 속한다. 중세 스콜라 철학의 완성자인 토마스 아퀴나스가 이 종교적 엘리트주의, 즉 종교적 이중윤리와 사회의 위계적 분화를 대표하는 신학자였다.[127]

이렇게 보면 루터는 서원과 수도원 제도를 완전히 부정했다고 추론하는 것이 타당할 것이다. 그러나 실상 그는 서원의 가능성을 열어두었고 수도원의 기능과 의미를 인정했다. 이는 이미 앞에서 인용한바 고대 수도원에 대한 루터의 평가를 보면 어렵지 않게 짐작할 수 있을 것이다. 『수도사 서원에 대한 판단』보다 한 해 전에 출간된 『독일 기독교 귀족에게 고함』을 보면 당시 수도원에 대한 루터의 생각을 읽을 수 있다. 그는 수도원을 완전히 폐지하자고 주장하지 않고 다음과 같이 일련의 개선책을 제안한다. 수도원이 너무 많기 때문에 그 숫자를 줄여야 하고 난립하는 수도원을 충분히 자급할 수 있는 하나의 수도회로 모으며 하나

127　Bernhand Lohse, 앞의 글(1960), 419쪽.

의 수도회에 존재하는 분파와 차별을 철폐해야 한다는 것이다.[128]

이는 개량주의적인 것으로 읽을 수 있다. 그러나 루터가 궁극적으로 추구하는 바는 근본적인 개혁, 즉 서원과 수도원 제도로부터 완전히 중세성을 제거하는 데 있었다. 그리고 그 준거점을 바로 고대에서 찾았다. 말하자면 고대를 통해 중세를 극복하고자 시도했으며, 이 시도는 근대를 결정적으로 각인하게 된다. 이처럼 고대에 준거한 중세의 근본적인 개혁은 수도원 제도로부터 행위칭의사상과 종교적 엘리트주의를 제거함으로써 가능해진다. 그러니까 수도사 서원이 다음과 같이 재정립됨으로써 가능해진다.

> 오 신이시여, 보소서, 나는 당신에게 이러한 종류의 삶을 서원하나이다. 그러나 이것이 의와 구원을 얻거나 나의 죄에 대해 보상할 수 있는 길이라고 생각하기 때문에 그런 것은 아닙니다. 그와 같은 태도는 나에게서 당신의 자비를 빼앗아 갈 것입니다. 이것은 나의 주 예수 그리스도에게 해가 될 것입니다. 왜냐하면 그것은 그의 공적을 부정하는 것이 될 것이고 그의 피를 더럽히는 것이 될 것이며, 또한 당신의 아들을 욕되게 하는 것이 될 것이기 때문입니다. 신의 어린 양이 되는 영광은 오직, 세상의 죄를 없애주는 그에게만 속합니다. 그는 자신의 피로써 모두를 씻겨주고 의롭게 합니다. 나는 당신의 은총을 거부할 만큼 그렇게 불경스럽지 않습니다. 나는 오직 그에게 나의 모든 기대와 희망을 걸 것이며, 나의 서원과 선행은 말할 것도 없고 나 자신이나 어떤 다른 피조물도 절대 신뢰하지 않을 것입니다. 내가 이 서원을 하는 것은 내가 육(肉) 안에서 살아갈 수밖에 없지만 그렇다고 해서 무익한 존재가 될 수 없기 때문입니다. 내가 이 삶의 방식을 택한 것은 나의 육신을 훈련하여 나의 이웃을 섬기고 당신의 말씀을 묵

---

128 마르틴 루터, 앞의 책(2010), 83쪽 이하.

상하기 위함입니다. 나는 다른 사람이 농업이나 상업을 택하는 것과 똑같이 ─ 모든 사람이 한 가지 일을 택하듯이 ─ 공적이나 칭의(稱義)를 생각하지 않고 이것을 택합니다. 칭의는 오로지 신앙에 존재합니다. 그것이 언제나 가장 중요한 것이 될 것이며 언제나 최고의 자리가 될 것입니다.[129]

이렇게 해서 루터는 중세 수도원이 세속에 대해 갖는 특권적 구원 기관의 지위를 박탈할 수 있었다. 이제 수도원적 삶은 신학적으로 모든 세속적 삶과 동등한 가치를 갖게 되었다. 이와 더불어 수도사는 하나의 직업이, 그것도 그 어떤 세속적 직업과도 근본적인 차이가 없게 되었다.[130] 이제 위계적 분화가 기능적 분화로 대체되었다. 수도사의 행위는 농부나 상인 또는 수공업자의 행위와 신학적으로 더 가치가 있는 것도 아니고 덜 가치가 있는 것도 아니다. 아니 더 나아가 수도사의 훈련이나 명상과 남종이나 여종의 집안일처럼 아주 하찮은 노동 사이에도 신학적 가치 동등성의 관계가 성립한다. 후자는 전자 못지않게 그 자체로서 거룩하고 경건한 것이다. 수도원 제도에 대한 이러한 논리와 더불어 "하나의 긴 역사가 ─ 적어도 종교개혁 운동을 수용한 지역에서는 ─ 종언을 고했다. [서구에는] 천년 이상 두 단계의 기독교인이 존재했다. 하나는 근본적으로 신을 위해 살았으며 그럼으로써 동시에 구원에 더 가까웠고 더 엄격한 요구를 충족했던 소수의 기독교인이었다. 다른 하나는 근본적으로 세속에서 살면서 덜 엄격한 규율을 준수했던, 그러나 그 대신 구원을 얻기 위해 교회의 지원에 의존했던 다수의 기독교인이었다. 루터에게 중요한 것은, 이처럼 진정한 기독교적 삶이 근거 없

---

129 Martin Luther, 앞의 책(1966), 294~95쪽. 같은 책, 304쪽에서도 그와 유사한 논리를 만날 수 있다.
130 베른하르트 로제, 앞의 책(2002), 208쪽.

이 소수에 한정되고 이 삶이 율법의 의 및 행위의 의에 의해 실질적으로 채워지는 상황을 극복함으로써 신이 제정한 질서의 진정하고 간결한 의미를 다시 관철하는 것이었다. 수도원적 직업 및 신분윤리에 반하여 그는 신앙으로부터 오는 삶을 세속의 구조 속에 정립했다."[131]

루터에 따르면, 인간의 모든 직업에 신학적 가치 동등성을 보장하는 것은 다름 아닌 믿음이다. 그러므로 믿음이 없는 종교적 행위는 그것이 외적으로 아무리 고귀해 보일지라도 그리스도를 믿는 남종이나 여종이 일상적으로 하는 일보다 훨씬 가치가 적은 것이다. 특히 행위칭의사상과 종교적 엘리트주의에 사로잡힌 중세 수도사의 금욕적 행위가 그렇다. 루터는 다양한 맥락에서 부단히 이 점을 강조하고 있다. 그 몇 가지 예를 들어보기로 한다. 먼저『교회의 바빌론 유수에 대하여』(1520)에서 다음과 같은 구절을 만날 수 있다.

실로 남종이나 여종의 천한 가사(家事)가 때로는 수도사나 사제의 모든 금식과 다른 행위보다 신에게 더 가납된다. 왜냐하면 수도사나 사제에게는 신앙이 없기 때문이다. 오늘날에는 서원이 행위에 대한 찬양과 교만으로만 기울어지는 것 같으며, 따라서 그 누구보다도 사제, 수도사와 주교가 신앙이 가장 적고 교회와 가장 멀지 않나 염려된다. 이 사람들은 사실 이교자이거나 위선자다. 그들은 자신들이 교회이거나 교회의 심장이며 '영적인' 신분과 교회의 지도자라고 생각한다. 그러나 그들은 이런 것을 빼고는 모든 것이 된다. 그들은 실로 '유수된 사람들'이다. 세례 때 우리에게 자유롭게 주어진 모든 것이 그들에게서는 유수되어 있다. 반면 결혼한 사람과 같이 뒤처진 상당수의 가난한 '땅의 사람들'은 그들의 눈에 비천해 보인다.[132]

---

131 Andreas Stegmann, 앞의 책(2014), 372~73쪽.

또한 루터는 1524년의 주현절(主顯節) 다음 두 번째 일요일인 1월 17일에 「요한복음」 제2장 제1~11절에 접목하여 결혼을 주제로 한 설교에서 다음과 같이 말하고 있다.

남종과 여종이 그들의 주인이 명하는 일을 한다면, 그들은 신을 섬기는 것이다. 그리고 그들이 그리스도를 믿는 한, 그들이 방을 청소하거나 신발을 닦는 것이 수도사들이 하는 모든 기도, 금식, 미사 집전 그리고 수도사들이 고귀하게 신을 섬기는 것이라고 자랑하는 모든 것보다 신을 더 기쁘게 한다.[133]

그리고 『대교리문답』(1529)에서 루터는 다음과 같은 논리를 전개하고 있다. 십계명은 "일상의 덕목", 그러니까 "이웃과 만나는 아주 익숙한 일상에서 연습할 수 있는 덕목"이다. 위대한 성인들은 자기 눈과 귀를 바로 이 일상의 덕목에 두었다.[134] 그러나 수도원은,

여기에 요란한 치장을 덧붙이고, 돈을 쏟아부어 건물을 높이 올렸다. 요란한 장식이 번들거린다. 거기서 향을 피우고 노래하고 종을 치며 초에 불을 켠다. 거기서는 이들 외에 어떤 것도 볼 수도 없고 들을 수도 없을 지경

---

132 Martin Luther, 앞의 책(1959), 78쪽. 여기에서 말하는 '땅의 사람들'은 바빌론에 유수된 상층계급과 달리 예루살렘에 남겨진 일반 백성을 말한다. 이에 대한 자세한 내용은 이 장의 각주 52 참조.

133 Martin Luther, "Predigt am 2. Sonntag nach Epiphanias (17. Januar)"(1524), in: *Dr. Martin Luthers Werke. Kritische Gesamtausgabe (Weimarer Ausgabe), Band 15*, Weimar: Hermann Böhlaus Nachfolger 1899b, 417~21쪽, 여기서는 419쪽. 참고로 주현절은 공현절(公現節)이라고도 하며, 예수 그리스도가 30세에 세례를 받고 처음으로 공생애를 시작한 날인 1월 6일을 가리킨다.

134 마르틴 루터, 앞의 책(2017), 186~87쪽.

이다. 왜냐하면 사제가 금으로 수놓은 미사 예복을 입고 서 있거나, 일반 신자들이 하루 종일 교회 안에서 무릎 꿇고 있는 모습을 보고, 아무나 할 수 없는 귀한 일이라며 찬사를 보내기 바쁘기 때문이다. 그러나 가련한 한 여인이 아이를 돌보고 맡겨진 일을 성실하게 해나가며 살아가는 모습 따위는 아무짝에도 쓸모없다고 말한다. 수도사와 수녀들이 가득한 수도원에서 이런 귀한 일을 볼 수 있는가?[135]

이처럼 루터가 즐겨 수도사를 가련한 또는 비천한 사람과 비교하는, 아니 보다 정확히 말해 그들보다 낮게 평가하는 것은, 만약 수도원이 중세성을 고수한다면 일말의 신학적-사회적 가치나 의미도 가질 수 없다는 것을 명백히 하기 위함이다. 중세적 이상과 원리에 따라 평생 동안 초세속적-탈세속적 금욕주의를 실천한 수도사는 신학적 측면에서 보면 신에게 드릴 물 한 모금조차 없을 것이고, 사회적 측면에서 보면 "부모 공경의 계명을 지키며 살아가는 어린아이 앞에서조차 민망함으로 얼굴을 붉히게 될 것이다."[136]

그렇다면 여러 가능한 직업 가운데 하나인 수도원의 삶은 어떻게 조직되어야 하는가? 이에 대한 답변은 『독일 기독교 귀족에게 고함』에서 찾을 수 있다. 거기에서 루터는 수도원이 고대를 전범으로 재조직되어야 한다고 주장한다.

오늘날처럼 위험한 시대에는 모든 교회 시설과 수도원이 처음 사도 시대와 그 이후 오랜 기간에 있었던 방식으로 재정비될 필요가 있다고 나는 생각한다. 과거에는 이런 시설과 수도원이 모든 사람에게 개방되었으며,

---

135 같은 책, 187쪽.
136 같은 책, 106쪽.

누구나 원하면 그곳에 머물러 있을 수가 있었다. 이런 시설과 수도원이 성서와 기독교적 기율을 가르치고, 또 사람들에게 다스리고 설교하는 법을 가르치는, 요컨대 기독교 학교 이외에 무슨 존재 가치가 있겠는가? 성 아그네스가 학교에 다닌 것을 우리가 책을 통해 읽어 알고 있듯이, 아직도 우리는 크베들린부르크[137] 등지의 몇몇 수녀원에서 학교로서의 기능을 잘 알고 있다. 진실로 모든 교회 시설과 수도원이 강요된 봉사가 아니라 자유의지에 따라 신을 섬기도록 자유로워져야 한다.[138]

루터는 수도원의 기능을 종교적 교육기관에서 찾고 있는 것이다. 이는 「서원에 대한 논제들」에 잘 나타나 있다. 루터에 따르면, "수도원은 아이들에게 얼마 동안 그리스도와 신앙의 자유에 대해 교육하는 학교가 되어야 용인될 수 있고 또 유용할 것이다." 또한 ─ 그의 주장은 계속된다 ─ "수도원은 순수한 기독교 교육기관 이외에는 아무것도 아니다."[139] 기독교 학교로서의 수도원과 직업으로서의 수도사, 그러니까 기독교 교사(교육자)로서의 수도사 ─ 바로 이것이 새로운 수도원의 원리이자 수도사의 삶인 것이다. 1528년에 출간된 『그리스도의 성만찬에 대하여: 고백』에는 수도원 교육의 모습이 보다 자세하게 묘사되어 있다. 수도원의 교육은 다른 모든 종교기관과 마찬가지로 "젊은이들에게 신의 말씀인 성서를 가르치고 기독교 도덕을 훈련하는" 데에 있으며, 이러한 종교 교육의 궁극적인 목표는 "탁월하고 유능한 남자를 교회의 감독, 목사 그리고 교회의 다른 종이 되거나 세속 정부에 필요한 능력과 학

---

137 크베들린부르크는 독일 중부 작센안할트 주에 속하는 소도시(2015년 말 현재 인구는 약 2만 5,000명 정도)로, 1994년 유네스코 세계문화유산에 등록되었다.

138 마르틴 루터, 앞의 책(2010), 86쪽.

139 Martin Luther, 앞의 글(1889a), 327, 333쪽.

식을 갖추도록 하는 것이며, 여자들에게 기독교적 방식으로 가사를 돌보고 자녀를 양육할 수 있도록 규율과 학식을 갖추도록" 하는 것이다.[140]

아무튼 루터의 종교개혁 신학을 통해 비로소 세속적인 것이 새로운 가치평가를 받고 독립성을 얻을 수 있게 되었다. 그것은 "세속의 세속성"을 의미한다.[141] 그런데 여기에서 반드시 짚고 넘어가야 할 사안이 하나 있으니, 그것은 루터의 종교개혁 신학에 의해 수도사가 평신도 신분으로 '격하된' 것이 아니라 그 정반대로 평신도가 수도사로 '격상된' 것이라는 점이다. 모두가 자신에게 주어진 직업과 노동을 통해 신을 섬기고 이웃을 사랑하는 사제가 되고 수도사가 된다.[142] 수도원이 세속으로 나왔고 세속이 수도원으로 들어갔다. "사람들은 루터가 세상을 수도원으로 만들기 위하여 수도원을 떠났다고들 주장한다. 사실 루터가 제시한 기독교적인 삶을 수도원적인 삶과 비교하면 유사한 면이 있다. 그의 신분론에서 '수도회'에 대하여 말한 것은 아마도 그가 운 좋게 빠져나온 중세 후기의 수도사 생활을 향한 의식적인 반대명제였을 것이다. 전통적인 수도사 서원 —— 복종·순결·가난 —— 을 루터는 신분윤리로 재생산해 냈다. 즉 각각의 세속권력에 대한 복종, 순결 대신에 행복하고 정돈된 결혼생활과 가정생활, 가난 대신에 돈과 재산에 대한 책임 있는 관리다. 수도사가 되려는 사람이 만나게 될 서품은 모든 기독교인이 이미 거쳤다. 바로 세례의 형태다. 수도원 규칙에서 나온 내용은 '모든 기

---

140 Martin Luther, "Vom Abendmahl Christi, Bekenntnis"(1528), in: *Dr. Martin Luthers Werke. Kritische Gesamtausgabe (Weimarer Ausgabe)*, *Band 9*, Weimar: Hermann Böhlaus Nachfolger 1909, 261~509쪽, 여기서는 504쪽.

141 Martin Heckel, "Das Problem der 'Säkularisation' in der Reformation", in: Irene Crusius (Hrsg.), *Zur Säkularisation geistlicher Institutionen im 16. und 18./19. Jahrhundert*, Göttingen: Vandenhoeck & Ruprecht 1996, 31~56쪽, 여기서는 43쪽.

142 Christina Pabst, 앞의 책(2005), 87쪽.

독교인 신분을 위한 성서 말씀의 가정생활표'에 비견된다. 모든 사람이 이 생활표에서 무엇을 하고 무엇을 하지 말아야 할지를 보게 된다. 시간 기도는 교리문답과 아침에, 식탁에서 그리고 저녁에 하는 기도로 대체된다."[143] 제바스티안 프랑크[144]가 정확하게 지적했듯이, "종교개혁의 의미는 이제 **모든** 기독교인이 평생 수도사가 되지 않으면 안 되는 정신적 상황에서 찾을 수 있다."[145]

그런데 이처럼 수도원이 세속으로 나오고 세속이 수도원으로 들어갔다고 해서 세속의 세속성이 완전한 형태에 도달한 것은 아니다. 다시 말해 세속적인 것이 아직 신학적으로 완전히 새로운 가치평가를 받고 독립성을 획득한 것은 아니다. 그러기 위해서는 다시 한 번 세속적인 것이 영적인 것으로부터 해방되어야 했다. 중세에는 사제, 주교, 교황으로 구성되는 위계적 교회권력이 세속적인 것을 지배·통제하고 있었다. 그리하여 세속적인 것이 영화(靈化)되었고 영적인 것이 세속화되었다. 이에 반하여 루터는 세속적인 것은 세속적인 것으로 남고 영적인 것은 영적인 것으로 남아야 한다고, 그리고 바로 이 분리를 통해 기독교 공동체를 구성해야 한다고 주장한다.

지금 사제, 주교, 교황처럼 영적이라고 불리는 사람은 일과 직무로써 신의 말씀과 성사를 지켜야 한다는 것 이외에는 다른 기독교인들과 차이가

---

143 Hans-Martin Barth, 앞의 책(2009), 488쪽.
144 제바스티안 프랑크(1499~1542?)는 독일 신학자로서, 16세기의 가장 비중 있는 신비주의 저술가로 평가받는다. 프랑크는 마르틴 루터의 영향으로 프로테스탄티즘으로 개종했으며, 1526~28년까지 루터교 목사를 지냈다. 그러나 그 후로는 가톨릭과 프로테스탄티즘 모두로부터 결별하고 자신의 독특한 신학인 '마음의 기독교' 사상을 발전시켰다.
145 막스 베버, 앞의 책(2010), 209쪽.

없고, 그들보다 더 고귀한 것도 아니다. 이는 세속 정부에 있어서도 마찬가지다. 세속 정부는 악한 자를 벌하고 선한 자를 보호하기 위하여 칼과 채찍을 손에 든다. 구두수선공, 대장장이, 농부는 각자 자신의 일과 직무가 있지만, 그럼에도 불구하고 그들 모두가 서품을 받은 사제와 주교와 같다. 그리고 그들은 각자가 일이나 직무를 통하여 다른 사람들에게 쓸모 있고 도움이 되어야만 한다. 그럼으로써 몸의 모든 지체가 서로서로 섬기는 것처럼 세상의 온갖 일은 공동체를 지향하고 육체와 영혼의 안정을 도모해야 한다.[146]

물론 루터가 제시한바, 세속적인 것과 영적인 것의 분리가 오늘날처럼 종교와 사회의 완전한 상호 독립성을 뜻하지는 않는다. 그것은 어디까지나 기독교 세계를 구성하는 두 측면일 따름이다. 기독교인들은, 영적인 신분에 속하든 세속적인 신분에 속하든 상관없이, 머리인 예수 그리스도의 한 몸이다. 그리스도는 영적인 것과 세상적인 것을 따로 갖고 있는 것이 아니라 오직 한 머리와 한 몸을 가지고 있다.[147] 수도원의 경우에도 마찬가지다. 방금 살펴본 바와 같이, 루터에 의해 세속이 초세속적-탈세속적 금욕주의의 요람인 수도원으로부터 해방되었지만 그 결과로 수도원이 세속으로 나왔고 세속이 수도원으로 들어갔다. 이는 루터의 『선행에 대하여』(1520)에 응축적이고도 상징적으로 표현되어 있다.

이것은 [부모가 믿음으로 자녀를 양육하는 가정은] 하나의 참된 교회이고 하나의 선택된 수도원이며, 또한 하나의 낙원이다.[148]

---

146 마르틴 루터, 앞의 책(2010), 22~23쪽.
147 같은 책, 22쪽.

우리는 여기에서 분명한 한계를 볼 수 있다. 그러나 그것은 루터 신학의 내적 모순이리는 의미에서의 논리적-이론석 한계라기보다 당시가 종교적인 너무나도 종교적인 사회라는 시대적 상황에서 비롯된 구조적 한계로 보아야 할 것이다. 루터에게 중요한 것은 종교적 영역과 비종교적 영역의 관계를 설정하는 것이 아니라 기독교 세계의 새로운 신앙과 삶의 이상과 원리를 제시하는 것이었다. 이러한 한계에도 불구하고 루터는 세속에 대한 수도원과 교회의 지배를 극복함으로써 세속화라는 거대하고도 도도한 역사적 조류의 물꼬를 튼 것이다. 그리하여 성, 결혼, 가족, 직업, 노동, 경제, 정치 등 세속적인 삶이 정당성을 얻게 되었다. 아마도 루터가 근대에 대해 갖는 가장 큰 의미는 바로 이 세속화에서, 그리고 세속적 삶의 신학적-윤리적 토대가 되는 직업(소명) 개념의 제시에서 찾을 수 있을 것이다. 후자는 다음 절에서 논하기로 한다.

4. 분화

루터와 세속화의 관계에 대한 앞 절의 논의에서 우리는 근대의 또 다른 중요한 지표와 접하게 되었으니, 다름 아닌 사회의 기능적 분화다. 인간이 하는 모든 직무나 일은 신학적으로 동등한 가치를 갖는다. 이 신학적 가치 동등성은 심지어 수도사와 남종 및 여종 사이에도 존재한다. 남종과 여종도 자신에게 주어진 일을 함으로써 신을 섬기고 이웃을 사랑하는 사제가 된다. 분화에 대한 루터의 논의는 '두 왕국론'과 '세 신분론' 그리고 직업론에서 찾아볼 수 있다.

중세의 사회질서는 이중적 위계를 그 특징으로 한다. 첫째로 영적 신

---

148   Martin Luther, 앞의 책(1888a), 254쪽.

분과 세속적 신분 사이의 위계가 그것이다. 전자를 사제 신분(clerici)이라고 하며, 세속교회에 소속된 사제와 수도사가 속했다. 반면 후자는 평신도 신분(laici)이라고 하며 종교적 기능을 담당하지 않는 모든 사람이 속했다. 영적 신분은 오직 교회법의 지배를 받을 뿐 세속법의 지배를 받지 않는다는 특권을 향유했다는 점에서 세속적 신분과 근본적으로 구별되었다. 사제 신분을 획득하는 사람은, 비록 그가 어떠한 이유에서든 자신의 직위로부터 면직되거나 파면되어도 그 신분을 유지했다. 이를 뒷받침하는 것이 '삭제할 수 없는 특성'(characters indelebilis)이라는 중세 교회의 신학적 교리였다. 이 교리에 따르면, 사제는 그 개인적인 성품과 무관하게 삭제할 수 없는 특성을 갖는다. 그뿐만 아니라 영적 신분은 독신생활을 통해 세속적 신분과의 자연적인 결합을 끊어버렸다.[149] 둘째로 세속적 신분의 경우에는 비생산인구인 귀족과 생산인구인 농민과 시민 사이에 지배-피지배의 관계가 존재했다. 귀족의 신분은 특권적인 것으로서 세습되었다. 게다가 수도사와 세속적 사제 간에도 일종의 차이가 존재했다. 왜냐하면 전자에게 더 많은 신학적 가치가 부여될 수밖에 없었기 때문이다.

중세 후기에는 사회적 관계와 구조가 점점 더 복잡해지면서 수직적-위계적 분화에서 수평적-기능적 분화로의 전환이 요구되었다. 그럼에도 불구하고 여전히 수직적-위계적 분화의 원리와 이상에 의해 사회를 조직하고 통제하려고 했다. 결국 사회의 발전을 저해할 수밖에 없었다. 이를 타파할 수 있는, 또는 가장 효과적이고 강력하게 타파할 수 있는

---

149 Reinhard Schwarz, "Ecclesia, œconomia, politia. Sozialgeschichtliche und fundamentalethische Aspekte der protestantischen Drei Stände-Theorie", in: Horst Renz · Friedrich Wilhelm Graf (Hrsg.), *Troeltsch-Studien, Band 3: Protestantismus und Neuzeit*, Gütersloh: Gerd Mohn 1984, 78~88쪽, 여기서는 79~80쪽.

것은 철학이나 정치가 아니라 바로 종교였다. 왜냐하면 당시는 종교가 사회적 가치를 창출하고 인간의 삶과 행위에 의미를 부여하는 시대, 즉 종교가 사회의 끈인 시대였으며, 따라서 수직적-위계적 분화에서 수평적-기능적 분화로의 전환은 신학적 정당성을 획득해야 했기 때문이다. 이것이 바로 루터의 종교개혁 신학이었던 것이다.

물론 수평적-기능적 분화에서도 불평등이 존재한다. 예컨대 황제나 제후와 일반 시민 사이에는 그리고 일반 시민과 남종 및 여종 사이에는 엄연히 지배와 복종의 관계가 존재한다. 그러나 그것은 필요하고 유용한 것이다. 왜냐하면 사회가 존속하고 발전하기 위해서는 크고 작은 다양한 기능이 요구되기 때문이다. 모든 사회 구성원이 수행하는 직무나 일은 신학적으로나 사회적으로나 동등한 가치를 지닌다. 그러므로 수평적-기능적 분화에서의 불평등은 평등적 불평등이며, 바로 이 점에서 중세의 수직적-위계적 불평등과 근본적으로 구별된다. 이 평등적 불평등을 가능케 하는 것이 다름 아닌 직업이다.

루터의 두 왕국론은 1522년 12월에 완성되어 1523년 3월에 출간된 세속 정부에 대한 저작에 잘 나타나 있는데, 바로 『세속 정부에 대하여: 우리는 어디까지 거기에 복종해야 하는가?』이다. 그러나 이미 1522년 여름 이 주제에 대한 저술을 구상했으며, 그해 늦여름에는 「베드로전서」를 설교하면서 세속적 권력과 관련된 제2장 제13~17절을 주해했다. 그리고 1522년 10월 바이마르에서 행한 여러 차례의 설교에서 영적 정부와 세속적 정부의 문제를 다루었다.[150] 그런데 내가 보기에는 1520년에 출간된 『독일 기독교 귀족에게 고함』에 세속 정부에 대한 루터의 기본적인 생각이 담겨 있다. 거기에서 루터는 세속 정부가 "악한 자를 벌하고 선한 자를 보호하기 위하여 칼과 채찍을 손에 든다"고 주장하고 있

---

150   베른하르트 로제, 앞의 책(2002), 221쪽 이하.

다. 아니 더 나아가 세 신분론에 대한 기본적인 생각이 제시되어 있다. 구두수선공, 석공, 목수, 대장장이, 농부 등과 같이 교회와 정치 이외의 경제 영역에 속하는 다양한 사회적 집단이 언급되어 있다.[151]

사실 두 왕국론이라는 용어는 루터가 사용한 것이 아니다. 원래 1922년 카를 바르트가 한 서평을 쓰면서 도입한 개념인데, 그 후로 루터의 사상을 표현하는 중요한 용어로 정착되었다. 루터는 라틴어로 'regna'를 사용하는데, 그 단수인 'regnum'은 일차적으로 통치 또는 지배를 뜻하고 이차적으로 왕국을 뜻한다. 바로 이런 이유로 '두 왕국론'을 '두 통치론'이라고도 한다. 루터는 통치와 왕국을 엄밀하게 구별하지 않은 채 논의의 맥락에 따라서 적합하다고 생각하는 것을 사용하고 있다.[152]

신학적으로 볼 때 루터의 두 왕국론은 중세의 '양검론'(兩劍論)을 비판하고 극복하기 위한 시도라고 할 수 있다. 양검론은 교황 젤라시오 1세(?~496)의 '두 권력론'으로까지 소급된다. 젤라시오 1세는 세속적 권력이 교회의 권위에 복종해야 한다고 주장함으로써 중세의 교회와 정치에 결정적인 영향을 끼쳤다. 중세 양검론의 대표적인 옹호자는 클레르보의 베르나르(1090?~1153)와 특히 교황 보니파키우스 8세(1235?~1303)다. 양검론에 따르면, 신은 인간 세계에 영적 칼과 세속적 칼을 맡겨놨다. 영적 칼은 교황에게 있고 세속적 칼은 교황이 다시 황제에게 맡겨놨다. 그러므로 황제는 세속적 칼을 교황을 위해 사용해야 하며 교황의 권위에 복종하고 교황의 지도를 받아야 한다. 만약 황제가 이러한 의무를 이행하지 않으면, 교황은 황제의 지위를 박탈할 수 있다. 양검론은 「누가복음」 제22장 제38절에 그 신학적 근거를 두고 있다. "그들이[제

---

151   마르틴 루터, 앞의 책(2010), 23~24쪽.

152   Hans-Jürgen Prien, *Luthers Wirtschaftsethik*, Göttingen: Vandenhoeck & Ruprecht 1992, 147~48쪽.

자들이] 여쭈되, 주여 보소서 여기 칼이 두 개 있나이다. 대답하시되 족하다 하시니라."[153]

두 왕국론이 영적 통치와 세속적 통치에 관한 것, 그러니까 영적 신분과 세속적으로 통치하는 신분 또는 교회와 정치에 관한 것이라면, 세 신분론은 이 두 신분과 더불어 제3의 신분, 즉 세속적으로 노동하고 생산하는 신분 또는 경제까지 (보다 정확히 말하자면 결혼, 가정, 노동, 경제까지) 포괄하고 있다. 루터의 세 신분론은 1528년에 출간된 『그리스도의 성만찬에 대하여: 고백』의 마지막 부분에 명확한 형태로 제시되어 있다. 그러나 이미 1526년에 출간된 『군인들도 구원을 받을 수 있는가?』에도 재판관 신분, 결혼 신분, 군인 신분의 세 가지 신분을 언급하고 있다.[154] 또한 1522년에 출간된 『결혼생활에 대하여』와 1524년에 출간된 『상행위와 이자에 대하여』는 각각 가정과 좁은 의미의 경제에 대한 논의이며, 방금 앞에서 언급한 바와 같이 1520년에 출간된 『독일 기독교 귀족에게 고함』에는 세 신분론에 대한 루터의 기본적인 생각이 담겨 있다. 그리고 『세속 정부에 대하여: 우리는 어디까지 거기에 복종해야 하는가?』도 넓게 보면 세 신분론의 일부분이라 할 수 있다.

두 왕국론과 세 신분론의 관계에 대해서는 의견이 분분하다. 후자를

---

153 이는 교황 보니파키우스 8세가 1302년 11월 18일에 공포한 칙서 「우남 상크탐」(Unam sanctam)에 명백하게 제시되어 있다. Bonifaz VIII, "Unam sanctam" (1302), in: Jürgen Miethke · Arnold Bühler, *Kaiser und Papst im Konflikt. Zum Verhältnis von Staat und Kirche im späten Mittelalter*, Düsseldorf: Schwann 1988, 121~24쪽 (Lateinisch-Deutsch). 참고로 '우남 상크탐'(Unam sanctam)은 라틴어로 '하나인 교회'라는 뜻으로, 로마 가톨릭교회를 가리키는 '하나이며 거룩하고 보편적인 교회'(Unam sanctam ecclesiam catholicam)를 줄인 것이다.

154 Martin Luther, "Ob Kriegsleute auch im seligen Stande sein können?"(1526), in: *Dr. Martin Luthers Werke. Kritische Gesamtausgabe (Weimarer Ausgabe), Band 19*, Weimar: Hermann Böhlaus Nachfolger 1897b, 623~62쪽, 여기서는 624쪽.

전자의 다양한 적용 가운데 하나로 보는 견해가 있는가 하면, 후자를 전자의 보충 또는 확장으로 보는 견해도 있으며, 후자를 전자와 다른 사회적 현상에 대한 신학적 해석으로 보는 견해가 있다. 그런데 내가 보기에는 형성사적 측면과 이론적 측면 모두에서 아주 밀접한 관계에 있다. 먼저 형성사적 측면에서 보면, 두 왕국론과 세 신분론 모두 종교개혁 3대 저작 가운데 하나인 『독일 기독교 귀족에게 고함』에 그 뿌리를 두고 있으며, 어느 하나가 구축되고 난 다음에 다른 하나가 구축되었다기보다는 이 둘이 1520년대 초반부터 병행적으로 발전했다. 그리고 이론적 측면에서 보면, 두 왕국론과 세 신분론은 상호 보완적이다. 그 이유는 무엇보다도 이 둘이 초기 근대의 사회구조적 변화에 대한 신학적 성찰이라는 사실에서 찾을 수 있다. 초기 근대에는 국가가 근대화되면서, 보다 정확하게 말하자면 국민국가(프랑스·영국·스페인), 영방국가(독일), 도시공화국(이탈리아)이 발전하면서 국가가 교회의 후견으로부터 벗어났다.[155] 그리고 ── 바로 이러한 국가적 권력과 질서를 배경으로 ── 초

---

155 루터는 ──『군인들도 구원을 받을 수 있는가?』에서 다음과 같이 말하고 있듯이 ── 자신이 세속적 정부와 권력에 대해 논의한 것에 큰 자부심이 있었다. "나는 사도 시대 이후 아무도 나만큼 세속적 칼과 정부를 명쾌하게 기술하고 높이 찬양한 적이 한 번도 없었다는 사실을 아주 자랑스럽게 생각하는바, 이는 나의 적들도 인정할 수밖에 없을 것이다." 같은 책, 625쪽. 루터의 이러한 자부심은 크게 두 가지 방향으로 해석할 수 있을 것이다. 첫째, 루터는 세속 정부와 통치에 대한 자신의 논의가 사도들, 그러니까 성서에 그 근거를 두고 있음을 내세우고 있다. 둘째, 당시 천년 이상 유럽을 지배하던 정치질서에 근본적인 변화가 일어나고 있으며, 따라서 그에 대한 근본적인 성찰이 필요했고 이를 한 사람이 바로 자신이라는 것이다. 루터가 그토록 명쾌하게 기술하고 높이 찬양한 국가는, 교황의 초국가적-보편적 절대주의를 대체한 영토적 경계를 갖는, 즉 영방국가적 절대주의였다. Günter Fabiunke, *Martin Luther als Nationalökonom*, Berlin: Akademie-Verlag 1963, 84쪽. 루터는 이 새로운 유형의 세속적 정부와 권력을 사도들이 증언하고 기록한 성서에 준거하면서 신학적으로 분석하고 또 그것이 갖는 사회적-정치적 기능과 의미를 높이 평가했다. 어쩌면 "사도 시대

기 자본주의가 발전하면서 노동하고 생산하는 다양한 유형의 직업, 즉 다양한 경제적 직업집단이 생겨났다. 이들 집단은 교회와 국가 시이의 제3의 장에 존재하는 제3의 신분이었다. 요컨대 초기 근대에는 사회의 기능적 분화가 고도화되었던 것이다.[156]

그러나 봉건적-위계적 사회질서에 기반하는 중세 신학은 이러한 사회적 변화와 모순적 관계에 있었으며, 따라서 사회발전에 저해가 될 수밖에 없었다. 기능적 분화라는 근대적 사회질서는 효율적으로 작동하고 지속적으로 발전하기 위해서는 신학적 가치 부여와 정당성을 절실하게 필요로 했다. 이 시대적 요구에 응한 것이 바로 루터의 두 왕국론과 세 신분론이었던 것이다. 이 두 이론은 고도화된 사회의 기능적 분화에 대한 신학적 답변이었던 것이다. 그러므로 두 왕국론과 세 신분론은 한데 묶어서 고찰하는 것이 루터의 사상을 보다 입체적이고 심층적으로 이해하는 데에 도움이 된다. 그리고 거기에 직업론도 추가해야 비로소 루터의 '분화론'을 제대로 파악할 수 있다.

내가 보기에 루터의 두 왕국론, 세 신분론, 직업론은 각각 사회의 일차적 분화, 이차적 분화, 삼차적 분화에 해당한다. 첫째, 두 왕국은 교회

이후 아무도 나만큼 세속적 칼과 정부를 명쾌하게 기술하고 높이 찬양한 적이 한 번도 없었다"는 루터의 말에 유일한(?) 예외가 있을 수 있는데, 그것은 루터의 동시대인인 마키아벨리일 것이다. 그리고 더 나아가 마키아벨리의 국가론은 루터의 국가론보다 훨씬 더 근대적이라고 할 수 있는데, 그 이유는 마키아벨리가 — 이미 제3장 제4절의 각주 27에서 언급한 바와 같이 — 루터와 달리 정치적 영역을 종교적 지배로부터 해방했기 때문이다.

156　1568년 독일의 시인 한스 작스의 8행시와 스위스 태생 판화가 요스트 아만 (1539~91)의 목판화가 곁들여져 출간된『직업의 화첩』에는 교황과 추기경으로부터 농부, 광부 및 다양한 수공업자 등에 이르기까지 114개의 직업이 소개되어 있다. 한스 작스 (글)·요스트 아만 (그림),『직업의 화첩: 목판화로 보는 미술의 샘』, 정산미디어 2016 (민병덕 옮김; 원제는 Hans Sachs·Jost Amman, *Stände und Handwerker*) 참조.

적 통치(지배)와 세속적 통치(지배)의 분화, 즉 교회와 세속의 분화다. 신은 전자를 오른손으로 통치(지배)하고 후자를 왼손으로 통치(지배)한다.[157] 이 일차적 분화는 통치적(지배적) 분화로 표현할 수 있다. 둘째, 세속이 다시금 경제와 정치로 분화되며, 그 결과 교회·경제·정치의 세 신분이 형성된다. 이 이차적 분화는 신분적 분화로 표현할 수 있다. 셋째, 각각의 신분은 다시금 다양한 직업으로 분화된다. 예컨대 정치의 영역은 제후나 군주, 재판관, 주무관, 궁내관, 서기관, 군인 등의 다양한 직업으로 분화된다. 이 삼차적 분화는 직업적 분화로 표현할 수 있다. 그러므로 여기서는 루터의 두 왕국론, 세 신분론, 직업론을 사회적 분화라는 관점에서 한데 묶어서 고찰하기로 한다.

루터는 1528년에 출간된 『그리스도의 성만찬에 대하여: 고백』에서 세 신분을 다음과 같이 요약하고 있다.

> 신이 세운 거룩한 조직과 참된 기관은 다음의 세 가지다. 사제직, 결혼의 신분, 세속 정부. 목사직에 있거나 말씀을 섬기는 모든 사람은 거룩하고 진정하고 선하며 신을 기쁘게 하는 조직과 신분에 있는바, 설교하고 성례전을 집전하고 교회재정을 관리하는 사람들 그리고 이러한 사람들을 섬기는 성당지기, 급사 또는 하인이 바로 그들이다. 이 모든 것은 신 앞에서의 순수하게 거룩한 사역이다. 마찬가지로 아버지와 어머니 된 자들이 가정을 잘 다스리고 자녀들이 신을 섬기도록 양육하는 일도 순수한 거룩함이며 거룩한 사역이고 거룩한 조직이다. 또한 마찬가지로 자녀와 하인이 부모와 주인에게 복종하는 것도 순수하게 거룩한 것이다. 누구든지 그렇게 하는 사람은 지상에 살아 있는 성인이다. 그리고 마찬가지로 제후나

---

157 다음은 오른손에 의한 신의 통치와 왼손에 의한 신의 통치를 분업이라는 관점에서 접근하고 있다. Hans-Martin Barth, 앞의 책(2009), 422쪽 이하.

군주, 재판관, 주무관, 궁내관, 서기관 그리고 시종과 시녀 등 이들을 섬기는 모든 사람과 거기에 더해 이들에게 종속되고 복종하는 모든 사람, 이들은 모두 순수하게 거룩하며 신 앞에서 거룩한 삶을 사는 것이다. 왜냐하면 이 세 가지 기관이나 조직은 신의 말씀과 명령으로 제정된 것이기 때문이다. 신의 말씀으로 제정된 것은 거룩함에 틀림없다. 왜냐하면 신의 말씀이 거룩하며 그것과 관련되어 있고 그 안에 내포되어 있는 모든 것을 거룩하게 만들기 때문이다.[158]

신이 세운 세 가지 조직과 기관이 바로 세 가지 신분이다. 이는 루터가 신분(Stand)이라는 용어 대신에 조직(Orden)이나 기관(Stift)이라는 용어를 사용하기도 한다는 사실을 암시하는 대목이다. 그 밖에도 루터는 직무(Amt), 위계(Hierarchie) 등의 단어를 사용하기도 하며, 라틴어 'stătus', 'ordo', 'ordinátĭo', 'hierarchía'를 사용하고 있다. 이처럼 세 신분론은 두 왕국론보다 용어 사용이 훨씬 부정확하다. 그리고 '위계'는 오늘날의 언어 감각으로는 잘 납득이 안 되는 용어임이 분명하다. 그러나 이는 논리성의 결여 또는 논리적 모순이라기보다 강조화의 시도, 그러니까 동일한 대상의 다른 측면을 강조하려는 의도로 보는 것이 타당하다. 루터가 직무·조직·기관·위계에 대해 말할 때에는 신에 의한 사회적 질서의 제정이 전면에 등장하는 반면, 그가 신분에 대해 말할 때에는 이 주어진 질서에 존재하는 개인의 주관적 관점이 강조된다.[159]

아무튼 방금 인용한 구절에서 제시된 사제직, 결혼의 신분, 세속 정부는 각각 라틴어로 '에클레시아'(ecclésĭa), '외코노미아'(œconómĭa), '폴리티아'(polítía)에 해당하며, 각각 우리말로 교회, 경제, 정치로 옮길 수 있

158 Martin Luther, 앞의 책(1909), 504~05쪽.
159 Andreas Stegmann, 앞의 책(2014), 380쪽.

다. 교회는 기독교 신앙의 제도적 측면이자 구현을 가리키고, 경제는 결혼과 가정, 그리고 노동과 (좁은 의미에서의) 경제의 영역을 가리키며, 정치는 사회와 국가의 장을 가리킨다. 오늘날 식으로 이야기하면, 루터의 세 신분은 종교, 가정, 경제, 사회, 국가와 같이 다양한 삶의 영역을 포괄하며, 이에 상응하여 그의 신분론은 종교, 가정, 경제, 사회, 국가라는 사회적 기능 체계를 포괄한다. 이들 체계 사이에는 한편으로 그 어떤 위계관계나 종속관계도 존재하지 않으며 다른 한편으로 전체 사회의 존속과 발전을 위해 상호 의존적이고 상호 보완적인 관계가 존재한다.

이렇게 보면, 루터의 세 신분론은 인간 사회가 다양한 삶의 영역으로 분화된 시대적 상황에 대한 신학적 접근이라고 할 수 있다. 요컨대 루터는 근대사회의 기능적 분화에 대한 원초적인 형태의 이론을 제시한 것이다. 물론 그렇다고 해서 루터가 확고한 신분질서를 의도하거나 이를 위하여 신분질서에 대한 체계적인 이론을 의도한 것은 아니다. 그가 의도한 바는 오히려 신에 의해 제정된 다양한 삶의 영역, 또는 달리 말하자면 신이 기독교인들에게 지정한 또는 명령한 근본적인 삶의 양식에 대해 설파하는 것이다.[160] 사회의 기능적 분화에 대한 오늘날의 사회학적 이론은 루터의 신학적 이론보다 훨씬 더 다양한 삶의 영역을 포괄한다. 오늘날은 루터의 시대보다 기능적으로 훨씬 더 분화된 사회이기 때문이다. 예컨대 루만의 경우에는 경제, 법, 과학, 정치, 종교, 교육, 대중매체, 도덕, 윤리, 예술, 의료체계, 사랑, 사회운동 등의 사회적 기능 체계를 볼 수 있다.[161]

아무튼 루터에 따르면, 신분적 분화와 직업적 분화는 다시금 기독교

---

160 Hans-Martin Barth, 앞의 책(2009), 429쪽.

161 발터 리제-쉐퍼, 『니클라스 루만의 사회사상』, 백의 2002 (이남복 옮김; 원제는 Walter Reese-Schäfer, *Niklas Luhmann zur Einführung*), 184~85쪽.

적 사랑이라는 원리와 이상에 의해 통합되고 의미와 가치를 부여받는다. 루터는 이를 '공통직 조직'이라고 부르며, 교회·경제·정치의 세 가지 신분과 그 각각을 구성하는 다양한 직업을 그 공통적 조직인 기독교적 사랑을 실현하는 조직과 기관으로 간주한다. 이러한 기독교적 사랑은 구체적으로 이웃사랑을 가리키는데, 이 이웃사랑은 개인에게 주어진 신분적-직업적 행위와 의무뿐만 아니라 자선행위도 포함한다.

이 세 가지 기관과 조직 위에는 기독교적 사랑이라는 공통적 조직이 있다. 이 안에서 우리는 세 가지 조직에 헌신할 뿐만 아니라 일반적으로 온갖 자선행위를 통해 모든 가난한 사람을 섬긴다. 그러니까 굶주린 사람에게 먹을 것을 주고, 목마른 사람에게 마실 것을 주고, 원수를 용서하고, 지상에 있는 모든 사람을 위하여 기도하며, 지상에서의 온갖 해악을 참는다. 보라, 이 모든 것은 참으로 선하고 거룩한 행위로 불린다. 그러나 그와 같은 일 가운데 어느 것도 구원의 길은 아니다. 이 모든 것 위에 있는 오직 한 가지 길, 즉 예수 그리스도를 믿는 신앙만이 구원의 길이다. 왜냐하면 거룩하게 되는 것과 구원을 받는 것은 완전히 다른 일이기 때문이다. 우리는 오직 그리스도를 통해서만 구원받는다. 그러나 우리는 그와 같은 신앙을 통해서도 그리고 그와 같은 신적인 기관과 조직을 통해서도 거룩하게 된다. 불신자들조차도 구원을 받지 못하고도 거룩한 일을 많이 할 수 있다. 왜냐하면 신은 자신의 영광을 위하여 우리가 그와 같은 일을 하기를 바라기 때문이다. 그리고 그리스도에 대한 신앙으로 구원받은 사람들은 모두 그와 같은 일을 하며 자신에게 주어진 신분을 유지한다.[162]

그런데 여기에서 반드시 짚고 넘어가야 할 사안이 한 가지 있으니, 바

---

162   Martin Luther, 앞의 책(1909), 505쪽.

로 루터가 말하는 이웃이 오늘날 우리가 통상적으로 이해하는 이웃과는 다른 의미를 갖고 있다는 사실이다. 좀 더 정확히 말하면, 전자가 후자보다 외연이 더 크다. 오늘날과 달리 루터의 이웃에는 가족이 포함된다. 1529년 8월 22일에 행한 설교에서 루터는 "누가 나의 이웃인가?"라는 질문에 다음과 같이 대답했다. "우리는 도제, 관헌, 아버지, 어머니, 형제, 자매, 아내, 자식을 든다." 그러니까 루터에게 이웃은 나와 직간접적인 관계에 있는 모든 사람을 포함한다. 이웃은 모든 사회적 관계를 포함하는 개념이다. 그것은 신학적-종교적으로 표현된 사회적 범주다.[163] 루터에 따르면, 십계명은 크게 신과 관계된 부분(제1~3계명)과 이웃과 관계된 부분(제4~10계명)으로 나누어지는데, 후자에서 가장 중요하고 으뜸이 되며 우선되는 계명은 제4계명, 즉 "네 부모를 공경하라"이다. 그러니까 나의 이웃에서 가장 중요하고 으뜸이며 우선하는 것은 다름 아닌 부모인 셈이다. 그 이유는 ── 루터는 『대교리문답』에서 이렇게 말하고 있다 ── "신이 아버지와 어머니를 이 땅에 있는 다른 사람들과 구별하고 구분하여 신 바로 옆자리에 두고 이 계명을 가르친다."[164] 아무튼 모든 개인은 사회의 지체로서 자신의 신분적-직업적 행위와 의무를 통해 다른 개인과 관계를 맺으며, 다시 말해 이웃사랑을 실천하며, 이를 통해 신을 섬긴다.

방금 언급한 바와 같이, 루터에게 직업은 신분과 밀접한 관계에 있다. 신분이 종교적·경제적·정치적 삶의 영역을 가리킨다면, 직업은 그 가운데 한 특정한 영역에서 각 개인에게 주어진 구체적인 직무와 일을 가리킨다. 예컨대 한 개인이 경제라는 신분적 영역에서 수공업자라는 직

163   Günter Fabiunke, 앞의 책(1963), 90~91쪽. 루터의 설교는 90쪽에서 재인용한 것이다.
164   마르틴 루터, 앞의 책(2017), 100쪽.

업을 가질 수 있다. 그러므로 신분으로서의 경제와 직업으로서의 수공업자라고 말힐 수 있다. 마찬가지로 신분으로서의 교회와 직업으로서의 설교자라고 말할 수 있고, 신분으로서의 정치와 직업으로서의 제후라고 말할 수 있다. 오늘날의 관점에서 보면 '신분'이라는 용어를 생략하고 '직업'이라는 용어만 사용하는 것이 더 적합할 것이다. 다시 말해 신분으로서의 종교 —— 신분으로서의 경제 —— 신분으로서의 정치 대신에 직업으로서의 종교 —— 직업으로서의 경제 —— 직업으로서의 정치와 같이 표현하는 것이 더 적합할 것이다. 이 명제의 고리에 직업으로서의 과학(학문), 직업으로서의 예술 등이 추가될 수 있다.[165]

루터가 말하는 직업은 오늘날 우리가 통상적으로 이해하는 직업과는 다른 의미를 갖는다. 보다 정확히 말하면, 전자가 후자보다 외연이 더 크다. 거기에는 남편과 아내, 아들과 딸, 남종과 여종 등도 포함된다. 그 이유는 루터가 사용한 용어 'Beruf'(vocatio)가 종교적 색채를 띠고 있기 때문이다. 이 단어는 '신의 부름' 또는 '소명'(召命), 즉 '신이 불러 명함'의 의미를 갖는다. 구체적으로 신이 개인을 특정한 신분의 특정한 자리로 불러 특정한 직무나 일을 하도록 명령하는 것을 의미한다. 예컨대 남편은 신이 가정이라는 신분의 '가장' 자리로 불러 아내, 자식, 하인과 재산을 돌보도록 명령한 것이다. 그리고 아들과 딸은 신이 가정이라는 신분의 아들과 딸의 자리로 불러 다음과 같이 하도록 명령한 것이다. "단정하고 순결하고 분수를 지키면서 청소년기를 살아가고 부모에 복종하며 말이나 행동으로 다른 사람의 감정을 상하게 하지 않는다."[166]

---

165 이에 대한 자세한 논의는 김덕영, 앞의 책(2012), 685쪽 이하 참조.

166 Martin Luther, "Evangelium am S. Johannis-Tage. Joh. 21, 19~24"(1521), in: *Dr. Martin Luthers Werke. Kritische Gesamtausgabe (Weimarer Ausgabe), Band 10. Erste Abteilung-Erse Hälfte*, Weimar: Hermann Böhlaus Nachfolger 1910a, 305~24쪽, 여기서는 308쪽.

오늘날 우리가 사용하는 '직업'이라는 용어는 여기에서 유래한 것이다. 그러나 장기간의 세속화 과정을 거치면서 점차로 종교적 색채가 소멸되었기 때문에 더 이상 '신의 부름'이나 '신이 불러 명함'이라는 의미는 내포되어 있지 않다. 이제 직업은 전적으로 개인의 주관적인 문제가 되었다. 어떤 직업을 선택하고, 거기에 헌신하고, 그를 통해 자아를 실현하며, 그로부터 삶의 의미와 가치를 찾는가 하는 등의 문제는, 궁극적으로 개인이 스스로 판단하고 결정해야 하는 문제다. 이제 그것은 더 이상 소명이 아니다. 아니 소명이라고 할 수 있다. 다만 그 경우 신에 의해 부과되는 객관적 소명이 아니라 개인이 자신에게 부과하는 주관적 소명이라고 해야 할 것이다.

루터의 직업론은 그와 밀접한 관계에 있는 신분론과 더불어 1520년대 초반부터 본격적으로 발전하기 시작했는데, 신의 부름 또는 소명을 의미하는 그의 직업 개념은 무엇보다도 「요한복음」 제21장 제19~24절에 대한 주해에 잘 나타나 있다. 이 설교는 루터가 바르트부르크 성에 머물던 1521~22년에 작성한, 이른바 "크리스마스 설교"의 일부분으로서 사도 요한의 축일인 (1521년) 12월 27일을 기념하기 위한 것이다.[167] 루터는 다음과 같이 설교의 서두를 장식하고 있다.

> 모든 기독교인은 성인의 예와 삶을 고려하지 말고 신이 자신에게 명령한 것에 유념하고 자신의 직업을 지각해야 한다. 오, 이것은 그토록 긴급하고 유익한 교의다! 우리가 성인의 행위와 그들이 살아온 방식을 존경하는 행위는 아주 일반적인 오류다. 그리고 우리는 성인의 삶이 모방할

---

167 루터는 설교에서 직업과 신분의 문제를 다루기 위해 지속적으로 「요한복음」 제21장에 준거하고 있다. 예를 들면, 1519년의 설교와 1530년의 설교에서 그렇다. Andreas Stegmann, 앞의 책(2014), 374쪽(각주 79).

가치가 있다고 생각하기 십상이다. 쓸모없는 떠버리들이 친애하는 성인의 삶에 대해 설교하고 그것을 옳지 않게 민중에게 전범으로 제시함으로써 그러한 오류와 생각을 방조하고 조장한다. 여기에서(「요한복음」 제21장 제19~24절에서) 그리스도는 전혀 다르게 행위하고 말한다. 베드로는 그와 같이 사려가 없는 곡해자의 한 예다. 그리스도가 그에게 자신을 따르라고 명령하자(제19절), 베드로는 돌아서서 다른 한 사람을 바라보며 예수가 사랑한 그 사람이 어디로 가는가에 신경을 쓴다(제20절). 신이 자신에게 명령한 것을 내버려둔 채 신이 사랑하는 다른 사람들의 삶과 행위를 눈여겨보는 사람들도 베드로와 매한가지다. [⋯] 그런 까닭에 그리스도는 베드로를 제정신이 들도록 하고 다음과 같이 말한다. 다른 사람이 어디로 가든 너에게 무슨 상관이란 말이냐? 너는 나를 따르고 내가 그를 어떻게 하든 관여하지 마라. 내가 그를 그렇게(내가 올 때까지) 머물게 하고자 할지라도 무슨 문제란 말이냐? 그렇다고 해도 너도 머물고자 한단 말이냐? 너는 내가 그에게 원하는 바로 그것을 너에게 원한다고 생각하느냐? 아니다. 그렇지 않다. 너는 너의 것에 유념하라. 내 너에게 이르노니, 그도 틀림없이 그의 것을 찾을 것이다. 나는 가지각색의 종을 갖고자 하며, 따라서 모두가 똑같은 과제를 수행해서는 안 된다(제21~22절 참조).[168]

요컨대 진정한 기독교인의 삶은 신이 자신에게 명령한 것 또는 직업에 전념하는 것이지 성인을 숭배하거나 모방하는 것이 결코 아니라는 것이 루터의 논지이다. 루터는 성인숭배와 모방 이외에도 진정한 기독교인의 삶을 불가능케 하는 여러 가지 인간적 행위를 거론하고 있다. 그것은 성지순례, 봉납, 금식, 의복, 성인제(聖人祭), 사제 나부랭이, 수도사 제도, 수녀 제도 등이다. 이 모든 것은 그리스도를 따르라는 부름과

---

168 Martin Luther, 앞의 글(1910a), 306~07쪽.

명령에 등을 돌리는 것이며, 따라서 참된 신의 길이 아니다. 참된 신의 길을 가는 사람은 다음과 같은 사람을 일컫는다. "첫째, 그는 인간의 가르침, 길 또는 명령을 받아들이지 않는다. 둘째, 그는 자신이 찾거나 선택한 행위를 받아들이지 않는다. 셋째, 그는 성인의 전범을 받아들이지 않고 신이 그를 이끄는 대로 그리고 신이 그에게 원하는 것에 […] 맞춘다."[169]

루터에 따르면, 인간이 참된 신의 길을 가기 위해 신이 이끌고 원하는 대로 하는 것이 바로 직업이다. 신은 모든 인간에게 특정한 신분의 특정한 자리로 불러 특정한 직무나 일을 하도록 명령하며, 따라서 모든 인간은 직업을 갖는다. 나는 어떤 경우든 남편이거나 아내이거나 아들이거나 딸이며, 설교자이거나 제후이거나 농부이거나 상인이거나 수공업자다. 그러므로 "누구나 자신의 신분에 머물고 자기 자신을 중시하고 자신의 과제를 지각하며 그 가운데에서 신을 섬기고 신의 명령을 지키도록 유념해야 한다." 예컨대 뜰을 청소하거나 쓰레기를 내다 버리는 등 경건하고 성실하게 자신에게 주어진 신의 명령(직업)을 이행하는 여종이나, 쟁기질을 하거나 마차를 모는 등 역시 경건하고 성실하게 자신에게 주어진 신의 명령(직업)을 이행하는 남종은 똑바로 천국에 이르는 길을 걷는 반면, 자신의 직업과 과제를 내팽개친 채 성지순례를 하거나 교회에 가는 사람은 똑바로 지옥에 이르는 길을 걷는 것이다.[170]

그러므로 우리는 어떤 행위를 그것이 막중한지 미미한지, 고결한지 천한지, 정신적인지 육체적인지 또는 그것이 지상에서 어떤 존경과 명성을 가져올 수 있을지 하는 기준으로 판단해서는 안 된다. 거기에 대해서는 눈

---

169   같은 글, 307~08쪽.
170   같은 글, 309~10쪽.

을 감아야 한다. 그보다는 그것이 신의 명령에 의한 것인지 그리고 그 명령에 복종하는 것인지 아닌지에 따라 판단해야 한다. 만약 명령과 복종이 존재한다면, 그 행위가 비록 짚 한 오라기를 집어올리는 것처럼 지극히 사소할지라도 정당하고 가치 있으며 전적으로 신적인 것이다. 그러나 만약 명령과 복종이 존재하지 않는다면, 그 행위가 비록 죽은 자들을 다 소생시키는 것처럼 지극히 장엄할지라도 정당하지 않고 비난 받을 만하며 악마로부터 온 것이 확실하다. 왜냐하면 다음은 명백한 진리이기 때문이다. 신은 행위가 아니라 행위 안의 복종을 주시한다. 그러므로 신은 우리가 그의 명령과 부름을 주시하기를 원한다. 이와 관련하여 바울은「고린도전서」 제7장 제20절에서 다음과 같이 말하고 있다. "각 사람은 부르심을 받은 그 부르심 그대로 지내라." 그리고 성 베드로는「베드로전서」제4장 제10절에서 다음과 같이 말하고 있다. "너희들은 신으로부터 받은 각양각색의 은혜를 맡은 선한 청지기 같이 서로 봉사하라." 신이 주는 은총과 재능은 한 가지가 아니라 여러 가지라고 성 베드로는 말하고 있다. 그러므로 각자는 자신이 받은 은총과 재능을 지각하고 그것을 실현하며 그럼으로써 다른 사람들을 유익하게 해야 한다.[171]

이 인용구절의 마지막 부분에서 알 수 있듯이, 신이 각자에게 주는 재능이 직업적 분화의 연원이며, 다시금 이 직업적 분화가 이웃사랑 또는 이웃 섬김의 토대다. 직업적 분화는 기독교적 공동체를 구성하는 기본 원리다. 방금 인용한 구절에 이어 루터는 다음과 같이 말하고 있다.

각자가 자신의 일에 진력하고 이를 통해 다른 사람들에게 봉사하며 또한 그렇게 함으로써 모두가 함께 천국에 이르는 올바른 길을 가는 곳, 바

---

171   같은 글, 310~11쪽.

로 그곳에 공동체적 삶이 존재한다. 그리하여 성 바울은 「로마서」 제12장 제4~5절과 「고린도전서」 제12장 이하에서 다음과 같이 쓰고 있다. 몸은 많은 지체를 가지나 모든 지체가 같은 기능을 가진 것이 아니다. 그리고 우리도 한 기독교 공동체의 많은 지체이나 모두가 같은 기능을 가진 것이 아니며, 따라서 누구든 다른 사람의 기능을 수행해서는 안 되고 각자가 자신의 고유한 기능을 수행해야 하며, 모두가 겸허히 신에게 복종하고 갖가지 직무를 이행하고 다양한 기능을 수행하면서 조화롭게 살아가야 한다.[172]

이미 앞에서 인용한 루터의 저작 『그리스도의 성만찬에 대하여: 고백』에서 명백하게 드러나듯이, 루터는 신분적-직업적 의무의 이행을 구원과는 상관이 없는 것으로 본다. 그것이 선하고 거룩한 행위임에는 분명하나 구원에 이르는 길은 아니다. 그리스도에 대한 신앙으로 구원받은 사람들은 모두 자신의 신분에 충실하며 직업적 행위를 통해 이웃을 섬기고 공동체의 존속에 기여한다. 게다가 구원을 받지 못하는 불신자도 거룩한 일을 할 수는 있다. 이는 루터의 이신칭의사상을 잘 엿볼 수 있는 대목이다. 루터에 따르면, 인간은 오직 예수 그리스도에 대한 믿음(신앙)을 통해서만 신 앞에서 의롭다 함을 얻을 수 있다. 즉 구원을 받을 수 있다.

이 점에서 루터는 칼뱅과 결정적인 차이점을 보인다. 루터의 이신칭의사상과 달리 칼뱅은 행위구원사상을 내세운다. 행위구원사상이란 개인이 행위를 통해 그 자신의 구원 상태, 즉 그 자신이 신으로부터 선택받은 자들에게 속함을 내적·외적으로 확증하는 것을 지칭하는 신학사상이다. 행위구원사상은 확증사상과 밀접한 관계에 있다. 그런데 행위

172   같은 글, 311쪽.

구원사상에서는 고립된 개별적인 행위에는 구원의 의미를 부여히지 않고 오직 하나의 전체로 조직된 체계적 생활양식에만 구원의 의미가 부여된다. 그리고 의식적(儀式的) 행위로부터 오는 모든 구원의 의미가 박탈된다. 행위구원사상의 관점에서 보면 인간은 오로지 신의 영광을 위한 도구다. 그런데 행위구원사상이 인간의 행위에 구원의 의미를 부여한다는 점에서 자칫 인간의 행위가 구원의 실재적이고 객관적인 토대가 된다고 해석하기 쉽다. 그러나 칼뱅의 예정론에 따르면, 신이 이미 특정한 인간을 구원 또는 선택으로 그리고 나머지 인간을 저주 또는 유기로 예정했으며 이는 신 자신도 변경할 수 없기 때문에 그와 같은 해석은 성립될 수 없다. 그보다 행위구원사상은 개인이 행위를 통해 구원의 내적·외적 확실성을 획득한다는 점에서 심리학적이고 주관적인 성격을 지닌다. 그러니까 행위구원사상에서는 행위가 구원의 실재근거가 아니라 인식근거가 되는 셈이다.[173]

요컨대 칼뱅은 루터를 따라 직업윤리에 근본적인 신학적 가치를 부여했지만, 루터와 달리 인간의 행위에 구원의 적극적인 의미, 즉 구원을 내적·외적으로 확증하는 역할을 덧붙였다. 이는 누구보다도 막스 베버가 잘 보여준다. 베버에 따르면, "종교적 의미에서 탁월하게 조직적인 삶을 영위한 인간은 항시 **다른 누구도 아닌 오로지 수도사뿐**이었고, 따라서 금욕주의가 한 개인을 강력하게 지배하면 할수록 그는 **그만큼 더** 일상적 삶으로부터 **격리되어** 갈 수밖에 없었다. 왜냐하면 바로 현세적 도덕의 **초월**에 특별히 거룩한 삶이 있기 때문이다." 루터가 이것을 최초로 제거했고 칼뱅은 그를 따랐다. 루터의 종교개혁과 더불어 "세속적 일상 생활로부터 금욕주의의 유출을 막기 위한 제방이 구축되었고, 지금까지 수도원 제도에 그 최고의 대표자들을 공급해 왔던 저 열정적이고 진

---

173   막스 베버, 앞의 책(2010), 옮긴이 주 34의 재수정.

지한 내면적 인간은 이제 세속적 직업생활 **안에서** 금욕주의적 이상을 추구하도록 교육받았다." 그러나 칼뱅은 "거기에다가 적극적인 요소, 즉 세속적인 직업생활에서 **신앙을 확증**할 필요가 있다는 사상을 보탰으며", 그 결과 "종교적으로 지향된 광범위한 계층의 사람들에게 금욕주의에 대한 **적극적인 동인**을 제공했으며, 또한 그 윤리가 예정론에 정착됨으로써 수도사의 탈세속적이고 초세속적인 종교적 귀족주의가, 신에 의해 영원으로부터 예정된 이 **세속적** 성도의 종교적 귀족주의로 대체되었다."[174]

베버가 보기에 근대 자본주의 정신, 즉 근대 산업 자본주의에 적합한 직업윤리를 창출한 것은 직업적 행위에 구원의 의미를 부인한 루터가 아니라 거기에 적극적인 구원의 의미를 부여한 칼뱅이었다. 실제로 루터의 경제윤리는 반자본주의적이었다. 칼뱅주의자들에게는 직업, 즉 신으로부터 명령받은 일에 헌신하여 신의 영광을 드높이는 것만이 자신의 구원을 내적·외적으로 또는 주관적·객관적으로 확증할 수 있는 유일한 길이었으며, 따라서 그들은 직업세계에서 금욕적이고 합리적으로 행위함과 동시에 직업 외적인 일상생활도 직업노동에 기여할 수 있도록 금욕적이고 합리적으로 조직화하고 영위하게 되었다. 그 결과 칼뱅주의의 세속적 금욕주의에서 자본주의적 직업과 노동을 자기목적으로 하는 인간 집단, 즉 경제인간이 탄생했다.[175]

아무튼 여기까지 논의한 루터의 분화론을 도표로 나타내면 다음과 같다. 이 도표는 사회의 기능적 분화, 그러니까 통치적(지배적) 분화, 신분적 분화 및 직업적 분화 또는 일차적 분화, 이차적 분화 및 삼차적 분

---

174 같은 책, 209~10쪽.

175 이를 논의한 것이 바로 저 유명한 「프로테스탄티즘의 윤리와 자본주의 정신」이다. 막스 베버, 앞의 책(2010).

화를, 그리고 이 사회분화와 기독교 신앙의 관계를 보다 가시적이고 명백하게 드러낼 것이다.

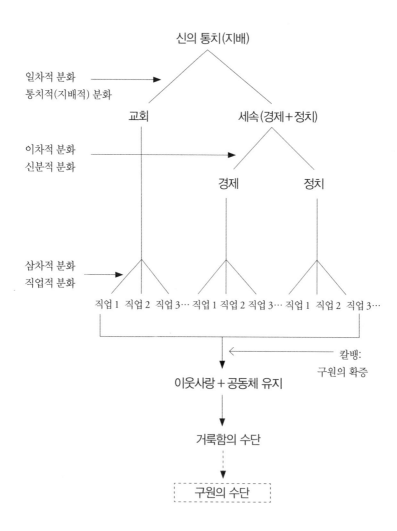

이를 염두에 두고 나서, 루터의 세 가지 신분을 검토하면서 그의 분화론이 구체적으로 어떠한 내용인지 잠시 살펴보기로 한다. 이미 앞에서 인용한 루터의 저작 『그리스도의 성만찬에 대하여: 고백』에는 세 신분이 무엇인지 잘 요약되어 있다. 다만 좁은 의미의 경제에 대한 논의가 빠져 있기에, 여기서는 그것이 가장 중요한 논의의 대상이 된다.[176] 그에 앞서 먼저 정치(세속 정부)와 교회(영적 정부)의 관계, 다시 말해 정치와 종교의 관계에 대한 루터의 견해를 검토하기로 한다.

루터에 따르면, 신이 영적 정부(통치)와 세속적 정부(통치)의 두 가지 정부(통치)를 제정하였다. 이 중 전자에는 "성령으로 말미암아 그리스도 아래에서 기독교인들과 경건한 사람들을 만드는" 임무가 주어지는 반면, 후자에는 "비기독교인들과 악한 자들을 억제함으로써 그들로 하여금 자신의 의지에 반하여 외적으로 평화를 지키면서 조용히 지내지 않을 수 없도록 만드는" 임무가 주어진다.[177] 영적 정부는 신의 말씀, 성례전 및 성령을 그 통치수단으로 한다. 이 수단을 통해 신이 직접적으로 역사하며, 그리하여 내적으로 경건한 삶이 가능해진다. 다시 말해 개인이 신앙 속에서 살아가고 서로를 사랑하고 용서하며 구원에 이르게 된다. 이에 반해 세속적 정부는 국가권력, 즉 법과 칼(폭력)을 그 통치수단

---

176 결혼과 가족은 루터의 신분론, 즉 분화론에서 아주 중요한 위치를 차지한다. 왜냐하면 루터는 중세를 지배해 온 가톨릭의 독신주의에 반하여 결혼과 가족은 신이 제정한 거룩하고 진정한 신분으로서 직접 신을 섬긴다는 견해를 내세웠기 때문이다. 그가 보기에 신의 피조물인 인간에게 결혼과 가족은 종교 다음으로 중요하다. 이렇게 보면 결혼과 가족에 대한 루터의 논의를 자세하게 살펴보는 것이 마땅하나, 여기서는 지면 관계상 다음의 참고자료를 언급하는 것으로 만족하기로 한다. 마르틴 루터, 앞의 책(2005), 419쪽 이하; Hans-Martin Barth, 앞의 책(2009), 434쪽 이하; Andreas Stegmann, 앞의 책(2014), 415쪽 이하.

177 Martin Luther, 앞의 책(1900), 251쪽.

으로 한다. 이 수단을 통해 신이 간접적으로 역사하며, 그리하여 외적으로 평화로운 삶이 가능해진다. 다시 말해 악을 방지하거나 벌하고 선을 보호하고 장려할 수 있게 된다. 신이 제정한 이 두 유형의 정부 또는 왕국은 동가치적이고 상호 독립적이면서 상호 보완적으로 작용함으로써 신의 의지를 구현한다. 영적 정부와 세속적 정부는 각각 신적 통치의 오른손과 왼손에 해당한다. 이 두 왕국은 ──루터는『세속 정부에 대하여: 우리는 어디까지 거기에 복종해야 하는가?』에서 주장하기를 ──

> 선명하게 구별되어야 하며 둘 다 존속하도록 허용되어야 한다. 그 하나는 경건을 낳기 위한 것이고, 다른 하나는 외적인 평화를 가져오고 악행을 막기 위한 것이다. 그 어느 것도 다른 한쪽이 없으면 세상을 유지하기에 불충분하다. 왜냐하면 그 누구도 그리스도의 영적인 통치 없이 세속적 정부로 말미암아 신 앞에서 경건하게 될 수는 없기 때문이다. 마찬가지로 그리스도의 통치는 모든 사람에게 미치지 않고, 기독교인들은 언제나 소수이며 비기독교인 가운데서 살아간다. 세속의 통치 또는 법만이 존재하는 곳에서는, 비록 그것이 신의 계명 자체이기는 하지만 허영과 외식(外飾)이 존재할 수밖에 없다. 왜냐하면 마음속에 성령이 없다면 비록 누구나 자기가 원하는 훌륭한 일을 할 수 있지만 그 누구도 진정으로 경건해질 수는 없기 때문이다. 반면 영적 정부만이 나라와 사람들을 통치하는 곳에서는 악이 횡행하게 되고 온갖 비열한 짓이 저질러지게 된다. 왜냐하면 자연적인 세상은 영적인 통치를 받아들이거나 이해할 수 없기 때문이다.[178]

세속적 정부는 "온 세상에 대하여 평화를 유지하고 죄를 벌하며 악을 방지하기 위하여 매우 필요하고 유익한 것이며", 따라서 진정한 기독교

---

178 같은 책, 252쪽.

인이라면 세속적 칼이 영적 칼에 종속된다든가 세속적 왕국이 사탄이 통치하는 죄의 나라에 속한다든가 하는 식의 중세적 오류에 사로잡혀 한 나라 전체나 세상을 오직 영적 칼인 복음에 의해서만 다스려져야 한다고 주장해서는 결코 안 된다. 그런 사람은 "한 우리에 늑대, 사자, 독수리, 양을 함께 몰아넣어 자유롭게 뒤섞여 뛰놀도록 한 다음 '서로 선하고 평화롭게 잘 살아보라'고 말하는 양치기와 똑같을 것이다." 진정한 기독교인이라면 오히려 "아주 기꺼이 칼의 통치에 복종하고 세금을 내고 정부 당국자들에게 경의를 표하며 힘닿는 대로 정부를 촉진시키는 일에 기여하고 조력함으로써 정부가 생산적이고 존중과 두려움 속에서 유지될 수 있게 한다."[179]

이 마지막 구절은 마치 루터가 세속적 정부, 그러니까 국가에 무조건적으로 복종하는 것이 모든 '신민'의 의무라고 주장한 것처럼 해석할 수 있는 소지가 다분하다. 실제로 루터는 권위주의적 국가를 옹호했다는 비판을 받아왔다. 그러나 그와 정반대로 루터가 지향한 바는 중세 후기에 혼합되어 있던 영적 권력과 세속적 권력을 명백히 구별하고 그 둘의 영역을 엄격히 제한하며 각각에 적합한 기능을 부여하는 것이었다. 그것은 ─ 다시 한 번 강조하면 ─ 기능적 분화, 즉 오른손과 왼손의 분화, 영적 칼과 세속적 칼의 분화, 내적 경건과 외적 평화의 분화다. 영적 정부가 세속적 정부에 간섭하거나 개입할 수 없듯이, 세속적 정부도 영적 정부에 간섭하거나 개입할 수 없다. 다시 말해 한 나라 전체나 세계를 영적 칼로 다스릴 수 없듯이, 한 나라 전체나 세계를 세속적 칼로 다스릴 수 없다. 루터는 이에 대한 신학적 근거를 다름 아닌 성서에서 찾는다.

---

179 같은 책, 252~53쪽.

인간의 질서는 결코 하늘과 영혼에게까지 이를 수는 없고 오직 이 땅, 그러니까 사람들이 보고 알고 판단하고 선고하며 구제할 수 있는 사람들 사이의 외적인 관계에 국한된다. 그리스도 자신도 "황제의 것은 황제에게 신의 것은 신에게 바치라"(「마태복음」 제22장 제21절)고 말하면서 이를 분명히 구별하고 간략하게 요약하였다. 만약 황제의 권력이 신의 나라와 신의 권세에까지 미치고 별도의 그 무엇이 아니었다면, 신은 황제의 권력을 별개의 것으로 만들지 않았을 것이다. 그러나 이미 말한 대로 영혼은 황제의 권력 아래 있지 않다. 황제는 영혼을 가르칠 수도 지도할 수도 없고, 죽일 수도 살릴 수도 없고, 묶어둘 수도 풀어줄 수도 없고, 판단할 수도 정죄할 수도 없으며, 붙잡아 줄 수도 놓아줄 수도 없다. 만약 황제가 영혼에게 명령하고 법을 강제할 권력을 갖고 있다면, 그는 마땅히 그렇게 해야 한다. 그러나 황제는 생명과 재산과 명예에 대해서는 명령하고 법을 강제해야 한다. 왜냐하면 그것이 그의 권력에 속하기 때문이다.[180]

그러므로 만약 국가가 신이 자신에게 부여한 권력을 남용하거나 오용한다면 우리는 불복종하거나 저항해야 한다. 왜냐하면 제한된 권력과 기능을 가진 세속적 정부가 요구하거나 명하는 것을 모두 행하는 것은 "사람보다 신을 순종하는 것이 마땅하니라"(「사도행전」 제5장 제29절)는 신의 말씀에 어긋나기 때문이다.[181]

자명한 일이지만, 세속적 정부와 마찬가지로 영적 정부의 권한과 기능도 제한적이다. 그것은 신의 말씀을 해석하고 선포하며 그럼으로써 인간의 영혼을 돌보고 구제하는 일에 국한된다. 그런데 영적 통치와 세속적 통치의 기능적 분화에 대한 루터의 견해는 거기에서 한 걸음 더

---

180   같은 책, 266쪽.
181   같은 곳.

나아가, 성직자들도 이제는 교회법의 지배를 받는다는 특권적 지위를 버리고 다른 모든 사람과 마찬가지로 세속법의 지배를 받아야 한다는 명제에까지 이른다. 세속적 권력은 악을 방지하거나 벌하고 선을 보호하고 장려하는 그 본연의 기능에 관한 한 그 관련자가 교황이든, 주교든, 사제든 상관없이 아무런 방해를 받지 않고 자유로이 직무를 행사해야 한다.[182] 이와 관련하여 루터는 『독일 기독교 귀족에게 고함』에서 다음과 같이 역설하고 있다.

> 세속적 권력은 악한 자들을 징벌하고 경건한 사람들을 보호하도록 신이 지정해 준 것이므로, 해당자가 교황이든 주교든 사제, 수도사, 수녀, 그밖에 누구든 그 신분에 관계없이 기독교의 전 몸통을 통하여 아무런 방해를 받지 않고 자유롭게 적용될 수 있어야 한다. 세속적 권력이 기독교의 여러 직무 가운데 설교자나 고해신부, 성직자의 신분보다 못하다는 것 때문에 세속적 권력을 방해할 수 있다는 논리가 성립한다면, 재단사와 구두 수선공, 석공, 목수, 요리사, 급사장, 농부 및 세상의 온갖 수공업자들은 교황, 주교, 사제, 수도사에게 구두와 의복, 집과 음식물을 만들어주거나 그들에게 세를 바치는 일도 못하게 해야 할 것이기 때문이다. 그러나 만일 이런 평신도들이 자신의 일을 방해 없이 자유롭게 실행할 수 있게 된다면, 도대체 무슨 이유로 로마의 서기들은 세속적 권력의 영향권에서 면제받도록 법률을 제정했을까? 그것은 바로 그들이 멋대로 악을 행하고 또한 성 베드로가 다음과 같이 말한 것을 성취하기 위한 것이다. "너희들 가운데 거짓 선생들이 생겨나 거짓과 날조의 말을 퍼뜨려 너희들을 착취할 것이니라"(「베드로후서」 제2장 제1절).[183]

---

182   마르틴 루터, 앞의 책(2010), 24쪽.
183   같은 책, 23~24쪽.

이러한 루터의 분화론은 실로 중차대한 실천적 함의를 갖는다. 왜냐하면 그로 인해 성직자가 일종의 시민계층적 직업으로서 세속법의 지배를 받게 됨으로써 영적 신분과 세속적 신분 사이에 존재하던 중세적 위계가 타파되고 사회가 법적으로 일원화되고 통합될 수 있기 때문이다.[184] 시민계층의 일원인 성직자(목사)의 가장 중요한 임무는 중세의 사제처럼 의례에 있는 것이 아니라 교육, 즉 성서를 가르치고 기독교 도덕을 훈련하는 데에 있다.

세속적 정부(국가)와 영적 정부(교회)의 관계에 대한 논의는 이 정도로 해두고 이제 루터의 경제윤리로 시선을 돌리기로 한다. 이미 앞에서 언급한 바와 같이, 신이 개인을 특정한 신분의 특정한 자리로 불러 특정한 직무나 일을 하도록 명령하는 것을 소명 또는 직업이라고 한다. 직업이 곧 노동이고 노동이 곧 직업이다. 직업은 노동의 다른 이름이고 노동은 직업의 다른 이름이다. 그러므로 직업노동이라는 명제가 성립한다.

루터에게 노동은 단순히 생계를 위한 활동이 아니라 신과 인간의 관계를 구성하는 요소다. 노동은 직접적인 예배로서 그것을 통해 신의 축복이 전달되고 그럼으로써 노동 자체가 축복이 된다.[185] 인간의 노동은 신의 창조 사역에 기여하는 활동이다. 인간은 노동을 통해 지상에서 신의 동역자가 된다. 노동은 달리 표현하면 신의 '가면', 즉 "그 아래에 숨어 있는 신 자신이 모든 것을 역사하는" 가면인바, 신은 바로 그 역사를 통해 "인간들에게 그들의 삶에 필요한 모든 것을 준다."[186] 인간은 "흙으로 돌아갈 때까지 얼굴에 땀을 흘려야 빵을 먹을 것이니"(「창세기」 제3장 제19절), 다시 말해 인간은 "노동하도록 태어나니, 이는 새가 날도

---

184 Reinhard Schwarz, 앞의 글(1984), 80쪽.

185 Hans-Martin Barth, 앞의 책(2009), 438~39쪽.

186 Hans-Jürgen Prien, 앞의 책(1992), 225쪽에서 재인용.

록 태어나는 것과 같다"(「욥기」제5장 제7절).[187] 그러므로 "무위는 여기에서[지상에서] 노동하라고 명령한 신의 계명에 반하는 죄다. 그리고 그것은 당신의 이웃에 대해서도 죄를 짓는 것이다!"[188]

여기에서 무위는 구체적으로 수도원에서의 명상과 금욕 그리고 ── 탁발수도회, 순례자, 일반 거지의 ── 구걸행위를 가리킨다. "루터는 수도원의 무위가 공공복리를 위태롭게 할뿐더러 노동의 의지가 없는 가난한 자들에게 부정적인 모범이 될 수밖에 없음을 통찰했다. 교회에 의해 조장된 비생산적인 수도원의 명상적 생활양식, 종교적으로 정당화된 탁발주의(托鉢主義) 그리고 공로로 인정되는 기아자선(飢餓慈善)이 공동작용함으로써, 공공의 수요 충족에 필요한 경제발전을 제지하는 악순환이 일어났다. 그리하여 인구의 일정한 부분을 구걸행위로 내모는 사회적 곤궁이 영구화되었다. 루터의 눈에는 가진 자들의 물욕뿐만 아니라 인구의 일정한 부분이 재화 생산노동에 대해 갖는 부정적인 태도도 사회적 낙후와 빈곤을 지속시키는 한 요인으로 비쳤다. 가진 자들의 물욕을 조절하고 가난한 자들을 돕기 위해 그는 '공금고'(公金庫), 즉 지역적 사회보장기금의 설립을 장려했다. 이자에 대한 투쟁에서와 마찬가지로 여기에서 루터에게 문제가 되는 것은 실제적인 빈민 구제였다. 정규적인 노동의 의욕이 없는 자들에게 그는 바울의 원칙을 상기시켰다. '누구든 일하기 싫어하거든 먹지도 말라'(「데살로니가후서」제3장 제10절)."[189]

이로써 전통적인 가치체계가 완전히 전도되었다. 중세에 가장 큰 종교적 가치를 부여받던 무위가 신과 이웃에 대한 죄악으로 전락하고 사회의 발전을 저해하는 무가치한 행위로 전락하게 되었다. 그리고 직업

---

187 Martin Luther, 앞의 책(1888a), 271쪽.

188 Günter Fabiunke, 앞의 책(1963), 100쪽에서 재인용.

189 Hans-Jürgen Prien, 앞의 책(1992), 224~25쪽.

과 노동이 그 자리를 대신하게 되었다. 직업노동이 새로운 삶의 원리와 이상으로 격상되었다. 니체의 표현대로 하자면, 그것은 가치의 재평가 였다. 또는 디트리히 본회퍼(1906~45)와 더불어 말하자면, 그것은 세속 의 가장 적극적인 부정인 동시에 가장 적극적인 긍정이었다. 루터는 그 의 직업론을 통해 수도원이 부정한 세속을 부정함으로써 세속을 긍정 했다. 그것은 원시 기독교 이래 세속에 대한 가장 강력한 부정이었으며, 따라서 세속에 대한 가장 강력한 긍정이었다. 말하자면 원시 기독교 이 후에 일어난 최대의 사회적 변혁이었던 것이다. 본회퍼는 이렇게 말하 고 있다.

> 신약적 의미에서의 직업은 결코 세속적 질서 자체를 재가하는 것이 아 니다. 그것이 세속적 질서에 대해 긍정하는 것은 언제나 동시에 세속에 대 한 가장 예리한 부정과 가장 예리한 저항, 즉 세속에 대한 가장 예리한 저 항을 포함한다. 루터가 수도원을 떠나서 세속으로, 즉 '직업'으로 되돌아 온 것은—이것이야말로 진정으로 신약적인 것이다—원시 기독교 이 래 세속에게 가해진 가장 강력한 공격이자 타격이다. 이제 세속 **안에서** 세 속에 대립하는 태도를 취하게 되었다. 직업은 그리스도의 부름에 응답하 고 그래서 책임 있게 살 수 있는 장소다. 물론 직업을 통해 나에게 주어진 임무는 제한적인 것이다. 그러나 동시에 그리스도의 부름 앞에서의 책임 은 모든 한계를 넘어선다.[190]

루터에 따르면, 모든 직업노동은 신학적-사회적 동가치성을 갖는다. 먼저 모든 직업은 그것이 아무리 소소한 것일지라도 신이 각 개인에게

---

190 Dietrich Bonhoeffer, *Ethik: Dietrich Bonhoeffer Werke, Band 6*, München: Christian Kaiser Verlag 1998, 291~92쪽.

직접 그 자리에서 노동하도록 명한 것이며, 따라서 신학적으로 동가치적이다. 그리고 모든 직업은 아무리 사소하더라도 이웃을 섬기고 공동체의 존속에 기여하는 길이며, 따라서 사회적으로 동가치적이다. 그런데 직업노동에 대한 루터의 논의에서는 심각한 모순이 관찰되는데, 그것은 농업과 광업 및 수공업에는 높은 의미를 부여하는 것과 달리 상업에는 아주 제한적인 의미밖에 부여하지 않는다는 사실이다.

루터는 직접적으로 농업과 광업에 가장 높은 가치를 부여하는데, 그 첫 번째 근거를 창조사(創造史)에서 찾는다. 성서에 따르면, 신은 자연을 먼저 창조했고 그다음에 인간을 창조했으며, 따라서 자연은 인간보다 더 가깝다. 농업과 광업의 노동은 직접적으로 자연과 연결되어 있기 때문에 신의 축복이 가장 강하게 전달된다. 그리고 그 두 번째 근거를 사회 의미에서 찾는다. 이 두 분야의 노동 생산물은, 그 가운데에서도 농업 노동의 생산물이 가장 직접적으로 이웃을 섬기고 공동체의 존속에 기여할 수 있다. 루터에 따르면, 수공업이 비록 농업이나 광업과 달리 자연과 일정한 거리를 둔 채 자연산물을 변형·가공하는 일을 하지만, 그 생산물이 농업이나 광업 생산물과 마찬가지로 개인적·사회적 수요를 충족하며 — 오늘날 식으로 표현하면 일정한 사용가치를 가지며 — 따라서 그 사회적·신학적 가치와 의미를 높게 인정해야 한다.[191]

이에 반해 루터는 상업에 대해 비판적인 태도를 취한다. 물론 그렇다고 해서 그가 상업 그 자체를 부정한다는 것은 결코 아니다. 루터는 필요하고 유용하며 기독교적으로 사용되는 의미를 잘 알고 있다. 이와 관련하여 루터는 『상행위와 이자에 대하여』(1524)에서 다음과 같이 말하고 있다.

---

191   Günter Fabiunke, 앞의 책(1963), 102~03, 107쪽.

우리는 사고파는 것이 필요한 일임을 부정할 수는 없다. 우리는 그것 없이 지낼 수 없으며 충분히 기독교적으로 이용할 수 있는바, 특히 일상적 수요와 신분에 맞는 삶을 위한 사물의 경우가 그러하다. 실상 [구약의] 족장들도 바로 그런 까닭에 가축, 양털, 곡물, 버터, 우유 그리고 다른 재화를 사고팔았던 것이다. 그것들은 땅으로부터 나와 인간들에게 분배된 신의 선물이다.[192]

요컨대 상업은 다음과 같이 기능할 때, 즉 인간의 자연스러운 수요를 충족할 수 있는, 그리하여 각 개인에게 그의 신분에 적합한 소비를 가능케 하는 인간 노동 생산물의 교환으로 기능할 때, 오직 그렇게 기능할 때에만 사회적으로 필요하고 유용한 직업노동이 된다. 다시 말해 사고파는 과정의 대리인이 되는, 즉 사회적으로 필요한 재화와 사용가치가 교환되는 과정을 직접적으로 매개하고 담지하는 상업이야말로 신에 의해 제정되고 이웃을 섬기는, 또한 그럼으로써 신의 축복을 받는 진정한 직업노동인 것이다.[193] 루터가 비판하고 부정하는 상업은 이와 상반되는 모습의 상업이다. 방금 인용한 구절에 이어 루터는 다음과 같이 말하고 있다.

그러나 인도에서 값비싼 비단이나 금과 향료와 같은 상품을 들여오는 외국 무역은 허용되어서는 안 된다. 이들 상품은 호화로운 삶을 조장할 뿐 하등의 유용성도 없으며 나라와 사람들로부터 돈을 빨아낸다. 만약 우리에게 진정한 정부와 제후가 있었다면, 그것들은 절대 허용되지 않았을 것이다.[194]

---

192   Martin Luther, "Von Kaufshandlung und Wucher"(1524), in: *Dr. Martin Luthers Werke. Kritische Gesamtausgabe (Weimarer Ausgabe), Band 15*, Weimar: Hermann Böhlaus Nachfolger 1899a, 293~322쪽, 여기서는 293쪽.

193   Günter Fabiunke, 앞의 책(1963), 108쪽.

여기에서 말하는 인도와의 외국 무역은 초기 근대에 발전한 원거리 무역의 일부분이었다. 이미 제3장 제2절에서 언급한 바와 같이, 당시 독일의 원거리 무역은 남부 유럽과 중국, 인도 및 근동에서 비단, 면화, 금란(金襴) 면직물, 모슬린, 상아와 각종 약재, 향료와 조미료 등을 수입하고 산업 생산물을 수출하는 방식으로 최대한의 이윤을 추구했다. 루터가 보기에 그것은 자연스러운 일상적 수요의 충족에 기여하는 것이 아니라 사치와 허영을 조장함으로써 개인과 사회를 도덕적으로 타락시키고 부패케 하는 일이었다. 그것은 순전한 이기주의적 욕망과 탐욕의 발로로서 이웃을 사랑하거나 섬기는 행위가 아니라 이웃을 약탈하고 착취하는 행위이며 공동체의 존속을 위태롭게 하는 행위다. 그것은 기독교적 사랑에 반하는 것일뿐더러 자연법칙에 반하는 것이기도 하다. "나는 일찍이 상업을 통하여"——루터는『독일 기독교 귀족에게 고함』에서 이렇게 주장한다——"한 나라에 들어온 미풍양속을 그리 많이 보지 못했다. 그리고 신은 예전에 이런 이유로 이스라엘 백성을 바다에서 멀리 떨어져 살게 하였으며, 또한 이들 대다수를 상업에 종사하지 못하게 했던 것이다."[195] 그리고 당시 원거리 무역의 중심이 되면서 독일의 초기 자본주의적 경제를 주도하던 푸거가와 그 유사한 기업에 대하여 통렬한 비판을 가하고 있다.

어떻게 한 사람이 살아생전 제왕이나 가질 수 있는 엄청난 양의 재산을 신의 뜻에 반하지 않고 정당하게 모을 수 있단 말인가? 나는 정확히 계산하는 재주는 없다. 그러나 어떻게 100굴덴을 가지고 1년에 20굴덴을 벌어들일 수 있으며, 정말 어떻게 1굴덴으로 또 1굴덴을 벌어들일 수 있는

---

194   같은 책, 294~95쪽.
195   마르틴 루터, 앞의 책(2010), 146쪽.

지 도저히 이해가 되지 않는다. 더구나 재산의 증식이 인간의 영리함에 의한 것도 아니고, 신의 축복에 달려 있는 농업이나 목축업에 의한 것도 아니라니 말이다. 나는 이런 문제를 세상 이치에 밝은 사람들에게 맡기는 바이다. 나는 그저 신학자로서 뭔가 사악한 낌새 이외에는 나무랄 곳을 찾아내지 못하겠다. 이에 관해 성 바울은 "악은 어떤 모양이라도 버려라"(「데살로니가전서」 제5장 제22절)고 말하고 있다. 우리가 농사일을 늘리는 대신 상업을 축소하는 것이 신에게 훨씬 경건한 일이며, 또한 성서에 따라 땅을 일구고 거기서 먹을 것을 구하는 사람이 훨씬 더 좋은 것이라는 것을 나는 잘 알고 있다. 다음과 같이 아담을 통하여 한 신의 말씀은 우리 모두에게 귀감이 된다. "네가 땅에서 일할 때에 땅이 저주를 받으리라. 땅은 너에게 엉겅퀴와 가시나무를 낼 것이니, 네 얼굴에 땀을 흘려야 너는 빵을 먹으리라"(「창세기」 제3장 제17~19절). 그렇다. 아직도 경작되지 않은 땅이 많이 있다.[196]

요컨대 루터가 보기에 신의 축복인 농업과 목축업이 진정한 부의 증식 수단인 데 반해, 순전한 이윤 추구에 지향된 상업은 신의 뜻과 무관하게 인간에 의해 고안된 불경건한 행위이며, 더 나아가 악한 행위일 뿐이다. 그러므로 루터에게 농업을 확대하는 것은 경건한 일이지만 그보다 더 경건한 일은 상업을 축소하는 것이다. 상업을 축소하는 것은 기독교적 신앙을 회복함으로써 개인을 이기주의적 욕망과 탐욕으로부터, 그리고 사회를 도덕적 타락과 부패로부터 보호하는 거룩한 일이기 때문이다. 이처럼 루터가 초기 자본주의적 경제를 추동하던 상업을 지극히 부정적으로 바라본다면, 그가 염두에 두었던 진정한 상업은 구체적으로 어떠한 모습인가?

---

196 같은 책, 147~48쪽.

루터는『상행위와 이자에 대하여』에서 진정한 기독교적 거래를 네 가지로 정리하고 있다. 첫째, 다른 사람에게 나의 재화를 가져가도록 하고 돌려 달라고 요구하지 않는다. 그 성서적 근거는 「마태복음」 제5장 제40절에서 그리스도가 한 말이다. "속옷을 가지고자 하는 자에게 겉옷까지도 가지게 하라." 둘째, 누구든 나의 재화를 필요로 하는 자에게 무료로 주는 것이다. 그 성서적 근거는 「마태복음」 제5장 제42절에서 그리스도가 한 말이다. "네게 구하는 자에게 주며 네게 꾸고자 하는 자에게 거절하지 말라." 셋째, 빌려주거나 외상으로 파는 것인바, 나의 재화를 남에게 내어주되 그가 되돌려주는 경우에만 받는다. 그 성서적 근거는 「누가복음」 제6장 제34절에서 그리스도가 한 말이다. "너희가 받기를 바라고 사람들에게 꾸어주면 칭찬받을 것이 무엇이냐? 죄인들도 그만큼 받고자 하여 죄인에게 꾸어주느니라." 넷째, 사고파는 것인데, 그것도 현금으로 지불하거나 물건을 물건으로 지불하는 것이다. 이것은 성서적 근거는 없지만 사고파는 사람은 오직 신만을 신뢰해야 한다.[197]

이 네 가지 진정한 기독교적 거래에서 상업적 거래에 해당하는 것은 네 번째뿐이다. 그러니까 루터는 상업을 현금거래와 물물교환에만 한정한다. 루터는 무신용 경제에 기반하는 사회를 이상적으로 보았으며, 따라서 이자를 금지해야 한다고 주장했다. 신용은 어디까지나 이웃사랑에 제한되어야지 수익이나 이윤과 연결되어서는 안 된다는 것이다. 이에 대한 이유는 ─ 곧 다시 언급되는 바와 같이 ─ 루터가 경제를 근본적으로 신학적-도덕적 관점에서 고찰했다는 사실에서 찾을 수 있다. 그렇다면 상품의 가격은 어떻게 책정되어야 하는가? 루터에 따르면, 상인이 상품 판매를 통하여 거기에 투자한 비용과 노동, 그리고 거기에 수반되는 위험 부담을 계산하고 난 다음 충분한 식량을 살 수 있는, 즉 자신

---

197   Martin Luther, 앞의 책(1899a), 300쪽 이하.

의 신분에 적합한 소비를 할 수 있는 수준에서 상품의 가격을 책정해야 한다.[198] 그러니까 상품의 가격은 자본주의적 방식이 아니라 사연성제적 방식으로 책정되어야 한다는 것이다. 루터의 '경제이론'에는 이윤이라는 관념이 존재하지 않는다.

결국 루터의 노동관은 당대의 초기 자본주의 시대의 노동관과 완전히 상반된 모습을 보여준다. 후자에서는 노동이 경제적 관점, 즉 생산성, 수익, 이윤 및 성과의 관점에서 이해된 반면, 전자에서는 노동이 신학적-도덕적 관점, 즉 신의 창조 사역과 신의 축복 그리고 일상적 수요 충족과 이웃과 공동체에 대한 기여의 관점에서 이해되었다.[199] 이는 초기 자본주의에 대한 비판으로 볼 수도 있고 역사적 발전에 대한 저항이나 반동으로 볼 수도 있다. 아무튼 루터는 초기 자본주의적 경제에서 가히 파괴적이고 악마적인 힘을 보았다. 독일은 ── 루터는 역설하기를 ── 신의 은총으로 인해 다른 나라보다도 먹고 마실 음식이 충분할 만큼 생산되고 품질도 좋은데, 신용거래와 이윤 추구에 기반한 초기 자본주의적 경제가 발전하면서 독일인들은 갖은 사치와 향락 그리고 폭음과 폭식을 하게 되었다.[200] 그리하여 루터는 초기 자본주의적 경제를 그에 따른 생산성의 증가, 부의 증식, 개인적·공동체적 복리의 증진이라는 긍정적 시각이 아니라, 그에 따른 위험과 폐해, 그리고 해악이라는 부정적 시각에서 파악했다. 그리고 그 치유의 가능성을 다름 아닌 기독교적 신앙과 도덕에서 찾았다.

우리는 여기까지의 간략한 논의에 근거하여 루터의 분화론에는 분명한 한계가 있다고 결론지을 수 있다. 그의 신분론은 아직 원초적인 단계

---

198 같은 책, 296쪽.
199 Hans-Jürgen Prien, 앞의 책(1992), 167~68쪽.
200 예컨대 마르틴 루터, 앞의 책(2010), 145쪽 이하; 마르틴 루터, 앞의 책(2005), 511쪽 이하.

에 머물러 있었으며 여전히 종교적 색채를 띠고 있었기 때문에 오늘날의 분화론과는 상당한 거리가 있다. 또한 이웃사랑과 공동체의 존속에 결부된 그의 직업윤리는 오늘날의 개인주의적 직업윤리와는 전혀 다른 모습이다. 그리고 여전히 전통주의적-자연경제적 지향성을 보이는 그의 경제론은 초기 자본주의적 경제의 실상을 제대로 담아내지 못한다. 그러나 이 모든 한계에도 불구하고 루터는 종교와 세속이 분화되고, 다양한 삶의 영역이 분화되며 다양한 직업이 분화되는 도도한 역사적 흐름을 꿰뚫어보고 이 근본적인 사회구조적 변혁에 대하여 나름대로 답변을 제시하고자 했다. 이러한 루터를 사회의 기능적 분화에 대한 최초의 체계적인 이론가라고 주장하는 것도 지나친 과장은 아닐 것이다. 그리고 이 도도한 역사적 흐름에 신학적 정당성과 가치를 부여함으로써 그 누구보다도 서구의 근대화 과정을 결정적으로 각인했다고 주장하는 것도 지나친 과장은 아닐 것이다.

이 장의 논의를 다음과 같이 요약할 수 있다. 루터는 서구 사회의 근대화, 보다 세분화하여 말하면 서구 사회의 개인화, 탈주술화, 세속화, 분화에 그 누구보다도 크게 기여했다. 그리고 이 개인화되고 탈주술화되고 세속화되고 분화된 세계에서 결혼, 가족, 종교, 정치, 경제 등의 다양한 삶의 영역이 자체적인 가치와 의미를 갖도록 했으며, 또한 이 다양한 삶의 영역을 하나로 묶는 새로운 원리인 직업윤리를 제시했다.

이러한 루터는 자신의 종교개혁이 직업으로서의 종교와 그에 대한 소명의식에서 비롯된 것임을 천명하고 있다.

> 가르치는 직분을 지닌 사람이 그 일이 즐겁지 않을 때, 즉 자신을 불러 그 일을 맡기신 분의 뜻이 분명하게 보이지 않을 때, 그것은 그에게 몹시 힘들고 지겨운 일이 된다. 지금 내게 교황을 대적하는 일을 새로 시작하라면, 온 세상의 재물을 다 준다 해도 선뜻 나서기 쉽지 않을 것이다. 그만큼

그동안 교황과 싸워오면서 짊어져 온 짐이 무겁고 괴로웠다. 그럴지라도 그 일에 나를 부른 주를 바라볼 때 온 세상의 재물을 마다하고라도 해야 할 일이었다는 생각이 든다.[201]

---

201 마르틴 루터, 앞의 책(2005), 510쪽.

| 결론을 대신하여 |

쿠오바디스 한국 기독교

이 책의 논의가 한국 기독교, 보다 정확히 말하면 한국 개신교에게 주는 함의는 무엇일까? 이에 답하기 위해서는 먼저 다음의 질문에 답해야 한다. 한국 개신교는 (종교)개혁이 필요한가? 그렇다. 그것도 루터의 종교개혁에 맞먹는 수준의 개혁이 필요하다. 한국의 개신교는 종교성을 완전히 상실하고 세속주의, 기복주의, 물질주의, 배금주의, 성장주의, 대형주의, 경쟁주의, 집단주의, 배타주의, 적대주의, 세습주의 등 '적폐'의 온상이 된 지 이미 오래다. 한국의 개신교는 적폐의 다른 이름이라고 해도 지나친 말이 아닐 것이다. 세간에서는 기독교를, 그러니까 개신교를 '개독교' 또는 '괴독교'로 칭하고 목사를 '먹사'라고 부른다. 당시 기독교에 대한 루터의 비판에서 '로마 가톨릭교회'와 '교황'이라는 단어만 '한국 개신교'와 '개신교 성직자'라는 단어로 대체하면 그대로 한국 개신교에 대한 비판이 될 것이다. 어쩌면 다음과 같은 성서 구절은 한국 개신교의 근본적이고도 철저한 부패와 타락을 이미 오래전부터 예언하고 있는 것인지도 모른다. "너희는 세상의 소금이니 소금이 만일 그 맛을 잃으면 무엇으로 짜게 하리요. 후에는 아무 쓸데없어 다만 밖에 버려져 사람들에게 밟힐 뿐이니라"(「마태복음」 제5장 제13절).

이 책의 논의가 ─ 이 결론 부분의 앞머리에서 던진 질문을 다시 한 번 되풀이하자면 ─ 이처럼 절절히 개혁이 필요한 한국 개신교에게 주는 함의는 무엇일까?

그것은 두 가지로 정리할 수 있을 것이다. 첫째로 신학적 측면이다. '개독교' 또는 '괴독교'가 진정한 기독교로 거듭나고 '먹사'가 목사로 거듭날 수 있는 유일한 신학적 대안은, '오직 신학' 또는 '솔라 신학', 성서 원리, 말씀의 신학, 십자가 신학 등에서 찾을 수 있다. 둘째로 사회학적 측면인데, 이것이 신학적 측면보다 더 중요하다. 왜냐하면 이 책이 신학적 연구서가 아니라 사회학적 연구서이기 때문이다. '개독교' 또는 '괴독교'가 진정한 기독교로 거듭나고 '먹사'가 목사로 거듭날 수 있는 유일한 사회학적 대안은, 신학과 교회가 근대성을 확보하는 데에 있다. 그것은 개인화, 탈주술화, 세속화, 분화다.

첫째, 개인화다. 한국의 개신교는 가족·사회·국가 등에 개인을 함몰시키는 신학에서 벗어나 모든 인간은 ─「창세기」에 기록된 바와 같이 ─ 신의 형상대로 창조된 거룩하고 고귀한 존재이며 각 개인이 함께 모여서 기도하고 예배하며 찬양함으로써 신과 교통하는 신앙 공동체가 교회라는 신학으로 전환해야 한다. 그러니까 종교적 집단주의 또는 신학적 집단주의에서 종교적 개인주의 또는 신학적 개인주의로 전환해야 한다.

둘째, 탈주술화다. 한국의 개신교는 자본주의의 전위대요, 첨병이며 자본주의의 이데올로그이다. 개신교회에서는 진정한 의미에서의 복음이 선포되고 성례전이 집행되는 것이 아니라 주술적으로 자본주의적 욕망이 선포되고 그 욕망을 신과 성령, 그리고 그리스도의 힘을 빌려 실현코자 하는 인간의 이기주의적 의식이 집행된다. 그리하여 복음과 성례전은 자본주의적 욕망의 효율적인 추구와 실현을 위한 주술적 도구와 수단으로 전락하고 만다. 이제 한국 교회는 자본주의의 주술사 노릇을 과감히 청산하고 자본주의의 무자비한 경쟁에 지친 영혼에게 "푸른 풀밭" 또는 "쉴 만한 물가"(「시편」 제23편 제2절), 즉 자본주의의 피안이 되어주어야 한다.

셋째, 세속화다. 물론 그렇다고 해서 개신교가 세속적인 종교가 되라는 뜻은 결코 아니다. 오히려 세속과 종교가 상호 독립적인 삶의 영역이 됨으로써 종교가 종교다운 종교가 되어야 한다는 뜻이다. 세속화는 세속의 탈종교화를 뜻하는 동시에 종교의 탈세속화를 뜻한다. 더불어 성직은 일종의 직업으로서 다른 모든 세속적 직업과 동등한 가치와 의미를 지니고, 단지 그 기능에서 차이가 날 뿐이라는, 이미 루터가 500년 전에 설파한 신학적 진리를 받아들이고 그에 따라 신의 말씀을 선포하고 증언하며 성례전을 집전하도록 해야 한다.

넷째, 분화다. 한국의 개신교는 이제 종교가 더 이상 사회를 한 군데로 묶는 끈이 아니라는 사회학적 진리를 망각해서는 안 된다. 오늘날 종교는 다양한 사회적 기능 가운데 하나일 뿐이다. 또한 오늘날은 종교 이외에도 다양한 가치가 영원한 갈등과 투쟁을 벌이는 '가치다신주의'의 시대다.[1] 그리고 더 나아가 근대의 중요한 지표인 분화는 종교 내적으로도 적용된다. 다시 말해 기독교는 종교 그 자체가 아니라 다양한 종교 가운데 하나일 뿐이며, 이 기독교는 다시금 다양한 교파와 분파로 분화되어 있다. 오늘날은 종교적 다원주의와 특수주의의 시대다. 그러므로 한국의 개신교는 다른 사회적 삶의 영역에 자신의 종교적 논리를 강요해서도 안 되고 다른 종교와 다른 교파나 분파에 대해 배척적이고 적대적이어서도 안 된다. 마지막으로 한국의 개신교에서는 신학이 교단에 종속되어 있는데, 이는 분화라는 근대의 대원칙에 정면으로 배치되는 것이다. 진정한 신학은 과학 외석 영역의 간섭과 지배로부터 독립된 자

---

1 이에 대한 자세한 논의는 김덕영, 앞의 책(2012), 715쪽 이하 참조.

율적인 인식과 사유의 장이 되어야 한다. 진정한 신학은 교단의 '사역병'(使役兵)이 아니라 과학으로서의 신학이다. 신학의 자율성과 과학성이 확보되어야 한국 개신교의 (종교)개혁을 위한 이론적 토대의 구축이 비로소 가능해진다.

| 참고문헌 | *

김광채. 2016, 『도해 근세 교회사』, 마르투스.

김덕영. 2007, 『게오르그 짐멜의 모더니티 풍경 11가지』, 도서출판 길.

_____. 2010, 「해제: 종교·경제·인간·근대 ── 통합과학적 모더니티 담론을 위하여」, 막스 베버(김덕영 옮김), 『프로테스탄티즘의 윤리와 자본주의 정신 ── 보론: 프로테스탄티즘의 분파들과 자본주의 정신』, 도서출판 길, 513~669쪽.

_____. 2012, 『막스 베버: 통합과학적 인식의 패러다임을 찾아서』, 도서출판 길.

_____. 2014, 『환원근대: 한국 근대화와 근대성의 사회학적 보편사를 위하여』, 도서출판 길.

김미기. 1996, 「루터와 종교개혁에 대한 니체의 이해」, 『한국니체학회연구』 제2집, 215~46쪽.

김세윤. 2013, 『칭의와 성화』, 두란노서원.

김용주. 2017, 『칭의, 루터에게 묻다』, 좋은씨앗.

고든 루프·필립 왓슨. 2011, 『루터와 에라스무스: 자유의지와 구원』, 두란노아카데미 (이성덕·김주한 옮김; 원제는 Gordon Rupp·Philip Watson, *Luther and Erasmus, Free Will and Salvation*).

뉴턴, 아이작. 1999, 『프린키피아』, 서해문집 (조경철 옮김; 원제는 Isaac Newton,

---

* 독일어와 라틴어로 된 그리고 영어로 번역된 루터의 저작은 모두 논문처럼 큰 따옴표로 처리했음을, 그리고 독일어 제목은 오늘날의 철자법에 따라 표기했음을 일러둔다.

Mathematical Principles of Natural Philosophy).

니체, 프리드리히. 2001,『인간적인 너무나 인간적인 1』, 책세상 (김미기 옮김; 원제는 Friedrich Nietzsche, *Menschliches, Allzumenschliches*).

딜렌버거, 존 (편집). 1994,『루터 저작선』, 크리스챤다이제스트 (이형기 옮김; 원제는 John Dillenberger [edited], *Martin Luther Selections From His Writings*).

뒬멘, 리하르트 반. 2005,『개인의 발견: 어떻게 개인을 찾아가는가 1500∼1800』, 현실문화연구 (최윤영 옮김; 원제는 Richard van Dülmen, *Die Entdeckung des Individuums 1500∼1800*).

레스턴, 제임스. 2016,『루터의 밧모섬: 바르트부르크 성에서 보낸 침묵과 격동의 1년』, 이른비 (서미석 옮김; 원제는 James Reston Jr., *Luther's Fortress. Martin Luther and his Reformation under Siege*).

로게, 요아힘. 2015,『종교개혁 초기: 청년 루터(1483∼1521), 청년 츠빙글리(1484∼1523)』, 호서대학교출판부 (황정욱 옮김; 원제는 Joachim Rogge, *Anfänge der Reformation. Der junge Luther [1483∼1521], Der junge Zwingli [1484∼1523]*).

로제, 베른하르트. 2002,『마틴 루터의 신학: 역사적이며 조직신학적으로 본 루터 신학』, 한국신학연구소 (정병식 옮김; 원제는 Bernhard Lohse, *Luthers Theologie in ihrer historischen Entwicklung und in ihrem systematischen Zusammenhang*).

루터, 마르틴. 1981∼1989,『루터 선집』전 12권 (지원용 외 편역), 컨콜디아사.

_____. 1993,『마르틴 루터의 종교개혁 3대 논문』, 컨콜디아사 (지원용 옮김; 원제는 Martin Luther, *Martin Luther's Three Treatises*).

_____. 2001,『루터의 로마서 주석』, 크리스챤다이제스트 (박문재 옮김; 원제는 Martin Luther, *Commentary on Romans*).

_____. 2004,「부록: 95개 반박문」. 스티븐 오즈맹,『프로테스탄티즘: 혁명의 태동』, 혜안 (박은구 옮김; 원제는 Steven Ozment, *Protestants: The Birth of a Revolution*), 387∼418쪽.

_____. 2005,『탁상담화』, 크리스챤다이제스트 (이길상 옮김; 원제는 Martin Luther, *Colloquia Mensalia*).

_____. 2010,『독일 기독교 귀족에게 고함: 마르틴 루터의 종교개혁 핵심서』, 세창미디어 (원당희 옮김; 원제는 Martin Luther, *An den christlichen Adel deutscher Nation von des christlichen Standes Besserung*).

_____. 2013a,『크리스챤의 자유 ── 라틴어/한글 대역』, 좋은땅 (김광채 옮김; 원제는 Martin Luther, *De libertate Christiana*).

_____. 2013b,「부록: 95개 면죄부 논제」.『크리스챤의 자유 ── 라틴어/한글 대역』, 좋은땅 (김광채 옮김; 원제는 Martin Luther, *De libertate Christiana*), 209∼77쪽.

_____. 2017,『대교리문답』, 도서출판 복있는사람 (최주훈 옮김; 원제는 Martin Luther, *Der Grosse Katechismus*).

리제-쉐퍼, 발터. 2002,『니클라스 루만의 사회사상』, 백의 (이남복 옮김; 원제는 Walter Reese-Schäfer, *Niklas Luhmann zur Einführung*).

마키아벨리, 니콜로. 2015,『군주론 (군주국에 대하여)』, 도서출판 길 (곽차섭 옮김; 원제는 Niccolò Machiavelli, *Il Principe [De Principatibus]*).

맥그레스, 알리스터. 2001,『루터의 십자가 신학: 마르틴 루터의 신학적 돌파』, 컨콜디아사 (정진오·최대열 옮김; 원제는 Alister E. McGrath, *Luther's Theology of the Cross*).

맥클로흐, 디아메이드. 2011,『종교개혁의 역사』, 기독교문서선교회 (이은재·조상원 옮김; 원제는 Diarmaid MacCulloch, *The Reformation. A History*).

머튼, 로버트. 1998,『과학사회학』, 민음사 (석현호 외 옮김; 원제는 Robert K. Merton, *The Sociology of Science. Theoretical and Empirical Investigations*).

바르트, 한스-마르틴. 2015,『마틴 루터의 신학: 비판적 평가』, 대한기독교서회 (홍지훈·정병식 옮김; 원제는 Hans-Martin Barth, *Die Theologie Martin Luthers. Eine kritische Würdigung*).

베버, 막스. 2010,『프로테스탄티즘의 윤리와 자본주의 정신 ― 보론: 프로테스탄티즘의 분파들과 자본주의 정신』, 도서출판 길 (김덕영 옮김; 원제는 Max Weber, *Die protestantische Ethik und der Geist des Kapitalismus*).

보른캄, 하인리히. 2006,『루터와 구약성경』, 컨콜디아사 (엄현섭 옮김; 원제는 Heinrich Bornkamm, *Luther and the Old Testament*).

본회퍼, 디트리히. 2013,『나를 따르라』, 신앙과지성사 (이신건 옮김; 원제는 Dietrich Bonhoeffer, *Nachfolge*).

부르크하르트, 야콥. 2002,『이탈리아 르네상스의 문화』, 푸른숲 (안인희 옮김; 원제는 Jacob Burckhardt, *Die Kultur der Renaissance in Italien*).

사토, 마사루. 2016,『종교개혁 이야기』, 바다출판사 (김소영 옮김; 원제는 佐藤優, 宗教改革の物語: 近代·民族·國家の起源).

샤프, 필립. 2004,『교회사 전집 7: 독일 종교개혁』, 크리스챤다이제스트 (박종숙 옮김; 원제는 Philip Schaff, *History of the Christian Church, Volume 7: Modern Christianity. The German Reformation*).

슈바르츠, 라인하르트. 2007,『마틴 루터』, 한국신학연구소 (정병식 옮김; 원제는 Reinhard Schwarz, *Martin Luther*).

시덴톱, 래리. 2016,『개인의 탄생: 양심과 자유, 책임은 어떻게 발명되었는가?』, 부글북스 (정명진 옮김; 원제는 Larry Siedentop, *Inventing the Individual. The Origins of Western Liberalism*).

아이젠슈타인, 엘리자베스 L. 2008, 『근대 유럽의 인쇄 미디어 혁명』, 커뮤니케이션북
스 (전영표 옮김; 원제는 Elizabeth L. Eisenstein, *The Printing Revolution in Early Modern Europe*).

알트하우스, 파울. 1994, 『마르틴 루터의 신학』, 성광문화사 (구영철 옮김; 원제는 Paul Althaus, *Die Theologie Martin Luthers*).

오즈맹, 스티븐. 2004, 『프로테스탄티즘: 혁명의 태동』, 혜안 (박은구 옮김; 원제는 Steven Ozment, *Protestants: The Birth of a Revolution*).

요시미츠, 아카기. 2010, 『종교개혁자의 성만찬론』, 만우와장공 (김종무 옮김; 원제는 赤木善光, 聖晩餐).

입슨, 필립. 2001, 『칭의론 논쟁』, 기독교문서선교회 (석기신·신호섭 옮김; 원제는 Philip H. Eveson, *Justification by Faith Alone*).

작스, 한스 (글)·요스트 아만 (그림). 2016, 『직업의 화첩: 목판화로 보는 미술의 샘』, 정산미디어 (민병덕 옮김; 원제는 Hans Sachs·Jost Amman, *Stände und Handwerker*).

장문강. 2000, 「마르틴 루터의 정치사상: 농민전쟁에 대한 일관성을 중심으로」(성균관대학교 박사학위논문).

짐멜, 게오르그. 2013, 『돈의 철학』, 도서출판 길 (김덕영 옮김; 원제는 Georg Simmel, *Philosophie des Geldes*).

_____. 2016, 『렘브란트: 예술철학적 시론』, 도서출판 길 (김덕영 옮김; 원제는 Georg Simmel, *Rembrandt. Ein kunstphilosophischer Versuch*).

최경희. 2013, 『독일 인쇄술의 기원과 발전』, 연세대학교출판문화원.

톰린, 그레이엄. 2006, 『마르틴 루터: 정신의 자유와 평등을 주장한 종교개혁의 투사』, 예경 (이은재 옮김; 원제는 Graham Tomlin, *Luther and His World*).

페브르, 뤼시앵. 2016, 『마르틴 루터: 한 인간의 운명』, 이른비 (김중현 옮김; 원제는 Lucien Febvre, *Martin Luther, un Destin*).

푸어만, 호르스트. 2013, 『교황의 역사: 베드로부터 베네딕토 16세까지』, 도서출판 길 (차용구 옮김; 원제는 Horst Fuhrmann, *Die Päpste*).

코흐, 우즐라. 2009, 『눈 속에 피는 장미』, 솔라피데출판사 (이은자 옮김; 원제는 Ursula Koch, *Rosen im Schnee. Katharina Luther, geborene von Bora-eine Frau wagt ihr Leben*).

콜린슨, 패트릭. 2005, 『종교개혁』, 을유문화사 (이종인 옮김; 원제는 Patrick Collinson, *The Reformation*).

헤겔, 게오르그 빌헬름 프리드리히. 2015, 『역사철학강의』, 동서문화사 (권기철 옮김; 원제는 Georg Wilhelm Friedrich Hegel, *Vorlesungen über die Philosophie der Geschichte*).

Barth, Hans-Martin. 2009, *Die Theologie Martin Luthers. Eine kritische Würdigung*, Gütersloh, Gütersloher Verlag.

Barth, Karl. 1928, "Der römische Katholizismus als Frage an die protestantische Kirche", in: ders., *Die Theologie und die Kirche. Gesammelte Vorträge, Band 2*, Zollikon-Zürich: Evangelischer Verlag, S. 329~63.

_____. 1961, "Reformation als Entscheidung", in: ders., *Der Götze wackelt. Zeitkritische Aufsätze, Reden und Briefe von 1930 bis 1960* (herausgegeben von Karl Kupisch), Berlin: Käthe Vogt Verlag, S. 71~86.

Berger, Peter L. 1988, *Zur Dialektik von Religion und Gesellschaft. Elemente einer soziologischen Theorie*, Frankfurt am Main: Fischer Taschenbuch Verlag.

Beutel, Albrecht. (Hrsg.) 2010, *Luther Handbuch*, Tübingen: Mohr Siebeck.

Bonhoeffer, Dietrich. 1994, *Nachfolge: Dietrich Bonhoeffer Werke, Band 4*, München: Christian Kaiser Verlag (2. Auflage).

_____. 1998, *Ethik: Dietrich Bonhoeffer Werke, Band 6*, München: Christian Kaiser Verlag (2. Auflage).

Bonifaz VIII. 1988, "Unam sanctam"(1302), in: Jürgen Miethke · Arnold Bühler, *Kaiser und Papst im Konflikt. Zum Verhältnis von Staat und Kirche im späten Mittelalter*, Düsseldorf: Schwann, S. 121~24 (Lateinisch-Deutsch).

Bruhns, Annette. 2016, "Lutherische Sonne. Nürnberg wurde als erste Reichsstadt evangelisch. Warum?", in: Dietmar Pieper · Eva-Maria Schnurr (Hrsg.), *Die Reformation. Aufstand gegen Kaiser und Papst*, München: Deutsche Verlags-Anstalt, S. 105~18.

Casanova, José. 1994, *Public Religions in the Modern World*, Chicago: University of Chicago Press.

Crusius, Irene. (Hrsg.) 1996, *Zur Säkularisation geistlicher Institutionen im 16. und 18./19. Jahrhundert*, Göttingen: Vandenhoeck & Ruprecht.

Dickens, Arthur G. 1974, *The German Nation and Martin Luther*, London: Harper & Row.

Dieterich, Veit-Jakobus. 2008, *Martin Luther. Sein Leben und seine Zeit*, München: Deutscher Taschenbuch Verlag.

Dobbelaere, Karel. 2004, *Secularization. An Analysis at Three Levels*, Brüssel: Peter Lang.

Dülmen, Richard van. 1987, "Reformation und Neuzeit", in: *Zeitschrift für historische Forschung 14*, S. 1~25.

_____. 1989, *Religion und Gesellschaft. Beiträge zu einer Religionsgeschichte der Neuzeit*,

Frankfurt am Main: Fischer Taschenbuch Verlag.

_____. 1994, *Kultur und Alltag in der frühen Neuzeit*, München: C. H. Beck.

_____. (Hrsg.) 2001, *Entdeckung des Ich. Die Geschichte der Individualisierung vom Mittelalter bis zur Gegenwart*, Köln: Böhlau.

_____. 2015, *Reformation als Revolution. Soziale Bewegung und religiöser Radikalismus*, Frankfurt am Main: Fischer.

Ebeling, Gerhard. 1972, "Luther und der Anbruch der Neuzeit", in: *Zeitschrift für Theologie und Kirche 69*, S. 185~213.

_____. 1981, *Luther. Einführung in sein Denken*, Tübingen: J. C. B. Mohr (4., durchgesehene Auflage).

_____. 1985, *Lutherstudien, Band 3: Begriffsuntersuchungen–Textinterpretationen–Wirkungsgeschichtliches*, Tübingen: J. C. B. Mohr.

Ehrenpreis Stefan · Ute Lotz–Heumann. (Hrsg.) 2008, *Reformation und konfessionelles Zeitalter*, Darmstadt: Wissenschaftliche Buchgesellschaft.

Eiben, Jürgen. 1989, *Von Luther zu Kant: Der deutsche Sonderweg in die Moderne. Eine Soziologische Betrachtung*, Wiesbaden: Deutscher Universitätsverlag.

Eisenstadt, Shmuel N. 1979, *Tradition, Wandel und Modernität*, Frankfurt am Main: Suhrkamp.

Fabiunke, Günter. 1963, *Martin Luther als Nationalökonom*, Berlin: Akademie–Verlag.

Friedeburg, Robert von. 2012, *Europa in der frühen Neuzeit*, Frankfurt am Main: Fischer.

Führer, Werner. 1984, *Das Wort Gottes in Luthers Theologie*, Göttingen: Vandenhoeck & Ruprecht.

_____. 2016, *Reformation ist Umkehr: Rechtfertigung, Kirche und Amt in der Reformation und heute. Impulse aus kritischer Gegenüberstellung*, Neukirchen–Vluyn: Neukirchener Theologie.

Gogarten, Friedrich. 1967, *Luthers Theologie*, Tübingen: J. C. B. Mohr (Paul Siebeck).

Grane, Leif. 1998, "Die ekklesiologische Bedeutung der Rechtfertigungslehre — aus Luthers Sicht", in: *Zeitschrift für Theologie und Kirche 95. Beiheft 10: Zur Rechtfertigungslehre*, S. 1~13.

Gassmann, Günther. (Hrsg.), 1980, *Das Augsburger Bekenntnis Deutsch 1530~1980: Revidierter Text*, Göttingen: Vandenhoeck & Ruprecht/Mainz: Matthias–Grünewald–Verlag (5. Auflage).

Hamm, Berndt. 1996, *Bürgertum und Glaube. Konturen der städtischen Reformation*, Göttingen: Vandenhoeck & Ruprecht.

_____. 2000, "Wie innovativ war die Reformation?", in: *Zeitschrift für historische Forschung 27*, S. 481~97.

_____. 2004, *Lazarus Spengler (1479~1534)*, Tübingen: Mohr Siebeck.

Hauschild, Wolf-Dieter. 1999, *Lehrbuch der Kirchen-und Dogmengeschichte, Band 2: Reformation und Neuzeit*, Gütersloh: Gütersloher Verlagshaus.

Haustein, Jörg, 1990, *Martin Luthers Stellung zum Zauber-und Hexenwesen*, Stuttgart/ Berlin/Köln: W. Kohlhammer.

Heckel, Martin. 1996, "Das Problem der 'Säkularisation' in der Reformation", in: Irene Crusius (Hrsg.), *Zur Säkularisation geistlicher Institutionen im 16. und 18./19. Jahrhundert*, Göttingen: Vandenhoeck & Ruprecht, S. 31~56.

_____. 2001, *Deutschland im konfessionellen Zeitalter*, Göttingen: Vandenhoeck & Ruprecht.

Helmer, Christine. 2013, "Luther, Theology, and the University", in: *Lutherjahrbuch. Organ der internationalen Lutherforschung 80*, S. 60~76.

Holtz, Sabine. 2003, "Staat, Gesellschaft und Luthertum bei Max Weber", in: Hartmut Lehmann · Jean Martin Ouédraogo (Hrsg.), *Max Webers Religionssoziologie in interkultureller Perspektive*, Göttingen: Vandenhoeck & Ruprecht, S. 175~92.

Jaeschke, Walter. 2003, "Hegels Begriff des Protestantismus", in: Richard Faber · Gesine Palmer. (Hrsg.) *Der Protestantismus – Ideologie, Konfession oder Kultur?*, Würzburg: Königshausen & Neumann, S. 77~91.

Jung, Martin H. 2008, *Die Reformation. Theologen, Politiker, Künstler*, Göttingen: Vandenhoeck & Ruprecht.

_____. 2012, *Reformation und konfessionelles Zeitalter (1517~1648)*, Göttingen: Vandenhoeck & Ruprecht.

Jung, Martin H. · Peter Walter. (Hrsg.) 2002, *Theologen des 16. Jahrhunderts. Humanismus– Reformation–Katholische Erneuerung*, Darmstadt: Wissenschaftliche Buchgesellschaft.

Kaiser, Bernhard. 2013, "'Gute Werke' nach der Theologie Martin Luthers"(http://www. irt-ggmbh.de/downloads/luther-von-den-guten-werken.pdf).

Kantzenbach, Friedrich Wilhelm, 1974, "Bild und Wort bei Luther und in der Sprache der Frömmigkeit", in: *Neue Zeitschrift für Systematische Theologie und Religionsphilosophie 16*, S. 57~74.

Kardinal Kasper, Walter. 2016, *Martin Luther. Eine ökumenische Perspektive*, Düsseldorf: Patmos (2. Auflage).

Kaufmann, Thomas. 1998, "Die 'kriteologische Funktion' der Rechtfertigungslehre in den lutherischen Bekenntnisschriften", in: *Zeitschrift für Theologie und Kirche 95. Beiheft 10: Zur Rechtfertigungslehre*, S. 47~64.

_____. 2015, *Martin Luther*, Stuttgart: C. H. Beck.

_____. 2016, *Geschichte der Reformation in Deutschland*, Frankfurt am Main: Suhrkamp.

Kirchenamt der EKD. (Hrsg.) 2014, *Rechtfertigung und Freiheit: 500 Jahre Reformation 2017. Ein Grundlagentext des Rates der Evangelischen Kirche in Deutschland (EKD)*, Gütersloh: Gütersloher Verlagshaus.

Klueting, Harm. 2007, *Das Konfessionelle Zeitalter. Europa zwischen Mittelalter und Moderne. Kirchengeschichte und Allgemeine Geschichte*, Darmstadt: Primus.

_____. 2011, *Luther und die Neuzeit*, Darmstadt: Primus.

Köhler, Joachim. 2016, *Luther! Biographie eines Befreiten*, Leipzig: Evangelische Verlagsanstalt.

Köpf, Ulrich. 2013, "Martin Luthers Beitrag zur Universitätsreform", in: *Lutherjahrbuch. Organ der internationalen Lutherforschung 80*, S. 31~59.

Küng, Hans. 1994, *Grosse Christliche Denker*, München & Zürich: Piper.

Lehmann, Hartmut. 1996, *Max Webers "Protestantische Ethik". Beiträge aus der Sicht eines Historikers*, Göttingen: Vandenhoeck & Ruprecht.

Leppin, Volker · Dorothea Sattler. (Hrsg.) 2014, *Reformation 1517~2017. Ökumenische Perspektiven*, Freiburg: Herder.

Lexutt, Athina. 2008, *Luther*, Köln/Weimar/Wien: Böhlau.

_____. 2009, *Die Reformation. Ein Ereignis macht Epoche*, Köln/Weimar/Wien: Böhlau.

Lilje, Hanns. 1965. *Martin Luther in Selbstzeugnissen und Bilddokumenten*, Reinbek bei Hamburg: Rowohlt.

Lohse, Bernhard. 1960, "Luthers Kritik am Mönchtum", in: *Evangelische Theologie 20*, S. 413~32.

_____. (Hrsg.) 1968, *Der Durchbruch der reformatorischen Erkenntnis bei Luther*, Darmstadt: Wissenschaftliche Buchgesellschaft.

_____. 1995, *Luthers Theologie in ihrer historischen Entwicklung und in ihrem systematischen Zusammenhang*, Göttingen: Vandenhoeck & Ruprecht.

Lohse, Eduard. 2006, "Martin Luther und der Römerbrief des Apostels Paulus. Biblische Entdeckungen", in: *Kerygma und Dogma. Zeitschrift für theologische Forschung und kirchliche Lehre 52*, S. 106~25.

Ludolphy, Ingetraut. 1983, "Luther und sein Landesherr Friedrich der Weise", in: *Luther. Zeitschrift der Luther-Gesellschaft 54*, S. 111~24.

Luther, Martin. 1883a, "Disputatio contra scholasticam theologiam"(1517), in: *Dr. Martin Luthers Werke. Kritische Gesamtausgabe (Weimarer Ausgabe), Band 1*, Weimar: Hermann Böhlau, S. 224~28.

_____. 1883b, "Disputatio pro declaratione virtutis indulgentiarum"(1517), in: *Dr. Martin Luthers Werke. Kritische Gesamtausgabe (Weimarer Ausgabe), Band 1*, Weimar: Hermann Böhlau, S. 233~38.

_____. 1883c, "Disputatio Heidelbergae habita"(1518), in: *Dr. Martin Luthers Werke. Kritische Gesamtausgabe (Weimarer Ausgabe), Band 1*, Weimar: Hermann Böhlau, S. 353~74.

_____. 1883d, "Resolutiones disputationum de indulgentiarum virtute"(1518), in: *Dr. Martin Luthers Werke. Kritische Gesamtausgabe (Weimarer Ausgabe), Band 1*, Weimar: Hermann Böhlau, S. 522~28.

_____. 1884a, "Ein Sermon von dem heiligen und hochwürdigen Sakrament der Taufe" (1519), in: *Dr. Martin Luthers Werke. Kritische Gesamtausgabe (Weimarer Ausgabe), Band 2*, Weimar: Hermann Böhlau, S. 727~37.

_____. 1884b, "Ein Sermon von dem hochwürdigen Sakrament des heiligen wahren Leichnams Christi und von den Bruderschaften"(1519), in: *Dr. Martin Luthers Werke. Kritische Gesamtausgabe (Weimarer Ausgabe), Band 2*, Weimar: Hermann Böhlau, S. 742~58.

_____. 1888a, "Von den guten Werken"(1520), in: *Dr. Martin Luthers Werke. Kritische Gesamtausgabe (Weimarer Ausgabe), Band 6*, Weimar: Hermann Böhlau, S. 202~76.

_____. 1888b, "Von dem Papsttum zu Rom wider den hochberühmten Romanisten zu Leipzig"(1520), in: *Dr. Martin Luthers Werke. Kritische Gesamtausgabe (Weimarer Ausgabe), Band 6*, Weimar: Hermann Böhlau, S. 285~24.

_____. 1888c, "Ein Sermon von dem neuen Testament, das ist von der heiligen Messe" (1520), in: *Dr. Martin Luthers Werke. Kritische Gesamtausgabe (Weimarer Ausgabe), Band 6*, Weimar: Hermann Böhlau, S. 353~78.

_____. 1888d, "De captivitate Babylonica ecclesiae praeludium"(1520), in: *Dr. Martin Luthers Werke. Kritische Gesamtausgabe (Weimarer Ausgabe), Band 6*, Weimar: Hermann Böhlau, S. 497~573.

_____. 1889a, "Themata de votis"(1521), in: *Dr. Martin Luthers Werke. Kritische Gesamtausgabe (Weimarer Ausgabe), Band 8*, Weimar: Hermann Böhlau, S. 323~35.

_____. 1889b, "De votis monasticis iudicium"(1521), in: *Dr. Martin Luthers Werke. Kritische Gesamtausgabe (Weimarer Ausgabe), Band 8*, Weimar: Hermann Böhlau,

S. 573~669.

_____. 1893, "Randbemerkungen Luthers zu Augustins Schriften De trinitate und De civitate dei"(1509년경), in: *Dr. Martin Luthers Werke. Kritische Gesamtausgabe (Weimarer Ausgabe), Band 9,* Weimar: Hermann Böhlaus Nachfolger, S. 15~27.

_____. 1897a, "Ad librum eximii Magistri Nostri Magistri Ambrosii Catharini, defensoris Silvestri pieratis acerrimi, responsio"(1521), in: *Dr. Martin Luthers Werke. Kritische Gesamtausgabe (Weimarer Ausgabe), Band 7,* Weimar: Hermann Böhlaus Nachfolger, S. 698~778.

_____. 1897b, "Ob Kriegsleute auch im seligen Stande sein können?"(1526), in: *Dr. Martin Luthers Werke. Kritische Gesamtausgabe (Weimarer Ausgabe), Band 19,* Weimar: Hermann Böhlaus Nachfolger, S. 623~62.

_____. 1899a, "Von Kaufshandlung und Wucher"(1524), in: *Dr. Martin Luthers Werke. Kritische Gesamtausgabe (Weimarer Ausgabe), Band 15,* Weimar: Hermann Böhlaus Nachfolger, S. 293~322.

_____. 1899b, "Predigt am 2. Sonntag nach Epiphanias (17. Januar)"(1524), in: *Dr. Martin Luthers Werke. Kritische Gesamtausgabe (Weimarer Ausgabe), Band 15,* Weimar: Hermann Böhlaus Nachfolger, S. 417~21.

_____. 1900, "Von weltlicher Obrigkeit, wie weit man ihr gehorsam schuldig sei"(1523), in: *Dr. Martin Luthers Werke. Kritische Gesamtausgabe (Weimarer Ausgabe), Band 11,* Weimar: Hermann Böhlaus Nachfolger, S. 245~81.

_____. 1907, "Vom ehelichen Leben"(1522), in: *Dr. Martin Luthers Werke. Kritische Gesamtausgabe (Weimarer Ausgabe), Band 10. Erste Abteilung,* Weimar: Hermann Böhlaus Nachfolger, S. 275~304.

_____. 1908a, "Ermahnung zum Frieden auf die zwölf Artikel der Bauernschaft in Schwaben"(1525), in: *Dr. Martin Luthers Werke. Kritische Gesamtausgabe (Weimarer Ausgabe), Band 18,* Weimar: Hermann Böhlaus Nachfolger, S. 291~334.

_____. 1908b, "Auch wider die räuberischen und mörderischen Rotten der anderen Bauern"(1525), in: *Dr. Martin Luthers Werke. Kritische Gesamtausgabe (Weimarer Ausgabe), Band 18,* Weimar: Hermann Böhlaus Nachfolger, S. 357~61.

_____. 1908c, "Ein Sendbrief von dem harten Büchlein wider die Bauern"(1525), in: *Dr. Martin Luthers Werke. Kritische Gesamtausgabe (Weimarer Ausgabe), Band 18,* Weimar: Hermann Böhlaus Nachfolger, S. 384~401.

_____. 1909, "Vom Abendmahl Christi, Bekenntnis"(1528), in: *Dr. Martin Luthers Werke. Kritische Gesamtausgabe (Weimarer Ausgabe), Band 9,* Weimar: Hermann

Böhlaus Nachfolger, S. 261～509.

_____. 1910a, "Evangelium am S. Johannis‑Tage. Joh. 21, 19～24"(1521), in: *Dr. Martin Luthers Werke. Kritische Gesamtausgabe (Weimarer Ausgabe), Band 10. Erste Abteilung–Erse Hälfte*, Weimar: Hermann Böhlaus Nachfolger, S. 305～24.

_____. 1910b, "Der Kleine Katechismus"(1529), in: *Dr. Martin Luthers Werke. Kritische Gesamtausgabe (Weimarer Ausgabe), Band 30. Erste Abteilung*, Weimar: Hermann Böhlaus Nachfolger, S. 239～425.

_____. 1914, "Von den Konzilis und Kirchen"(1539), in: *Dr. Martin Luthers Werke. Kritische Gesamtausgabe (Weimarer Ausgabe), Band 50*, Weimar: Hermann Böhlaus Nachfolger, S. 488～653.

_____. 1929, "Vorrede auf das neue Testament"(1522/1546), in: *Dr. Martin Luthers Werke. Kritische Gesamtausgabe (Weimarer Ausgabe). Die Deutsche Bibel, Band 6*, Weimar: Hermann Böhlaus Nachfolger, S. 2～11.

_____. 1931a, "Vorrede auf die Epistel S. Pauli an die Römer"(1522/1546), in: *Dr. Martin Luthers Werke. Kritische Gesamtausgabe (Weimarer Ausgabe). Die Deutsche Bibel, Band 7*, Weimar: Hermann Böhlaus Nachfolger, S. 2～27.

_____. 1931b, "Vorrede auf die Epistel S. Jacobi und Judas"(1522/1546), in: *Dr. Martin Luthers Werke. Kritische Gesamtausgabe (Weimarer Ausgabe). Die Deutsche Bibel, Band 7*, Weimar: Hermann Böhlaus Nachfolger, S. 384～87.

_____. 1932, "Die Promotionsdisputation von Johannes Machabäus Scotus"(1542), in: *Dr. Martin Luthers Werke. Kritische Gesamtausgabe (Weimarer Ausgabe), Band 39/2*, Weimar: Hermann Böhlaus Nachfolger, S. 145～84.

_____. 1957, "Two Kinds of Righteousness"(1519), in: *Luther's Works. Volume 31: Career of the Reformer I*, Philadelphia: Muhlenberg Press, pp. 297～306.

_____. 1959, "The Babylonian Captivity of the Church", in: *Luther's Works. Volume 36: Word and Sacrament II*, Philadelphia: Fortress Press, pp. 3～126.

_____. 1960, "The Disputation concerning Justification"(1536), in: *Luther's Works. Volume 34: Career of the Reformer IV*, Philadelphia: Muhlenberg Press, pp. 151～96.

_____. 1966, "The Judgment of Martin Luther on Monastic Vows", in: *Luther's Works, Volume 44: The Christian in Society I*, Philadelphia: Fortress Press pp. 251～400.

_____. 1972, *Lectures on Romans. Glosses and Schoilia: Luther's Works. Volume 25*, Saint Louis: Concordia Publishing House.

_____. 1974a, *First Lectures on the Psalms I. Psalms 1～75: Luther's Works. Volume 10*, Saint Louis: Concordia Publishing House.

_____. 1974b, *First Lectures on the Psalms II. Psalms 76~126: Luther's Works. Volume 11*, Saint Louis: Concordia Publishing House.

Lutz, Heinrich. 1983, *Das Ringen um deutsche Einheit und kirchliche Erneuerung. Von Maximilian I. bis zum Westfälischen Frieden 1490 bis 1648*, Berlin: Propyläen.

Lutz, Jürgen. 1990, *Unio und Communio: Zum Verhältnis von Rechtfertigungslehre und Kirchenverständnis bei Martin Luther. Eine Untersuchung zu ekklesiologisch relevanten Texten der Jahre 1519~1528*, Paderborn: Bonifatius.

MacCulloch, Diarmaid. 2003, *Reformation. Europe's House Divided 1490~1700*, London: Allen Lane.

Maissen, Thomas. 2013, *Geschichte der Frühen Neuzeit*, Stuttgart: C. H. Beck.

Miethke, Jürgen · Arnold Bühler. 1988, *Kaiser und Papst im Konflikt. Zum Verhältnis von Staat und Kirche im späten Mittelalter*, Düsseldorf: Schwann.

Moeller, Bernd. 1987, *Reichsstadt und Reformation*, Berlin: Evangelische Verlagsanstalt (Bearbeitete Neuausgabe).

_____. 1988, *Deutschland im Zeitalter der Reformation*, Göttingen: Vandenhoeck und Ruprecht.

_____. 1991, *Die Reformation und das Mittelalter. Kirchenhistorische Aufsätze*, Göttingen: Vandenhoeck & Ruprecht.

_____. (Hrsg.) 1998, *Die frühe Reformation in Deutschland als Umbruch. Wissenschaftliches Symposium des Vereins für Reformationsgeschichte 1996*, Gütersloh.

Mörke, Olaf. 2011, *Die Reformation: Voraussetzungen und Durchsetzung*, München: Oldenbourg.

Mohr, Joachim. 2016, "Meisterhafter Taktiker. Der sächsische Kurfürst Friedrich der Weise unterstützte die Reformatoren", in: Dietmar Pieper · Eva-Maria Schnurr (Hrsg.), *Die Reformation. Aufstand gegen Kaiser und Papst*, München: Deutsche Verlags-Anstalt, S. 82~86.

Molitor, Hansgeorg · Heribert Smolinsky. (Hrsg.) 1994, *Volksfrömmigkeit in der frühen Neuzeit*, Münster: Aschendorff.

Müller, Gerhard Ludwig. 1996, *Katholische Dogmatik. Für Studium und Praxis der Theologie*, Freiburg/Basel/Wien: Herder (Zweite, durchgesehene und verbesserte Auflage).

Neebe, Gudrun. 1997, *Apostolische Kirche. Grundunterscheidungen an Luthers Kirchenbegriff unter besonderer Berücksichtigung seiner Lehre von den notae ecclesiae*, Berlin & New York: Walter de Gruyter.

Nipperdey, Thomas. 1985, "Luther und die moderne Welt", in: *Geschichte in Wissenschaft und Unterricht 36*, S. 803~13.

Obermann, Heiko A. 2003, *Zwei Reformatoren. Luther und Calvin. Alte und Neue Welt*, Berlin: Siedler.

Pabst, Christina. 2005,*"...quia non habeo aptiora exempla." Eine Analyse von Martin Luthers Auseinandesetzung mit dem Mönchtum in seinen Predigten des Jahres nach seiner Rückkehr von der Wartburg 1522/1523*, Hamburg (Dissertation).

Pawlas, Andreas. 2000, *Die lutherische Berufs-und Wirtschaftsethik. Eine Einführung*, Neukirchen-Vluyn: Neukirchener Verlag.

Pfordten, Dietmar von der. (Hrsg.) 2002, *Grosse Denker Erfurts und der Erfurter Universität*, Göttingen: Wallstein Verlag.

Pieper, Dietmar·Eva-Maria Schnurr. (Hrsg.) 2016, *Die Reformation. Aufstand gegen Kaiser und Papst*, München: Deutsche Verlags-Anstalt.

Press, Volker. 1985, "Der Kaiser, das Reich und die Reformation", in: Kurt Löcher (Hrsg.), *Martin Luther und die Reformation in Deutschland. Vorträge im Germanischen Nationalmuseum Nürnberg*, Schweinfurt: Weppert, S. 61~94.

Pollack, Detlef. 2012, *Säkularisierung–ein moderner Mythos?*, Tübingen: Mohr Siebeck (2., durchgesehene Auflage).

Preuss, Ulrich K. 2007, "Martin Luther, Von weltlicher Obrigkeit(1523)", in: Manfred Brocker (Hrsg.), *Geschichte des politischen Denkens: Ein Handbuch*, Frankfurt am Main: Suhrkamp, S. 137~50.

Prien, Hans-Jürgen. 1992, *Luthers Wirtschaftsethik*, Göttingen: Vandenhoeck & Ruprecht.

Rabe, Horst. 1991, *Deutsche Geschichte 1500~1600. Das Jahrhundert der Glaubensspaltung*, München: C. H. Beck.

Renz, Horst·Friedrich Wilhelm Graf. (Hrsg.) 1984, *Troeltsch-Studien, Band 3: Protestantismus und Neuzeit*, Gütersloh: Gerd Mohn.

Rieske-Braun, Uwe. 2002, "Glaube und Aberglaube. Luthers Auslegung des Ersten Gebotes 1516/18", in: *Lutherjahrbuch 69*, S. 21~46.

Rublack, Ulinka. 2016, "Zutiefst menschlich", in: Die ZEIT, *Geschichte–Epochen. Menschen. Ideen, 5*, S. 67~68.

Schauerte, Thomas et al. 2015, *Deutschlands Auge & Ohr: Nürnberg als Medienzentrum der Reformationszeit*, Nürnberg: Tümmel Verlag.

_____. 2017, *Dürer als Zeitzeuge der Reformation*, Petersberg: Michael Imhof Verlag.

Schellong, Dieter. 2003, "Der 'Geist' des Kapitalismus und der Protestantismus. Eine Max-Weber-Kritik", in: Richard Faber · Gesine Palmer (Hrsg.), *Der Protestantismus–Ideologie, Konfession oder Kultur?*, Würzburg: Königshausen & Neumann, S. 231~53.

Schilling, Heinz. 1994, "Luther, Loyola, Calvin und die europäische Neuzeit", in: *Archiv für Reformationsgeschichte 85*, S. 5~31.

_____. 1988, *Aufbruch und Krise. Aufbruch und Krise. Deutschland 1517~1648*, Berlin: Siedler.

_____. 2016, *Martin Luther. Rebell in einer Zeit des Umbruchs*, Stuttgart: C. H. Beck.

Schilling, Heinz · Stefan Ehrenpreis. 2015, *Die Stadt in der frühen Neuzeit*, Berlin/Boston: Walter de Gruyter.

Schluchter, Wolfgang. 1979, *Die Entwicklung des okzidentalen Rationalismus. Eine Analyse von Max Webers Gesellschaftsgeschichte*, Tübingen: J. C. B. Mohr (Paul Siebeck).

_____. 2009, *Die Entzauberung der Welt. Sechs Studien zu Max Weber*, Tübingen: Mohr Siebeck.

Schnabel-Schüle, Helga. 2013, *Die Reformation 1495~1555. Politik mit Theologie und Religion*, Stuttgart: Reclam (2., durchgesehene und aktualisierte Auflage).

Schorn-Schütte, Luise. 2013, *Geschichte Europas in der Frühen Neuzeit. Studienhandbuch 1500~1789*, Paderborn: Ferdinand Schöningh (2., aktualisierte Auflage).

_____. 2016, *Die Reformation. Vorgeschichte, Verlauf, Wirkung*, Stuttgart: C. H. Beck (6., überarbeitete Auflage).

Schulze, Manfred. 1991, *Fürsten und Reformation. Geistliche Reformpolitik weltlicher Fürsten vor der Reformation*, Tübingen: J. C. B. Mohr (Paul Siebeck).

Schulze, Winfried. 1987, *Deutsche Geschichte im 16. Jahrhundert 1500~1618*, Frankfurt am Main: Suhrkamp.

Schwarz, Reinhard. 1984, "Ecclesia, oeconomia, politia. Sozialgeschichtliche und fundamentalethische Aspekte der protestantischen Drei-Stände-Theorie", in: Horst Renz · Friedrich Wilhelm Graf (Hrsg.), *Troeltsch-Studien, Band 3: Protestantismus und Neuzeit*, Gütersloh: Gerd Mohn, S. 78~88.

_____. 1998, "Luthers Rechtfertigungslehre als Eckstein der christlichen Theologie und Kirche", in: *Zeitschrift für Theologie und Kirche 95. Beiheft 10: Zur Rechtfertigungslehre*, S. 14~46.

Scribner, Bob. (Hrsg.) 1990, *Bilder und Bildersturm im Spätmittelalter und in der frühen Neuzeit*, Wiesbaden: Otto Harrassowitz.

Stegmann, Andreas. 2014, *Luthers Auffassung vom christlichen Leben*, Tübingen: Mohr Siebeck.

Stirm, Margarete. 1977, *Die Bilderfrage in der Reformation*, Gütersloh: Gütersloher Verlagshaus Gerd Mohn.

Strauchenbruch, Elke. 2013, *Luthers Wittenberg*, Leipzig: Evangelische Verlagsanstalt.

Suda, Max Josef. 2006, *Die Ethik Martin Luthers*, Göttingen: Vandenhoeck & Ruprecht.

Troeltsch, Ernst. 2001a, *Schriften zur Bedeutung des Protestantismus für die moderne Welt (1906~1913): Kritische Gesamtausgabe, Band 8*, Berlin & New York: Walter de Gruyter.

_____. 2001b, "Luther und die moderne Welt"(1908), in: *Schriften zur Bedeutung des Protestantismus für die moderne Welt (1906~1913): Kritische Gesamtausgabe, Band 8*, Berlin & New York: Walter de Gruyter, S. 59~97.

_____. 2001c, "Die Kulturbedeutung des Calvinismus"(1910), in: *Schriften zur Bedeutung des Protestantismus für die moderne Welt (1906~1913): Kritische Gesamtausgabe, Band 8*, Berlin & New York: Walter de Gruyter, S. 146~81.

_____. 2001d, "Die Bedeutung des Protestantismus für die Entstehung der modernen Welt"(1906/1911), in: *Schriften zur Bedeutung des Protestantismus für die moderne Welt (1906~1913): Kritische Gesamtausgabe, Band 8*, Berlin & New York: Walter de Gruyter, S. 199~315.

_____. 2004, *Protestantisches Christentum und Kirche in der Neuzeit (1906/1909/1922): Kritische Gesamtausgabe, Band 7*, Berlin & New York: Walter de Gruyter.

Vierhaus, Rudolf. 1996, "Säkularisation als Problem der neueren Geschichte", in: Crusius, Irene (Hrsg.). 1996, *Zur Säkularisation geistlicher Institutionen im 16. und 18./19. Jahrhundert*, Göttingen: Vandenhoeck & Ruprecht, S. 13~30.

Vogler, Günter. 2003, *Europas Aufbruch in die Neuzeit, 1500~1650*, Stuttgart: Eugen Ulmer.

Weber, Max. 1972, *Wirtschaft und Gesellschaft. Grundriss der verstehenden Soziologie*, Tübingen: J. C. B. Mohr (Paul Siebeck) (5. Auflage; 1. Auflage 1922).

_____. 1973, *Gesammelte Aufsätze zur Wissenschaftslehre*, Tübingen: J. C. B. Mohr (Paul Siebeck) (4. Auflage; 1. Auflage 1922).

_____. 1990, *Briefe 1906~1908: Max Weber Gesamtausgabe II/5*, Tübingen: J. C. B. Mohr (Paul Siebeck).

Wingren, Gustaf. 1952, *Luthers Lehre vom Beruf*, München: Chr. Kaiser Verlag.

Wriedt, Markus. 2014, "Luthers Verhältnis zu Demokratie und individueller Freiheit", in: *Luther. Zeitschrift der Luther-Gesellschaft 85*, S. 149~63.

Wohlfeil, Rainer. 1989, *Einführung in die Geschichte der deutschen Reformation*, München: C. H. Beck.

Zager, Werner. 2010, "Verwirklichte Freiheit: Martin Luther vor dem Reichstag zu Worms", in: Werner Zager (Hrsg.), *Martin Luther und die Freiheit*, Darmstadt: Wissenschaftliche Buchgesellschaft, S. 9~23.

Ziemann, Benjamin. 2009, *Sozialgeschichte der Religion. Von der Reformation bis zur Gegenwart*, Frankfurt am Main: Campus.

Zschoch, Hellmut. 2010, "Martin Luther und die Kirche der Freiheit", in: Werner Zager (Hrsg.), *Martin Luther und die Freiheit*, Darmstadt: Wissenschaftliche Buchgesellschaft, S. 25~40.

웹사이트

http://www.mitteldeutsche-kirchenzeitungen.de/2010/04/10/die-mutter-des-reformators/.

https://de.wikipedia.org/wiki/Annaberg-Buchholz.

https://de.wikipedia.org/wiki/Augsburger_Reichs-_und_Religionsfrieden.

https://de.wikipedia.org/wiki/Fürstenaufstand.

https://de.wikipedia.org/wiki/Leipziger_Artikel.

https://de.wikipedia.org/wiki/Zw%C3%B6lf_Artikel.

https://www.heiligenlexikon.de/Orden/Augustiner.htm.

| 인용문헌 |

「개신교회에게 주어진 질문으로서의 로마 가톨릭교회」(Der römische Katholizismus als
  Frage an die protestantische Kirche, 카를 바르트)
『거룩하고 축복된 세례의 성례전』(Ein Sermon von dem heiligen und hochwürdigen
  Sakrament der Taufe, 마르틴 루터)
「결단으로서의 종교개혁」(Reformation als Entscheidung, 카를 바르트)
『결혼생활에 대하여』(Vom ehelichen Leben, 마르틴 루터)
『경제와 사회』(Wirtschaft und Gesellschaft, 막스 베버)
『교황의 반박』(Confutatio pontificia, 요한 마이어 폰 에크 · 요하네스 코클레우스)
『교회의 바빌론 유수에 대하여』(De captivitate Babylonica ecclesiae praeludium, 마르틴 루터)
「95개조 반박문」(95 Thesen, 마르틴 루터)
『군인들도 구원을 받을 수 있는가?』(Ob Kriegsleute auch im seligen Stande sein können?,
  마르틴 루터)
『군주론 (군주국에 대하여)』(Il Principe (De Principatibus), 니콜로 마키아벨리)
『그리스도의 성만찬에 대하여: 고백』(Vom Abendmahl Christi, Bekenntnis, 마르틴 루터)
『기독교계의 개혁과 관련하여 독일 민족의 기독교 귀족에게 고함』(An den christlichen
  Adel deutscher Nation von des christlichen Standes Besserung, 마르틴 루터)
『기독교인의 자유에 대하여』(Tractatus de libertate christiana; Von der Freiheit eines
  Christenmenschen, 마르틴 루터)
『대교리문답』(Der Grosse Katechismus, 마르틴 루터)
『대화』(Dialoge, 한스 작스)
『독일 기독교 귀족에게 고함』(기독교계의 개혁과 관련하여 독일 민족의 기독교 귀족에

게 고함)

『독일 민족과 마르틴 루터』(*The German Nation and Martin Luther*, 아서 디킨스)

『돈의 철학』(*Philosophie des Geldes*, 게오르그 짐멜)

「두 가지 종류의 의에 대한 설교」(Sermo de duplici iustitia, 마르틴 루터)

「또한 약탈과 살인을 일삼는 다른 농민 폭도들을 반대함」(Auch wider die räuberischen und mörderischen Rotten der anderen Bauern, 마르틴 루터)

『라이프치히의 아주 저명한 교황주의자를 논박하며 로마교황권에 대하여』(*Von dem Papsttum zu Rom wider den hochberühmten Romanisten zu Leipzig*, 마르틴 루터)

『로마교황은 이렇게 말한다』(*Decet Romanum Pontificem*, 교황 레오 10세)

「메밍겐 동맹규정」(Memminger Bundesordnung)

『면죄부 판매자를 위한 교본』(*Instructio summaria pro subcommissariis*, 알브레히트 폰 브란덴부르크)

「면죄부 효용성의 해명을 위한 논쟁」(Disputatio pro declaratione virtutis indulgentiarum, 마르틴 루터)

『명제집』(*Sententiarum libri quatuor*, 페트루스 롬바르두스)

『바이마르판 루터 전집』(*D. Martin Luthers Werke. Kritische Gesamtausgabe; Weimarer Lutherausgabe*, 마르틴 루터)

『비텐베르크의 나이팅게일』(*Die Wittenbergisch Nachtigall*, 한스 작스)

『4개 도시 신앙고백』(*Confessio Tetrapolitana*)

『사도의 지위에 대하여』(*Super apostolica sede*, 아우구스틴 폰 알펠트)

『상행위와 이자에 대하여』(*Von Kaufshandlung und Wucher*, 마르틴 루터)

「서원에 대한 논제들」(Themata de votis, 마르틴 루터)

『선행에 대하여』(*Von den guten Werken*, 마르틴 루터)

『세속 정부에 대하여: 우리는 어디까지 거기에 복종해야 하는가?』(*Von weltlicher Obrigkeit, wie weit man ihr Gehorsam schuldig sei?*, 마르틴 루터)

『수도사 서원에 대한 판단』(*De votis monasticis iudicium*, 마르틴 루터)

「슈바벤 농민들의 12개 조항에 대하여 평화의 권고로써 답함」(Ermahnung zum Frieden auf die zwölf Artikel der Bauernschaft in Schwaben, 마르틴 루터)

「스콜라 신학을 반박하는 논제」(Disputatio contra scholasticam theologiam, 마르틴 루터)

『시편 주해』(*Enarrationes in Psalmos*, 아우구스티누스)

『신학 강요』(*Loci communes rerum theologicarum*, 필리프 멜란히톤)

『아우크스부르크 신앙고백』(*Confessio Augustana*, 필리프 멜란히톤)

『아우크스부르크 신앙고백 변론』(*Apologia Confessionis Augustanae*, 필리프 멜란히톤)

「야고보서와 유다서 서문」(Vorrede auf die Epistel S. Jacobi und Judas, 마르틴 루터)

「약탈과 살인을 일삼는 농민 폭도들을 반대함」(Wider die räuberischen und mörderischen Rotten der Bauern, 마르틴 루터)

「12개 조항」(Zwölf Artikel)

『영과 문자에 대하여』(De l'esprit et de la lettre, 아우구스티누스)

「우남 상크탐」(Unam sanctam, 보니파키우스 8세)

『위대한 기독교 사상가들』(Grosse christliche Denker, 한스 큉)

『적그리스도의 저주스러운 교서에 대한 논박』(Adversus execrabilem Antichristi bullam, 마르틴 루터)

『주여 일어나소서!』(Exsurge Domine, 교황 레오 10세)

"직업으로서의 과학"(Wissenschaft als Beruf, 막스 베버)

『청년 마르틴 루터: 정식분석학적-역사적 연구』(Der junge Martin Luther. Eine psychoanalytische und historische Studie, 에릭 에릭슨)

『청원 설교』(Invokativpredigten, 마르틴 루터)

『칭의론』(De Iustificatione, 마르틴 루터)

『탁상담화』(Colloquia Mensalia, 마르틴 루터)

『카를 황제를 위한 신앙의 설명』(Fidei ratio ad Carolum imperatorem, 울리히 츠빙글리)

"크리스마스 설교"(Weihnachtspostille, 마르틴 루터)

『폭력과 교황의 수위권에 대한 논고』(Traktat über die Gewalt und den Primat des Papstes, 필리프 멜란히톤)

「프로테스탄티즘의 윤리와 자본주의 정신」(Die protestantische Ethik und der Geist des Kapitalismus, 막스 베버)

『프린키피아』(Principia, 아이작 뉴턴)

「하이델베르크 논제」(Disputatio Heidelbergae habita, 마르틴 루터)

『희랍어 문법서』(Institutiones Graecae grammaticae, 필리프 멜란히톤)

디킨스, 아서(Arthur G. Dickens) 172, 173

| ㄹ |

라데베르크(Radeberg) 122
라벤스부르크(Ravensburg) 122
라이프치히(Leipzig) 125, 130, 163
라이프치히 논쟁 162, 163, 165, 166, 215
라이프치히 대학 162, 183
라이프치히 분할 162
라이프치히 잠정안 219
라인 궁중백 136
레겐스부르크(Regensburg) 217
레겐스부르크 제국의회 217
레기오몬타누스(Regiomontanus) 182
레오 10세(Leo X) 152, 165, 166
렘고(Lemgo) 186~88
로마교황청 117, 152, 165, 168, 206, 209, 256
「로마서」 강의 73, 84, 87, 89
로마에 의한 성만찬의 유수 257
로트링겐의 안톤 공작(Herzog Anton von Lothringen) 194
로이텐베르크(Leutenberg) 129
로이틀링겐(Reutlingen) 212, 214
로이힐린, 요하네스(Johannes Reuchlin) 158
롬바르두스, 페트루스(Petrus Lombardus) 63, 66, 108
루터, 마르가레테(Margarethe Luther) 46, 47
루터, 한스(Hans Luther) 46~48, 54
루터의 노동관 338
루터의 분화론 323, 330, 338
루터의 분화론적 사고 200
루터의 중세성(性) 46, 54
루터의 직업론 317

루터주의 32~36, 185, 187, 188, 203, 211~16, 219, 221, 242, 276
루터파 166
뤼네부르크 공국 212, 214
뤼베크(Lübeck) 188
르네상스 60, 120, 161, 182, 236, 239~41, 247, 248
리미니, 그레고르 폰(Gregor von Rimini) 52
리보니아(Livonia) 127
리페 방백국 186, 188
린다우(Lindau) 212, 214
린데만, 마르가레테(Margarethe Lindemann) 46

| ㅁ |

마그데부르크(Magdeburg) 50, 51, 152, 178, 220
마르실리우스(Marsilius) 118
마이센의 유다(Juda von Meissen) 220
마인츠(Mainz) 134, 136, 152, 165
마인츠 대학 146
마인츠 선제후국 146
마키아벨리, 니콜로(Niccolò Machiavelli) 135, 310
막센티우스(Marcus Aurelius Valerius Maxentius) 268
막시밀리안 1세(Maximilian I) 138, 139
만스펠트(Mansfeld) 48, 50, 55
만스펠트 방백 48
만스펠트 방백국 46, 47
만인사제직 171, 235, 238
만인사제직론 167, 234
만인제사장론 167, 234
말씀의 신학 61, 89, 99, 159, 179, 231, 342
메밍겐(Memmingen) 178, 189, 193, 214